KULTURWISSENS
ZEITSCHI

Herausgegeben von der

Kulturwissenschaftlichen Gesellschaft

Heft 2/2024

Listen, Rankings, Charts

FELIX MEINER VERLAG
HAMBURG

Bibliographische Information der Deutschen Nationalbibliothek
Die Deutsche Nationalbibliothek verzeichnet diese Publikation in der
Deutschen Nationalbibliographie; detaillierte bibliographische
Daten sind im Internet über ‹https://portal.dnb.de› abrufbar.

ISBN 978-3-7873-4930-2 · ISBN eBook 978-3-7873-4931-9
ISSN (Print) 2751-3106 · ISSN (eJournal) 2451-1765

Gefördert durch die Deutsche Forschungsgemeinschaft (DFG) –
SFB 1472 *Transformationen des Populären* – 438577023

Funded by the Deutsche Forschungsgemeinschaft
(DFG, German Research Foundation) –
SFB 1472 *Transformations of the Popular* – 438577023

© Felix Meiner Verlag Hamburg 2024
Druck: Books on Demand, Norderstedt
Printed in Germany

Inhalt

Thomas Hecken & Niels Werber

Einleitung

P olitiker, Parteien oder Spitzen der Exekutive nach eigenem Belieben wählen zu dürfen, gehört in der Gegenwart zu den Errungenschaften ›liberaler‹ Demokratien, an deren Selbstverständlichkeit man sich gewöhnt zu haben scheint. Ebenso routiniert wird in den westlichen Konsumgesellschaften aus der Fülle an Waren- und Informationsangeboten ausgewählt, niemand hindert einen daran – außer den ökonomischen/ finanziellen Mitteln und den Plattformen, die den Waren- und Informationsfluss regulieren. Dank vieler Internetseiten ist einem eine beinahe unendliche Menge an Produkten zugänglich, die teils nicht einmal gekauft werden müssen, sondern nur darauf warten, im Tausch gegen personenbezogene Daten gelesen, gehört und gesehen zu werden. Auch in all diesen Fällen bleibt es einem – wenn man es möchte – vollkommen selbst überlassen, eine eigene Wahl zu treffen. Es wird geliked, geklickt, gehört, geschaut, gekauft, gestreamt, gewählt.

Über der mittlerweile alltäglichen Prozedur wird leicht vergessen, wie unwahrscheinlich sie ist – dass es Jahrhunderte oftmals äußerst harter Auseinandersetzungen aller Art brauchte, um sie zuerst für erwachsene Männer und mit großem zeitlichem Abstand auch für Frauen sehr weitgehend zu etablieren. Zur politischen Durchsetzung von demokratischen Wahlrechten kommen viele weitere Faktoren hinzu: von der günstigen Massenherstellung vieler Güter über die geschwundene Prägekraft konfessioneller Gemeinschaften bis hin zum Online-Shopping, das es möglich macht, Waren ohne Beratung und direkte Aufsicht des Verkaufspersonals zu erwerben.

Diese ›modernen‹ historischen Entwicklungen sind oft genug nachgezeichnet worden, mal mit dem Schwerpunkt auf den Freiheiten politischer Wahl und häufig im optimistischen Tonfall einer Fortschrittserzählung, mal mit dem Akzent auf der Dynamik kapitalistischer Märkte und nicht selten im Tonfall der Konsumkritik. Im politischen wie im ökonomischen Feld wurde versucht zu ermitteln, wer genau welche Wahl aus welchen Gründen getroffen hat. An grundsätzlichen Überlegungen, weshalb etwas anderem vorgezogen wird, mangelt es nicht (*conspicuous consumption, rational choice* usw.), und für empirische Untersuchungen liegt inzwischen eine Vielzahl an bewährten Methoden vor. Mitunter führt das die Forschung zu Vorhersagen, wie Wahlen in Zukunft ausfallen werden. In diesem Bemühen trifft sie sich mit den Interessen von Parteien und Firmen, die aus den Daten über jetzige Wähler und Käufer zuverlässig ableiten möchten, wie ihre künftigen erfolgreichen Angebote aussehen müssen.

Falls diese Unterfangen gelängen, bräuchte es gar keine Wahlen und keine Wahlfreiheit mehr. Man könnte stattdessen u.a. aus soziodemografischen Daten stets auf die Ergebnisse individueller und kollektiver Wahlakte schließen. Dass dies bisher keineswegs möglich war, hindert die Wissenschaften ebenso wie andere Organisationen kaum daran, sich nicht nur aus historischen Erkenntnisinteressen weiter um die Analyse von Wahlakten zu bemühen.

Der vorliegende Band schlägt einen anderen Weg ein. Er nimmt die viel weniger untersuchten Arten und Weisen, Wahlergebnisse festzuhalten und zu präsentieren, in den Blick. Unter den zahlreichen Möglichkeiten konzentriert er sich auf eine Kulturtechnik, die in den letzten Jahrzehnten immer häufiger zum Einsatz gekommen ist: die öffentliche Verbreitung von Listen, Tabellen und Grafiken, die populäre Phänomene herausstellen sollen. Diagramme und Displays geben vor, zu bestimmten Handlungen und Gegenständen Daten gesammelt zu haben, die es möglich machen, genau anzugeben, was am häufigsten gewählt wurde: Reisen, Aussagen, Posts, Songs, Bücher, Meinungen, Möbel etc. In den Darstellungen ihrer Ergebnisse erfolgt eine Konzentration auf die ersten Plätze. Was sich auf den ›hinteren‹ Rängen befindet, wird entweder gar nicht erwähnt oder so dargestellt, dass es schwieriger wahrzunehmen ist (es findet sich im Kleingedruckten, man muss sich mühsam durchklicken, man muss weit ›nach unten‹ scrollen usw.). Die ersten Plätze einer Rangliste, die ersten Ergebnisse einer Suchmaschineneingabe, aber auch die ersten Seiten eines Katalogs fallen als erste ins Auge. Die Auswahl ist bereits getroffen, und was am häufigsten gekauft, gehört, gesehen, gestreamt, geklickt, zitiert worden sein soll, wird eigens präsentiert: als ›best of‹-Liste, als Ranking, als Chart. Listen, Rankings, Charts machen aus einer Wahl eine Auswahl. Sie halten die Selektivität jeder Wahl fest – man hätte ja auch etwas anderes wählen können. Und sie erzwingen eine vergleichende Beobachtung – man hat nicht nur ausgewählt, sondern sich für etwas entschieden, das populärer und weniger populär ist als das, was andere für sich ausgesucht haben. Was für Folgen hat dies für die oben konstatierte Selbstverständlichkeit, eine eigene Wahl zu treffen?

In Listen, Rankings und Charts wird Popularität in mehrfacher Hinsicht behauptet. Die *erste* Behauptung glückt bereits durch die Darstellung: Das Populäre steht auf der Seite weit oben (oder wird auf andere Art hervorgehoben). Was oben steht, wird eher Beachtung finden als das, was unten steht. Es ist populärer.

Ob die *zweite* gelingt, hängt letztlich von den Rezipienten ab: Sie müssen der Behauptung vertrauen oder auf andere Weise zur Überzeugung gelangen, dass mindestens das auf dem ersten Platz befindliche Phänomen von vielen gekauft, gemeint, geteilt etc. wurde. Denn populär ist, was von vielen beachtet wird. Die Hersteller der Rangordnung können mit Titeln wie ›Bestseller‹ suggerieren, dass dem so sei, und vielfältige andere Maßnahmen ergreifen, um die Bedeutung ihrer Darstellungen zu untermauern.

Behauptet wird *drittens* mit der Platzierung in einer Rangliste nicht nur die Popularität eines Buches, eines Songs, einer Partei, eines Reiseziels, eines Tweets oder eines

Möbelstücks. Was immer hier zusammengestellt wird: Die Zusammengehörigkeit oder Vergleichbarkeit der gelisteten Elemente wird behauptet, trotz möglicherweise großer zeitlicher, sachlicher oder sozialer Differenzen, und zugleich wird impliziert, dass es beim Vergleich dieser Elemente darauf ankommt, dass die eine Sache populärer ist als eine andere, also häufiger gekauft, gemeint, geteilt etc. wurde. Diese Behauptung stützt ihre Evidenz auf die Darstellung: Was von den Listen, Rankings und Charts nicht (sofort) genannt, ganz oben dargestellt oder anders betont wird, findet kaum Beachtung – diese Asymmetrie legt die Überzeugung nahe, die auf den vorderen Plätzen geführten Phänomene seien populärer.

Die Darstellung des Populären, ihre Asymmetrisierung und Skalierung legen es nahe, dass auch eine weitere, *vierte* Facette von ›Behauptung‹ eine Rolle spielen kann: Die Behauptung, es sei wichtig zu wissen, dass etwas populär ist. Denn von selbst versteht sich das nicht: Warum sollte nicht die Qualität wichtiger sein als die Popularität? Es muss einem also erst deutlich (gemacht) werden, wie bedeutend die Position auf einer Rangliste oder einem Display ist. Die Skalierung (dies ist populärer als das), die Asymmetrisierung (nur zehn, zwanzig, fünfzig Plätze werden genannt, der ungeheure Rest findet keine Beachtung) und die mitunter grafisch attraktive Darstellung des Populärsten machen diese Annahme wahrscheinlich. Dies zeitigt Folgen. Denn die Behauptung des Populären ist deswegen relevant, weil Konsequenzen unterstellt werden: Wenn angenommen wird, es sei wichtig zu wissen, was besonders populär ist – und aus diesem Grunde haben sich Charts und Rankings so verbreitet –, dann muss man davon ausgehen, dass es von Belang ist, ob etwas von vielen oder nur von wenigen Beachtung findet, ob etwas populär ist oder nicht.

Ranglisten, die öffentlich ausweisen, dass etwas in einer bestimmten Hinsicht mehr aufweist als etwas anderes, die also Vergleichbarkeit herstellen, sind in der Gegenwart von großer Bedeutung. Die Forschung der letzten zwei Jahrzehnte hat dem teilweise Rechnung getragen und etwa Analysen zu Rankings als Leistungsvergleichen in Sport und Wissenschaft vorgelegt. Gut erforscht sind auch Ranglisten, in die Einschätzungen von professionellen Experten eingehen und/oder die materiale Eigenschaften von Gegenständen und Handlungen bilanzieren. Solche Ratings sollen möglichst objektiv die Qualitäten der gelisteten Items aufführen und vergleichbar machen.

Vergleichsweise wenig Beachtung wird hingegen jenen veröffentlichten Listen, Charts und Rankings geschenkt, die allein auf der Zählung einer Menge an standardisiert ermittelbaren Handlungen (Wahlakte, Kaufakte etc.) beruhen, die (weit überwiegend) nicht von Experten vorgenommen wurden: Ranglisten, die anzeigen, dass etwas mehr gekauft wurde als etwas anderes, häufiger eingeschaltet wurde, häufiger bei einer Meinungsumfrage angekreuzt oder genannt wurde, etc. Diese Ranglisten sagen zunächst nichts über die materialen Eigenschaften der gekauften, eingeschalteten, angekreuzten etc. Phänomene aus, sondern nur etwas über die Quantität der Kauf-, Einschalt-, Ankreuzakte und/oder ihre Relation. Die geringere wissenschaftliche

Beachtung dieser Ranglisten steht im Missverhältnis zur öffentlichen Aufmerksamkeit: Bestsellerlisten, ›Hot-Hundred-Charts‹, Spotify-Rankings, Listen der Ergebnisse von Meinungsumfragen finden große Aufmerksamkeit der Medien und ihrer Publika, sie werden sogar zur Grundlage eigens gestalteter Shows, Grafiken, Kolumnen, Magazine etc. Selbst in der Forschung zur populären Kultur stellt sich dieses Missverhältnis nicht anders dar. Sie richtet ihre Aufmerksamkeit überwiegend auf popkulturelle Szenen, Werke, ästhetische Wahrnehmungen, Fragen der Hegemonie und Subversion, nicht aber auf die bedeutende Kulturtechnik des Erstellens jener Ranglisten, mit denen Popularität behauptet und durchgesetzt wird oder werden soll.

Das vorliegende Themenheft der *Kulturwissenschaftlichen Zeitschrift* möchte mit den versammelten Beiträgen zu *Listen, Rankings, Charts. Zur Behauptung des Populären* ein Angebot unterbreiten, die Anordnung, Darstellung, Skalierung von Popularität genauer zu beschreiben und die Funktionen und Folgen in den Blick zu nehmen.

Zu den Beiträgen dieses Bands:

Niels Werber hebt in seinem Aufsatz eine wichtige Wirkung von populären Ranglisten hervor, den ›Matthäus-Effekt‹: Wer auf die Spitzenplätze populärer Ranglisten gelangt, der wird im Regelfall für eine gewisse Zeit dort weiter stehen. Werber fragt im systemtheoretischen Rahmen nach den Gründen für die Popularität von Rankings, die keineswegs selbstverständlich ist, wie man vor allem an der historischen Entwicklung sieht: Die Orientierung an dem, was als quantitativ populär behauptet worden ist, musste sich erst gegen die Vorherrschaft von Autoritäten durchsetzen, die qualitativ Hochwertiges herausstellen, um es im nächsten Schritt der Allgemeinheit zu verordnen oder es zu popularisieren. In beiden Fällen findet eine Reduktion von Komplexität statt, wenn eine vollzogene Selektion von *alter* durch *ego* übernommen wird. Im Falle erfolgreich behaupteter Popularität ist die Selektivitätsverstärkung allerdings in wesentlich geringerem Maße möglichen Zweifeln ausgesetzt: Können die vorgebrachten Gründe der Autoritäten für die qualitative Hochwertigkeit eines Phänomens zumindest theoretisch durch andere Begründungen oder Geschmackssetzungen herausgefordert werden, ist die in Rankings festgestellte Popularität auf diese Art und Weise nicht diskutabel.

Maren Lehmann fragt in ihrem Beitrag danach, wer eigentlich ›die Vielen‹ sind, bei denen etwas Beachtung finden muss, damit es populär wird. Diese Vielen, nimmt Lehmann an, das sind die Laien, Kunden, Patienten etc., die über keine eigene Selbstbeschreibung, kein Selbstverständnis, keine Rollenidentität verfügen: das Publikum. Lehmann verfolgt, wie die soziologische Theorie seit den 1950er Jahren einen folgenreichen Blickwechsel vornimmt und das vormals als amorph und passiv präsupponierte Publikum mit seinen Erwartungen, Forderungen, Ansprüchen zum Teil ihrer Überlegungen macht. Ausgehend von der soziologischen Unterscheidung von Leistungs- und Publikumsrollen untersucht Lehmann die Funktion von Quantifizierungen für die

Konstitution des ›Publikums‹. Ihr Gegenstand sind nicht einzelne Dispositive der Quantifizierung wie Ratings oder Rankings, sondern das Medium der Quantifizierung insgesamt. Quantifizierungen begreift sie als Inklusionschance des Publikums. Während Quantifizierungen für die Leistungsrollen wie Ärzte, Richter, Verwaltungsbeamte etc. eine unerwünschte Bewertungszumutung darstellen, seien sie für das Publikum das Verfahren, durch das elementare Ereignisse (Wahlentscheidungen, Käufe, Bekundungen von Gefallen oder Missfallen) miteinander vernetzt werden. Auf diese Weise behaupten die Dispositive der Quantifizierung eine Zugehörigkeit zu den ›Vielen‹, die etwas ähnlich beachtenswert finden oder bewerten, ohne dass sich daraus Erwartungen an das Publikum ableiten ließen.

Klaus Nathaus rekonstruiert, wie die US-amerikanischen Musikcharts in der ersten Hälfte des 20. Jahrhunderts entstanden sind. Er stellt heraus, dass es sich um einen nicht zentral koordinierten Prozess gehandelt hat, sondern verschiedene, teils konkurrierende Initiativen unterschiedlicher Marktteilnehmer dazu beigetragen haben. Für die Bestimmung der Bedeutung solcher Charts für Firmen, die mit Musikprodukten Profite erzielen wollen (Plattenfirmen, Konzertveranstalter, Radiostationen, Filmproduktionsunternehmen und die werbetreibende Industrie), nutzt er das Konzept des ›institutionellen Publikums‹. Bei diesem Publikum handelt es sich nicht um eine empirisch vorfindbare Einheit, sondern um die Summe jener Erfahrungen, Daten und Vermutungen, über die Marktakteure verfügen und die sie nutzen, um ihre Entscheidungen in der (vermeintlichen) Gewissheit oder auch nur Hoffnung zu treffen, künftige Rezeptions- und/oder Kaufakte richtig zu antizipieren. Die in Charts versammelten Daten können in das ›institutionelle Publikum‹ eingehen, Nathaus arbeitet aber heraus, dass in dem von ihm untersuchten Zeitraum keineswegs durchgängig eine Orientierung an Charts stattgefunden hat, um Produktionsentscheidungen zu begründen oder auch nur zu legitimieren.

Matthias Schaffrick widmet sich deutschen Buchbestsellerlisten der Gegenwart. Neben Änderungen bei den Herstellern der Listen weist er besonders auf Änderungen bei den Formaten hin: Es gibt nun a) erstmalig Listen, die alle bei einem Anbieter (z.B. Amazon) gekauften Titel (und nicht nur Titel in einem bestimmten Segment, etwa Belletristik) hierarchisch sortieren, b) eine Vielzahl an Listen zu kleinen Buchmarkt-Segmenten sowie c) Ranglisten, die sich auf Social-Media-Daten (BookTok) stützen. Zudem nutzt er die Unterscheidung zwischen Listen, die qualitative Urteile versammeln, und Listen, die Käufe bilanzieren, um eine neue Maßnahme eines Publizisten der Buchbestsellerliste einzuordnen. Diese Maßnahme besteht darin, den hoch platzierten Titeln eine Einschätzung, welche »Lesemotive« ihnen zuzuordnen seien, beizugeben. Die Operation, den quantitativen Maßstab der Buchbestsellerliste um eine qualitative Dimension zu erweitern, verzichtet gänzlich darauf, Motive, die den Listen von Kritikerpreisen teils zugrunde liegen, vorzusehen: Bei den hoch platzierten Titeln ist es wegen des Zuschnitts der angeführten »Lesemotive« von vornherein ausgeschlossen, dass ihnen Kriterien zugeordnet werden könnten, die dem Umkreis der Autonomie-Ästhetik entstammen.

Christina Bartz untersucht einen der populärsten Kataloge der westeuropäischen Konsumgesellschaften als Liste: den Katalog des Möbelhauses IKEA. In einem medienhistorischen Vergleich mit dem *Deutschen Warenbuch* zeichnet sie einen Funktionswandel der Kataloge nach: von der Warenkunde als Information über die Eignung und Qualität eines Produktsegments bis zur Inszenierung von Produktkombinationen zu populären und passenden Ensembles. Spielt bei der paradigmatischen Listenform der Warenbücher die Popularität der Produkte keine Rolle, so übernimmt sie im syntagmatischen Display des IKEA-Kataloges eine wichtige Funktion: ›Was schon viele ausgewählt haben, passt auch zu Dir‹, so lautet die Botschaft. Die List des Kataloges besteht darin, beides zugleich anbieten zu können: das individuelle Passen ›zu Dir‹ und die Beliebtheit bei Vielen. Die Popularität des Produkts wird, geradezu paradoxerweise, zu einer Eigenschaft, die das Passen garantiert.

Urs Stäheli widmet sich einem Sektor der Konsumgüterindustrie, der Parfüm-Branche, in der von kommerziellen Marktforschungsfirmen erstellte Verkaufsbestenlisten nicht öffentlich gemacht werden, sondern nur von Branchenteilnehmern gegen Bezahlung erworben werden können und zur internen Information dienen. Dieser Umstand führt aber nicht zu einer vollständigen Leerstelle. In der Öffentlichkeit kursieren stattdessen viele einzelne, teil komparative Angaben zu (höchstwahrscheinlich) erfolgreichen Parfümen, die durch Presseorgane und durch Social-Media-Akteure verbreitet werden. Bemerkenswert ist im Falle des Parfüm-Sektors, dass als Konkurrenz oder Ergänzung zu solchen Angaben nicht nur häufig Listen mit Urteilen von ›Experten‹ anzutreffen sind, die mit ihrer ›Autorität‹ und ›Kennerschaft‹ die Berufung auf hohe Verkaufs- oder Rezeptionszahlen gemäß der überkommenen high/low-Spaltung entwerten wollen. Stäheli arbeitet auch die Bedeutung von Listen heraus, die partikulare Zahlen von Social-Media-›Influencern‹ versammeln. In ihnen wird auf gegenwärtig stark rezipierte Weise jene Menge an Komplimenten aufgeführt, die der jeweilige Influencer für seinen spezifischen Parfüm-Gebrauch bekommen hat. Das Beispiel des Parfüm-Sektors zeigt darum nachdrücklich, dass die Einführung eines bestimmten Typus einer Liste auch im Konsumgüterbereich weder selbstverständlich ist, noch, dass sich die Popularität des Typus ›Bestsellerliste‹ gegenüber anderen Listentypen dort notwendigerweise einstellen müsste.

Elena Beregow zeigt am Beispiel Spotify eine wichtige Änderung und Erweiterung auf, die Charts im Social-Media-Bereich erfahren. Social-Media-Unternehmen versuchen, ihre User möglichst lange auf ihren Seiten zu halten, darum bieten sie ihnen längst nicht nur Listen an, die sie über die (angeblich) jeweils erfolgreichsten Phänomene unterrichten. Zu herkömmlichen Musik-Charts kommen bei Spotify verschiedene weitere Listen hinzu, die entweder stärker ›personalisiert‹ sind, indem algorithmisch auf vorherige Eingaben des jeweiligen Users reagiert wird, oder von der Spotify-Redaktion, von mehr oder minder prominenten Künstlern oder den Usern selbst erstellt wurden. Diese Listen können wiederum zum Teil ihrerseits Gegenstand einer Auflistung im Zeichen des Populären werden, sodass ihre Popularität selbst angezeigt und versuchsweise behauptet wird. Die herkömmlichen Musik-Charts geraten so nicht nur in eine Konkurrenz, sondern unterliegen nun derselben Logik, mit der sie selbst zuvor Songs und andere musikalische Einheiten hierarchisch präsentiert und eingeordnet haben.

Isabell Otto befasst sich mit Popmusiktrends auf der Social-Media-Plattform TikTok und untersucht, wie Listen, Rankings und Charts durch die Praktiken der Kurzvideo-App transformiert werden. Otto geht in drei Schritten vor: Zunächst erläutert sie, wie TikTok-Trends in den Charts beobachtbar werden. Verantwortlich für die Popularisierung zweiter Ordnung seien nicht die Songs selbst, sondern die Praktiken der Gestaltung von Memes, bei der es wesentlich auf die die Nutzung von Sounds ankommt. Bei diesen Sounds handelt es sich häufig um Schnipsel populärer Popsongs, die in Memes zirkulieren. Häufig kommt es dadurch zur überraschenden Neu-Platzierung von Songs in den traditionellen Charts. Diesen Prozess der Popularisierung zweiter Ordnung veranschaulicht Otto in einem zweiten Schritt am ›Wednesday Dance‹, einer äußerst populären Meme-Kaskade, bei der es zu einer kontingenten Kombination eines Auszugs aus der Netflix-Serie *Wednesday* (2022) mit einer ›Sped Up‹-Version des Lady Gaga-Songs »Bloody Mary« von 2011 kommt. Drittens reflektiert Otto diese Phänomene anhand von auf der Plattform verbreiteten Rating-Filtern, die sie als einen Modus der Popularisierung dritter Ordnung herausstellt und die es ermöglichen, Produkte und Phänomene in einer Rangliste zu bewerten, die bereits selbst außerordentliche Popularität erlangt haben. In den Popularisierungsdynamiken der Plattform kommt es weniger auf die Popularitätswerte der Produkte und Phänomene an. Wichtiger ist die Popularität der Praktiken selbst, die sich gegenüber der algorithmischen Kontingenz der Plattform als populär behaupten müssen.

Carolin Gerlitz und Lena Teigeler lösen sich von den durchgesetzten Listen der Social-Media-Firmen. Sie plädieren dafür, dass die Forschung (auch) eigene Listen entwirft, um u.a. alternative Formen der Popularität möglich zu machen. Orientierung dafür bieten Ansätze des Datenfeminismus, mit denen sich fragen lässt, wie Datenpraktiken im Bereich der Wissenschaft dazu beitragen, etwas sichtbar und unsichtbar machen; gefragt wird, wem sie eine Stimme geben, welche dominanten Perspektiven sie fördern oder im Gegenteil unterlaufen. Gerlitz/Teigeler nutzen fünf Interventionen des Datenfeminismus im Bereich der Plattformforschung, um den Popularitätslogiken von Plattformen andere Listen entgegenzusetzen. Ihr Anliegen ist es, Aufmerksamkeit für Phänomene, Praktiken und Popularitäten zu schaffen, die im Kontext der Plattformen selbst wenig Beachtung finden.

Thomas Hecken geht in seinem Beitrag das Thema des Bandes grundlegend an. Ausgangspunkt sind Erörterungen zur Liste; ein besonderes Augenmerk gilt den Listen, die von vornherein einem festgelegten Auswahl- und Ordnungsprinzip unterliegen. Als Ranglisten des Populären werden in einem weiteren Schritt jene Listen angesehen, die u.a. anzeigen, was von einer großen Menge an Menschen (die weit überwiegend nicht über einen Expertenstatus verfügen) erworben und/oder aufgerufen, angesehen, angehört, geliket etc. wurde. Dies umfasst etwa Listen der Ergebnisse politischer Wahlen und von bestimmten Meinungsumfragen, Einschaltquoten, Clickrates, Followerzahlen, Kaufakten. Da die Forschung zu Listen bislang oftmals ohne übergreifende Perspektive und Begriffsbildung (sowie zumeist zu Listen, die sich von Ranglisten des Populären unterscheiden, z.B. Universitätsrankings) durchgeführt worden ist, versucht Hecken, erstens Binnenunterschiede zwischen verschiedenen Ranglisten des Populären herauszustellen und zweitens Thesen aus der bislang verstreuten Forschung für die Analyse solcher Ranglisten fruchtbar zu machen.

Dazu möchte der vorliegende Band insgesamt einen Beitrag leisten. Das Ziel ist demnach nicht nur, die Forschung im besonderen Bereich der populären Charts voranzubringen, sondern besteht ebenfalls darin, verschiedene Forschungstraditionen, die oftmals ohne Kontakt geblieben sind, miteinander ins Gespräch zu bringen.

Thomas Hecken

Ranglisten des Populären

ABSTRACT: The article explains what is meant by ›ranked lists of the popular‹. ›List‹ is used here as a generic term. Rankings of the popular are, among other things, those representations that include the quantitatively determined data of voting records of very many people who are not identified as experts. Examples of such popular rankings include the results of political elections, opinion polls, music charts, book bestseller lists and trending topics. Such lists make a decisive contribution to the assertion of the popular. In this respect, the popular is conceptualized in a different way than in many current theories of popular culture, in which the quantitative dimension plays a lesser role. In the second part, the article looks at previous research on charts, rankings and lists and examines whether their results can be used to assess the rankings of the popular.

KEYWORDS: Popular Culture, Lists, Rankings, Charts, Elections

D ie Konzentration auf die Art und Weise, wie Popularität als Phänomen der großen Zahl behauptet wird, drängt sich der Populärkulturforschung förmlich auf. Das gilt auch deshalb, weil die Forschung zu Ranglisten in vielen Disziplinen seit zwei Jahrzehnten sehr stark ausgeprägt ist und es folgerichtig viele Anschluss- und Verknüpfungsmöglichkeiten gibt. Ihnen soll in diesem Aufsatz nachgegangen werden. Fragen der Unterschiede und Gemeinsamkeiten von dem, was oft mit wechselnder Bedeutung Liste, Rangliste, Chart, Ranking genannt wird, stehen dabei ebenso im Mittelpunkt wie Hypothesen und Belege für ihre Bedeutungen und Wirkungen.

In der Forschung zur populären Kultur spielt die quantitative Dimension eine wichtige Rolle, zählt doch der Gegensatz zum selten Wahrgenommenen zur festen Bedeutung von ›populär‹. Allerdings wird diese Dimension bislang häufig mit substanziellen Angaben verbunden, wie die vielen Rezipienten (und manchmal auch Produzenten) beschaffen seien. Die Rede ist dann vom ›niederen Volk‹, von der ›organischen Gemeinschaft‹, von der ›atomisierten, irrationalen, leicht manipulierbaren Masse‹, vom ›einigen Nationalvolk‹ oder von den ›demokratisch-popularen‹ Kräften, die sich dem ›Machtblock‹ widersetzen.

Diese substanziellen Vorstellungen, die manchmal sogar einen essenziellen, der Geschichte enthobenen Zug annehmen, prägen häufig nicht nur politische Weltanschauungen, sondern ebenfalls wissenschaftliche Konzeptionen der ›populären Kultur‹. Sie haben zur Folge, dass in großen Teilen der bisherigen Populärkulturforschung vielfach die quantitative Dimension nolens volens wieder in den Hintergrund rückt (zur Begriffsgeschichte vgl. Shiach 1989; Herlinghaus 2002; Storey 2005; Hecken 2007), weil mit dem Populären assoziierte Werkeigenschaften die Auffassungen dominieren: Der Produktcharakter wird jeweils abgeleitet von den fixierten unterschiedlichen Eigenschaften, die Volk, Masse etc. (angeblich) besitzen.

Die Ereignisse und Artefakte solcher ›populären Kultur‹ sind demnach entweder vulgär oder eingängig, einfach, anschaulich, standardisiert, karnevalesk etc. Über diesen Ansichten gerät die quantitative Dimension nicht selten insofern in Vergessenheit, als bloß von identifizierten Charakteristika auf Zugehörigkeit zur ›populären Kultur‹ geschlossen wird, ohne zu berücksichtigen, ob die jeweiligen Artefakte tatsächlich eine große Zahl erreichen (und ob Produkte, die nicht solche Eigenschaften aufweisen, ebenfalls über viele Anhänger verfügen).

Mehr oder minder unbeabsichtigt schließt diese Vorgehensweise an ältere High/Low-Distinktionen an, indem zur ›populären Kultur‹ einfach Comics, Popmusik, TV-Serien, Unterhaltungsliteratur etc. geschlagen werden. Manchmal wird das sogar von Wissenschaftlern, die keineswegs einen ›bildungsbürgerlichen‹ Standpunkt einnehmen und den Cultural Studies verpflichtet sind, ausdrücklich betont: John Storey z.B. postuliert, dass »any definition of popular culture must include a quantitative dimension«, für eine »adequate definition« reiche das jedoch nicht aus, denn »[s]uch counting« würde ebenfalls – was misslich sei – erfolgreiche Produkte der sog. »›high culture‹« einbeziehen (Storey [1993] 1998: 7).

Es gibt allerdings auch einige Ansätze, die solch ein Vorgehen gerade vermeiden wollen. Die Substanz des Populären liegt für sie allein oder überwiegend darin, dass viele Menschen erreicht werden. Zu solchen alternativen Fassungen, die – grundsätzlich unabhängig von ›High‹- und ›Low‹-Einordnungen – das Quantitative in den Vordergrund stellen, zählen vor allem zwei Ansätze. Erstens wird auf die schichtenübergreifende starke Rezeption hingewiesen: Populäre Phänomene zeichneten sich durch »breite Beliebtheit quer durch die Klassen« aus (Maase 1997: 23). In einer weiteren Version wird diese Breite nicht nur für soziale Schichten, sondern ebenfalls für andere wichtige Einteilungen verlangt: Das Publikum der populären Kultur »cannot be simply described by a single social variable, such as class or gender or age« (Grossberg/Wartelle/Whitney 1998: 37). Zweitens wird allein die große Zahl geltend gemacht: populäre Kultur als alle »aspects of culture, whether ideological, social, or material, which are widely spread and believed in and/or consumed by significant numbers of people« (Hinds, Jr. 1988: 363); oder letztlich auf Aneignungsprozesse beschränkt: »popular culture is culture that is popular; culture that is widely accessible and widely accessed; widely disseminated, and widely viewed or heard or read«; davon zu scheiden seien Dinge, die zwar massenhaft hergestellt, aber nicht in ähnlichem Ausmaß gehört oder gesehen würden (Levine 1992: 1373).

Ein weiterer Vorschlag zur Bestimmung populärer Kultur geht über die reine Angabe einzelner Häufigkeiten hinaus und nimmt eine jüngere Praxis, Popularität zu formieren und anzuzeigen, in den Definitionsvorschlag mit hinein. Zur quantitativen Angabe (»Populär ist, was viele beachten«) kommt die spezifische Art, sie zu behaupten, hinzu: »In Charts, durch Meinungsumfragen und Wahlen wird festgelegt, was populär ist und was nicht.« Die Digitalisierung und ihre reichen Möglichkeiten, Wahlakte auf standardisierte Weise zu erfassen, auszuwerten, in Ranglisten zu überführen und diese mit Ziffern, Tabellen, Grafiken, Shows etc. öffentlich anzuzeigen, machten es besonders sinnvoll, in der Gegenwart von »populärer Kultur« zu sprechen (Hecken 2006: 85f.; s. auch Hecken 2017). Im Siegener SFB 1472 »Transformation des Populären« wird entsprechend das mindestens für die USA und Westeuropa zu diagnostizierende Gewicht solcher Popularitätsausstellungen hervorgehoben:

> Was zur Kenntnis genommen und wie etwas zu bewerten ist, hängt zunehmend von der Frage ab, ob etwas überhaupt und von wie vielen es beachtet worden ist. Dies gilt für Fragen der Mode genauso wie für Fragen der Moral, für Kaufentscheidungen genauso wie für politische Wahlen, für die Selbstinszenierung durch ästhetische Präferenzen genauso wie für die Zuschreibungen kultureller Identitäten. Was dagegen keine Beachtung findet, und auch dies gilt für Werke wie für Werte, für Produkte wie für Institutionen, für Umgangsformen wie für Topoi, büßt an kultureller Bedeutung ein – oder strebt bald selbst nach Popularität. Mit der Selbstverständlichkeit, Beachtung für kulturell Wertvolles oder Bedeutendes einfordern zu können, ist es jedenfalls vorbei; und was von vielen Beachtung findet, reklamiert häufig erst gar nicht diesen Anspruch, sondern begnügt sich damit, populär zu sein: Ein Hit, ein Star, ein Bestseller, ein Blockbuster (Döring et al. 2021: 3).

Diesen Bereich in den Blick zu nehmen und seine Bedeutung herauszustellen ist schon früh ansatzweise unternommen worden. Bereits rasch nach den ersten US-amerikanischen Chartskonfigurationen (wie den Ranglisten des Branchenblatts für Musikverlage, Plattenfirmen etc., *Billboard*) legt Theodor W. Adorno 1938 eine knappe Bestandsaufnahme und zugleich Bewertung des »Pantheon von best sellers« vor. Die Anzeige, was erfolgreich sei, führe zur Dominanz des »Tauschwerts«; er, nicht der ›Gebrauchswert‹, erfahre eine »affektive Besetzung« durch die »Warenfetischisten neuen Stils«. Geschätzt werde dadurch, was bekannt und im kapitalistischen Sinne erfolgreich sei, hält Adorno ([1938] 1973: 22, 26) ganz im Sinne seiner im folgenden Jahrzehnt ausgearbeiteten Kritik an der ›Kulturindustrie‹ fest.

Die Forschung zu ›popular music‹ ist ihm und seiner kulturindustriekritischen Richtung oftmals gefolgt, wenn sie Musikcharts betrachtete. Neben einer Reihe historischer Studien, die Informationen zu den Anbietern, zu den Formen sowie zu Einschätzungen über die Wirkung solcher Charts bieten (vor allem zu nennen Hamm 1979; Ennis 1992; Wald 2009; Weisbard 2014), sind nur wenige Aufsätze zu verzeichnen, die abstrakter ansetzen und nicht zugleich in eine Fundamentalkritik münden (eine Ausnahme bildet der Production-of-Culture Ansatz: Anand/Peterson 1998). Martin Parker hält dafür, dass die Charts fälschlich eine »democracy of taste« suggerierten: »this myth of democracy tends to conceal the extent to which the agenda of consumer choices is set in the first place by an oligopoly of transnational entertainment corporations based on a logic of profit« (Parker 1991: 210f.). Ernest A. Hakanen resümiert, »popular music charts too easily define the art today as quantifiable, common, accessible, technological, digital, etc. rather than as quality, unique, obscure, artistry, and analogy« (Hakanen 1998: 108f.).

Vielleicht liegt es an dieser von ›Popular Culture‹-Forschern oft geteilten Einschätzung, dass es sehr wenig detaillierte Studien zu Musik- und auch zu Buchbestsellercharts gibt. Im Unterschied dazu befindet sich die Forschung zu Ranglisten in anderen Bereichen – von Einschaltquoten bis Universitätsrankings – auf einem wesentlich höheren Niveau (zumindest in quantitativer Hinsicht; einen Forschungsüberblick dazu geben Rindova et al. 2018; für die Soziologie vgl. Ringel/Werron 2019). Nicht zuletzt darum ist es naheliegend, sie einmal im Zusammenhang zu betrachten.

1. Listen

Zumeist erfolgt die Forschung zu den genannten unterschiedlichen Phänomenen strikt voneinander separiert. In jüngster Zeit hat sich das aber zumindest insofern geändert, als es einige Aufsätze gibt, die sich zur Abgrenzung jener verschiedenen Begriffe, die teils auf den Sprachgebrauch in den unterschiedlichen Bereichen zurückgehen, äußern. Bevor in die unterschiedlichen Bereiche hineingegangen wird, um sie für die Zwecke der Forschung zum Populären nutzbar zu machen, soll es zunächst um diese übergreifenden Ansätze gehen – auch um Vorschläge zu einer sinnvollen Begriffsarchitektonik zu unterbreiten.

Als Oberbegriff bietet sich ›Liste‹ an. Jack Goody nennt in seinem Buchkapitel »What's in a list?« verschiedene Merkmale: In Listen befänden sich »concepts« und »verbal items« nicht nur von ihrem »wider context« (in dem das Sprechen immer oder fast immer stattfinde), sondern auch voneinander separiert; »lists are very different from speech forms, treating verbal items in a disconnected and abstract way«; die Liste besitze »a clear-cut beginning and a precise end«. Allerdings ist Goody bei seiner Klassifikation insgesamt vorsichtiger, als es diese Angaben vermuten lassen. Die Liste »relies on discontinuity rather than continuity«, schreibt er in einem anderen Absatz und lässt so einigen Spielraum. Er notiert weiter, die Liste »encourages the ordering of the items, by number, by initial sound, by category, etc.« Die Tatsache der externen und internen Begrenzung bringe zudem »greater visibility to categories, at the same time as making them more abstract« (Goody 1977: 81). Auch hier bleibt viel in der Schwebe:

Besteht die Liste nun aus geordneten Elementen oder legt sie das nur (auf welche Weise auch immer) nahe? Was ist eine »abstraktere« Form der Ordnungskriterien?

Es überrascht deshalb nicht, dass andere Autoren, die sich an Goody orientieren, die relative Offenheit seiner Ausführungen zu weiteren oder anderen Bestimmungen genutzt haben. Urs Stäheli hebt vor allem hervor, dass die Elemente einer Liste der »logic of the ›and‹« folgten; das einzige »ordering principle of a list« liege darin, »that each item sits next to another element« (Stäheli 2007: 238). Die »criteria of selection« seien oftmals »not fixed at the outset, but evolve during the list's use« (Stäheli 2007: 237). Die vorab vorgeschlagene Basisdefinition einer Liste – »a written series of isolated items, collected in one material or virtual place« (Stäheli 2007: 236) – wird darum von ihm selbst an vielen Stellen mehr oder minder herausgefordert, etwa wenn es heißt, dass dieser »space provides the imaginary common ground for the collection of isolated and possibly very heterogeneous items« (Stäheli 2007: 237). Die Unterschiede zwischen den Angaben – einerseits das »only ordering principle« (Stäheli 2007: 238), andererseits »often« oder sogar nur »possibly« (Stäheli 2007: 237) – zeigen aber eine gewisse Unsicherheit, ob die Liste tatsächlich ganz mit einer Abfolge nicht nur isolierter, sondern auch ungeordneter, kontingent addierter Einträge identifiziert werden soll – oder doch bloß bei einer einzigen Variante mit einer Serie von nicht nach einheitlichen Maßstäben ausgewählten Posten.

Hält man die in dieser Unsicherheit zum Ausdruck kommende Tendenz zu einer Differenzierung für angemessen, fällt es leicht, zwei Formen der Liste zu unterscheiden: die einheitlich und die (zumindest anfänglich) heterogen, nicht nach festem Ordnungsprinzip zusammengesetzte. Nach weithin durchgesetztem Sprachgebrauch handelt es sich in beiden Fällen um eine Liste, sofern auf sie die von Stäheli vorgeschlagene Basisdefinition zutrifft.[1]

---

1 Andere Definitionen lauten etwa: »A list is a written or printed series of names, dates, numbers, or items, gathered according to some need or principle« (Tankard 2006: 339f.). »A list is a formally organized block of information that is composed of a set of members. [...] By accretion, the separate units cohere to fulfill some function as a combined whole, and by discontinuity the individuality of each unit is maintained as a particular attribute, a particular object or person« (Belknap 2004: 15; einen Überblick zu Listendefinitionen gibt Adelmann 2021: 27–37). Die angeführte Definition von Stäheli – »a written series of isolated items, collected in one material or virtual place« (Stäheli 2007: 236) – besitzt den Vorteil, den ›Ort‹ der Liste einzuschließen. Streiten kann man aber darüber, ob die Liste auf das Geschriebene festgelegt werden muss. Goody entscheidet sich anders: »I do not wish to assert that lists cannot be presented in linear form; that would be clearly untrue. Nor do I wish to assert that listing does not occur in oral cultures [...]; a certain amount of nominal listing does occur, especially in ritual situations« (Goody 1977: 81).

2. Ranglisten

Bei jenen Listen, deren Elemente einem einheitlichen Auswahlmaßstab gehorchen, lassen sich zweifellos zahlreiche Varianten unterscheiden. In wissenschaftlichen Abhandlungen findet man manchmal entsprechende Aufzählungen, die einige benennen: »countdowns, rankings, and ›best of the all-time‹ collections« (Young 2013: 497f.). Versuche, über solch lose zusammengestellte Gruppierungen hinaus systematische Angaben zu liefern, sind allerdings rar.

Eine wichtige Ausnahme bildet ein Aufsatz von Bettina Heintz. Sie lässt unter »Rangliste« vier »Ordnungsformate« fallen: »Rankings«, »Ratings«, »Bestenlisten«, »Preise« (im Sinne von Awards, von »Auszeichnungen«). Das Spektrum dieser Ranglisten reiche von »Wissenschafts- und Staatenrankings über Bonitäts- und Restaurantratings bis hin zu Hitparaden und Bücherpreisen.« Ihre »entscheidende Gemeinsamkeit« bestehe darin, dass sie »nicht nur vergleichen, sondern gleichzeitig auch bewerten und die Bewertung in eine Rangskala überführen, über die sich Leistungs- und Qualitätsdifferenzen auf einen Blick erfassen lassen« (Heintz 2019: 45).

Zu den zentralen Unterschieden der vier verschiedenen Arten von Ranglisten führt Heintz aus, dass die Methode des Rankings darin liege, Befragte aufzufordern, »Aussagen direkt miteinander zu vergleichen und sie nach ihrer Angemessenheit einzustufen«. Beim Rating hingegen falle bei der Beurteilung nach einer vorgegebenen Skala der direkte Vergleich weg, die Einstufung erfolge »*unabhängig* von den Plätzen, die die anderen einnehmen« (Heintz 2019: 57). Beim Ranking würden die Einheiten »nicht einer vorgängigen Einzelbeurteilung unterzogen, sondern anhand eines standardisierten und in diesem Fall auch quantifizierten Kriterienkatalogs direkt miteinander verglichen und zueinander in Beziehung gesetzt.« Ihr Rang ergebe sich folglich hier im Unterschied zum Rating nicht nur aus der »Einzelleistung«, sondern »errechnet sich in *Relation*« zu den anderen Rängen (Heintz 2019: 59). Bei Bestenlisten (wie auch bei Preisen) würden hingegen beide Verfahren verwendet (Heintz 2019: 57).

Bei der Bestenliste handle es sich um ein »hybrides Format«, weil es solche gebe, die auf »der Basis eines direkten Vergleichs zustande kommen (Bsp. Bestsellerlisten)«, und solche, »die auf einem Rating beruhen (Bsp. *SWR*-Bestenliste)«. Außergewöhnlich bzw. distinktiv an den Bestenlisten sei aber, dass sie ihre Plätze begrenzten, z.B. auf die Top 10 oder Top 100, und »so die Idee ständiger Konkurrenz besonders suggestiv zum Ausdruck bringen« (Heintz 2019: 61).

Diese Aufteilung Heintz' fällt sehr überzeugend aus, auch wenn man darüber streiten kann, ob die Bezeichnung »hybrides Format« angesichts von »Bestenlisten« glücklich gewählt ist, handelt es sich doch nach Heintz' eigenen Ausführungen offenbar lediglich um zwei verschiedene Arten von Bestenlisten, die nur in einem Fall hybride ausfallen (indem individuelle Ratings zum Ausgangspunkt genommen werden, um auf Grundlage der Häufigkeit der Ratings zu einzelnen Gegenständen eine abgeschlossene, hierarchische Liste zu erstellen). Da gerade Ranglisten, die eine Top 3, Top 5, Top 10, Top 20 oder Top 40 präsentieren und nicht auf einzelnen Ratings beruhen, für den Bereich des Populären von großer Bedeutung sind, ist das ein wichtiger Gesichtspunkt, der durch die Angabe ›hybrid‹ verdeckt wird.

Eine zweite Sache, die aus Sicht einer wissenschaftlichen Untersuchung des Populären noch vertieft werden könnte, ist die Dimension dessen, was als das Beste bzw. Bessere ausgegeben wird. Heintz stellt zentral heraus, Ranglisten höben sich von »gewöhnlichen Vergleichen« dadurch ab, »dass sie das Verglichene zusätzlich in eine Bewertungsordnung« brächten. Die im »Skalenformat« dargestellten »Leistungs- und Qualitätsunterschiede« bezögen sich nicht selten auch auf »Eigenschaften, die üblicherweise als unvergleichbar angesehen werden – Individuelles, Ästhetisches und Expressives« (Heintz 2019: 47). Bei Buchbestsellercharts z.b. fällt aber auf, dass sie lediglich angeben, dass sich etwas besser oder schlechter verkauft hat als anderes, und bei Ranglisten von Museumsausstellungen, dass eine mehr oder weniger Besucher (genauer gesagt: verkaufte Eintrittskarten) zu registrieren hat als andere. Die Leistung des Ranglistenersten besteht hier darin, am meisten gekauft worden zu sein – oder (im Falle von bestimmten Radio- und TV-Sendungen) am meisten gehört, gesehen oder eingeschaltet worden zu sein bzw. (im Falle vieler Internetangebote) am häufigsten angeklickt, retweetet etc. worden zu sein.

Aus Sicht der Forschung zum Populären ist ebenfalls (drittens) erwähnenswert, dass bei Heintz' historischem Abriss der Einführung und allmählichen Durchsetzung von Ranglisten vor allem auf Listen von Kritikerumfragen, auf Sporttabellen und Bonitätsratings verwiesen wird, nicht aber auf die Darstellung der Ergebnisse politischer Wahlen. Die in den Politik- und Sozialwissenschaften deutlich bemerkbare Konzentration auf Ranglisten, die sich aus Anschauungen von Experten und/oder aus Daten zu Objekteigenschaften zusammensetzen, mag der Grund dafür sein.

3. Ranglisten des Populären

Daraus lässt sich der Schluss ziehen, dass Heintz' Ansatz noch ausbaufähig ist. Die Frage ist nun, ob ihre Klassifikation zum Zwecke der Forschung zum Populären stark verändert oder doch nur ergänzt werden sollte. Als eine andere, stark abweichende Klassifikation, die stärker aus der Perspektive einer Forschung zum Populären erfolgte (die bei Heintz im Übrigen schon durchscheint bzw. angelegt ist: Heintz 2019: 67f.), wäre z.b. eine Unterteilung denkbar, die ebenfalls vier Arten von Ranglisten, die nach einheitlichen Kriterien zusammengestellt werden, unterscheidet, ihnen aber andere Merkmale zuordnet:

Rangliste I:

A) Bei dieser Art von Rangliste findet die hierarchische Sortierung der Einträge rein nach dem Kriterium der Häufigkeit von Wahlakten statt. Aufgelistet werden nur die Ergebnisse standardisierter, deshalb leicht zählbarer einzelner Wahlakte, die von sehr vielen (mitunter repräsentativ ausgesuchten) Menschen durchgeführt worden sind, von denen die weit überwiegende Mehrheit keinen Expertenstatus besitzt (und der auch nicht festgestellt wird). Wichtige solcher Wahlakte sind u.a.: als Konsument ein bestimmtes Objekt von einem Unternehmen kaufen; als Wahlberechtigter etwas auf einem Wahlzettel ankreuzen; als GfK-Teilnehmer einen TV-Sender einschalten; eine Website im Netz aufrufen; als Panelist (etwa bei bestimmten Meinungsumfragen) etwas zumindest teilweise Vorgegebenes angeben (z.b. ob man etwas besitzt, kennt, in Zukunft erwerben möchte), ohne eine Wertung abzugeben. Dieser Rangliste ist ein Hinweis (z.b. als Titel) beigegeben, der ungefähr angibt, was gezählt und/oder in welchem Umfang aufgelistet worden ist (z.b. »Billboard Hot 100«, »Hot Rock & Alternative Songs«, »Bestseller in Elektro-Großgeräte«).

B) Die Rangfolge wird durch unterschiedliche Darstellungstechniken angezeigt. Unumgänglich ist, dass das Häufigste markiert wird, ebenso die weitere hierarchische Abstufung (das Zweithäufigste, Dritthäufigste etc.). Wie das gemacht wird, ist jedoch variabel: durch eine Ziffer (1.) und/oder durch eine absolute Zahl, eine Prozentangabe, grafische Elemente. Bezeichnet wird das Häufigste, Zweithäufigste etc. entweder durch Worte und/oder durch Bilder (wenn z.b. in Musikcharts die CD-Cover oder Porträts der Künstler zu sehen sind). Manchmal ist diese Liste strikt limitiert (z.b. Top 20), bei digitalen Ranglisten wird sie manchmal beliebig weitergeführt (aber in diesem Fall muss man sich von der Startseite, die z.b. nur 10 Posten enthält, weiter durchklicken).[2]

Die hier vorgestellte Bestimmung unterscheidet sich also deutlich von jenen, die Ranglisten auf Worte, Interpunktionszeichen, typografische Elemente und Zahlen beschränken. Außerhalb des Titels kann die Liste problemlos ohne Wörter und Zahlen auskommen, und selbst beim Titel ist eine Lösung denkbar, die z.b. in einem Piktogramm besteht.

Zu überlegen wäre, ob die Bestimmung sich ebenfalls von jenen unterscheiden soll, die Ranglisten mit Darstellungen identifizieren, bei denen der häufigste Posten oben steht (oder nur wenige, sofort überschaubare Posten jeweils untereinanderstehen und der häufigste nicht oben steht, aber durch eine Ziffer und/oder eine absolute Zahl kenntlich gemacht wird). Dafür spricht, dass im gängigen Sprachgebrauch auch Aufreihungen, die in einer oder mehreren Zeilen (im Deutschen von links nach rechts) angeordnet sind (z.b.: 1. Miele, 2. Samsung, 3. Siemens), als ›Liste‹ bezeichnet werden.

---

2 Von einer »List der Listen« – dass sie »Übersicht gewähren« soll, aber wegen des »Vollständigkeitswahn[s] schriftlicher Regierung« »eher Unübersichtlichkeit« schaffe (Vismann 2000: 213), kann selbst im Falle sehr langer digitaler Ranglisten des Populären keine Rede sein.

Denkbar wäre auch, die hier vorgestellte Bestimmung so zu erweitern, dass auch Darstellungen eingeschlossen werden, bei denen die diskontinuierlichen, nicht narrativ miteinander verbundenen Elemente in anderen Konfigurationen im abgegrenzten Raum platziert sind und zugleich ohne Zahlenangaben auskommen – bei denen der häufigste Posten etwa rechts oder in der Mitte steht und z.b. durch das vergleichsweise längste Rechteck markiert wird. Zu den Ranglisten würden in diesem Fall auch entsprechende Darstellungen z.b. in der Form einer Balken- oder einer Tortengrafik zählen. Gegen eine Festlegung auf diese Erweiterung spricht allerdings, dass der gängige Sprachgebrauch von ›Liste‹ damit nicht harmoniert. Man könnte sich aber aus wissenschaftlichen Gründen darüber hinwegsetzen, weil die Gemeinsamkeiten (Platzierung diskontinuierlicher Elemente im Raum, um hierarchische Ordnung und quantitative Abstufung zu bezeichnen) schwer wiegen.[3] Entscheidet man sich dagegen, wäre festzuhalten, dass sich Ranglisten in entsprechende Grafiken überführen lassen (und umgekehrt), und man könnte jeweils angeben, welche Form gewählt wurde.

Zu berücksichtigen ist bei diesem Punkt der Form von Ranglisten des Populären ebenfalls, dass die schriftlich vorliegenden Listen auch mündlich präsentiert werden können. Das ist besonders bei Chart-Shows von Bedeutung, bei deren Präsentation eine schriftlich vorliegende Liste nicht einfach abgelesen wird.

C) Das, was in die gezählte Summe eingeht, bezieht sich entweder auf spezifische Auswahlhandlungen (z.B. zu einem gegebenen Zeitpunkt einen, nicht einen anderen TV-Sender einschalten) oder auf mehrere, die sich aber auf dasselbe Objekt beziehen (z.b. ein Musikstück im Radio spielen, es streamen, es auf YouTube anklicken etc.).

D) Es liegt stets eine Begrenzung durch die Vorgaben der Ranking-Hersteller vor, die systematisch festlegen, wie die Liste konfiguriert wird und was in sie eingeht (etwa, was in welchem Zeitraum gezählt wird und in welcher Mischung wie gewichtet wird). Durchgeführt wird bei den jeweiligen Festlegungen eine »commensuration«, die »all difference into quantity« transformiert, »expressed as magnitude, as an interval on a metric, a precise matter of more or less«, nachdem zuvor die quantifizierten Einheiten vergleichbar gemacht wurden »by assigning to each one a precise amount of something that is measurably different from, or equal to, all others« (Espeland/Stevens 2088: 408).

E) Die quantitative Sortierung arbeitet einen Unterschied heraus, der auf den gezählten Handlungen beruht: z.B. »Bestseller« (das am häufigsten gekaufte Objekt, das zweitmeist gekaufte Objekt usw.). »Top of the Pops«, »Smash Hit« (der am meisten im Radio gehörte, gestreamte etc. Titel), ›populärster Gegenstand‹ (die bei einer reprä-

---

3 Dafür spricht auch, dass beide in das Gebiet der Diagrammatik fallen, wie sie z.B. von Sybille Krämer verstanden wird: »[S]o wurzeln ›Sprachen des Raumes‹ gerade im Darstellungspotenzial sichtbarer, ›haltbarer‹ und ›eingefrorener‹ Relationen, deren Anordnung von der *Zweidimensionalität* der Flache ebenso zehrt, [sic] wie von der *Simultaneität* des jeweils flächig Dargebotenen« (Krämer 2009: 95).

sentativen Umfrage am häufigsten angegebene Auswahlmöglichkeit, was man z.B. im Haushalt für Geräte besitzt oder als nächste zu erwerben beabsichtigt). ›Sieger der Bundestagswahl‹ (die von den meisten Wahlberechtigten gewählte Partei).

F) Der Bezug von Quantität zu Qualität erfolgt durch die Rankinghersteller und/oder andere Akteure auf unterschiedliche Weise (auch) abseits der Listendarstellung: Der Begriff ›das populärste Buch‹ z.B. wird mit Blick auf die ›Bestseller-Liste‹ häufig im Sinne gebraucht von: das beliebteste, von den Leuten am höchsten geschätzte, von ihnen als sehr gut beurteilte Objekt (und nicht nur im Sinne von: das von ihnen am meisten gekaufte Objekt), obwohl ein Kauf nicht gleichbedeutend mit (zustimmender) Rezeption ist.

Rangliste II:
Alles wie bei Rangliste I, mit drei Änderungen:

1. Die quantitative Sortierung arbeitet einen Unterschied heraus, der nicht (nur) auf gezählten standardisierten Wahlakten beruht, sondern (auch) auf a) anderen Handlungen und/oder b) auf Wertungen von Personen, die weit überwiegend keinen Expertenstatus besitzen (z.B. in Meinungsumfragen, bei denen Politiker oder Regierungsentscheidungen benotet werden, oder auf Websites, die User Konsumgüter, Hotels, Urlaubsorte etc. einschätzen lassen) und/oder c) auf den Eigenschaften von Objekten (etwa bei Ranglisten von Städten die Zahl der freiwillig zugezogenen und zwangsweise angesiedelten Einwohner und/oder die Beschaffenheit der Luft, der Infrastruktur etc.).

2. In diese Rangliste können auch unterschiedliche Handlungen von unterschiedlichen Akteuren ein, die sich nicht auf dasselbe Objekt beziehen (z.B. bei Universitätsrankings die von Studenten und Professoren: die einen befinden sich in durchschnittlich x großen Seminaren und machen x Abschlüsse, die anderen werden x-mal zitiert oder bekommen x Preise).

3. Der Umschlag von Quantität in Qualität wird zumeist bereits durch die Rankinghersteller selbst und insbesondere durch andere Akteure stark und holistisch herausgestellt: z.B. die höchst gelistete Universität = die nicht nur mit Blick auf bestimmte Daten (Studentenzahl, Abschlüsse etc.), sondern im Ganzen vorzüglichste (= intellektuell, humanistisch, wissenschaftlich beste) Universität.

Rangliste III:
Alles wie bei Rangliste II, mit einer Ausnahme: In diese Rangliste gehen zusätzlich (separat) die Wertungen von Experten ein, die von den Rankingherstellern speziell dafür ausgewählt worden sind.

Rangliste IV:

Alles wie bei Rangliste III; mit einer Ausnahme: Diese Rangliste besteht rein aus Wertungen von Experten, die von den Rankingherstellern ausgewählt worden sind (Beispiel: Kunstjury-Preise). Da diese Menge an Experten bislang immer klein ausfiel, zählt Rangliste IV nur im futuristischen (oder gar utopischen) Fall zu den Ranglisten des Populären.

Bei dieser Typologie von Rangliste I-IV könnten die Unterscheidungen Heintz' weiter benutzt werden, um herauszustellen, ob es sich z.b. bei einem konkreten Fall einer Rangliste I um ein (gemäß ihrer Terminologie) »Ranking«, eine »Bestenliste« oder einen Publikums-»Preis« handelt. Die Alternative besteht darin, die Ranglisten-Auffächerung Heintz' beizubehalten und bloß im passenden Fall darauf hinzuweisen, dass z.b. eine konkrete »Bestenliste« Käufe von sehr vielen ›Laien‹ ausweist und eine andere nicht.

Unabhängig davon, wie die Entscheidung, welche Klassifikation benutzt werden soll, ausfallen mag, lässt sich aber bereits feststellen, dass beide Varianten die Möglichkeit bieten, die bisherige Aufspaltung der Forschung zu überwinden. In diesem Sinne sollen im folgenden Abschnitt Thesen und Forschungsergebnisse zu unterschiedlichen Gebieten (Popmusikcharts, Firmenrankings, Meinungsumfragen etc.) im Hinblick daraufhin vorgestellt und ausgewertet werden, ob sie – und wenn ja, welchen – einen Beitrag zu einer Untersuchung des Populären leisten.

Im Sinne der ›Behauptung des Populären‹ geht es dabei nicht um besondere Tabellen (wie die der Fußballbundesliga), es geht nicht um Kritikerpreise (wie dem Nobel-Preis für Literatur) und andere Zusammenstellungen (wie etwa der Forbes-Liste der reichsten Menschen der Welt), die sehr bekannt und vielleicht auch beliebt sind. Stattdessen geht es um Ranglisten, die (u.a.) anzeigen, was von einer großen Menge an Leuten (die weit überwiegend oder gar keine Experten sind) gekauft und/oder angeklickt, gesehen, geliket etc. wurde.

Zu ihrer Analyse können wie gesagt auch Beobachtungsleitlinien und Untersuchungsergebnisse beitragen, die nicht im Rahmen der Forschung zu Buchbestsellerlisten, Top-40-Radio-Charts etc., sondern mit Blick auf Universitäts-Rankings, Empfehlungslisten etc. vorgebracht worden sind. Diese Ansätze sollen unterteilt in vier Abschnitten betrachtet werden: Form der Ranglisten; Veröffentlichung; Quantität und Qualität, Wirkungen der Ranglisten.

4. Form der Rangliste

Zur Gestaltung der Ranglisten, die Populäres anzuzeigen vorgeben, liegt bislang wenig Forschung vor. Tobias Werron und Leopold Ringel haben jedoch wiederholt auf die Bedeutung dieses Punktes hingewiesen. Sie selbst bilanzieren, dass sich bei dem, was sie (mit eigenen, von Heintz' Angaben teils abweichenden Bestimmungsmerkmalen)[4] »Ranking« nennen, »a table providing an overview of comparable entities in a hierarchical order starting with the best performers on the top« das »most common device« sei (Ringel/Werron 2020: 143). Diese Ordnung ist durch »zero-sum comparisons« gekennzeichnet (ebd.: 142), nur einer kann z.B. in einer Top Ten der Erste – und damit der in gewisser Hinsicht Beste –, nur einer der im Vergleich dazu Zehntbeste bzw. Schlechteste sein (von Gleichständen einmal abgesehen, die durch die Berücksichtigung feinster Abstände – es reicht etwa schon ein einziges mehr verkauftes Buch aus, um ›vorne zu stehen‹ – allerdings fast unmöglich gemacht werden).

Wenn überhaupt vorhanden, fallen die Untersuchungsergebnisse zur Gestaltung der Ranglisten in den meisten Studien, die sich mit Rankings, Bestenlisten etc. beschäftigen, bislang knapp aus. Über die *Billboard*-Musikcharts heißt es etwa: »Numbered slots from one to forty list names of artists and their art, publisher and recording company.« Hinzu kämen Angaben über die Platzierung in der vorherigen Liste und (mittels »stars, bold print and colours«) über die Geschwindigkeit des Aufstiegs. Diese *Billboard*-Charts gäben das »model of the universal ranking system« ab (Hakanen 1998: 95). Letzteres darf bezweifelt werden, denn Angaben zu Firmen, vorherigen Platzierungen und zur Auf- oder Abstiegsgeschwindigkeit sind längst nicht in allen Musikcharts, geschweige denn Ranglisten zu finden. Nicht bedacht wird auch, dass Charts u.a. mündlich präsentiert werden können, dann fallen die »slots« weg und die einzelnen Platzierungen werden nacheinander – manchmal mit großen Pausen zwischendurch, in denen der genannte Titel gespielt wird – angesagt.

---

4   »We conceptualize rankings as social operations that partake in the construction of public forms of competition [...]. We argue that modern, fully developed rankings achieve this by combining four analytically distinct operations that, when taken together, contribute to the social construction of competitive fields. These four operations are: (1) comparison of performances, (2) quantification, (3) visualization, and (4) repeated – regular or periodic – publication« (Ringel/ Werron 2020: 141). Sie sprechen zudem von einer »spezifischen Form des quantitativen Leistungsvergleichs [...]: Ob im Sport in der Gestalt von wöchentlich erscheinenden Ligatabellen, die am Ende einer Saison zur Kür eines Meisters dienen, in der Wissenschaft als jährlich erscheinendes und vom Universitätspersonal mit Spannung und/oder Schrecken erwartetes Universitätsranking, im Tourismus als kontinuierlich upgedateter Popularitätsindex der Internetseite TripAdvisor, in der Wirtschaft als jährliches Ranking von Nachhaltigkeitsberichten, im staatlichen Erziehungswesen als PISA-Ranking« (Ringel/Werron 2019: V). Was »Leistungen« sind, wird nicht definiert, sondern anhand von Beispielen angedeutet: »Rankings [...] vergleichen und bewerten Leistungen (z.B. wissenschaftliche Exzellenz, Serviceorientierung von Hotels, menschliche Entwicklung, künstlerischer Ausdruck etc.).« Neben den genannten führen sie als »Ranking« auch den *Kunstkompass* an, der »eine explizite Verbindung zwischen dem ›Ruhm‹ von Kunstschaffenden und dem Marktwert ihrer Werke« herstelle (Ringel/Werron 2021: 309, 312). Buchbestsellerlisten, Musikcharts, Ranglisten mit Meinungsforschungsangaben zu den ›beliebtesten Politikern‹ etc. nehmen sie nicht in ihren Beispielreigen auf, vielleicht weil sie (im Unterschied zu Heintz) der Ansicht sind, dass in sie keine »Leistungen« eingehen.

Zu ergänzen ist ebenfalls, dass solchen Ranglisten neben dem Hinweis, dass es sich um entsprechende Listen handelt (›Top Twenty‹, ›Bestseller‹ etc.), sehr oft eine Genre-bezeichnung beigegeben ist, die darüber informiert, nach welchem Kriterium die Elemente in der Liste ausgewählt worden sind: Belletristik, Sachbuch, Popular Music, Soul, Klassik etc.; zudem enthalten sie oft einen Hinweis darauf, auf welchen Zeitraum sich die Charts beziehen. Hinzugefügt werden muss auch – und darauf weisen bereits einige wissenschaftliche Abhandlungen hin –, dass es sich um »ordinale (d.h. hierarchisch sortiert) oder metrische (d.h. hierarchisch sortiert mit quantifizierten Abständen zwischen den Rängen) Listen« handelt (Schaffrick 2016: 110). Im angegebenen Fall der *Billboard*-Charts handelt es sich bei der Abfolge von 1 bis 40 (wobei die Nummer 1 im Artikel auf der Zeitungsseite oder Website oben platziert ist) um ordinale Ziffern, die keinen Aufschluss erlauben, ob der metrische Abstand zwischen 1 und 2 z.B. zwei oder zweihunderttausend Einheiten beträgt. Solche Darstellungen beruhen auf einer Metrik, bringen sie aber nur ordinal zur Geltung: »Ordinal levels of measurement classify by rank. They vary hierarchically, but there is no presumption about quantities of difference« (Espeland/Stevens 2008: 409).

Bedeutsam für die Analyse dürfte es auch sein, darauf hinzuweisen, was aus den Ranglistendarstellungen nicht hervorgeht (Hecken 2017: 153ff.). Viele Ranglisten enthalten keine Informationen über die nähere Bestimmung ihrer Genreangabe – was ist unter Belletristik, Soul etc. zu verstehen (zu den »Warengruppen« für die deutsche Buchbestsellerliste s. Pohl/Umlauf 2003)? Ebenfalls ergeht oft kein Hinweis darauf, worauf die ordinal und/oder metrisch angezeigten Unterschiede gründen: Werden z.B. für die Musikcharts nur Käufe gezählt und/oder Radioeinsätze, Videoabrufe etc.? Sie enthalten auch recht häufig keinen Hinweis darauf, wie oft sich die z.B. die Nr. 1 im jeweiligen Zeitraum verkauft hat, angeklickt wurde etc. Bei solchen Musikcharts, Buchbestsellerlisten etc. handelt es sich streng genommen nur um Ranglisten relativer Popularität, die sich in nichts von Ranglisten unterscheiden, die z.B. die Verkäufe geisteswissenschaftlicher Hardcover-Ausgaben nach demselben Prinzip darstellen und denen man so indirekt entnehmen kann, dass ein in Kleinstauflage produziertes Buch mehr Käufer gefunden als mehrere andere. Dass es sich bei der ein oder anderen Popmusikrangliste um eine Rangliste des Populären im Sinne großer Zahlen handelt, kann man darum nicht der Darstellung selbst ablesen, sondern nur weiteren, mitunter sogar im Show-Format (z.B. die Verleihung der »Goldenen Schallplatte«) darge-brachten, woanders publizierten Informationen – oder man verlässt sich auf Speku-lationen, die auf eigenen Wahrnehmungen (z.B. eines omnipräsenten Marketings) oder historischem Wissen basieren (etwa dass Nr. 1-Pop-Stücke zumeist viel populärer sind als Nr. 1-Klassik-Einspielungen).

Bei Ranglisten von TV-Einschaltquoten hingegen wird oftmals die hochgerechnete Zahl der Zuschauer angegeben. Ebenso wie bei Ranglisten von Meinungsumfrageer-gebnissen muss man sich hier darauf verlassen, dass bei der Feststellung der Zahl tatsächlich Repräsentativität gegeben ist. Falls die Ranglisten hingegen Prozentzahlen nennen (etwa bei der Darstellung von Ergebnissen politischer Wahlen), muss man Informationen über die Zahl der abgegebenen Stimmen (oder wie im Falle der Demoskopie über die Größe der repräsentativ erfassten Gruppe) besitzen, um entscheiden zu können, ob es sich um eine Rangliste des Populären handelt.

Man könnte spekulativ annehmen, dass absolute Zahlen bei Buchbestsellerlisten und Musik-Charts nicht genannt werden, weil diese oftmals relativ niedrig ausfallen (etwa im Vergleich zu TV-Sendungen) – oder weil sie unpräzise ermittelt sind (besonders im Vergleich zu den in nicht wenigen Ländern genau überwachten Ergebnissen politischer Wahlen, aber auch im Vergleich zu den unter sozialwissenschaftlicher Anleitung durchgeführten Meinungsumfragen). Für diese möglichen Zusammenhänge gibt es aber (bislang) keine Belege.

Aus all diesen Punkten ergibt sich, dass beim genauen Studium der jeweiligen Form der Ranglisten noch viele Forschungsmöglichkeiten existieren. Ein interessanter Gesichtspunkt ist in historischer Sicht, ob sich in den jeweiligen Bereichen Routinen ausbilden, sodass über längere Strecken Musikcharts eine andere Gestalt besitzen als TV-Quoten, Darstellungen von Meinungsumfragen etc. Mit Hilfe der Kategorien Heintz' lässt sich dabei auch analysieren, ob die Ranking- oder die Bestenlisten-Form dominiert (orientieren sich z.B. die Darstellungen der Ergebnisse politischer Wahlen an der einen oder anderen Form, sprich: konzentrieren sie sich z.B. auf die Top 3 oder Top 5 oder listen sie alle oder sehr viele Parteien und Kandidaten auf, von denen die meisten nur minimale Stimmanteile erhalten haben).

5. Veröffentlichung

Wenn man heute über Ranglisten des Populären spricht, muss man nicht lange erklären, dass sie eine gewisse Bedeutung besitzen, zu groß ist einfach ihre Zahl in mannigfachen Bereichen (so der Tenor vieler Abhandlungen, etwa Hakanen 2002; Young 2017; Esposito 2022). Dass sich dies aber keineswegs von selbst versteht, zeigt rasch ein Blick in die Geschichte, der solche Ranglisten als ein junges Phänomen ausweist. Nach vereinzelten, teils lediglich kurzfristigen, rasch beendeten Versuchen vom Ende des 19. Jahrhunderts an sind verschiedene Ranglisten des Populären zugleich – Buchbestsellerlisten, Darstellungen von Meinungsumfrageergebnissen, Musikcharts etc. – erst seit den 1950er Jahren in verschiedenen Ländern zu verzeichnen, vor allem in Zeitungen und Zeitschriften, wobei der Auftakt in den USA der 1930er Jahre liegt. Sogar politische Wahlen haben wohl im 19. Jahrhundert nur selten (in Heintz' Terminologie) Ranking- oder Bestenlisten-Darstellung erfahren; die einzelnen Einträge sind stattdessen z.B. alphabetisch aufgelistet worden (Forschung scheint dazu aber keine vorzuliegen; lediglich lassen sich einzelne Impressionen finden, z.B. bei Richter 2017).

Es handelt sich bei diesen Angaben freilich um Daten zu veröffentlichten Ranglisten. In welchem Ausmaß (wenn überhaupt) sie intern zuvor in Ämtern und Firmen existiert haben, dazu liegen keine umfassenden Untersuchungen vor (zur Bedeutung von Charts für Firmen im Entertainment-Sektor grundsätzlich Anand/Peterson 2000; zu Radiohörerstatistiken z. b. Schrage 2007; zu Radio- und TV-Einschaltquoten Bessler 1980; zur deutschen »Media-Analyse« vgl. Otto 2008). Gut dokumentiert und analysiert ist aber, dass (und wann) bestimmte Ranglisten nicht nur für den internen Gebrauch von Organisationen von spezialisierten Firmen erarbeitet, sondern öffentlich gemacht wurden – und dies nicht als historische Quelle, sondern rasch nach ihrer Anfertigung (zu Buchbestsellerlisten vgl. Miller 2000; Schaffrick 2018; zu Musikcharts Parker 1991: 206f.; Anand/Peterson 2000). Weitere Marksteine dieser geschichtlichen Entwicklung sind a) der Zeitpunkt, ab dem Ranglisten des Populären nicht nur von Branchenblättern hergestellt bzw. in Auftrag gegeben und publiziert wurden, b) die Nutzung solcher Ranglisten für Radio- und TV-Shows (hierzu fehlen allerdings noch detaillierte und zusammenfassende Studien; Ansätze bei Weisbard 2014), c) ihre digital automatisierte Produktion und Publikation.

Mit der Veröffentlichung geraten die Ranglisten verstärkt in die Diskussion, ob ihnen korrekte Erhebungen zugrunde liegen. Aus dem Umstand, dass diese Erhebungen ebenso wie die Nutzung der Daten für die Zusammenstellung von Ranglisten sich über die Jahre ständig ändern, könnte man den Schluss ziehen, für ihre Durchsetzung und Anerkennung spiele es keine wichtige Rolle, ob sie auf validen Ergebnissen und durchgehaltenen Ordnungs- und Kompositionsprinzipien beruhen. Dies ist allerdings nicht richtig, wie man an der großen öffentlichen Empörung rund um Bestechungs- und Manipulationsfälle erkennt.

Die anderen genannten Änderungen, die über Jahre oder Jahrzehnte dokumentieren, dass mindestens die früheren Ranglisten einen zweifelhaften, lediglich vorläufigen Charakter besaßen, tragen gleichwohl bislang nicht dazu bei, die ›Objektivität‹ der Ranglisten zu diskreditieren. Daran mag ihre nüchterne, quantifizierende, rational wirkende Form einen Anteil haben, so zumindest die Annahme nicht weniger Forscher (etwa Espeland/Stevens 2008: 417f.).

Beim vorherigen Punkt scheint bereits durch, dass Ranglisten selten auf eine einmalige ›Veröffentlichung‹ hin angelegt sind (vor allem nicht, seitdem sie sich insgesamt als Darstellungsform etabliert haben), sondern in regelmäßigen Abständen je aktuelle Stände vermelden. Tobias Werron und Leopold Ringel haben nachdrücklich herausgearbeitet, dass es sich bei den (in ihrer Terminologie) »Rankings« (in den allermeisten Fällen) um »repeated acts of *publication*« handele (Ringel/Werron 2020: 143), die als Grundlage für »serielle Vergleiche« dienten (Ringel/Werron 2021) oder die besonderen Vergleiche durch Angaben zur Platzierung in der vorgehenden Rangliste selbst vollziehen und so ›Auf- und Abstiege‹ kenntlich machen.

Auch dies macht einen wesentlichen Unterschied zur (vorgängigen) Praxis aus, nur einzelne Popularitätsdaten öffentlich anzugeben (etwa durch Rückschlüsse auf die von Verlagen benannte Auflage von Büchern oder durch Veröffentlichung der von einem Theater genannten Zahl ausverkaufter Aufführungen). Diese bereits vor dem 20. Jahrhundert anzutreffende Praxis bezieht sich nicht nur zumeist allein auf einen Gegenstand, sondern erfolgt lediglich unregelmäßig bzw. fallweise, zumeist in Artikeln zu einem Artefakt, dessen besonders große Popularität hervorgehoben und mit einer Zahl belegt werden soll.

Mit der stark angewachsenen Veröffentlichung von Ranglisten des Populären verschwindet diese Praxis nicht; zu vermuten ist (Forschung dazu liegt nicht vor), dass sie im Gegenteil zunimmt, weil es nun einfacher ist, an entsprechende Daten durch einen Blick in solche umfangreichen Ranglisten zu gelangen. Man muss sich dafür nicht mehr an Organisationen wenden, um sie in Erfahrung zu bringen; man muss auch nicht selbst Zeuge dessen geworden sein (indem man z.B. in einen Konzertsaal geht und ihn voll oder halb leer antrifft), sondern kann eine große Menge an Informationen Printperiodika oder Websites ohne größeren zeitlichen Aufwand entnehmen.

Seit Beginn von Social Media gibt es nun nahezu unendlich viele einzelne Angaben, wie oft eine Website oder ein Post angeklickt, geteilt etc. wurde, die sehr leicht einsehbar sind, von den jeweiligen Social-Media-Seiten jedoch nicht immer oder gar nicht genutzt werden, um sie in öffentlich gemachte Ranglisten einzuspeisen. Die User tragen – auch als ›Laien‹ – selbst zu den Social-Media-Seiten bei und sollen zu vielen Aktivitäten angeregt werden (Maschewski/Nosthoff 2021: 330f.), deshalb wird ihnen nicht zentral eine Rangliste der Häufigkeits-Spitzenwerte der gesamten ›Plattform‹ angezeigt, sondern eine personalisierte Liste (z.B. ›Feed‹ genannt), die das enthalten soll, was sie zu Klicks, Kommentaren, ›Shares‹ etc. veranlasst, und nicht nur das, was in bestimmter Hinsicht zu den populärsten Angeboten gehört.

Darum ist es vielfach anderen Anbietern (etwa Printmedien oder Bloggern) überlassen, die auf den Social-Media-Seiten stehenden Daten auszuwerten und in Ranglisten zu überführen (etwa die Rangliste der Mode-Influencer mit den höchsten Followerzahlen). Schlichtweg alle Social-Media-User, deren Aktivitäten unablässig gezählt und teilweise öffentlich vermerkt werden, auch wenn sie keine professionellen Influencer sind, besitzen aber ebenfalls die Möglichkeit, aus den angezeigten Like-, Follower-, Retweet-Zahlen Ranglisten zu erstellen und zu posten.

Da es mittlerweile so viele Ranglisten des Populären gibt, könnten auch Internet-Veröffentlichungen als solche angesehen werden, die wohl nur teilweise Elemente mit ihnen teilen, aber wegen der Geheimhaltung ihres Algorithmus Verwechslungen Vorschub leisten. Vor allem sind die angebotenen Websites, die Suchergebnisse auflisten, recht leicht mit Ranglisten des Populären zu verwechseln, vor allem im Falle von Google, weil bei deren Seite zumindest bekannt ist, dass zu Beginn das Kriterium der »link popularity« stark mit darüber bestimmte, wie die Reihenfolge der präsentierten

Suchergebnisse aussah (vgl. Cardon 2016: 98ff.). Da sich aber a) bereits diese Methode
von der Zählung der Klicks der ›unique users‹ unterscheidet, b) es bei Google weder
Ziffern noch Zahlenangaben gibt, die zu einer hierarchischen Ordnung beitragen, und
c) mittlerweile sehr häufig betont worden ist, dass die Ergebnisse durch den Algorithmus ›personalisiert‹ zugeschnitten würden, wird vielleicht nur relativ selten angenommen, dass es sich bei der offerierten Top-Ten-Seite um eine Bestenliste der am
häufigsten angeklickten oder von anderen verlinkten Websites handele, auf die sich die
Suchanfrage beziehen ließ.

Im Vergleich dazu sind die »Trending Topics« bei Twitter anders beschaffen; zwar
fehlen Ordinalziffern und hierarchische Anordnung, es gibt aber mitunter bei jedem der
in der stark begrenzten »Trending«-Konfiguration aufgeführten Posten eine Zahl der
ihm zugeordneten Tweets. Wegen des Zusammenhangs von Titel (»Trending Topics«)
und einer sofort übersichtlichen Anzahl von Posten, denen entweder summarisch zugesprochen wird, dass sie momentan viel gebraucht würden, oder denen eine Häu-
figkeitsangabe zugeordnet ist, ist diese Twitter-Veröffentlichung als Rangliste des
Populären zu klassifizieren (vgl. Gillespie 2016: 54ff.).

Aufgrund der Digitalisierung hat sich die mögliche Geschwindigkeit der seriellen
Veröffentlichungen stark erhöht. Einige Ranglisten werden nun mehrfach am Tag
aktualisiert. Am anderen Extrem liegen die Darstellungen der Ergebnisse politischer
Wahlen, falls diese nur alle vier oder fünf Jahre stattfinden. Dem Tempo vieler anderer
Ranking-Publikationen passt sich die politische Sphäre aber insofern an, als durch
repräsentative Meinungsumfragen wöchentlich die ›Sonntagsfrage‹ beantwortet wird
(wenn auch die Ergebnisse dieser Umfragen nicht direkt zur Veränderung der parla-
mentarischen Sitzverteilung etc. führen). Wegen der Konkurrenz mehrerer Mei-
nungsforschungsinstitute, welche die Ergebnisse ihrer ›Sonntagsfrage‹ an verschiedenen Wochentagen öffentlich machen, kann dies in Deutschland mittlerweile sogar
fast täglich erfolgen.

6. Quantität und Qualität

A. Bestimmte Ranglisten des Populären geben zum einen an, dass etwas mehr oder
weniger als anderes gesehen und/oder gehört, gekauft, angeklickt etc. wurde. Selbst im
Falle politischer Wahlen folgt aus der Stimmabgabe jedoch nicht zwingend, dass die
Entscheidung erging, weil man die Partei oder den Kandidaten für das zur Wahl ste-
hende Amt für gut geeignet hielt (die Wahl könnte z.B. auch erfolgt sein, weil man die
bestehenden Verhältnisse einer Krise zuführen oder der Regierungspartei ›einen
Denkzettel verpassen‹ möchte).

Beim Kauf von Büchern, Filmen, Ausstellungskarten, Musikalben und diversen
anderen Produkten ist der Kauf schon deshalb nicht unbedingt mit einer positiven

Bewertung des Artefakts verknüpft, weil der Gebrauch bzw. die umfangreiche Rezeption der erstandenen Ware erst nach dem Kaufakt stattfindet. Gleiches gilt für das Einschalten von Radiosendungen, dem Aufrufen von Internetseiten, dem Besuch von kostenlosen Veranstaltungen etc., wenn dies nicht zum wiederholten Mal geschieht. Deshalb sind solche Ranglisten nicht einfach als Ranglisten des Beliebten und des Guten bzw. Besseren (des Besten und der weniger Guten) einzustufen.

Allerdings spricht sehr viel dafür, den Zusammenhang auch nicht prinzipiell auszuschließen. Ein breites Spektrum an Gründen – z.B. von eingeübten, internalisierten staatsbürgerlichen Pflichten über teilweise Vorabkenntnisse über das gekaufte oder ausgewählte Produkt oder Phänomen bis hin zu Befunden über historisch übliche Präferenzen – lässt es plausibel erscheinen, solche Ranglisten häufig auch als Ranglisten des (aus Käufer-, Wähler- oder Rezipientensicht) Guten und Schlechteren anzusehen. Das enthebt einen im wissenschaftlichen Rahmen jedoch nicht der jeweiligen Überprüfung (neben den bereits angeführten Gründen nicht zuletzt auch darum, dass etwas hoch in den Ranglisten rangieren könnte, weil seine Rezeption zum wiederholten Male erfolgte, um es zu kritisieren oder zu verspotten).

Bestimmte Ranglisten des Populären geben zum anderen direkt an, dass etwas besser oder schlechter als etwas anderes beurteilt wurde. Dies ist etwa bei Ranglisten der Fall, die Ergebnisse von Meinungsumfragen darstellen, deren Fragen bzw. anzukreuzende Alternativen sich auf Wertungen richten. Eine Frage im ARD-Deutschlandtrend lautete im Juni 2023 etwa: »Welche der drei Regierungsparteien überzeugt Sie in der Diskussion über die Umstellung auf klimaschonende Heizungsanlagen am meisten?«. Antwort: »Keine der drei Parteien« (47%), FDP (19%), Grüne (14%), SPD (10%) (ARD/infratest dimap 2023: 17; die Darstellung besteht aus einer Balkengrafik mit Zahlenangaben ohne Prozentzeichen, von denen die höchste rechts platziert ist; über der Grafik steht als Titel: »Umstellung auf klimaschonende Heizungsanlagen: Welche Koalitionspartei überzeugt am meisten?«; unter der Grafik steht kleingedruckt die bei der Erhebung gestellte Frage sowie in noch kleinerer Schrift: »Grundgesamtheit: Wahlberechtigte in Deutschland [//] Werte in Prozent [//] Fehlende Werte zu 100 Prozent: Weiß nicht / keine Angabe«).

Im Zuge der Durchsetzung von Social-Media-Angeboten hat sich die Zahl der Ranglisten, in die Bewertungen von Nicht-Experten eingehen, exponentiell vervielfältigt (vgl. Hearn 2010; Adelmann 2021: 163–182; Sharkey/Kovács/Hsu 2023). Von Restaurants über Ärzte bis hin zu beliebigen Produkten – es gibt nur wenig, was sich nicht in solchen Ranglisten, betrieben von großen Firmen wie Amazon oder Tripadvisor (vgl. Scott/Orlikowski 2012), aber auch von kleinen Websites, wiederfindet. Die quantitative Angabe (Posten x steht in der Top 10 auf Platz 3) bezieht sich in all diesen Fällen nicht (nur) auf die Häufigkeit der Käufe, Rezeptionen etc., sondern (auch) auf die qualitativen Einschätzungen von ›Laien‹, deren Votum in oftmals öffentlich unbekannter Art und Weise vom Algorithmus in die Errechnung der Rangliste einbezogen wird. Nur ein kleiner Teil von ihnen zählt aber zu den Ranglisten des Populären, weil in die allermeisten nur wenige Voten eingegangen sind.

B. Unabhängig davon, ob Kaufakte oder qualitative Urteile in Ranglisten ausgezählt werden, weist die Forschung häufig darauf hin, dass bereits durch die Art der Zusammenstellung und Präsentation ein ›Besser‹ und ›Schlechter‹, also ein qualitatives Moment, ins Spiel komme. Ranglisten schaffen vergleichbare Einheiten und bringen diese in eine hierarchische Abfolge (Heintz 2019: 53). Auch bei Ranglisten, die wie z.b. einige Musikcharts bloß Käufe quantitativ erfassen, wird aus dem ›Mehr‹ oder ›Weniger‹ dadurch ein ›Bestes‹, ›Zweitbestes‹ usw. – z.b. in den Top Ten vom ›Bestseller‹ bis hin zum ›Zehntbesten‹ bzw. relativ ›Schlechtesten‹.

7. Wirkungen der Ranglisten

Die allermeisten wissenschaftlichen Wirkungsannahmen oder -nachweise beziehen sich nicht auf Ranglisten des Populären, sondern auf Ranglisten von Institutionen, Staaten, Firmen, in die ökonomische, pädagogische, (sozio-)politische Daten und/oder Experten-Einschätzungen eingehen. Herausgestellt wird, dass solche Ranglisten in spezifischen Feldern Sichtbarkeit und Vergleichbarkeit auf komplexitätsreduzierende Weise stifteten (etwa Espeland/Stevens 2008: 415; Esposito/Stark 2019; letztere im direkten Anschluss an Luhmann 1992: 85ff.). Dadurch würde a) die Konkurrenz unter den Verglichenen und hierarchisch Aufgelisteten initiiert oder verschärft (etwa Mau 2017; vgl. Rindova et al. 2018: 2187ff.), b) die Diskriminierung der Ranglisten-›Unteren‹ initiiert oder verschärft (Espeland/Stevens 2008: 416), c) »flexibler Normalismus« durchgesetzt (Link 2006: 43f., 327ff.; Schneider 2003: 89).

Für viele Ranglisten des Populären ist das aber entweder kein besonderer Befund oder nicht zutreffend. Durch Bestsellerlisten wird die Konkurrenz in der jeweiligen Branche sicherlich nicht initiiert und wahrscheinlich auch nicht signifikant verschärft, denn die Geschäftsbilanz der einzelnen Firma zeigt bereits ihre Profitabilität in dem bereits durchgesetzten kapitalistischen Wettbewerb hinreichend an und lässt einige Schlussfolgerungen auf die Stellung in der Branche zu (allerdings tragen z.b. Musikcharts immerhin zur Konturierung und Strukturierung des Felds, in dem die Konkurrenz stattfindet, bei; Anand/Peterson 2000: 281; generell zur »Spezialisierung« in »›schmale‹ und annähernd homogene Felder« u.a. durch besondere »Ranking-Konkurrenz« Link 2006: 327, 325).

In der politischen Sphäre ist in liberalen Demokratien die Auseinandersetzung zwischen Kandidaten und zwischen Parteien ebenfalls systemisch etabliert. Von einer Initiierung und Verschärfung der Konkurrenz durch Ranglisten kann darum kaum oder gar keine Rede sein.

Falls solch ein demokratischer Staat über einen öffentlich-rechtlichen Rundfunk verfügt, ist es deshalb zudem konsequent, dass Bilanzen über viel und weniger stark frequentierte Sendungen erfolgen, wenn sich auch im Sinne des Minderheitenschutzes eine durchgehende Orientierung des Programms an (vorherigen) Ranglistenersten verbietet. Ebenfalls stellt die Ausrichtung auf vergleichsweise stark geteilte Meinungen und beliebte Personen in Demokratien innerhalb des Bereichs der ›Öffentlichkeit‹ keinen systemischen Fehler dar, sodass Ranglisten, die Ergebnisse von Meinungsumfragen oder Social-Media-Klicks in eine Häufigkeits-Hierarchie überführen, den politischen und weltanschaulichen Wettbewerb allenfalls verschärfen können.

Zu jenem »flexiblen Normalismus«, der eine datengetriebene, potenziell veränderlich zusammengesetzte, ›gaußoide‹ Mitte zwischen zwei Extrem-Polen etabliert (Link 2006: 55f., 341, 347), tragen die Ranglisten des Populären auch nur in eingeschränktem Maße bei (dies wird nicht bedacht von Schneider 2003: 76ff., 89; präziser Link 2006: 367f.). Falls diese Ranglisten – anders als im Falle der Darstellung der Ergebnisse von politischen Wahlen und mancher Meinungsumfragen – nicht in entsprechende Säulen- oder Tortengrafiken überführt werden (die über diese Möglichkeit der ›Mitte‹- und ›Extreme‹-Markierung grundsätzlich verfügen), fehlen ihnen notwendigerweise die Pole. Allenfalls kann ein einziger Pol vorhanden sein – wenn zu den Angaben über die Top-Platzierungen jene zu den am schlechtesten Platzierten treten (dies geschieht aber bislang nur selten, etwa wenn mitunter in einem überschaubaren Bereich wie dem der Angebote sehr weniger Fernsehanstalten sowohl die am meisten als auch die am wenigsten eingeschalteten Sendungen aufgelistet werden; dazu Stauff/ Thiele 2007: 261f.).

In gewisser Weise fehlt aber sogar die mittlere Zone. Allenfalls könnte man die Nr. 1 als das jeweils ›Normale‹ oder ›Durchschnittliche‹ auffassen, ob aber die Top 3, Top 5, Top 10 oder vielleicht auch noch die Top Twenty als Angabe der Bestandteile einer relativ breiten, ›normalisierten‹ Mitte anzusehen wäre, bleibt bei solchen Ranglisten des Populären offen.

Aus diesen Gründen ist man angesichts der Ranglisten des Populären überwiegend auf andere Wirkungsangaben verwiesen. Eine wichtige Hypothese besitzt im Zusammenhang demokratischer Wahlakte eine beachtliche Tradition. Sie fällt zwar spekulativ aus, ist aber dennoch – oder gerade deswegen – weltanschaulich wirkungsmächtig (gewesen). Als Folge des demokratischen Wahlverfahrens wird (in kritischer Manier) die Atomisierung der ›Gemeinschaft‹ herausgestellt: »Ist ein Volk ›mehr als die Summe seiner Teile‹, so hat das Volk nicht gesprochen, wenn man die Teile einzeln abgefragt hat« (Mann [1918] 1990: 267). In »tiefstem Geheimnis und völliger Isoliertheit« der Wahlprozedur setze sich das Privatinteresse durch, daran ändere die Addition der einzelnen Stimmen nichts, selbst wenn es sich um eine 100%-Mehrheit handele (Schmitt [1926] 2017: 22) – eine Summe, die nicht zuletzt durch die Darstellung der Wahlergebnisse in Ranglisten öffentlich gemacht wird. Zu solchen vereinzelten, einsamen Wahlakten zähle nicht nur das Kreuz in der Wahlkabine, sondern auch der registrierte Kauf im Supermarkt; sie reduzierten Politik und menschliches Verhalten in ihrer Bilanz auf eine »Summe individueller Akte« (Bourdieu 2001:32). Einschaltquoten und Meinungsumfragen seien ebenfalls keineswegs ein Ausdruck einer vernünftigen öffentlichen Meinung, die über die Kumulation zersplitterter, standardisierter Einschätzungen hinausgehen müsse (Bourdieu 1998:96).

Dies betonen oft auch jene, denen es gerade nicht um eine Volksgemeinschaft oder auch nicht zentral um eine solidarische soziale Bewegung geht. Entscheidend ist für sie nicht die festgestellte Majorität, sondern eine ihr vorausgehende vernünftige Deliberation. Eine Potenzierung der in Ranglisten dargestellten Ergebnisse von Wahlakten, wie es z.b. im Zuge von Meinungsumfragen geschieht, verbessert die Lage nach Auffassung dieser Kritiker nicht (Habermas 1962:262ff.), sondern verursacht bloß neue, weitere Probleme, etwa die Zunahme von nicht gut durchdachten, verantwortungslosen, wahltaktischen, opportunistischen Ad-hoc-Entscheidungen (Hennis 1957:42f.).[5] Darum sei es auch wichtig, dass Radio- und Fernsehsender sich nicht an Einschaltquoten orientierten, sondern an Programmrichtlinien, die in der Förderung von Bildung, politischer Aufklärung und vernünftiger Debatte bestünden (Sunstein 2001).

Solche Forderungen und die ihnen zugrundeliegenden Diagnosen sind in vielen Bereichen zu hören, selbst in denen, die gegenüber politischen Ansprüchen ein hohes Maß an Autonomie errungen haben. Zu den Wirkungsannahmen gehört auf breiter Front, dass die quantitative Feststellung von Ranglistenersten zu einem erheblichen Niveauverlust beitrüge: »Will man aber gar auf das Gebiet der Kunst den Gebrauch der Volksabstimmungen und der Zahlen-Majoritäten übertragen«, folge daraus die ›Beseitigung‹ der Kunst (Nietzsche [1874] 1980:224).

Solche Thesen teilen keineswegs nur Antidemokraten, sondern auch viele Anhänger politischer Demokratie. Gerade in den Bereichen von Kunst und Kultur sehen sie keinen Anlass, sich an Ranglisten des Populären auszurichten, sondern im Gegenteil eine Gefahr bzw. eine Ursache für einen bereits vorliegenden schlechten Zustand: Die »Macht des Banalen« erstrecke sich in der Gegenwart »übers Gesellschaftsganze« (Adorno [1938] 1973:19). Die Publizität der »best sellers« trage dazu in nicht uner-

---

5 Die Politikwissenschaft ist diesen Einschätzungen überwiegend nicht in dieser Vehemenz gefolgt, sondern betont einfach die relative Bedeutung der Demoskopie für die gegenwärtige Politik und ihre Analyse (etwa Mayer 2013:266f.). Als Kritik an der Demoskopie ist unter politischen Kommentatoren neben dem Verweis auf die ›Kurzatmigkeit‹ und den ›Populismus‹, der durch sie begünstigt werde, etwas ganz anderes oft zu hören, das sich vollkommen mit den Ansprüchen der Demoskopen deckt: kritisiert wird häufig, dass die versprochene Prognosekraft von Umfragen kurz vor politischen Wahlen zu gering ausfalle (vgl. Campbell 2020). Stärker im Bereich der Wissenschaften und politischer Organisationen wird der Einfluss von Umfrageergebnissen auf die Wahlentscheidung diskutiert und analysiert (u.a. dazu vgl. Raupp 2007; Faas/Molthagen/Mörschel 2017).

heblichem Maße bei, z.b. sei im Bereich der Musik »das Bekannteste [...] das Erfolgreichste; daher wird es immer wieder gespielt und erfolgreicher gemacht« (Adorno
[1938] 1973: 22). »Werte« wie der des quantitativ ermittelten kapitalistischen »Erfolg[s]« zögen nun die »Affekte« der »Konsumenten« auf sich, ohne dass ihnen die
»spezifischen Qualitäten« der Werke noch bewusstwürden (Adorno [1938] 1973: 24f.).
Der neue »code« des »popular music chart« bestehe nicht in der Differenz »popular«/
»elite culture«, sondern »defines ›popular‹ as the audience which embodies itself in a
chart. The result is the hyperconsumerism of late capitalism« (Hakanen 1998: 107f.).
Eine Differenzierung der Charts nach Genre-Kategorien (bis hin zu ›alternative
charts‹) ändere daran nichts, sondern befördere neben marktförmiger Stereotypisie-
rung (Hakanen 1998 107) gerade den »sense of seemingly more powerful choices across
which the consumer feels a stronger and more refined identity with the market«
(Hakanen 1998: 108).

Überprüfungen dieser als Gewissheiten ausgegebenen Hypothesen sind bislang
selten erfolgt, sozialpsychologische oder ethnografische Studien zum Umgang mit
Ranglisten des Populären und seinen Auswirkungen liegen – so weit das zu überbli-
cken ist – keine vor. Grundsätzlich kann jedoch bereits gegen besagte Hypothesen das
Argument angeführt werden, dass die Ausarbeitung und Veröffentlichung von Informationen die Möglichkeit der Zustimmung wie Ablehnung eröffnet. Top-Ten- und
ähnliche Ranglisten können darum auch dazu führen, dass ihre Ranglistenersten bewusst gemieden werden. Für diejenigen, die sich als ›Underground‹, ›Boheme‹, ›In-
dividualisten‹, ›Nonkonforme‹ etc. gegen den ›Mainstream‹, die ›verwaltete Welt‹, den
›Kommerz‹ etc. stellen, bieten die Ranglisten des Populären einen sehr guten An-
haltspunkt, was zu vermeiden und abzulehnen ist.

Auch deshalb ist die Feststellung, dass Ranglisten Individuelles, Komplexes so behandeln, dass es vergleichbar und graduell-quantitativ unterscheidbar wird, und ihm
danach einen Platz in einer Hierarchie zuweisen, die in einer besonderen Hinsicht
Besseres von Schlechterem trennt, nicht gleichbedeutend mit der Feststellung, dass die
Spitzen der Ranglisten in einer anderen Hinsicht oder gar allgemein ›gut‹ bzw. das
›Beste‹ seien. Bei den Ranglisten des Populären ist dieses Diktum ebenfalls nicht
gleichzusetzen mit der Aussage, dass ihre Erstplatzierten von den meisten Leuten (oder
gar allen) als die in vielerlei Hinsicht qualitativ Hochrangigsten erachtet werden (dass
etwa der ›Führende‹ der Buchbestsellerliste der beste Schriftsteller sei, die ›Hit‹-Single
das künstlerisch beste [oder auch nur das profitabelste] Musikstück) – es sei denn, die
Rangliste geht auf eine repräsentative Erhebung zurück, die nach den künstlerisch
besten Werken gefragt hat (oder auch nur im anderen Fall auf eine ökonomische
Auswertung, die über die renditestärksten Veröffentlichungen Auskunft gibt).

Die zweite Feststellung könnte also getroffen werden, wenn eine eigene empirische
Untersuchung dafür genügend Belege präsentierte. Ob es zu den Konsequenzen der
Veröffentlichung einer Rangliste des Populären im Allgemeinen oder auch nur im

Besonderen gehört, dass das dort als ›erstrangig‹ angezeigte, am meisten gekaufte, gehörte etc. Phänomen als das in vielerlei Hinsicht beste gilt, wäre damit aber immer noch nicht bewiesen. Infrage stünde ebenfalls, ob (auch) andere Ursachen (und wenn ja, welche) zu dieser Wirkung beigetragen hätten. Zu all diesen Punkten gibt es noch keine Studien, die über die Bildung von Thesen hinausgingen.

Punktuelle wissenschaftliche Belege gibt es immerhin bereits zu den ökonomischen Auswirkungen einzelner Ranglisten des Populären. So konnte für die deutsche Buchbestsellerliste der Jahre 2003 bis 2006 der Nachweis erbracht werden, dass die Platzierung in den Top 50 kurzfristig Steigerungen beim Absatz, nur aber die kontinuierliche Platzierung in den Top 20 über längere Zeit Gleiches bewirkte (Clement et al. 2008).

Zahlreiche Hinweise gibt es auch zur Bedeutung von (vergangenen) Musikcharts für die (künftigen bzw. jeweils gegenwärtigen) Herstellungsentscheidungen von Firmen (s. Anand/Peterson 2000: 273). Umstritten ist aber, ob die Verwendung von Ranglisteninformationen für die Entscheidung über neu zu produzierende Güter den Organisationsangehörigen in erster Linie zur Legitimation bereits aus anderen Gründen formierter Überzeugungen dient oder ihre Vertragsabschlüsse direkt bestimmt; historische Untersuchungen können hier wohl als Beweis dafür fungieren, dass mit beiden Varianten zu rechnen ist. Zweifelsfrei kann aber auf Basis dieser Untersuchungen angegeben werden, dass die Charts in Firmen nicht zwangsläufig dazu genutzt werden, das in den Ranglisten vormals Erfolgreiche (mit geringer Variation) in (naher) Zukunft zu reproduzieren (vgl. Nathaus 2011).

Unstrittig dürfte die informative, memorative Bedeutung der Ranglisten des Populären sein. Da einige Ranglisten in viel rezipierten Organen veröffentlicht werden, ist die Annahme hochgradig plausibel, dass die in diesen Ranglisten platzierten Einheiten bekannter sind, als sie es ohne entsprechende Veröffentlichungen wären. Aus der Tatsache, dass Ranglisten des Populären seit ihrer internationalen Durchsetzung in den 1950er Jahren wenigstens in Nordamerika und in Europa eine starke Verbreitung erfahren haben, lässt sich zudem wohl mehr als ihre partielle Anerkennung durch Teile der sie veröffentlichenden Organisationen ableiten. Der SFB 1472 »Transformationen des Populären« sieht die titelgebende »Transformation« genau mit dieser Tatsache in Verbindung:

Das Gute, Wahre und Schöne, das Erhabene und Bedeutende, das Exquisite und Exzellente kann populär sein – oder muss sogar populär sein, wenn es überhaupt Beachtung finden soll. Mit Blick auf die Anschlussfähigkeit von Kommunikationen, auf die soziale Resonanz, die eine Sache oder Person finden kann, lässt sich ein Umbruch konstatieren: Die Asymmetrie von *high* und *low* büßt an Bedeutung ein, und die frei skalierbare und für Rankings aller Art prädestinierte Unterscheidung von populär und nicht-populär gewinnt an Gewicht. Ob dagegen das, was aus Sicht der Hochkultur oder *elite culture* Beachtung finden *soll*, überhaupt beachtet wird, ist ungewiss (Döring et al. 2021: 6).

Diese Annahme erscheint wegen der zahlreichen wissenschaftlichen Angaben und Hypothesen, die mitunter wesentlich stärkere Wirkungen unterstellen, nicht unplausibel zu sein. Allerdings muss man angesichts dieser zahlreichen starken Wirkungshypothesen, die auch und gerade in kritischer Manier vorgetragen werden, ebenfalls konzedieren, dass es zumindest in Teilbereichen nach wie vor beträchtliche Widerstände gegen die Orientierung an Ranglisten des Populären gibt. Gerade im Bereich der Geistes-, Kultur- und Sozialwissenschaften ist er recht hoch anzusetzen; und besonders in den Literatur- und Kunstwissenschaften zeigt er sich eindrucksvoll daran, dass ihre Untersuchungsgegenstände weit überwiegend nicht auf den Ranglisten des Populären zu finden sind.

Literaturverzeichnis

Adelmann, Ralf (2021): Listen und Rankings. Über Taxonomien des Populären. Bielefeld: transcript.

Adorno, Theodor W. (1973): Über den Fetischcharakter in der Musik und die Regression des Hörens [1938]. In: Adorno, Theodor W.: Gesammelte Schriften, Bd. 14. Frankfurt am Main: Suhrkamp, S. 14–50.

Anand, N./Peterson, Richard A. (2000): When Market Information Constitutes Fields: Sensemaking of Markets in the Commercial Music Industry. In: Organization Science, 11/3 [Special Issue: Cultural Industries: Learning from Evolving Organizational Practices], S. 270–284.

ARD/infratest dimap (2023): ARD-Deutschland-TREND Juni 2023. Eine repräsentative Studie im Auftrag der tagesthemen. file:///C:/Users/Standard/Downloads/deutschlandtrend-pdf-120.pdf [08.09.2023].

Belknap, Robert E. (2004): The List. The Uses and Pleasures of Cataloguing. New Haven/London: Yale University Press.

Bessler, Hansjörg (1980): Hörer- und Zuschauerforschung. München: dtv.

Bourdieu, Pierre (1998): Über das Fernsehen [Sur la television (1996)]. Frankfurt am Main: Suhrkamp.

Bourdieu, Pierre (2001): Die Durchsetzung des amerikanischen Modells und ihre Folgen [frz. 1999]. In: Bourdieu, Pierre: Gegenfeuer 2. Für eine europäische soziale Bewegung [Contre-feux 2 (2001)]. Konstanz: UVK, S. 27–33.

Campbell, W. Joseph (2020): Lost in a Gallup. Polling Failures in U.S. Presidential Elections. Oakland: University of California Press.

Cardon, Dominique (2016): Deconstructing the Algorithm: Four Types of Digital Information Calculations. In: Seyfert, Robert/Roberge, Jonathan (Hgg.): Algorithmic Cultures. Essays on Meaning, Performance and New Technologies. London: Routledge, S. 95–110.

Clement, Michel et al. (2008): Der Einfluss von Rankings auf den Absatz – Eine empirische Analyse der Wirkung von Bestsellerlisten und Rangpositionen auf den Erfolg von Büchern. In: Schmalenbachs Zeitschrift für betriebswirtschaftliche Forschung, 60, S. 746–777.

Döring, Jörg/Werber, Niels/Albrecht-Birkner, Veronika et al. (2021): Was bei vielen Beachtung findet: Zu den Transformationen des Populären. In: *Kulturwissenschaftliche Zeitschrift*, 6/2, S. 1–24. DOI: 10.2478/kwg-2021–0027.

Ennis, Philip H. (1992): The Seventh Stream. The Emergence of Rocknroll in American Popular Music. Hanover/London: University Press of New England.

Espeland, Wendy N./Stevens, Mitchell L. (2008): A Sociology of Quantification. In: European Journal of Sociology 49/3, S. 401–436.

Esposito, Elena (2022): Artificial Communication. How Algorithms Produce Social Intelligence. Cambridge (Massachusetts): MIT Press.

Esposito, Elena/Stark, David (2019): What's Observed in a Rating? Rankings as Orientation in the Face of Uncertainty. In: Theory, Culture & Society, 36/4, S. 3–26.

Faas, Thorsten/Molthagen, Dietmar/Mörschel, Tobias (Hg.) (2017): Demokratie und Demoskopie. Machen Zahlen Politik? Wiesbaden: Springer VS.

Gillespie, Tarleton (2016): #trendingistrending. When Algorithms Become Culture. In: Robert Seyfert/Jonathan Roberge (Hg.): Algorithmic Cultures. Essays on Meaning, Performance and New Technologies. London: Routledge, S. 52–75.

Goody, Jack (1977): The Domestication of the Savage Mind. Cambridge et al.: Cambridge University Press.

Grossberg, Lawrence/Wartella, Ellen/Whitney, Charles D. (1998): Media Making. Mass Media in a Popular Culture. Thousand Oaks et al.: Sage Publications.

Habermas, Jürgen (1962): Strukturwandel der Öffentlichkeit. Untersuchungen zu einer Kategorie der bürgerlichen Gesellschaft. Neuwied/Berlin: Luchterhand.

Hakanen, Ernest A. (1998): Counting Down to Number One: The Evolution of the Meaning of Popular Music Charts. In: Popular Music, 17/1, S. 95–111.

Hakanen, Ernest A. (2002): Lists as Social Grid: Ratings and Rankings in Everyday Life. In: Social Semiotics, 12/3, S. 245–254.

Hamm, Charles (1979): Yesterday. Popular Song in America. New York/London: W.W. Norton & Company.

Hearn, Alison (2010): Structuring Feeling: Web 2.0, Online Ranking and Rating, and the Digital ›Reputation‹ Economy. In: ephemera, 10/3+4, S. 421–438.

Hecken, Thomas (2006): Populäre Kultur. Mit einem Anhang ›Girl und Popkultur‹. Bochum: Posth.

Hecken, Thomas (2007): Der deutsche Begriff ›populäre Kultur‹. In: Archiv für Begriffsgeschichte, 49, S. 195–204.

Hecken, Thomas (2017): Wahlergebnisse und Charts – populäre Kultur. In: Pop. Kultur und Kritik, H. 11, S. 144–172.

Heintz, Bettina (2019): Vom Komparativ zum Superlativ: Eine kleine Soziologie der Rangliste. In: Nicolae, Stefan et al. (Hgg.): (Be)Werten. Beiträge zur sozialen Konstruktion von Wertigkeit. Wiesbaden: Springer VS, S. 45–79.

Hennis, Willhelm (1957): Meinungsforschung und repräsentative Demokratie. Zur Kritik politischer Umfragen. Tübingen: J.C.B. Mohr.

Herlinghaus, Hermann (2002): Populär/volkstümlich/Popularkultur. In: Barck, Karlheinz et al. (Hgg.): Ästhetische Grundbegriffe, Bd. 4. Stuttgart/Weimar: J.B. Metzler, S. 832–884.

Krämer, Sybille (2009): Operative Bildlichkeit. Von der ›Grammatologie‹ zu einer ›Diagrammatologie‹? Reflexionen über erkennendes ›Sehen‹. In: Heßler, Marina/Mersch, Dieter (Hgg.): Logik des Bildlichen. Zur Kritik der ikonischen Vernunft. Bielefeld: transcript, S. 94–122.

Link, Jürgen (2006): Versuch über den Normalismus. Wie Normalität produziert wird [1997]. 4., erw. Aufl. Göttingen.

Luhmann, Niklas (1992): Die Beobachtung der Beobachter im politischen System: Zur Theorie der Öffentlichen Meinung. In: Wilke, Jürgen (Hg.): Öffentliche Meinung. Theorie, Methoden, Befunde. Beiträge zu Ehren von Elisabeth Noelle-Neumann. Freiburg/München: Karl Alber, S. 77–86.

Maase, Kaspar (1997): Grenzenloses Vergnügen. Der Aufstieg der Massenkultur 1850–1970. Frankfurt am Main: Fischer.

Mann, Thomas (1990): Betrachtungen eines Unpolitischen [1918]. In: Mann, Thomas: Gesammelte Werke in dreizehn Bänden, Bd. 12. Frankfurt am Main: Fischer, S. 7–589.

Maschewski, Felix/Nosthoff, Anna-Verena (2021): Der plattformökonomische Infrastrukturwandel der Öffentlichkeit: Facebook und Cambridge Analytica revisited. In: Seeliger, Martin/Sevignani, Sebastian (Hgg.): Ein neuer Strukturwandel der Öffentlichkeit? [= Leviathan (Sonderband 37)] Baden-Baden, S. 320–341.

Mau, Steffen (2017): Das metrische Wir. Über die Quantifizierung des Sozialen. Berlin.

Mayer, Tilman (2013): Demokratie, Demoskopie und das Ringen um die öffentliche Meinung. In: Anter, Andreas (Hg.): Wilhelm Hennis' Politische Wissenschaft. Fragestellungen und Diagnosen. Tübingen: Mohr Siebeck, S. 257–269.

Miller, Laura (2000): The Best-Seller List as Marketing Tool and Historical Fiction. In: Book History, 3, S. 286–304.

Nathaus, Klaus (2011): Turning Values into Revenues: The Markets and the Field of Popular Music in the US, the UK and West Germany (1940s to 1980s). In: Historical Social Research, 36/3, S. 136–163.

Nietzsche, Friedrich (1980): Unzeitgemäße Betrachtungen. Zweites Stück. Vom Nutzen und Nachteil der Historie für das Leben [1874]. In: Nietzsche, Friedrich: Werke in sechs Bänden. Erster Band. Hg. v. Karl Schlechta. München: Hanser, S. 209–285.

Otto, Isabell (2008): Mediengeschichte des Messens. Zu den Umbauten der Media-Analyse. In: Schneider, Irmela/Epping-Jäger, Cornelia (Hgg.): Formationen der Mediennutzung III. Dispositive Ordnungen im Umbau. Bielefeld: transcript, S. 213–230.

Parker, Martin (1991): Reading the Charts – Making Sense with the Hit Parade. In: Popular Music, 10/2, S. 205–217.

Pohl, Sigrid/Umlauf, Konrad (2003): Warenkunde Buch. Strukturen, Inhalte und Tendenzen des deutschsprachigen Buchmarkts der Gegenwart. Wiesbaden: Harrassowitz.

Raupp, Juliana (2007): Politische Meinungsforschung. Die Verwendung von Umfragen in der politischen Kommunikation. Konstanz: UVK.

Rindova, Violina P. et al. (2018): The Good, the Bad and the Ugly of Organizational Rankings: A Multidisciplinary Review of the Literature and Directions for Future Research. In: Journal of Management, 44/6, S. 2175–2208.

Richter, Hedwig (2017): Moderne Wahlen. Eine Geschichte der Demokratie in Preußen und den USA im 19. Jahrhundert. Hamburg: Hamburger Edition.

Ringel, Leopold/Werron, Tobias (2019): Soziologie der Rankings: Neue Perspektiven. In: Ringel, Leopold/Werron, Tobias (Hgg.): Rankings – Soziologische Fallstudien. Wiesbaden: Springer VS, S. V-XXVI.

Ringel, Leopold/Werron, Tobias (2020): Where Do Rankings Come From? A Historical-Sociological Perspective on the History of Modern Rankings. In: Epple, Angelika/Erhart, Walter/Grave, Johannes (Hgg.): Practices of Comparing. Towards a New Understanding of a Fundamental Human Practice. Bielefeld: transcript, 137–170.

Ringel, Leopold/Werron, Tobias (2021): Serielle Vergleiche: Zum Unterschied, den Wiederholung macht. Anhand der Geschichte von Kunst- und Hochschulrankings. In: Kölner Zeitschrift für Soziologie und Sozialpsychologie, 73/1, S. 301–331.

Schaffrick, Matthias (2016): Listen als populäre Paradigmen. Zur Unterscheidung von Pop und Populärkultur. In: KulturPoetik, 16/1, S. 109–125.

Schaffrick, Matthias (2018): Paratext Bestsellerliste. Zur relationalen Dynamik von Popularität und Autorisierung. In: Gerstenbräun-Krug, Martin/Reinhard, Nadja (Hgg.): Paratextuelle Politik und Praxis. Interdependenzen von Werk und Autorschaft. Wien: Böhlau, S. 71–90.

Schmitt, Carl (2017): Vorbemerkung (über den Gegensatz von Parlamentarismus und Demokratie) [1926]. In: Schmitt, Carl: Die geistesgeschichtliche Lage des heutigen Parlamentarismus. 10. Aufl., unveränderter Nachdruck der 1926 erschienenen 2. Aufl. Berlin: Duncker & Humblot, S. 5–23.

Schneider, Irmela (2003): Passiv und gebildet, aktiv und diszipliniert. Diskurs über das Zuschauen und den Zuschauer. In: Schneider, Irmela/Hahn, Torsten/Bartz, Christina (Hgg.): Medienkultur der 60er Jahre. Diskursgeschichte der Medien nach 1945. Bd. 2. Wiesbaden: Westdeutscher Verlag, S. 73–97.

Schrage, Dominik (2007): Von der Hörerpost zur Publikumsstatistik. In: Schneider, Irmela/Otto, Isabell (Hgg.): Formationen der Mediennutzung II: Strategien der Verdatung. Bielefeld: transcript, S. 133–151.

Scott, Susan V./Orlikowski, Wanda J. (2012): Reconfiguring Relations of Accountability: Materialization of Social Media in the Travel Sector. In: Accounting, Organizations and Society, 37, S. 26–40.

Sharkey, Amanda/Kovács, Balázs/Hsu, Greta (2023): Expert Critics, Rankings, and Review Aggregators: The Changing Nature of Intermediation and the Rise of Markets with Multiple Intermediaries. In: Academy of Management Annals, 17/1, S. 1–36.

Shiach, Morag (1989): Discourse on Popular Culture. Class, Gender and History in Cultural Analysis, 1730 to the Present. Cambridge/Oxford: Polity Press.

Stäheli, Urs (2012): Listing the Global: Dis/connectivity beyond Representation? In: Distinktion: Scandinavian Journal of Social Theory, 13/3, S. 233–246.

Stauff, Markus/Thiele, Matthias (2007): Mediale Infografiken. Zur Popularisierung der Verdatung von Medien und ihrem Publikum. In: Schneider, Irmela/Otto, Isabell (Hgg.): Formationen der Mediennutzung II: Strategien der Verdatung. Bielefeld: transcript, S. 251–267.

Storey, John (1998): An Introduction to Cultural Theory and Popular Culture [1993]. Athens: The University of Georgia Press.

Storey, John (2005): Popular. In: Bennett, Tony/Grossberg, Lawrence/Morris, Meaghan (Hgg.): New Keywords. A Revised Vocabulary of Culture and Society. Malden et al.: Blackwell, S. 262–264.

Sunstein, Cas R. (2001): Das Fernsehen und die Öffentlichkeit. In: Wagner, Lutz/Günther, Klaus (Hgg.): Die Öffentlichkeit der Vernunft und die Vernunft der Öffentlichkeit. Festschrift für Jürgen Habermas. Frankfurt am Main: Suhrkamp, S. 678–701.

Tankard, Paul (2006): Reading Lists. In: Prose Studies, 28/3, S. 337–360.

Vismann, Cornelia (2000): Akten. Medientechnik und Recht. Frankfurt am Main: Fischer.

Wald, Elijah (2009): How the Beatles Destroyed Rock 'n' Roll. An Alternative History of American Popular Music. New York: Oxford University Press.

Weisbard, Eric (2014): Top 40 Democracy. The Rival Mainstreams of American Music. Chicago/London: The University of Chicago Press.

Young, Liam C. (2013): Un-Black Boxing the List: Knowledge, Materiality, and Form. In: Canadian Journal of Communication, 38, S. 497–516.

Young, Liam C. (2017): List Cultures. Knowledge and Poetics from Mesopotamia to BuzzFeed. Amsterdam: Amsterdam University Press.

Christina Bartz

Die Listen des Warenkatalogs

ABSTRACT: The subject of the article is the IKEA catalogue and the product lists it contains. It analyses their structure and design and discusses three theses. 1) Following consumer culture research, it can be argued that the lists promise a general variety of products. 2. The arrangement within the lists suggests a selection by comparison. 3. The IKEA catalogue advertises the popularity of its own products. One the one hand popularity means sales success and on the other hand suitability for consumers' households.

KEYWORDS: Catalog, List, Consumer Culture, Bestseller, Performativity

2020 feierte IKEA nicht nur den 70. Geburtstag der schwedischen Ausgabe seines Katalogs, sondern kündigte im gleichen Zuge die Einstellung der Print-Ausgabe an: »Den IKEA-Katalog gibt's nur noch digital« (Jessen 2020) – so titelte daraufhin die Wochenzeitung *Die Zeit.* Die Medienwissenschaftlerin Monique Miggelbrink hat sich die Reaktionen des deutsch-sprachigen Feuilletons auf diese Nachricht angeschaut, deren Menge allein eine erhöhte Aufmerksamkeit verdeutlicht und ein Indiz nicht nur für die Reichweite des Katalogs, sondern auch für seine kulturhistorische Bedeutsamkeit ist. Darauf aufbauend ist es ihr ein Anliegen, den IKEA-Katalog als Archiv einer Dingkultur des Wohnens zu verstehen (vgl. Miggelbrink 2022; siehe auch Ledin/Machin 2019). Jenseits dessen stellt sie im Zuge ihrer Sichtung der Feuilleton-Artikel zur Einstellung des Katalogs einen nostalgischen Grundton fest, der sich u.a. in persönlichen Erzählungen von früheren Erfahrungen mit dem IKEA-Katalog dokumentiert. »So scheint der Möbelkatalog« rückblickend – wie Miggelbrink ihr Ergebnis zusammenfasst – »als warenästhetischer Coming-of-Age-Roman« (Miggelbrink 2022: 579), der jugendliche Träume vom zukünftigen Wohnen inspirierte. An dieser sicher zutreffenden Beobachtung ist der Verweis auf das Romanhafte auffällig, denn der Warenkatalog ist doch zunächst einmal die Auflistung eben von angebotenen Waren und keine Narration. Dies verdeutlicht schon die altgriechische Begriffsherkunft *katálogos,* was sich mit Liste oder Verzeichnis übersetzen lässt. Die Gestaltung früher Warenkataloge orientiert sich an dieser Bedeutung (vgl. Hensen 1999: 366–378; Reubel-Ciani 1991; auch: Weyand 2013: 78; Goody 2012: 347).

Die enorme Popularität des IKEA-Katalogs, für die die Menge der Zeitungsartikel ein Indiz ist, legt aber nahe, dass der IKEA-Katalog eine Besonderheit darstellt, also sich von den Katalogen anderer Warenhäuser unterscheidet: Das beginnt schon damit, dass er weniger in ein Versandsystem eingebunden ist, sondern bis zur letzten Ausgabe das

Ziel verfolgt hat, die Kunden in die eigenen Möbelhäuser zu locken.[1] Vielmehr noch zeichnet sich die Entwicklung der IKEA-Kataloge aber dadurch aus, dass ihre Listenförmigkeit zunehmend zu Gunsten der Abbildungen von Wohnarrangements in den Hintergrund tritt und so durchaus Geschichten vom morgendlichen Aufstehen, vom Essen am Familientisch oder in den letzten Jahren besonders prominent vom Ordnung-Schaffen erzählt.

Dass der IKEA-Katalog dessen ungeachtet als Liste zu interpretieren ist, soll im Folgenden erörtert werden. Am Rande soll es auch um das von Miggelbrink genannte Interesse am Katalog als Archiv der Dingkultur gehen: Inwiefern lässt er sich als solches begreifen? Von Interesse sind im vorliegenden Zusammenhang aber weniger die abgebildeten Objekte als Artefakte einer Alltagskultur, sondern deren listenförmige wie auch szenische Darstellung. Die Listen – so die These – korrespondieren mit einer spezifischen Konsumpraxis des Vergleichens. Mit der Listenförmigkeit des Warenkatalogs wird diese Praxis nahegelegt; und Veränderungen des Katalogs lassen auch auf eine Veränderung dieser Praxis schließen.

Listen gibt es im IKEA-Katalog viele; das beginnt schon mit dem Inhaltsverzeichnis. Es gibt auch die über viele Jahre relevante Liste »Unmögliches von A-Z«, in der alphabetisch geordnet IKEAs Dienste und Vorzüge erklärt werden, oder die vielen Inventarlisten zu den Wohnarrangement-Darstellungen. Diese erläutern, welche Produkte die Abbildungen von ganzen Wohnzimmereinrichtungen, Küchen etc. enthalten. Im Folgenden sollen aber die Listen der Produktabbildungen im Mittelpunkt stehen; es handelt sich dabei um die Reihung von Fotografien, die unter einer Überschrift, teilweise mit erläuterndem Text, subsumiert werden.

Die Betrachtung dieser Listen soll an Konsumkulturforschung zum Warenhaus angeschlossen werden. Dabei ist die Ausgangsüberlegung leitend, dass der Warenkatalog wie auch das Warenhaus eingebunden ist in eine veränderte Konsumkultur, die angesichts von Massenproduktion zunehmend von Fülle gekennzeichnet ist; es gibt eine zunehmende Diversifizierung des Angebots, die das Konsumieren im Sinne von Kaufen mit neuartigen Entscheidungen in Verbindung bringt. Kaufen setzt unter diesen Bedingungen schlicht ein Auswählen zwischen Alternativen voraus. Von diesem Befund ausgehend argumentiert die Konsumkulturforschung, dass den Auswahlmöglichkeiten mit einem Marketing- und Werbeapparat begegnet wird (vgl. König 2009:

---

1 Bereits das erste IKEA-Möbelhaus in Älmhult war so aufgebaut, dass die Kunden die Produkte, die ihnen zuvor im Katalog angekündigt wurden, vor Ort inspizieren und dann in flachen Paketen mitnehmen konnten. Der Katalog adressierte schon damals potenziell Kunden aus ganz Schweden (vgl. Kristoffersson 2014: 3 und 20). Gleichwohl enthält der Katalog aus dem Jahr 1950 ein Bestellformular. https://ikeamuseum.com/sv/utforska/ikea-katalogen/1950-ikea-katalog/. Und mit einem Umfang von sieben Doppelseiten muss gefragt werden, ob der Katalog von 1950 nicht eher als Broschüre oder Prospekt aufgefasst werden muss (vgl. Hensen 1999: 367). 1980 bietet IKEA auch in der Bundesrepublik Versandhandel an (vgl. IKEA-Katalog von 1980/81).

27), und geht über zu einer Analyse der Dingkultur bzw. *material culture*, denn u.a. mit der Werbung würden die Alltagsdinge mit Bedeutung »aufgeladen« (und die Werbung wird damit auch als eine Gattung gesehen, aus der sich die Bedeutung der Objekte erschließen lässt).

Diese Argumentation lässt sich mit der Annahme ergänzen, dass mit den vielen durch die industrielle Produktion generierten Alternativen die Notwendigkeit einer Auswahl provoziert wird, was die Frage aufwirft, wie diese Auswahl und das Auswählen organisiert sind. Der Verweis auf die Werbung beantwortet die Fragen nicht ausreichend bzw. übersieht ihre vielfältigen Formen. Dies wird aktuell gerade angesichts von Empfehlungssystemen virulent (vgl. Othmer/Weich 2013). Wenig thematisiert wird in diesem Zusammenhang auch die simple Empfehlung auf Basis des Hinweises auf Popularität, wie sie sich in digitalen Warenhäusern durchgesetzt hat und für die Formulierung des Zusammenhanges von Dingkultur und Werbung produktiv sein kann. Gemeint ist eine Bildschirmansicht, die sich an der Popularität der Artikel orientiert und auf die nachgefragtesten Produkte als erstes aufmerksam macht. Auch wenn die gedruckte Form des IKEA-Katalogs diesen Darstellungsmodus nicht kennt, arbeitet sie durchaus mit vergleichbaren Popularitätsmarkern, wie abschließend gezeigt wird. Zunächst soll es aber um allgemeine Überlegungen zum Katalog gehen, und zwar in zweifacher Hinsicht. Zum einen wird der Frage nachgegangen, wie der Warenkatalog vergleichbar mit dem Warenhaus in die gerade beschriebene Produktdiversifikation sowie deren Wahrnehmung und den damit einhergehenden Selektionsprozessen eingebunden ist. Zum anderen geht es um den Katalog als Liste und darauf aufbauend um die darin enthaltenen Vergleichsofferten, die an dem Selektion-, Entscheidungs- und Kaufprozess beteiligt sind.

Dazu wird in einem ersten Schritt anhand der Forschung zum Versandhaus QUELLE aufgezeigt, wie der Katalog als konsumistische Orientierungsinstanz zu verstehen ist. Was dabei für den QUELLE-Katalog gilt, kann auch für den IKEA-Katalog angenommen werden: Als Orientierungsinstanz bietet der Katalog Hinweise zum richtigen Konsumieren und mittels der Gestaltung auch zum Umgang mit dem Katalog selbst. Zu dieser Gestaltung gehört auch die Listenförmigkeit, weshalb auf zwei Formen der Liste im IKEA-Katalog eingegangen werden soll. Wie im Zuge dessen Produktdiversität präsent wird und auch das Vergleichen mobilisiert wird, soll in einem weiteren Kapitel erörtert werden, um abschließend noch einmal auf die Frage der Werbung mittels Popularität einzugehen.

1. QUELLE: Der Katalog als Orientierungsinstanz

Die Forschung zum Katalog lässt sich grob in drei Bereiche teilen. Neben Positionen wie die genannte von Monique Miggelbrink, in denen es darum geht, den Katalog als

Untersuchungsgegenstand für die materielle Kultur aufzufassen, gibt es Beiträge, die die Geschichte des Katalogs, genauer des Warenkatalogs, rekonstruieren. Dabei steht eher selten dessen werblicher Charakter im Mittelpunkt (Ausnahme Hensen 1999); stattdessen werden mit einer kunsthistorischen und konsumgeschichtlichen Herangehensweise die geschmacksbildenden Verfahren untersucht, die dem Katalog zugrunde liegen. Diese eher deutschsprachige Forschung orientiert sich häufig am *Deutschen Warenbuch*, das 1915 von der Dürerbund-Werkbund-Genossenschaft Hellerau bei Dresden herausgegeben wurde (und im Folgenden auch Gegenstand sein wird). Eine dritte Forschungsperspektive befasst sich mit dem Katalog im Zusammenhang mit dem – zumeist US-amerikanischen – Versandhandel.[2] Dies ist mit Bezug auf IKEA zunächst nur insofern von Interesse, als es sich bei IKEA nur im eingeschränkten Sinne um einen Versandhandel handelt. Auch wenn IKEA inzwischen im sogenannten Online-Handel engagiert ist, gehört es traditionell nicht zu den Versandhäusern wie Otto, QUELLE oder Neckermann. Gerade aber weil IKEA auf den stationären Handel (wenn auch auf der grünen Wiese; vgl. Kristoffersson 2014: 20)[3] setzt, ist das große Engagement für die Katalogerstellung und seinen Vertrieb interessant.

Alle drei Perspektiven treffen sich darin, dass sie den Katalog nicht als isoliertes Artefakt, sondern in der ein oder anderen Weise auch im Hinblick auf seine soziokulturelle Relevanz untersuchen. Sowohl die Arbeiten zum *Deutschen Warenbuch* als auch die Dissertation von Johanna Korbik (2021) zum QUELLE-Katalog gehen auf das Moment der Geschmacksbildung mittels Katalog ein. Korbik konzentriert sich dabei auf den Modeteil in der Zeit zwischen 1954 und 1978 und versteht den QUELLE-Katalog der Zeit als Beratungsinstanz mit der Funktion, Einkaufs- und Modekompetenz zu vermitteln: Einerseits bietet der Katalog Orientierung in Kleidungsfragen, bspw. wenn es um die passende Kleidung zu einem Anlass geht. Mit dem Modedesigner Heinz Oestergaard wird eine Figur eingefügt, die beim »Was-ziehe-ich-an-Problem« (vgl. Korbik 2000: 94) hilft und dabei persönliche Ansprache mit Autorität der Aussage verbindet. Andererseits geht es darum, ein »rational gesteuertes Kaufen anstatt ein erlebnisorientiertes Shopping« (Korbik 2000: 85; vgl. auch Clarke 2003: 75) nahezulegen, was im Zusammenhang mit der Katalogform und damit einhergehenden Prak-

---

2   Siehe zur Übersicht zu diesem Forschungsbereich Korbik 2021: 21–24. Korbiks Befund, dass es an deutschsprachiger sozial-historischer Grundlagenforschung zum Versandhandel fehlt, ist zuzustimmen. Angesichts der unterschiedlichen Entwicklung des Versandhandels in den verschiedenen Ländern (speziell Großbritannien und USA) bedeutet dies auch, dass es an Forschung zum deutschen Versandhandel unter historischer Perspektive fehlt. Ergebnisse aus anderen Ländern lassen sich nur eingeschränkt übertragen. Orientierungspunkt kann dagegen eher die umfangreiche kultur- und sozialwissenschaftliche Beschäftigung mit dem Warenhaus als ›Verwandte‹ des Versandhauses sein. Vgl. Korbik 2021: 21–24.
3   Heute ist IKEA im Bundesverband E-Commerce & Versandhandel Deutschland engagiert.

tiken steht. Dazu gehören das geruhsame Durchblättern des Katalogs, ggf. abends und im Familienkreis, eine wiederkehrende Beschäftigung mit dem Katalog und das genaue Abwägen, Planen und das Erstellen von Bestelllisten.

Zentral ist im Zuge dessen die Funktion des Katalogs, den Verkäufer als Berater zu ersetzen. Im Versandhandel tritt der Katalog an die Stelle des Beratungsgesprächs und liefert die Informationen und Einordnungen, die andernfalls durch den Verkäufer zur Verfügung gestellt werden (vgl. Korbik 2021: 65–68). Genau diese Funktion spricht auch IKEA explizit an, und dies seit dem Erscheinen der ersten deutschen Prospekte. Die frühen Hefte enthalten Anleitungen zu den IKEA-Möbelhäusern und gehen explizit auf das Fehlen von Verkäufern ein, insofern die damit einhergehenden Einsparungen erwähnt werden, auf denen die günstigen Preise beruhen sollen. Das Ausbleiben des Beratungsgesprächs wird durch den Katalog kompensiert, was zur Folge hat, dass die Produkte nun nicht entlang eines Verkaufsgesprächs präsentiert, sondern in Rubriken zusammengefasst und gelistet werden.

Genau diese Listenförmigkeit korrespondiert mit der spezifischen Katalogpraktik des aufmerksamen und zugleich beiläufigen Durchblätterns. Das Durchblättern ist im Gegensatz zur vertieften Lektüre eine Rezeptionsform, die von der Liste nahegelegt wird. Die versammelten Gegenstände ähneln sich, was Überlesen und Übersehen zulässt; die Liste bedarf nicht immer einer vollständigen Rezeption, insofern schon der Oberbegriff allein informativ sein kann und anzeigt, was sich in der Liste findet (vgl. Baßler 2010: 139). Solche Praktiken provoziert und habitualisiert der Katalog mit seinen vielen Listen. Es handelt sich nicht nur um eine Orientierungsinstanz im Hinblick auf Mode oder Möbel, sondern auch im Hinblick auf Kaufen und Auswählen mittels Liste. Auf zwei (unter vielen) Formen der Katalog-Listen soll im Folgenden näher eingegangen werden. Dabei stehen zwei Aspekte im Mittelpunkt: Die Liste als Präsentationsform der Produktvielfalt und die Liste im Zusammenhang mit dem Auswahlprozess.

2. Zwei Listen des IKEA-Katalogs

Der Katalog funktioniert zunächst als Auflistung und Inventarisierung der angebotenen Waren. Allein darüber stellt er die Produktvielfalt aus, und im Gegensatz zur Bewerbung von Einzelprodukten kann hier schon die bloße Menge der Positionen in der Liste oder das Volumen des Katalogs ein Werbeversprechen (vielfältiges Angebot, große Auswahl) enthalten. Jenseits des einzelnen, zum Verkauf stehenden Produkts präsentiert die Warenliste die Diversität des Angebots und die Möglichkeit zur Auswahl, was zugleich die Aufforderung dazu beinhaltet. Wie das Warenhaus (vgl. Schrage 2009: 149) zeigt sie, was es alles gibt, und kann dabei auch über den einzelnen Anbieter hinausweisen. Sie konnotiert ganz allgemein Fülle und macht sie wahrnehmbar. Dies geschieht in zwei Hinsichten: listend und ordnend.

Der Katalog verfährt in einer »auflistenden Manier«, bei der »verschiedene Artikel zu kleinen Gruppen arrangiert werden« (Lamberty 2000: 179). Sie werden unter einer übergeordneten Kategorie subsumiert und aufzählend, also über die Konjunktion ›und‹ zusammengeführt. Der Katalog folgt damit eher einem paradigmatischen als syntagmatischem Prinzip, und die einzelnen Positionen stehen im Hinblick auf die Kategorie auf einer Ebene (vgl. Baßler 2010: 137–141; Weyand 2013: 79; Vismann 2000: 20), indem sie als gleichwertige Elemente eines Produkttyps dargeboten werden. Moritz Baßler spricht in diesem Zusammenhang von »historischem Katalog« (Baßler 2010: 137). Die Elemente sind erst einmal austauschbar, weil sie alle einem Produkttyp entsprechen: Es handelt sich immer um Stühle oder Teetassen etc. Durch Beschreibungen oder Abbildungen werden sie aber mehr oder weniger individualisiert. Wie rudimentär diese Individualisierung ausfallen kann, wird anhand des frühen QUELLE-Katalogs deutlich: Das Versandhaus QUELLE bietet in der Zeit zwischen 1927 und 1932 Haushaltswaren an, die zum Teil mit Qualitätsstufen beschrieben werden, aber deren Nennungen darüber hinaus mit wenig Zusatzinformationen versehen sind. Es kommen zwar auch Zeichnungen zum Einsatz, aber es hat den Anschein, dass sie vor allem dazu dienen, den Beschreibungsaufwand zu reduzieren – so z.B. die Abbildungen von Messern, deren Klingenform auf diese Weise anschaulich wird (vgl. Reubel-Cianis 1991: 56f.). Gerade in solch einer reduzierten Form, in der es kaum Ausschmückung und Bebilderung gibt, tritt der Katalog als Inventarliste in Erscheinung, d.h. er legt die Annahme von Vollständigkeit nahe. Als Inventarliste zählt er alle Dinge auf, die zu diesem Zeitpunkt vertrieben werden (vgl. Adelmann 2021: 33).

Gerade diese zeitliche Komponente tritt in den Waren- und Versandhauskatalogen prominent auf. Allerdings kommt es dabei nicht auf die schnell vergängliche Aktualität an, sondern auf die Dauerhaftigkeit des Angebots, wenn z.B. IKEA mit langfristiger Preisstabilität wirbt (siehe exemplarisch IKEA 1977: 11 und IKEA 2000: 371). Und QUELLE lässt wissen, dass »die Waren aus dem Katalog ja nicht fortlaufen« (vgl. Korbik 2021: 68), was gleichermaßen auf die Beständigkeit des Katalogs (im Sinne seiner Aufbewahrung) als auch seines Inhalts hinweist. Ihn zuhause aufzubewahren, wird so erst lohnenswert, weil er auch noch zu einem späteren Zeitpunkt informativ sein kann. Eine Auswahl zu treffen ist auch zu einem späteren Zeitpunkt möglich.[4]

Dieser Form von Listen, die sich durchgängig bei IKEA findet, lässt sich eine zweite Form, die verstärkt erst ab der Jahrtausendwende vertreten ist, gegenüberstellen. Es

---

[4]　Das steht natürlich in starkem Unterschied zu den Produktlisten des Internets, in denen nicht die Dauerhaftigkeit, sondern die Aktualität vorrangig ist. Aktualität meint hier jedoch zum einen, dass die Nicht-Mehr-Verfügbarkeit des Produkts markiert wird (ausverkauft). Insofern handelt es sich um Inventarlisten, die auch ehemalige Warenangebote umfassen und damit umso mehr Dauerhaftigkeit anzeigen. Zum anderen wird aggressiv mit zukünftiger Nicht-Verfügbarkeit umgegangen (bald ausverkauft).

gibt zwar weiterhin bebilderte Aneinanderreihungen von Stühlen oder ähnlichem, aber zusätzlich werden die Möbel nun häufig unter eher erratischen Überschriften zusammengestellt, wie z.b.:»Bringen Sie Landleben nach Hause« (IKEA 2000: 22f.). Diese Zusammenstellungen bleiben entsprechend kontingent. Die gemeinsame Qualität der darunter versammelten Dinge (Sofa, Lampe, Gardinenstange) lässt sich nur eingeschränkt in den Dingen, hier Möbeln, selbst erkennen; vielmehr erhalten die Möbel ihre Qualität des Ländlichen erst durch ihre Zuordnung. Sie ließen sich aber ohne Weiteres auch anders zuordnen. Um es mit Moritz Baßler auszudrücken: Die Gegenstände bleiben heterogen, ihre Zusammenführung ist beliebig, und man kann von ihnen nicht auf den Oberbegriff schließen, der sie versammelt (»Landleben«). Einen solchen Katalog nennt er »rhetorisch« (Baßler 2010: 137–144; vgl. auch Adelmann 2021: 33). Weil es sich beim rhetorischen Katalog um ein Verfahren der reinen Setzungen handele, erzwinge er »eine Lektüre als Textur«, wie Baßler (2010: 147) argumentiert. Eine solche literaturwissenschaftlich informierte Lektüre legt der IKEA-Katalog weniger nahe; vielmehr lässt die Beliebigkeit der versammelten Gegenstände an die Möglichkeit einer beliebigen Erweiterung denken. Eine solche Form der Liste besagt dann im Rahmen des Warenkatalogs vielleicht nicht mehr, als dass es eben ganz viel gibt. »Da ist für jeden was dabei«, wie der IKEA-Katalog 2020 (88f.) verschiedene Kleinutensilien für das Badezimmer zusammenfasst, so auch einen »Abfalleimer«, der mit Toilettenpapierrollen, also gerade nicht Abfall, gefüllt ist.

Von der aufzählenden ist die ordnende Funktion der Liste zu unterscheiden: Unter dieser Perspektive fügt der Waren- und Versandhauskatalog die dargebotenen Dinge in einen Sinnzusammenhang und ist vergleichbar mit dem Warenhaus: Was das Warenhaus in Form der räumlichen Anordnung erledigt, geschieht im Katalog mittels Liste. Diese Listen sind im IKEA-Katalog zunächst und u.a. entlang der Objektwelt der Haushalte geordnet und damit anders als im Warenhaus. Dominik Schrage hat z.B. mit Hilfe zeitgenössischer Beschreibungen für das Warenhaus des beginnenden 20. Jahrhunderts festgestellt, dass die Produkte in ihrer räumlichen Positionierung mit der Reihenfolge ihres »Prestigewertes« korrespondieren und als »distinktive Praxis« interpretiert werden können (Schrage 2009: 151f.). Durch ihre räumliche Zusammenstellung werden sie mit mehr oder weniger Exklusivität versehen, indem die exklusiven Waren ihr Prestige gleichsam auf die minderwertigen Waren ausstrahlen. Letztere werden zwar auf Distanz gehalten, indem der Abstand zu den exklusiveren Ensembles deutlich wird, zugleich profitieren sie aber von der prinzipiellen räumlichen Kontiguität.

Genau diese Dimension der Exklusivität gilt für den IKEA-Katalog nicht. Er stellt keinen Raum der Exklusivität zur Verfügung; stattdessen werden die Dinge entweder schlicht und gleichförmig fotografisch gelistet oder in ihre »Gebrauchsumgebungen im Heim« (Schrage 2009: 156; vgl. auch Spieckermann 2005: 209) eingefügt: »Ob das in dein Zuhause passt?« fragt IKEA 2020 (8) und gibt gleichzeitig die Antwort: »Natürlich!« Anstatt Prestige wird hier die Einfügung in die Wohnungen der Kunden her-aufbeschworen und durch die Darstellungen von konkreten Wohnsettings unterstützt. Betont wird das, was zum gängigen Haushalt gehört. IKEA-Kataloge – so werden sie beworben – sind Listen des Alltags und des Zuhauses; und so ist ein gängiges Ord-nungsprinzip das nach der Funktionalität von heimischen Räumen: für das Schlaf-zimmer, für das Esszimmer. Angereichert mit dem seit 2005 prominenten IKEA-Du (vgl. Miggelbrink 2022: 596; zuvor 3. Person Singular) werden sie mit einem Selbst-applizierungsimperativ versehen, d.h. es sind Listen ›Deines‹ Haushalts. Und wenn dieser Imperativ trägt, dann fungieren sie als solche Inventarisierungen der Dingkultur, als die sie auch Miggelbrink untersucht. An dieser Stelle soll es aber nicht um diese Dingkultur gehen, sondern gefragt werden, wie sich diese Listen in den Katalogen präsentieren, welcher Ordnung sie folgen und welches Angebot sie unterbreiten, die Waren in den eigenen Alltag zu integrieren.

Knapp zusammengefasst, gehören die Kataloge in ihrer Listenförmigkeit zu den Darstellungsmodi einer Produktdiversifikation unter den Bedingungen industrieller Fertigung, die – wie bereits erläutert – den Kaufakt mit einem Selektionsprozess in Verbindung bringt. Die Liste zählt auf, welche Waren überhaupt zur Auswahl stehen, und ordnet diese zugleich. Fragt man nach dem darin angelegten Selektionsprozess bis zur Kaufentscheidung, so lassen die genannten Beispiele über das bereits Gesagte hinaus auf zwei unterschiedliche Ordnungsschemata schließen: Baßlers Unterschei-dung ›rhetorisch/historisch‹ aufgreifend lässt sich formulieren, dass der rhetorische Katalog, dessen Zusammenstellung keine Rückschlüsse auf den Oberbegriff zulässt (bspw. »Landleben«), letztlich keine Auswahl zwischen den Dingen nahelegt; vielmehr arbeiten die verschiedenen Dinge gemeinsam an einer vagen Stimmung und sind dem Prinzip ›das gibt es alles‹ verpflichtet. Aspekte der Selbstapplizierung stehen im Vor-dergrund, nicht die Auswahl aus einem konkurrierenden Angebot. Beim historischen Katalog, in dem alle Elemente einem Produkttyp entsprechen und der ein kontinu-ierlicher Darstellungsmodus im IKEA-Katalog ist, wird dagegen das Auswählen zwi-schen Alternativen prominent. In dieser Form werden die verschiedenen Stühle oder Teetassen seriell nebeneinandergestellt und provozieren in dieser Gleichförmigkeit einen Vergleich. Dabei handelt es sich um einen Darstellungsmodus, der große Ähn-lichkeit mit dem des *Deutschen Warenbuchs* hat, das mit dem Ziel publiziert wurde, dem Verbraucher in einer steigenden Warenvielfalt Orientierung zu bieten – und dies mittels Vergleichen.

3. Das *Deutsche Warenbuch*: Lernen durch Vergleichen

Das *Deutsche Warenbuch* wird 1915 von der Dürerbund-Werkbund-Genossenschaft Hellerau bei Dresden herausgegeben und besteht maßgeblich aus aufwendigen Foto-

grafien auf 258 Bildseiten (vgl. Wöbkemeier 2004: 24f.). Es liegt ihm der »Grundge-
danke eines ›Baedekers‹ praktischer Verbraucherberatung« (König 2009: 83) zugrunde. Eine solche Beratung wurde gerade angesichts zunehmender Massenproduktion als notwendig erachtet, da man die Befürchtung hegte, dem Verbraucher fehle
warenkundliches Wissen zur Orientierung in der Produktvielfalt, d.h. Kenntnisse zur
Beurteilung von Materialbeschaffenheit und Herstellungsverfahren. Ausgangspunkt
ist also kein werbliches Ziel, sondern vielmehr die Beobachtung der schon mehrfach
genannten Diversifizierung des Warenangebots und die daraus abgeleitete Annahme
eines desorientierten Konsumenten, dem mittels des Katalogs die Kenntnisse vermittelt
werden sollen, die ihm in der Fülle des Warenangebots eine Richtschnur bieten. Im
Hintergrund steht also ein erzieherisches-anleitendes Interesse, das mit dem *Warenbuch* und dessen spezifischen Erscheinungsform verfolgt wird. Dazu dienen Fotografien von 1500 ausgewählten Gegenständen, die einerseits als notwendige Haushalts-
gegenstände identifiziert werden und andererseits »ästhetischen Qualitätsansprü-
chen« (König 2009: 83) genügen sollen.

Die fotografische Präsentation der Gegenstände ist dabei ostentativ dem Prinzip des
Vergleichens verpflichtet. Vergleichen bedeutet, mit Bettina Heintz, Objekte, Personen,
Sachverhalte »anhand einer dritten Größe auf ihre Unterschiede und Ähnlichkeiten
hin zu beobachten und sie dadurch zueinander in Beziehung zu setzen« (Heintz 2016:
307). Dies beinhaltet zum einen, dass eine Vergleichbarkeit behauptet wird, indem die
verglichenen Elemente einer Kategorie zugeordnet werden und ihre Gleichwertigkeit
und Ähnlichkeit betont wird. Zum anderen geht es beim Vergleichen um die Feststellung einer Differenz auf Basis eines Vergleichskriteriums.

Ersteres geschieht im *Warenbuch* durch die Gleichförmigkeit der Darstellung, insofern auf den Abbildungen Objekte gleicher Art nebeneinander gruppiert werden. Sie
stellt eine fotografische Liste dar, die ganz dem Prinzip der Ähnlichkeit verpflichtet ist.
Anhand der Ähnlichkeit wird die Unähnlichkeit thematisiert (vgl. König 2009: 82). Das
Äquivalenzverhältnis wird durch die vereinheitlichende Darstellung der Objekte herausgearbeitet, indem zunächst Objektgruppen nach Materialien, wie z.B. Glas gebildet
werden und die verschiedenen Glasformen dann in identischer Weise präsentiert, d.h.
herausgelöst aus ihrem Zusammenhang und nach den gleichen Parametern – Belich-
tung, Abstand zur Kamera, Hintergrundfarbe grau etc. – fotografiert werden. Ergebnis
ist eine bildliche Liste von verschiedenen Glasformen in gleicher Darstellungsweise, die
die Gleichartigkeit der Gegenstände und damit ihr Gemeinsames deutlich zur Geltung
bringt. Damit schließen die Fotografien einerseits an zeitgenössische Werbestrategien
und andererseits an wissenschaftliche Archivierungsformen an, die die Fotografie in
taxonomische und vergleichende Verfahren einbinden. Gerade die Gleichförmigkeit
der Präsentationsform schafft Vergleichbarkeit und soll so Erkenntnisse ermöglichen
(vgl. Wöbkemeier 2004: 26). Indem das *Deutsche Warenbuch* diese Präsentationsform
aufgreift, wird das pädagogische Ziel einer Warenkunde dezidiert darüber vermittelt,

dass der Betrachter die dargestellten Artikel vergleicht. Die in der Präsentationsform hinterlegten Ähnlichkeitsunterstellungen der Produkte provoziert ihren Vergleich, der zur Erkenntnis der Unterschiede und damit zur Orientierung in der Produktvielfalt führen soll. Letztlich wird also ein Projekt geschmacklicher Erziehung verfolgt, das ganz im aufklärerischen Sinne eine Anleitung zum autonomen Erkennen von Unterschieden und zur eigenen Geschmacksbildung darstellt. Was im *Deutschen Warenbuch* Strategie ist, kann anderen Warenkatalogen gleichermaßen unterstellt werden, vor allem angesichts einer zunehmenden fotografischen Bebilderung der Kataloge, die zum Zeitpunkt des *Warenbuchs* noch nicht gängig war. Dem Katalog, der in Form des *Warenbuches* als pädagogische Instanz auftritt, kann ein ähnlicher erzieherischer Impetus zugesprochen werden (Korbik 2021: 85–87 und 97).

Das Prinzip des Vergleichens als Basis eines kompetenten Konsumierens bleibt auch nach dem *Warenbuch* virulent (Tietenberg 2021). In den 1960er Jahren wird die Argumentation, auf deren Basis das *Warenbuch* erstellt wird, erneut aufgegriffen. Erneut vermutet man, dass sich der Konsument in der Fülle der angebotenen Waren nicht orientieren und daher zu minderwertigen Produkten greifen könne. Stimmmächtiger Vertreter dieser Position ist die Arbeitsgemeinschaft der Verbraucherverbände, die in den 1950/60er Jahren eigens eine Verbraucherschulung und -erziehung fordert, um Kriterien für ein rationales Konsumverhalten zu vermitteln. In diesem Zusammenhang führt sie auch den vergleichenden Warentest ein (später bekannt als Stiftung Warentest). Hier übernimmt die Institution den Vergleich von Beschaffenheit, Gebrauchswert und Preiswürdigkeit, von dem man glaubt, der Konsument sei dazu nicht fähig (vgl. Gasteiger 2009: 41f.). Die prominente Schulnotenskala der Stiftung Warentest ermöglicht Rangfolgen der Produktbewertungen, deren Ordnung von der Popularität der Waren gänzlich unabhängig ist oder zu sein vorgibt.

Doch nicht nur die Annahme des überforderten Konsumenten persistiert, sondern auch die Strategien, wie diesem Problem zu begegnen sei. Die Zeitschrift *Haus und Heim. Monatsschrift für die moderne Hauswirtschaft und neuzeitliche Wohngestaltung* versteht sich bspw. als Ratgeber für die Hausfrau bei der Organisation ihres Haushalts. Ihrer Ratgeberfunktion kommt sie u.a. mit Artikeln zu Produktqualität und -funktionalität nach, in denen die Abbildungen die Darstellungsverfahren des *Deutschen Warenbuchs* imitieren, wenn auch bezüglich der Herstellung der Ähnlichkeitsbehauptung mittels identischer Aufnahmeverfahren nicht die gleiche Sorgfalt herrscht (vgl. z.B. Pfaender 1967: 17–19).

4. Was schon viele ausgewählt haben, passt auch zu Dir

Das Beispiel der Zeitschrift *Haus und Heim* belegt, wie durchsetzungsstark die Darstellungsform des *Deutschen Warenbuchs* war, und so wird sie auch von IKEA aufgegriffen – zum Teil verblüffend genau. Fotografien von Möbeln des gleichen Typs werden mit Bezug auf den Betrachter identisch ausgerichtet und teilen sich den Hintergrund, der sich durch Gleichförmigkeit und fehlende Tiefe auszeichnet (vgl. z.B. IKEA 1980: 36f.). So entstehen fotografische Listen, die die Ähnlichkeit und damit Vergleichbarkeit ausstellen. Ähnlich verfahren Listen von Fotografien bspw. von Couchgarnituren. Nicht die Produkte, sondern die Fotografien, die aber identisch aufgebaut sind, werden gereiht (vgl. z.B. IKEA 1994: 76f.). Damit bleibt auch das Moment des Vergleichens präsent. In solch einer reduzierten Darstellungsform tritt das Vergleichskriterium, wie z.B. die verwendeten Textilien, offen zu Tage.

Mit komplexeren Arrangements, detaillierteren Angaben zum Produkt und in anderen Listenformen wird ein Vergleichskriterium aber immer weniger deutlich. Zudem ist es Wohn- wie auch Werbemoden unterworfen. Was gleichsam den Unterschied im Vergleichbaren ausmacht, wird immer neu und in Korrespondenz mit Vorstellungen vom gelungenen Wohnen verhandelt. Einige wenige Kontinuitäten lassen sich jedoch ausmachen: Dazu gehört der Preis, der innerhalb des IKEA-Angebots für Vergleichbarkeit sorgt, indem alle Produkte als kostengünstig beworben werden. Nach außen markiert der Preis jedoch die Differenz zu anderen Möbelanbietern (vgl. exemplarisch IKEA 1975 Titelseite).

Kontinuierlich wird auch auf Verkaufserfolge hingewiesen, auf »Bestseller« (IKEA 1995: 54), »Renner« (IKEA 1988: 70), »Klassiker« (IKEA 1994: 29), »Dauerbrenner« (IKEA 1978: 87). Dass IKEA 1978 im deutschen Katalog von einem Dauerbrenner spricht, verwundert, denn in Deutschland gibt es das Möbelhaus erst seit wenigen Jahren. Es macht aber umso offensichtlicher, wie hier Verkaufserfolge als Produktqualität verwertet werden, also die Popularität der Ware zu einem Wert eigener Güte wird. Die Benennungen verweisen zunächst einmal darauf, dass es sich um Waren handelt, die bereits von vielen erworben wurden und daher allgemein bekannt sind. Das gilt sicher vor allem für den »Bestseller« Billy und seinen Vorgänger Ivar (vgl. Eisele 2006: 445). Der Katalog ruft damit das als Werbestrategie und Vergleichskriterium auf, was man als Effekt der Popularisierung zweiter Ordnung verstehen könnte (Döring et al. 2021: 9; siehe auch den Beitrag von Niels Werber in diesem Heft). Döring et al. beschreiben Popularisierung in Bezug auf aufwertende Vergleichspraktiken, wie sie u.a. in Charts und Rankings ihren Niederschlag finden. Diese geben Auskunft über quantifizierbare Beachtungserfolge, womit Popularität identifizierbar wird. Popularität ist das Ergebnis des hierarchisierten Vergleichs von summierten Beachtungserfolgen, die auf vorhergehenden einzelnen Selektionen beruhen und ggf. zukünftige Selektionen, also z.B. Kaufentscheidungen, steuern. Insofern sind sie als Popularisierung zweiter Ordnung zu verstehen, denn sie stellen Populäres her, »indem sie seine Beachtung durch viele feststellen und ausstellen« (Döring et al. 2021: 13). Dem steht die Popularität erster Ordnung gegenüber, die nicht auf der Erfassung von Beachtungserfolgen beruht, sondern eher als ein Aushandlungsprozess zwischen Laien und Eliten und als ein top-down-Prozess zu verstehen ist. Auch in dieser Konstellation kann Popularität über Beobachtungserfolge bestimmt werden, aber Beachtungserfolge sind Effekte des Populär-Machens durch Eliten oder Experten, die Laien adressieren – bspw. in Form von Ratgeberliteratur oder Opern- und Reiseführern. Sie dienen der »Durchsetzung von Geltungs- und Wertungsansprüchen, die erst einmal popularisiert werden müssen« (Döring et al. 2021: 12). Während Werbung, wie sie im Versandhaus- und Warenkatalog stattfindet, erst einmal als Popularisierung erster Ordnung zu verstehen wäre, greift sie in Form der Hinweise auf die Dauerbrenner und Bestseller auf Popularisierungen zweiter Ordnung zurück und reformuliert sie als Kaufargument in dem Sinne: Was schon viele ausgewählt haben, passt auch zu Dir.[5] Und: Was über viele Jahre viele erworben haben, muss auch gut sein. Der Renner Ivar ist z.b. laut Katalog so beliebt, weil man damit alles gestalten könne. Er passe in jeden Raum, zu jeder Funktion und zu jedem Bedürfnis (vgl. z.B. IKEA 2009: 83; vgl. auch Eisele 2006). Damit wird zugleich eine weitere Popularitätsbehauptung eingeführt, bei der es nicht nur darum geht, dass populär ist, was bei vielen Beachtung findet. Populär ist auch das, was vielfältig applizierbar ist und – im Kontext des Möbelhauses – in die eigene Wohnumgebung eingefügt werden kann.[6] Dabei geht die Applizierbarkeit genauso wie die Popularität zweiter Ordnung in zukünftige Selektionen und Kaufentscheidungen ein.

Auch wenn dieser Zusammenhang aus Variabilität und Beliebtheit nachvollziehbar ist, verbirgt sich in der Formulierung in gewisser Weise ein Paradox: Einerseits besteht die Qualität des Produkts genau darin, dass es schon viele gekauft haben, und implizit meint das auch, dass schon viele damit zufrieden wohnen. Im Kontrast dazu steht aber die Behauptung der hochgradigen Individualisierung und Anpassungsfähigkeit an alle Umstände und Bedürfnisse, die durch Variabilität plausibilisiert wird. Wie soll speziell für ›mich‹ passen, was viele gekauft haben? Die gegensätzlichen Prinzipien ›für alle‹ und ›nur für Dich‹ werden vereint. Der Bestseller-Behauptung steht eine Selbstapplizierung-Aufforderung zur Seite. Diese ist nicht nur in den Möbeln gegeben, die als Systemmöbel eben variabel und damit für die verschiedenen Anwendungen im Haushalt einsetzbar sind, sondern findet ihren Ausdruck auch in der Organisation der Listen und ihrer Überschriften. Prägnant wird das im Katalog von 2009, in dem zwei

---

5   Zusätzlich wird darüber auch noch einmal die Kontinuität des Katalogs und seines Inhalts, wie sie bereits erläutert wurde, angesprochen. Das Versprechen des Katalogs ist, dass die im Katalog gelisteten Waren längerfristig verfügbar sind, weshalb eine wiederholte Lektüre des Katalogs sinnvoll ist. Ganz im Sinne der Zeitlichkeit des Katalogs wird Erfolg und Beachtung der Produkte also an Dauerhaftigkeit gebunden. Dass diese Argumentation auch zum Problem werden kann, verdeutlichen die wiederkehrenden Hinweise darauf, dass die Beliebtheit der Produkte dazu führe, dass sie gerade nicht verfügbar, also ausverkauft, sind. Prominent formuliert in IKEA 1987 (3): »Je mehr uns lieben, um so mehr hassen uns.«

6   Diese Überlegung geht auf einen inspirierenden Hinweis von Maren Lehmann zurück. Vielen Dank dafür an dieser Stelle!

Doppelseiten aufeinander folgen, die identisch aufgebaut sind. Die erste Doppelseite trägt den Titel »Hier der ideale Tisch für jeden« und die folgende »Und der passende Stuhl für Dich« (IKEA 2009: 100 – 103). Die Überschriften bilden den Oberbegriff für jeweils eine Doppelseite mit einer Reihe von Tisch- bzw. Stuhlabbildungen, die sich den weißen Hintergrund teilen und mehrheitlich identisch ausgerichtet werden. Die Darstellungen sind damit von einer Gleichförmigkeit gekennzeichnet, die Vergleichbarkeit zwischen den Produkten schafft, zugleich Differenz hervortreten lässt, sodass die Produkte ihre Eigenheit gewinnen können. Durch die deutliche Adressierung speziell der Stuhlliste (»Und der passende Stuhl für Dich«) tritt aber ein weiteres Vergleichsmoment hinzu; zum Vergleich stehen die gesamte Liste sowie die Kunden mit ihren Wohnsituationen und -wünschen. Das Vergleichskriterium ist dabei die Unterscheidung passend/nicht passend, die in den vielen Begleittexten aufgerufen wird (und die frühere Unterscheidung richtiges/falsches Einrichten (vgl. z.B. IKEA 1978: 83; IKEA 1979: 127) ablöst). Dieser Vergleich wird aber nur selten über eine Liste organisiert, sondern eher über eine Art von Typenbestimmung. Diese Leitunterscheidung (passend/nicht passend) funktioniert anders als jene Formen von Listen, die in diesem Band als Ranglisten von Produktpopularität zum Thema werden (populärer/weniger populär).

1980 erstellt IKEA jedoch auch eine Typen-Liste, indem über den Katalog verteilt Produkte unter den Kategorien »Die Gemütlichen« (IKEA 1980: 15), »Die Aufräumer« (IKEA 1980: 47), »Die Stimmungsvollen« (IKEA 1980: 63), »Die Ausgekochten« (IKEA 1980: 68), »Die Geselligen« (IKEA 1980: 76) etc. jeweils zusammengeführt werden. Dabei changieren die Bezeichnungen zwischen einer Benennung und Typisierung der Adressaten einerseits und der Beschreibung der Möbel. »Die Geselligen« bspw. scheint speziell angesichts der Nennung des Artikels eine Charakterisierung im Sinne eines Identifikationsangebots an den Kunden. Jedoch ist es der Titel für die Rubrik »Tische und Stühle«, die im Hinblick auf ihre Eigenschaft, Geselligkeit zu fördern, beschrieben werden; unter »Die Gemütlichen« wird das Wohnzimmer thematisiert. Doch auch wenn es hier explizit eher um Merkmale von Möbeln anstatt von Menschen geht, liegt der Übertrag von einem auf das andere nahe: »Wer sich im Wohnzimmer wohlfühlen will, wählt die Einrichtung nicht nach ästhetischen, sondern auch nach praktischen Gesichtspunkten« (IKEA 1980: 15). Die etwas verblüffende Absage an das Augenfällige, wie sie in der Erläuterung zur Wohnzimmereinrichtung geäußert wird, wird motiviert von einer Ansprache an den Katalogblätterer, der sich hinter dem Fragewort ›wer‹ einfinden kann. So werden Listen von Typen geschaffen, die zwar Möbel zum Gegenstand haben, sich aber zum Kaufinteressenten hin öffnen, ihn einbinden, indem er die für ihn passende Liste auswählen kann.

Passend und populär bilden ein Paar, das mehr oder weniger stark mit den beiden Formen der Liste korrespondiert. Geht es bei passend darum, eine Stimmung (Bsp. Landleben) über eine Aufzählung von Möbeln und Dekorelementen zu evozieren, die an die Wohnsituation des Konsumenten anschließbar ist, markiert der Verweis auf Popularität die Passgenauigkeit für alle und referiert dabei auf eine Liste, die nach Möbelgruppen und Wohnraumfunktionen geordnet ist, um daraus das Meistverkaufte zu identifizieren. Irritierenderweise erweckt dies den Eindruck, die Listen des IKEA-Katalogs griffen in ihren vielfältigen Formen den Empfehlungssystemen der digitalen Warenhäuser vor – zumindest in ihren einfachen Varianten. Dieser Eindruck legt die Frage nahe, inwiefern die Listen des IKEA-Katalogs Kaufofferten bieten, die auch ohne eine algorithmische Verrechnung von Kundendaten an nicht-personalisierte Popularitätsmetriken (bspw. Bestsellerlisten) und stereotypisierende Empfehlungen erinnern (Unternährer 2021). Letzteres meint die Relationierung von Gruppen und Dingen, bei der Nutzerkategorien wie z.B. das Geschlecht oder der Einrichtungsstil mit für diese Gruppe relevanten Dingen in Verbindung gebracht werden (Unternährer 2021: 408). Während im Digitalen die Kategorien aber aufwendig konstruiert werden, behauptet der Katalog sie einfach und adressiert darüber seine Nutzer. Der Erfolg dieser Behauptung spricht dafür, dass dem Katalog diese »List« immer wieder gelungen ist (Vismann 2000: 213). Ohne dieser Frage hier weiter nachzugehen, lässt sich jedoch abschließend behaupten, dass u.a. über diese Adressierung die Inspiration zu den Träumen vom zukünftigen Wohnen, von der die vielen Zeitungsartikel anlässlich der Einstellung des Katalogs berichten, ausgelöst wird. Dabei ist es nicht allein die Narration, wie sie die Abbildungen zu den Wohnarrangements evozieren, ausschlaggebend, sondern gerade auch die Spezifik der Listen.

Literaturverzeichnis

Adelmann, Ralf (2021): *Listen und Rankings. Über Taxonomien des Populären.* Bielefeld: transcript.

Baßler, Moritz (2010): *Die Entdeckung der Textur: Unverständlichkeit in der Kurzprosa der emphatischen Moderne 1910–1916.* Tübingen: Niemeyer.

Berg, Stefan (2011): Vergleichsweise orientiert. Eine orientierungstheoretische Betrachtung des Vergleichens. In: Mauz, Andreas/von Sass, Hartmut (Hgg.): *Hermeneutik des Vergleichs. Strukturen, Anwendungen und Grenzen komparativer Verfahren.* Würzburg: Königshausen & Neumann, S. 277–303.

Clarke, Allison (2003): Window Shopping at Home: Classifieds, Catalogues and New Consumer Skills. In: Miller, Daniel (Hg.): *Material Cultures: Why Some Things Matter.* London: Routledge, S. 73–99.

Döring, Jörg/Werber, Niels/Albrecht-Birkner, Veronika et al. (2021): Was bei vielen Beachtung findet: Zu den Transformationen des Populären. In: *Kulturwissenschaftliche Zeitschrift*, 6/2, S. 1–24. Doi: https://doi.org/10.2478/kwg-2021-0027.

Eisele, Petra (2006): Do-it-yourself-Design: Die IKEA-Regale IVAR und BILLY. In: *Zeithistorische Forschungen/ Studies in Contemporary History*, 3/3, S. 439–448.

Esposito, Elena/Stark, David (2019): What's Observed in a Rating? Rankings as Orientation in the Face of Uncertainity. In: *Theory, Culture & Society*, 36/4, S. 3–26.

Gasteiger, Nepomuk (2009): Konsum und Gesellschaft. Werbung, Konsumkritik und Verbraucherschutz in der Bundesrepublik der 1960er- und 1970-Jahre. In: *Zeithistorische Forschungen*, 6/1, S. 35–57.

Goody, Jack (2012): Woraus besteht eine Liste? In: Zanetti, Sandro (Hg.): *Schreiben als Kulturtechnik. Grundlagentexte*. Berlin: Suhrkamp, S. 338–396.

Heintz, Bettina (2016): »Wir leben im Zeitalter der Vergleichung.« Perspektiven einer Soziologie des Vergleichs. In: *Zeitschrift für Soziologie*, 45/5, S. 305–323.

Hensen, Jörg (1999): *Versandhandels-Marketing: Vom Katalog zum Internet*. Frankfurt a.M.: Deutscher Fachverlag.

Jessen, Jens (10.12.2020): Botschaften aus der Rumpelkammer. Auch das noch: Den IKEA-Katalog gibt's nur noch digital. In: *DIE ZEIT*, S. 61.

Korbik, Johanna (2021): *Mode frei Haus. Die Modewelt der Quelle-Kataloge*. Münster/New York: Waxmann.

Kristoffersson, Sara (2014): *Design By Ikea: A Cultural History*. London: Bloomsbury Academic.

Lamberty, Christiane (2000): *Reklame in Deutschland 1890–1914. Wahrnehmung, Professionalisierung und Kritik der Wirtschaftswerbung*. Berlin: Duncker & Humblot.

Ledin, Per/Machin, David (2019): Forty Years of IKEA Kitchens and the Rise of a Neoliberal Control of Domestic Space. In: *Visual Communication*, 18/2, S. 165–187.

Miggelbrink, Monique (2022): Ordnen und Gestalten: Der IKEA-Katalog. Atmosphärisches Wohnen in Schweden und der Bundesrepublik Deutschland. In: *Zeithistorische Forschungen/ Studies in Contemporary History*, 19/3, S. 578–599.

Othmer, Julius/Weich, Andreas (2013): »Wirbst Du noch oder empfiehlst Du schon?« Überlegungen zu einer Transformation der Wissensproduktion in Werbung. In: *Zeitschrift für Medienwissenschaften. Themenheft Werbung* 2/9, S. 43–52.

Pfaender, Heinz G. (1967): Vom Handwerk zum Industrie-Design. In: *Haus und Heim. Monatsschrift für die moderne Hauswirtschaft und neuzeitliche Wohngestaltung*, 5, S. 17–24.

Reubel-Ciani, Theo (1991): *Der Katalog. Konsumkultur, Zeitgeist und Zeitgeschichte im Spiegel der Quelle-Kataloge 1927–1991*. Nürnberg: U.E. Sebald Druck und Verlag.

Schrage, Dominik (2009): *Die Verfügbarkeit der Dinge: eine historische Soziologie des Konsums*. Frankfurt a.M.: Campus.

Spiekermann, Uwe (2005): Das Warenhaus. In: Geisthövel, Alexa/Knoch, Habbo (Hgg.): *Orte der Moderne. Erfahrungswelten des 19. und 20. Jahrhunderts*. Frankfurt a.M./ New York: Campus, S. 207–217.

Tietenberg, Annette (2021): Die Hausfrau als Richterin über Gut und Böse. Vergleichendes Sehen als ideologisches Instrument in Wohnratgebern der NS-Zeit. In: Nierhaus, Irene/ Heinz, Kathrin/Umbach, Rosanna (Hgg.): *WohnSeiten. Visuelle Konstruktionen des Wohnens in Zeitschriften*. Bielefeld: transcript, S. 183–203.

Unternährer, Markus (2021): Die Ordnung der Empfehlung. In: *Kölner Zeitschrift für Soziologie und Sozialpsychologie*, 73, S. 397–423.

Vismann, Cornelia (2000): *Akten. Medientechnik und Recht*. Frankfurt a.M.: Fischer.

Weyand, Björn (2011): »Ein paar Kapitel von der Oberfläche«. Markenkonsum und Katalog-poetik in Edmund Edels Satire Berlin W. (1906). In: Drügh, Heinz (Hg.): *Warenästhetik. Neue Perspektiven auf Konsum, Kultur und Kunst.* Berlin: Suhrkamp, S. 248–268.

Weyand, Björn (2013): *Poetik der Marke. Konsumkultur und literarische Verfahren 1900–2000.* Berlin: de Gruyter.

Wildt, Michael (1997): Die Kunst der Wahl. In: Siegerist, Hannes/Kaelble, Hartmut/Kocka, Jürgen (Hgg.): *Europäische Konsumgeschichte. Zur Gesellschafts- und Kulturgeschichte des Konsums (18. bis 20. Jahrhundert).* Frankfurt a.M./New York: Campus, S. 307–325.

Wöbkemeier, Ruth (2004): Metaphern und Archive. Der Deutsche Werkbund und die Foto-grafie bis 1915. In: Manske, Beate (Hg.): *Von Lust und Qual der richtigen Wahl. Ästhetische Bildung in der Alltagskultur des 20. Jahrhunderts.* Ostfildern-Ruit: Hatje Cantz Verlag, S. 21–29.

Elena Beregow

›What's your mood?‹ Zur Affektstruktur von Spotify-Playlists

ABSTRACT: This article traces the affective structure of Spotify playlists. In contrast to classical music charts on the one hand and mixtapes and ›alternative critics‹ charts on the other, Spotify playlists are analyzed in terms of their affective structure regards authority, valuation, circulation and the status of users and things. Borrowing the concept of ›affective practice‹ (Margaret Wetherell), I capture the interplay of everyday listening practices with the algorithm's modes of operation. The Spotify charts are then used to show what status the charts have within the platform, and how they are getting competition from mood playlists which implement affect on the platform interface. Finally, the ›algorithmic imaginaries‹ (Taina Bucher) in which the algorithm is figurated by users as an affective, evaluative instance are sketched out. The article argues that a new relationship between lists and popularity develops within the Spotify universe: Lists do not simply claim popularity, lists themselves become popular. In this way, an internal platform competition of lists qua circulation emerges, in which Spotify charts become increasingly challenged by personalized, mood and genre playlists.

KEYWORDS: Lists, Affect, Mood, Spotify, Charts, Mixtape, Popular Culture, Algorithm

1. Einleitung

Spotify macht Eindruck, wenn es um Quantität geht. Im zweiten Quartal des Jahres 2023 haben 551 Millionen Menschen die Plattform genutzt, das bezahlpflichtige Premium-Modell nutzen 220 Millionen. Das Ziel für 2030: eine Milliarde.[1] In der Veröffentlichung und Zirkulation dieser glatten futuristischen Zahlen liegt eine Selbstbehauptung von Popularität, die statt den Inhalten – der Musik – die Plattform selbst in ihrer Form und Funktionsweise in den Fokus rückt. Als »biggest player« des Musikstreamingmarkts basiert diese auf Algorithmen, die mittels Machine Learning, kollaborativem Filtern und situativen Analysen personalisierte Empfehlungen in Form von Listen produzieren. Während von der Treffsicherheit der algorithmischen Empfehlung einerseits Faszination ausgeht, provoziert sie zugleich großen Widerspruch. Beschworen wird in journalistischen wie akademischen Arbeiten immer wieder der Untergang ›interes-

---

1 Tagesschau vom 25.07.2023, »Spotify gewinnt mehr Nutzer und macht mehr Verlust«. URL: https://www.tagesschau.de/wirtschaft/unternehmen/spotify-nutzerzahlen-abonnenten-umsatz-100.html (zuletzt abgerufen am 22.02.2014). Obwohl das Unternehmen fortwährend wächst und sich die Abonent:innenzahlen bis heute konstant erhöhen, ist es aufgrund der aufwendigen Werbung ein Verlustgeschäft. Das aktuelle Ziel ist daher nach wie vor Wachstum.

santer‹, herausfordernder und experimenteller Musik, die abgelöst werde durch einen generischen, belanglosen Einheitssound im kurzen Song- und fragmentierten Listenformat, funktionalisiert als Hintergrundkulisse. Als prominente Stimme dieser Kritik ist von der Musikjournalistin Liz Pelly für 2025 ein Buch mit dem Titel *Mood Machine: The Rise of Spotify and the Costs of the Perfect Playlist* angekündigt.[2] »Mir kann Spotify überhaupt nichts empfehlen«, so auch Diedrich Diederichsen im Interview, »Spotify geht nur nach stumpfen musikalischen Kriterien vor und sucht stilistisch Verwandtes. Und das will ich doch gerade nicht. Im Gegenteil. Der entscheidende Parameter kommt nicht vor: Attitude.«[3]

An der Befürchtung, dass die »Attitude« im Geist der Musikzeitschrift *Spex* verloren geht, zeigt sich nicht zuletzt auch die Kränkung, dass der eigene so singuläre Musikgeschmack von einem Algorithmus durchschaut wird und, schlimmer noch, seinen Status als Goldstandard des Popwissens verliert. Dass *Spex* 2018 etwa zeitgleich mit dem Aufstieg von Spotify eingestellt wurde, ist kein Zufall. Daran, dass der charismatisch grundierte Experten- und Kennerdiskurs an Autorität einbüßt, lässt sich exemplarisch eine Transformation des Musikhörens ablesen. Die Vorstellungen einer reinen Standardisierung, Kommerzialisierung und Funktionalisierung von Musik durch Streamingdienste bringen einmal mehr das alte kulturkritische Arsenal gegen das Populäre in Anschlag (Hecken 2010). Sie bedienen sich, wie David Hesmondhalgh kritisiert, »rockist and masculinist discourses in ways that verge on snobbery and elitism«, wodurch die konkreten, durchaus widerspruchsvollen Praktiken des Musikhörens verstellt und durch Klischeemetaphern wie »Muzak« und »Wallpaper« problematisch vereindeutigt werden (Hesmondhalgh 2022: 18).

Der vorliegende Beitrag interessiert sich für die Transformation der affektiven Struktur des Musikhörens, die sich mit Spotify-Playlists vollzieht. Im Fokus steht dabei die Listenform, die eine zentrale Schnittstelle von Nutzer:innenpraxis und algorithmischer Praxis bildet. Zwei andere Listentypen werden dabei als Abgrenzung wichtig: Erstens die Charts als zentralisiertes öffentliches Schauspiel des Populären, das als affektives Ereignis zelebriert wird; zweitens die alternativen Bestenlisten der Musikkritik à la *Spex* oder *Pitchfork*, die sich als ›rationaleres‹ Gegenmodell zu den Charts positionieren, aber ihrerseits hochgradig affektiv, nämlich über die Erzeugung einer »Attitude« funktionieren. Spotify-Listen setzen im Unterschied dazu auf personalisierte Affektmodulation.

Durch Streamingplattformen wie Spotify wird die Chartslogik der Popularität doppelt dezentriert. Spotify hält zwar am Chartsprinzip fest, indem es ein eigenes Chartssystem – die Spotifycharts – etabliert. Diese sind auf bestimmte Weise tem-

---

2   Vgl. hierzu auch Pelly 2017, 2019, 2020.
3   Keppeler 2018, erschienen auf: https://www.freitag.de/autoren/christine-kaeppeler/zur-euphorie-gehoert-die-darkness

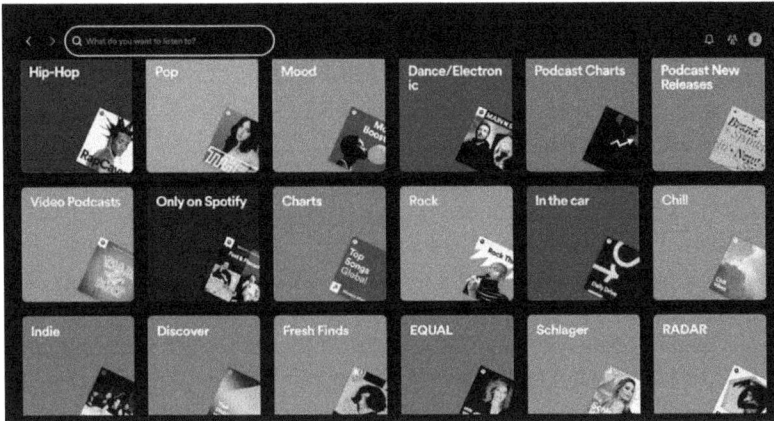

Abb. 1

poralisiert (wöchentlich und täglich, u.a. nach »Viralität«), skaliert (national und global) und gerankt, inklusive Abbildung der Auf- und Abstiege. Allerdings – und das ist die erste Dezentrierung – fristen die Charts ihr Dasein als *eine* von 68 Kategorien auf der Startseite von Spotify, die gleichberechtigt und relativ zufällig neben unterschiedlichen Genres (Country, Punk, Latin), Orten, Tätigkeiten und Situationen (im Auto, Schlafen, zu Hause, Kochen & Essen) und Stimmungen (neben Stimmung als eigener Kategorie etwa Chillout oder Liebe) stehen.

Während die Popularität, Wirksamkeit und Reichweite der Charts (über die reinen Plattenverkäufe hinaus) zuvor einfach vorausgesetzt worden ist, wird bei Spotify über die Followerzahlen der Listen deren tatsächliche Popularität erstmals systematisch sichtbar und messbar gemacht – auch in ihrer relativen Begrenztheit. Bei einem Blick auf diese Zahlen wird schnell deutlich, dass die Charts als vormals zentralisierte Instanz des Populären zwar immer noch populär sind. Sie haben aber Konkurrenz bekommen und werden in ihrer Bedeutung von anderen Listenformaten wie personalisierten Empfehlungslisten, aber auch Mood- und Genreplaylists relativiert. Bei Spotify ergibt sich so ein neues Verhältnis von Liste und Popularität: Listen behaupten nicht einfach Popularität, Listen werden selbst populär. In dieser Weise kommt es zu einem Wettbewerb um die Listen qua Zirkulation, allerdings anders als beim alten Chartsprinzip ohne zentralisierten Ort: Es gibt auf Spotify kein übergeordnetes Ranking der populärsten Listen, vielmehr ist die Plattform auf eine Multiplizierung – auch nichtpopulärer Listen – angelegt.

Hier kommt die zweite Dezentrierung ins Spiel. Diese besteht darin, dass »Popularitätsmetriken« immer stärker von personalisierten »inhaltsbasierten Empfehlungen« überlagert werden (Unternährer 2021: 402). Statt einer fixierenden Bewertung und Hierarchisierung von Dingen in Rankings geht es nun stärker um eine *Relatio-*

nierung von Dingen und Nutzer:innen, die in der algorithmischen Praxis den gleichen Status wie Dinge – nämlich als Listen – erhalten. Im Anschluss an dieses Argument von Unternährer möchte ich jene Relationierung als affektives Gefüge von algorithmischer Praxis und Hörpraxis der Nutzer:innen verstehen. Für das Hören, Listen und Bewerten ist nicht ausschlaggebend, was populär ist, sondern vielmehr, welche Art der affektiven Relationierung durch Algorithmus und Hörpraxis situativ geschaffen wird. Die doppelte Dezentrierung des alten Popularitätsprinzips – einerseits durch das sicht- und messbare Populärwerden der Listen als solcher und andererseits durch die Personalisierung der Liste – wird mich zu einer Reflexion über das Verständnis des Populären führen.

Als eines der prominentesten Beispiele für AI-basierte Empfehlungssysteme, die nicht nur beim Musikhören eine immer größere Rolle spielen, ist Spotify bereits breit erforscht worden. Allerdings hat sich die sozial- und kulturwissenschaftliche Forschung zu Musikstreamingplattformen auf technische und ökonomische Fragen wie Datafizierung und Vermarktung konzentriert (Prior 2010, Rogers 2013, Prey 2016, Negus 2019). Verbunden damit werden Musikstreamingdienste vor allem kritisch, etwa als konsumistische »Digital Music Trap« (Arditi 2017) oder als Überwachungstechnologie (Drott 2018a), untersucht. Gerade das Format der Playlist wird in seiner stimmungsbasierten Spielform schnell als Ausdruck neoliberaler Selbstoptimierung (Eriksson/Johansson 2017, Morris 2020) bewertet.[4] Die Frage, wie die Spotify-Listen tatsächlich alltäglich genutzt werden, gerät bei solchen Diagnosen aus dem Blick.

Gerade Affekt mag auf den ersten Blick als Zugang überraschen, scheinen doch die Mathematisierung des Hörens durch den Algorithmus sowie seine Effekte – Rankings, Charts und Listen – ›harten‹ formalen Regeln zu gehorchen, die auf ökonomische Maximierung drängen. Der ›weiche‹ Zugangs des Affekts scheint in dem Sinne ganz den »Spotify effect« (Vonderau 2019) zu bestätigen, wonach das Unternehmen seine aggressiven Wachstumsstrategien hinter einer ›coolen‹, vermeintlich nutzer:innen-orientierten Fassade versteckt. Wie ich in Abgrenzung dazu argumentieren möchte, kann der Affekt jenseits einer solchen Verschleierungstaktik zur Analyse der neuen Listenpraxis nutzbar gemacht werden; und zwar nicht als Gegenpol der ›harten‹ algorithmischen Logik, sondern zur Beschreibung ihrer Funktionsweise.

Im Folgenden möchte ich erstens eine Bestimmung des Verhältnisses von Listen und Affekt vornehmen und eine kleine Heuristik vorschlagen, mit der sich die Affektstruktur von Musiklisten analysieren lässt (Kap. 2). Diese wird dann in aller Kürze auf die Charts (Kap. 3) und DIY-Musiklisten (Kap. 4) angewendet, um im Anschluss ihre Transformation an den Spotify-Playlists aufzuzeigen (Kap. 5). In diesem Hauptkapitel gehe ich in vier Schritten vor: Zuerst wird die Verschränkung von sinnlich-ästheti-

---

4   Dem stehen eher wenige Stimmen gegenüber, die die Demokratisierung des Musikzugangs durch
     Streaming erkennen (Hesmondhalgh 2019).

schen Alltagspraktiken des Hörens und Listens mit der Operationsweise des Algorithmus erfasst und als affektive Praxis beschrieben (5.1.). Zweitens wird an den Spotify-Charts gezeigt, was plattformintern aus dem Chartsprinzip geworden ist (5.2.), bevor drittens am Modell der Mood-Playlists gezeigt wird, wie Affekt als Stimmung auf der Plattform implementiert wird (5.3.). Schließlich interessieren die algorithmischen Imaginäre, in denen der Algorithmus von den Nutzer:innen als affektive, bewertende Instanz figuriert wird (5.4.). Abschließend wird diskutiert, was diese Transformation der Affektstruktur für das Verständnis des Populären bedeutet.

2. Zur Affektivität der Liste

Der Impuls des sog. *affective turn* in den Sozial- und Kulturwissenschaften (für einen Überblick vgl. Slaby/von Scheve 2019) liegt darin, die vielfältigen vagen, emergenten, atmosphärischen, nicht in Diskurs und Sprache auflösbaren Prozesse als zentrale Dimension des Sozialen zu konzipieren. Die Debatte ist stark von der Deleuze'schen Spinozalektüre informiert. Spinoza hatte den Affekt so definiert: »Unter Affekt verstehe ich Affektionen des Körpers, durch die die Handlungskraft des Körpers erhöht oder verringert, unterstützt oder zurückgehalten wird, und gleichzeitig die Ideen dieser Affektionen.« (Spinoza 1989 [1677]: 110) Im Zentrum steht also das Vermögen des Körpers, zu affizieren und affiziert zu werden – schon bei Spinoza bedeutet das, die Idee eines Hobbes'schen Selbst hinter sich zu lassen. Gerade in der Vagheit dieser Bestimmung liegt aber auch eine gewisse Tendenz zur schwärmerischen Verklärung jener affektiven Ströme. Das Konzept der affektiven Praxis nach Margaret Wetherell (2013) antwortet auf dieses Problem. Es hebt einerseits die in der Affekttheorie betonten Aspekte der Emergenz, des Unerwartet-Überraschenden und des Kontrollverlusts hervor. Andererseits sind diese Prozesse immer schon in soziale Praxis eingebettet, müssen also in ihrer sozialen Erlern-, Form- und Kontrollierbarkeit gedacht werden (Wetherell 2013: 221 ff.). Damit fungiert der Begriff der »affektiven Praxis« auch als Korrektiv zur Tendenz innerhalb der Affekttheorie, Affekte als »unspecified force, unmediated by human consciousness, discourse, representation and interpretation« zu denken (Wetherell 2013: 228). Im Sinne der soziologischen Praxistheorie spielen hier die Dimensionen der Routinisierung und Habitualisierung eine wichtige Rolle. In dieser Weise werden sowohl die formale Struktur und die Exzesse, die Beharrlichkeit und die Wanderbewegungen, die Berechenbarkeit und die unerwarteten Wirkungen von Affekten beschreibbar. Wenn der Affekt nicht mehr die Eigenschaft des einzelnen Körpers bezeichnet, treten die Gefüge in den Fokus, die affektive Praktiken erst möglich machen. In unserem Kontext sind das Musiklisten und Algorithmen.

Dass Musik affektive Wirkungen hat, ist seit der Antike Gegenstand zahlreicher Erörterungen. Affekt taucht auch in der Popmusikforschung immer wieder als Analysekategorie auf, oftmals aber eher als psychologische Kategorie und synonym mit Emotionen (etwa bei DeNora 2000 oder Nowak 2016). Mir geht es mit dem Affektbegriff hier nicht in erster Linie um die Veränderung des Innenlebens eines Subjekts durch Musik als um die Verschränkung, die sich zwischen der Praxis des Musikhörens und der Arbeit des Algorithmus ergibt. In einigen neueren Studien zur »sonic experience« kommt dem Musikhören (Jasen 2016) nicht nur Bedeutung als psycho-emotionales Geschehen zu, vielmehr werden beispielsweise Bass oder Frequenzen als Teil einer materiell strukturierenden »agency« verstanden, die den Sinnesapparat transformiert und selbst zum Teil des Affektgeschehens wird. Im Kontext der Mood-Playlists werden wir auf die affektiven Wirkungen von Musik zurückkommen; in diesem Abschnitt interessiert aber vordergründig die Affektivität der Listenform selbst.

Wie Urs Stäheli argumentiert, verfügt die Liste in ihrer basalen Form über eine spezifische Affektivität, die dem scheinbar langweiligen und bürokratischen Charakter des Listenmediums entgegensteht. Die Liste erzeugt gerade durch ihre einfache und additive Struktur eine regelrechte Ordnungslust (Stäheli 2012: 240). Diese wird begleitet durch eine starke Tendenz zur Zirkulation, die sich ebenfalls bereits aus der minimalen Ordnungsstruktur in Verbindung mit der einfachen Übersetzbarkeit in andere Kontexte ergibt (Stäheli 2012: 243). Dass die daraus entstehende »List Culture« als Kultur des Teilens und des Viralen auf digitalen Plattformen besonders gut funktioniert, zeigt Liam Young an den listenförmigen Einträgen auf BuzzFeed (Young 2017). Stäheli unterscheidet zwischen einer internen und einer externen Affektivität der Liste. In externer Hinsicht produziert das Listenmedium aus sich heraus Faszination und Ansteckungseffekte, d.h. den Drang, mehr Listen zu produzieren: »Often we produce lists because we simply like them, because listmaking is fun, because others have produced lists elsewhere, and because they catch attention.« (Stäheli 2012: 245) In interner Hinsicht liegt bereits im administrativen Erbe der Liste ein zeremonieller Charakter begründet. Die frühen mesopotamischen Listen von Göttern etwa dienen der additiven Erfassung dessen, was mit Worten nicht ausgedrückt werden kann. Was heißt das nun für Musiklisten?

Dass die beiden angesprochenen Dimensionen das Musikhören prägen, trifft nicht erst seit Spotify zu. Das Musikalbum ist unabhängig vom Medium (Vinyl, Kassette, CD) in seiner elementaren Form eine Liste, bei der die Reihenfolge zwar prinzipiell kontingent, aber nicht beliebig ist. Die Reihenfolge ist auf Übergänge und Tempowechsel angelegt und schreibt sich ins Gedächtnis der Hörerin ein, die am Ende eines Songs direkt an den Anfang des nächsten denkt. Die Listeneinheiten, die einzelnen Songs, sind aber isolierbar und können prinzipiell in jede andere Liste eingeschrieben werden, z.B. Charts-, Hit- und Best-of-Listen, Compilations, Setlists bei Konzerten (als physische handschriftliche Liste ein besonders begehrtes Fanobjekt) oder Mixtapes. Musiklisten haben einen Hang zur Zirkulation, der sich aus der minimalen Ordnungsstruktur ergibt: Jeder Song kann je nach Thema und Kriterium der Liste prinzipiell mit

sierten, aber auch ein Großteil der nichtpersonalisierten Playlists. Letztere sind im Gegensatz zu den personalisierten Listen, die sich je nach Nutzer:innenverhalten fast gänzlich aus Nischenmusik zusammensetzen können, großteils nach Popularität ausgewählt. Manuell sind zum einen die Playlists der Nutzer:innen erstellt, zum anderen die »Spotify Curated Playlists«, die von Redakteur:innen-Teams laufend gepflegt werden. Meist sind diese Listen, die mit großem Abstand zu den populärsten der Plattform gehören, Mischungen aus Genres und Stimmungen, etwa »Peaceful Piano«. Halbmanuelle Mischformen dienen u.a. dem expliziten Ziel, Newcomer:innen zu fördern, die im Algorithmus noch nicht sichtbar sind, diese mit bekannten Titeln zu kombinieren.

Das dritte Kriterium bilden die *von Spotify* vs. die *von User:innen* erstellten Playlists. Zu letzteren gehören auch die von Künstler:innen gestalteten Playlists, die auf deren Profilen zu finden sind. User:innen-Playlists sind manuell erstellt und grundsätzlich daran erkennbar, dass oben in der Leiste kein Spotify-Logo zu sehen ist. Von Spotify erstellte Playlists sind immer – und das ist ein weiteres Teilkriterium – *öffentlich*, während man als einzelne Nutzer:in die Einstellung auch auf *privat* stellen und die Liste so für andere unsichtbar machen kann. Die öffentlichen Listen einzelner Nutzer:innen können durchaus auf höhere Follower:innenzahlen kommen, das steht aber nicht im Fokus der Plattform. Spotify ermutigt die einzelne Nutzerin, mit einfachen Funktionen eigene Listen zu erstellen – alleine oder kollaborativ qua Einladungslink mit anderen –, diese zu sortieren, zu erweitern, zu teilen etc. Eine prominente Nutzer:innenliste, die nicht geteilt werden kann, ist die Liste der gelikten Songs (»Lieblingssongs«).

Spotify ist eine durch und durch verlistete Plattform und räumt der Liste so einen neuen Status ein: Statt um die Popularität von Künstler:innen oder deren Behauptung in der Form von Rankings geht es nun um die *Popularität und Zirkulation von Listen* selbst. Die virale Logik der Empfehlungslisten besteht darin, dass weitere ähnliche Listen vorgeschlagen werden. Eine prominent angezeigte Bezifferung der Likes und Saves zeigt an, wie oft eine Liste gespeichert wurde, wodurch ihre relative Popularität sichtbar, vergleichbar und hierarchisierbar wird. Bevor die Effekte dieses stillen Wettbewerbs der Listen auf die alte Logik der Popularität diskutiert werden, frage ich im nächsten Abschnitt zunächst, durch welche plattformspezifischen Affordanzen der Vorrang der Liste geschaffen wird.

5.1. Algorithmische Praxis

Es gibt eine Metaliste mit besonderem Status, die von vielen Nutzer:innen am 1. Dezember jedes Jahres herbeigesehnt wird: »Spotify Wrapped«, ein personalisierter Jahresrückblick, der das Hörverhalten der vergangenen 12 Monate gebündelt auswertet und in Form diverser Privatrankings präsentiert. Die Ergebnisse kommen also durch

Nutzungsverhalten zustande, das auch und vor allem listengestützt war und nun in hierarchische Skalen übersetzt wird. Ich erfahre, dass ich mir 53 verschiedene Genres, 2.793 Songs, 1.827 Künstler:innen und 24.658 Minuten Inhalte angehört habe. Ich erfahre, was meine Top-5-Künstler:innen, Top-5-Songs und Top-5-Genres sind (nämlich »Art Pop«, »Pop«, »Indie Soul«, »Alternative R&B« und »Neo-Psychedelic«), samt Details zur Anzahl von Streams und Minuten. Ich erfahre, dass die Leute in Berkeley mit höherer Wahrscheinlichkeit als woanders meinen Musikgeschmack haben. Neu seit 2023 sind die ausgefeilten Visualisierungen, etwa eine runde Skala mit den einzelnen Monaten des Jahres, an der sich in neonfarbenen lavaähnlichen Verläufen ablesen lässt, wann man seine Top-Künstler:innen wie oft gehört hat. In dieser Weise werden gleichzeitig Künstler:innen und Genres wie man selbst als Nutzerin gerankt: Ich erfahre, dass ich zu den Top 15% der Hörer:innen weltweit (Bewertung: »Nicht schlecht«) und zu den Top 0,005% der Fans von Sofie Royer gehöre.

»Spotify Wrapped« ist also nicht auf Popularitätsmetriken ausgerichtet; wenn ich ausschließlich Künstler:innen mit 20 monatlichen Hörer:innen mag, landen ebendiese in meinen Top 5. Populär ist »Wrapped« hingegen *als Format:* Die Ergebnisse werden herbeigefiebert und massenhaft auf Social Media geteilt, wodurch »Wrapped« fast zu einem eigenen Meme-Genre geworden ist. Warum aber wird die trockene Auflistung von Streamingzahlen populär? Der Affekt des Nummerischen, der sich durch die spannungsgeladene Aufdeckung der ›objektiven‹ Zahlen entfaltet, wird auf kunstvolle Weise in ein persönliches Narrativ übersetzt: »Spotify Wrapped« teilt mir mit, wer ich in diesem Jahr gewesen bin. Begleitet wird der Rückblick denn auch von einer singularisierenden Anrufung: »Du und deine Top-Künstler*innen hattet eine besondere Verbindung«. Plötzlich klingelt das Telefon, Channel Tres ist dran und bedankt sich in einer Videobotschaft bei mir, dass ich seine Musik gehört habe. »Dein Streamingsverhalten dieses Jahr macht dich zu einem*einer Held*in«, lobt mich Spotify und charakterisiert mich als »Gestaltwandler*in« (»Manche würden es sprunghaft nennen. Wir sagen: vielseitig«). Gut sichtbar platziert ist der »Teilen«-Button, der dazu auffordert, das wahlweise lustige, peinliche, überraschende oder empörende Ergebnis auf Instagram, X oder TikTok zu teilen und von anderen kommentieren zu lassen. Die Narrativierung legt also eine Art von Zirkulation der Liste nahe, bei der die Plattform verlassen wird. Dass die »Wrapped«-Ergebnisse der anderen so langweilig wie zähe Nacherzählungen von Serieninhalten oder Urlauben sind, ist wiederum Gegenstand spöttischer Memes: »seeing everyones spotify wrapped: wow im not all that interested, me posting my spotify wrapped: everyone will enjoy this from me, the protagonist of life«.[9]

---

[9]   https://twitter.com/meladoodle/status/1202448316803371008?lang=en

Es ist charakteristisch, dass Spotify das Nutzer:innensubjekt in seinem unverwechselbaren Geschmack affektiv anruft und auf verschiedenen Ebenen des Interface mit den vielen »Für Dich«-Playlists mit dem Prinzip der Personalisierung wirbt (vgl. dazu Webster 2023). Auf den ersten Blick scheint Personalisierung also gleichbedeutend mit Singularisierung (siehe zu dieser Position etwa Krogh 2023a). Wie Unternährer (2021) allerdings zeigt, geschieht dies nur auf der Vorderbühne der Benutzeroberfläche, während auf der algorithmischen Hinterbühne gerade nicht singularisiert, sondern relationiert wird. Inhaltsbasierte personalisierte Empfehlungen werden über Matchings erstellt, die Vergleiche anderer Nutzerinnen und Dinge in deren Verhältnis anstellen (Unternährer 2021: 400). Statt also nur Dinge oder Nutzerinnen zu vergleichen, werden etwa beim *Collaborative Filtering* Nutzer:innen und Dinge (im Fall von Spotify: Songs und Künstler:innen) basierend auf quantitativ gemessenen Matchings relationiert. Auf diese Weise werden Nutzer:innen mit ähnlichem Musikgeschmack in »fluiden, quasikategorialen ›Nachbarschaften‹« (Unternährer 2021: 400) angeordnet – keineswegs, wie manchmal angenommen, in festen Kollektiven oder Stilgemeinschaften. Entgegen der Persönlichkeitsemphase des Interface unterscheidet der Algorithmus nicht kategorial zwischen Ding und Nutzer:in: »In Suchapplikationen ist die Nutzerin als eine Liste von (Such-)Begriffen repräsentiert, wie auch die Dinge als Kombination von Begriffen repräsentiert sind.« (Unternährer 2021: 400) Die Nutzerin wird also selbst zur Liste und tritt darin in Relation zu den Dingen und anderen Listen. Hier entsteht eine Art »algorithmischer Sozialität« (vgl. Seyfert 2024), deren neue Einheit die Liste wird.

Empfehlungssysteme reagieren zunächst auf das Problem der schieren Quantität an Auswahl von Dingen (Songs), die von der einzelnen Nutzerin nicht überblickt werden können. Um Orientierung im Überangebot möglicher Hörentscheidungen zu treffen, arbeitet der Spotify-Algorithmus mit verschiedenen Filtern. Diese greifen einerseits auf *explizite Bewertungen* der Nutzer:innen wie das Liken per Herzbutton zurück, wobei dieser Teil der Likeökonomie als Affektökonomie verstanden werden kann (vgl. dazu Gerlitz & Helmond 2013); aussagekräftiger für Affektdynamiken sind dennoch *implizite Bewertungen* in Form von Mikro-Ereignissen wie Klicken und Skippen, weil sie die tatsächliche Praxis des Hörens abbilden, die nicht immer den bewussten Geschmacksurteilen entsprechen muss. Diese Form der affektiven Bewertung ist eine überwiegend nichtkognitive, unbewusste Bewertung, die in der Praxis des Gebrauchs geschieht. Nur aus diesem Grund können einen die »Wrapped«-Ergebnisse überraschen – manchmal kennt man die Bands oder Songs nicht einmal mit Namen und weiß auch sonst nichts über sie, hat sie aber offenbar gerne gehört.

Der Algorithmus registriert also: Wie oft werden bestimmte Songs und Künstlerinnen gehört, wobei unter ›gehört‹ nur das verzeichnet wird, was länger als 30 Sekunden (und ohne Mute) abgespielt wird. Es sind also mitunter fragile temporale Mikroentscheidungen, die oft gar nicht oder nur halb bewusst getroffen und erst recht nicht versprachlicht werden, die die Praxis des Hörens, Klickens, Browsens prägen: repeat oder next song, weiterspulen zum Refrain, hängenbleiben in einer Liste, die, wenn sie vorbei ist, in der Radio-Funktion ähnliche Songs vorschlägt und potenziell nie endet. Durch das Interface der Plattform und die Arbeit des Algorithmus wird ein fast schlafwandlerisches Hören begünstigt, ein Sich-Treiben- und Sich-Affizierenlassen: Wir wissen oft nicht, wie wir auf einen Song stoßen, warum er uns affiziert, warum wir ihn immer wieder hören oder irgendwann nicht mehr hören können. Der Algorithmus scheint es besser zu wissen, wenn er Stimmungen aufspürt, versteht und durch weitere Vorschläge verstärkt.

Um zuverlässig Empfehlungen aussprechen zu können, ging es in der frühen Phase des Empfehlungsdesigns von Spotify zunächst darum, basierend auf den registrierten Mikro-Ereignissen das zukünftige Hörverhalten zu antizipieren. Wie Matthias Drusell u. a. in einer Analyse der technischen Seite des Empfehlungsdesigns von Spotify zeigt, setzt seit den 2000er Jahren eine »temporale Wende« (Drusell 2023: 175) ein, in deren Zuge ein starres Modell der algorithmischen Antizipierbarkeit basierend auf vorgängigen Interessen bzw. Geschmackspräferenzen verworfen wurde. Bei der Richtungsänderung ging es darum, die vorhergesagte Zukunft wieder stärker zu öffnen für Empfehlungen, die außerhalb des aktuellen Horizonts der Nutzerinnen liegen. Interessen entstehen teils überhaupt erst in der situativen Interaktion mit den Dingen, so die Einsicht. Die Relation zwischen Dingen und Nutzerinnen wird um die Dimension der Situationen ergänzt, um die Auswahl offen, neu, heterogen, dynamisch, überraschend und divers – ja, nach dem Prinzip der »Serendipity«, also des unvorhergesehenen Zufalls – zu gestalten (Drusell 2023: 176).

In sogenannten »Context-and-Time-Aware-Recommender-Systems« (kurz CARS und TARS) will Spotify die zeitlichen Kontexte von Situationen erfassen, die mit Variablen wie »Ort, Tageszeit, Wochentag, Jahreszeit, soziale Interaktionspartner:innen, Wetter, Devices, Aktivitäten, ja sogar Stimmungen, Puls oder Schrittgeschwindigkeiten« arbeiten (Drusell 2023: 178).[10] Drusell schlägt den Begriff des »Momenting« vor, um die temporale Logik dieser Wende zwischen Antizipation, Prädiktion und Präemption zu analysieren. Spezifischer ließe sich hier ergänzen, dass die jeweiligen temporalen Muster an ganz bestimmte Listen gebunden sind, die auch jeweils unterschiedlich affizieren: Während »Wrapped« die Vergangenheit rekapituliert und zu wiederholtem, vertrautem, schwelgendem Hören der Lieblingssongs im Wohlfühlmodus einlädt, ist »Discover Weekly« auf die unbekannte Zukunft gerichtet und fordert mehr Aufmerksamkeit und Geduld. Die Mix- und Radiolisten setzen auf eine Kombination, verbunden mit der Annahme, dass unbekannte Inhalte schneller abgebrochen werden. »Momenting« geht, wie auch Drusell betont, gerade nicht in Sub-

---

10   Neben der metrischen Zeit werden andere Skalen hinzugezogen, die stärker auf Ereignishaftigkeit und das jeweilige konkrete und wechselnde Timing von Alltagsmustern abzielen.

jektivierung auf (wie etwa bei Prey 2017 oder Drott 2018b), denn die Nutzer:innen werden nicht als Individuen, sondern als fluide, hochgradig affizierbare Größen modelliert und adressiert.

Ob und inwieweit die CARS und TARS bereits implementiert sind, bleibt allerdings eine offene Frage. Auf der derzeitigen Benutzeroberfläche jedenfalls ist davon noch nicht viel zu spüren. Zwar schlägt Spotify am Wochenende Listen unter dem Motto »Dein Samstag nach Deinem Vibe« und im Dezember Weihnachtscontent vor, aber dazu ist keine Personalisierung nötig. Die Erfassung von Alltagspatterns zeigt sich jedenfalls (noch?) nicht auf dem Interface.

5.2. Spotify-Charts

Es ist keineswegs so, dass das Chartsprinzip auf Spotify verdrängt worden wäre. Wie erwähnt bilden die Charts eine eigene Kategorie, die aber ausschließlich das plattforminterne Chartssystem abdeckt und fördert. Im Gegensatz zu den personalisierten Empfehlungslisten ist hier die Logik des Nummerischen überpräsent: Man hat sich in allen Chartskategorien auf die Zahl 50 als ideale Listengröße geeinigt; die Titel werden formattypisch in einem Ranking aufgeführt und ihre hierarchische nummerische Platzierung wird entsprechend wichtig. Zudem wird durch die nummerische Anzeige der Follower der einzelnen Listen – also in diesem Fall durch eine explizite Bewertung der Nutzer:innen – deren Popularität zum Thema gemacht.

Auffällig ist zudem die beschleunigte Temporalisierung. Neben einer Kategorie für die Wochencharts (die global und nach einzelnen Ländern die Top 50 Songs anzeigen) stehen die zwei Kategorien für die Tagescharts im Fokus: »Daily Song Charts« und »Daily Viral Charts«; beide sind wieder global und national klassifiziert. Während erstere die meistgespielten Songs eines Tages anzeigen (auf den ersten beiden Plätzen sind im Dezember 2023 wie alljährlich und auf unbestimmte Ewigkeit Mariah Carey mit »All I Want For Christmas Is You« und Wham mit »Last Christmas«), geht es bei der Viral-Liste um aktuelle Neuveröffentlichungen, die nicht unbedingt auf eine große Streamingzahl kommen, aber aktuell stark trenden; auf Platz 1 ist der auf TikTok gefeierte französische Rapper Yamê mit dem Song »Bécane« mit immerhin 13 Millionen Streams; der drittplatzierte Song »Pilot« der indonesischen Indieband The Lantis hat aber gerade einmal 20.000. Hier zeigen sich ähnliche temporale Affektmuster wie oben erwähnt: Die Top 50 sind teils allseits altbekannte Schunkelsongs, deren affektive Anziehungskraft u.a. im vertrauten, nostalgischen Hören bestehen mag; darin, dass ihre Popularität immer wieder neu bestätigt wird. Die »Viral Charts« sind Songs, die durch ihre Neuheit affizieren sollen und deren Zirkulation auch im Anstecken und Wandern durch andere Plattformen wie TikTok hergestellt wird. Es ist eine aggregierte Massenlogik, die vom Algorithmus erfasst und gemessen wird. Für diese

»hyperkonnektive« Dynamik des Populären (Stäheli 2005: 160) ist das Wissen darüber, dass etwas populär ist, unwesentlich. Ausschlaggebend ist vielmehr die ansteckende Bewegung der Affizierung selbst. Hier kommen implizite Bewertungen ins Spiel, d.h. Streams ohne ein Like oder Follow reichen aus, um einen Song auf die Liste zu befördern.

Die täglich aktualisierten Temporalisierungseinheiten stehen im deutlichen Gegensatz zu »seriellen Vergleichen« (Werron/Ringel 2021) in eher trägen und langsameren Genres wie Kunst- oder Hochschulrankings, aber auch zum alten Chartsprinzip der wöchentlichen Auswertung. Auf der Darstellungsebene bleiben die Spotifycharts in der Tradition der sichtbaren Auf- und Abstiege der Positionen, die mit einem grünen Pfeil nach oben und einem roten nach unten verzeichnet sind. Diese Information ist allerdings nur dem eigenen Chartssystem vorbehalten. Plattformfremde Chartslisten wie die »Hot 100« von *Billboard* finden sich auch, aber erst nach gezielter Suche, denn Billboard ist ein normaler Nutzer wie jeder andere, wenn auch mit blauem Haken. Gibt man »Charts« in die Suchleiste ein, verweist Spotify zuallererst auf die eigenen Chartslisten; abseits davon ist man mit einem Kauderwelsch von Userlisten konfrontiert, denn jede beliebige Nutzerin kann ihre öffentlichen Listen »Charts 2023« oder »Official Charts« nennen. Die zuständige Institution für die offiziellen deutschen Charts muss man ebenfalls mühsam suchen; GfK Entertainment, ein deutsches Marktforschungsunternehmen mit Sitz in Baden-Baden, hat gerade einmal knapp über 2000 Follower.

Die mit Abstand populärste Chartsliste ist »Today's Top Hits« mit etwa 34,5 Millionen Follows; dann kommt die »Top 50 Global« mit fast 17,5 Millionen Follows, dicht gefolgt von diversen Genre- und Stimmungsplaylists. Durch diese nummerische Anzeige der Follower der einzelnen Listen wird die Bedeutung der Charts und ihrer Institutionen sichtbar gemacht, quantifiziert und so relativiert (auch, wenn sie nach wie vor erfolgreich sind). Aufschlussreich ist das deshalb, weil oftmals davon ausgegangen wird, dass Rankings wirksam sind, weil sie populär sind und andersherum. Der genaue Grad und Charakter ihres Erfolgs bleibt dabei aber eher im Dunklen und wird üblicherweise als gegeben vorausgesetzt. Gerade bei den Charts scheint bereits von den Institutionen eine Autorität auszugehen, die die Wirksamkeit sicherstellt.

Dieser Punkt berührt das Verständnis dessen, was das Populäre ausmacht. »Populär ist, was viele beachten«, so Hecken, und weiter: »Populäre Kultur zeichnet sich dadurch aus, dass sie dies ständig ermittelt. In Charts, durch Meinungsumfragen und Wahlen wird festgelegt, was populär ist und was nicht.« (Hecken 2006: 85) Als »Popularisierung erster Ordnung« (Döring et al 2021: 12) lässt sich im Anschluss daran verstehen, was präskriptiv Beachtung finden soll, weil ihm gute, erstrebenswerte Eigenschaften zugewiesen werden. Diese Form, so die Autoren, habe an Selbstverständlichkeit verloren und einer zweiten Form Platz gemacht, die sie »Popularisierung zweiter Ordnung« nennen. Gemeint sind Verfahren, die »Populäres herstellen, indem sie seine Beachtung durch viele feststellen und ausstellen« (Döring et al 2021: 13), und zwar in Darstellungsformen wie Listen, Rankings oder Charts. Was aber geschieht, wenn jene Formen und ihre Instanzen selbst an Popularität verlieren, also nicht mehr oder weniger beachtet werden? Was, wenn sie ihre Selbstverständlichkeit einbüßen so wie die Popularisierung erster Ordnung?

Dass das im Kontext von Spotify ansatzweise geschieht, macht sich zum einen an der Bezifferung der Chartslisten fest. Mit diesen Zahlen wird sichtbar, dass die Instanz, die Beachtung durch viele beobachtet, feststellt und ausstellt, nun selbst unter Beobachtung gerät. Sie bekommt Konkurrenz und muss sich einem Wettbewerb der Listen um Popularität stellen. Bezeichnenderweise überlässt Spotify das Dokumentieren dieses Wettbewerbs anderen: Es gibt auf der Plattform selbst kein Ranking der populärsten Listen, diese finden sich auf anderen Blogs. Noch eine andere Popularitätsannahme trifft auf Spotify nicht zu, nämlich die, dass derjenige populär ist, »der den ersten Platz einnimmt« (Hecken 2006: 85). Auf der Seite jeder Künstler:in sind oben die fünf beliebtesten Songs aufgeführt. Der populärste, d.h. klickstärkste Song steht aber nicht automatisch auf Platz 1; der Score korreliert nicht mit der Position im Ranking. Ausschlaggebend für die Reihenfolge sind nämlich personalisierende, d.h. zeitliche und kontextabhängige Faktoren (vgl. Unternährer 2021: 405). Hier wird exemplarisch deutlich, wie die Logik der algorithmischen Personalisierung systematisch die Allgemeinheitsansprüche und Autoritätsbehauptungen der Charts durchkreuzt.

An dieser Stelle bleibt festzuhalten, dass es sich beim Wettbewerb der Listen um einen Wettbewerb handelt, der von einer asymmetrischen Ausgangslage ausgeht: Weil Spotify seine eigenen Charts priorisiert und die vormaligen Autoritäten wie *Billboard* zu gewöhnlichen Nutzer:innen macht, wird der Vergleich systematisch verzerrt. Das Argument der Sichtbarmachung und Relativierung vormals scheinbar selbstevidenter Popularitätsmarker muss hier auf das immanente Spotify-Universum beschränkt bleiben; ein Universum allerdings, das seine große Popularität seinerseits nicht nur unterstellt, sondern in Form von Abonent:innen- und Umsatzzahlen beziffert.

5.3. It's a vibe. Mood-Playlists

Das affekt- und stimmungszentrierte Musikhören wird oftmals und gerne mit kritischem Impetus als Spezifikum des Streamings ausgemacht. Bevor ich auf dessen Funktionsweise eingehe, möchte ich in aller Kürze Vorläufer dieser Verbindung von Musik, Liste und Affekt skizzieren, um zu zeigen, dass die Funktionalisierung von Musik alles andere als eine Neuheit ist. 1739 hat der deutsche Opernsänger Johann Mattheson unter dem Titel »Der vollkommene Capellmeister« einen Katalog musikalischer Affekte angelegt, den er in einer strengen nummerierten Liste entfaltet

(Mattheson/Lenneberg 1958).[11] Musik ist für Mattheson der direkteste Weg, Lebensgeister und Affekte zu entfachen, die von Liebe, Traurigkeit, Freude, Ärger, Mitleid, Angst, Mut und Verzweiflung über Stolz, Bescheidenheit, Hoffnung und Begehren bis Hartnäckigkeit und Eifersucht reichen. In seiner Einleitung zur Übersetzung des Mattheson'schen Katalogs hält Lenneberg fest, dass sich im Ordnungswillen der Affekte nicht nur ein praktischer Gestaltungswille des Kapellmeisters, Komponisten und Sängers Mattheson verbirgt, um, so die Hoffnung, die Affekte durch Barockmusik noch zuverlässiger steuern zu können, sondern auch eine aufklärerische Lust an der Klassifikation (Mattheson/Lenneberg 1958: 48). Man könnte hinzufügen: Es ist auch ein ästhetischer Reiz der Liste, die in ihrer Strenge den nur schwer greifbaren Gegenstand – musikalische Affekte – einzuhegen versucht. Bei genauerem Hinsehen haben wir es aber nicht mit einem Gegensatz zu tun, vielmehr zeigt sich hier eine hergestellte Verwandtschaft von Musik(-komposition), Listen und Affekt. Mattheson erstellt eine ›Mood List‹, indem er unterschiedliche Affekte isoliert und diese auf musikalische Techniken bezieht. Man könnte hier von einer frühen Variante des *mood engineering* sprechen, also der Regulierung und Steuerung von Affekten mittels Musik.

Auch in der jüngeren Pop-Vergangenheit lässt sich diese Funktion weiterverfolgen. Die Klassifizierung nach Stimmungen war historisch ein wichtiger Bestandteil des Platten-Marketings in den 1950er Jahren und vor allem an Paartänze gebunden. *Billboard* und *Cash Box* (zeitweilig ähnlich wichtig wie *Billboard*) haben damit interessanterweise gebrochen und stattdessen u.a. Genre-Kategorien wie »Race«, »Folk«, »RnB« etc. als Kategorien ihrer Charts verwendet. Wie Tia DeNora (2000) in ihrer ethnografischen Studie zur alltäglichen Praxis des Musikhörens um die Jahrtausendwende zeigt, wird Musik gezielt zur Beeinflussung der Stimmung eingesetzt, sei es im individuellen Alltag oder in ritualisierten kollektiven Situationen wie Aerobic-Klassen oder Karaokeabenden, Musiktherapiesitzungen oder als Muzak im Verkaufssektor.[12] Zu einer ähnlichen Zeit, d.h. lange vor Streaming und der neueren Affektdebatte, haben

---

11   Vorbild ist der 1753 veröffentlichte Text *Versuch über die wahre Art das Klavier zu spielen* von Carl Philipp Emmanuel Bach. Er nutzt ebenfalls den Affektbegriff, um die Erzeugung religiöser Gefühle durch ästhetische Mittel zu verstehen, aber auch aktiv anzuleiten. So bestehe eine gute musikalische Darbietung in »nichts anderem als der Fertigkeit, musikalische Gedancken nach ihrem wahren Inhalte und Affekt singend oder spielend dem Gehöre empfindlich zu machen« (Bach [1753] 1906: 117). Bemerkenswerterweise ist der Affekt hier nicht nur eine emotionale Regung im Hörenden, sondern liegt im Stück selbst. Das Buch ist strikt listenförmig in kurzen Paragraphen und durchnummerierten »Abteilungen« aufgebaut.

12   Das Buch wurde vor der Etablierung von Musikstreamingdiensten wie Spotify geschrieben und handelt daher vor allem vom Einsatz analoger Musikmedien. In einem Kapitel zu »Musical affect in practice« (DeNora 2000: 21) zeichnet DeNora nach, wie das Affektmanagement alltäglich vollzogen wird, indem Musik gezielt als verstärkender, ausgleichender oder überwindender Motor bestimmter Stimmungslagen eingesetzt wird (für eine Anwendung auf digitales Musikhören vgl. Nowak 2016).

Gomart und Hennion (1999) am Beispiel von Musikfans und Drogenkonsument:innen gezeigt, wie beide Gruppen sich durch Techniken der Vorbereitung in ein »attachment« begeben; erst so wird eine intensive musikalische Erfahrung möglich, die statt einem Fokus auf das Selbst dazu anregt, sich in der Emotion zu verlieren (Gomart & Hennion 1999: 227). Demnach ist es aktive emotionale Arbeit, sich in die Lage eines auf den ersten Blick passiven Hingebens und Mitgerissenwerdens zu begeben.

Dieses Verhältnis von Aktivität und Passivität ist auch für die Logik der Affektmodulation auf Spotify bedeutsam. Denn Hörerin, Algorithmus und zeitlich-situative Faktoren wirken in einer Weise zusammen, die sowohl Annahmen einer Passivierung der Nutzer:in durch Streaming als auch die Annahme einer gesteigerten Subjektivierung unterlaufen. Um diese Dynamik zu fassen, eignet sich der Affektbegriff besser als der der Emotion, die bereits eine relativ stabile und bewusste Vergegenwärtigung des Affekts bedeutet. Während DeNora einem eher psychologischen Begriff des Affekts folgt und sich vor allem für explizite Emotionen interessiert, geht es bei Mood-Listen um eine Art der Affektmodulation, die jene Zuordnung verkompliziert. Die vagen, situativen und emergenten Aspekte affektiver Praxis treffen auf routinierte, habitualisierte Kontrollpraktiken des Stimmungsmanagements.

Ein immer populärerer Teil von Spotify funktioniert über Mood-Listen statt über Künstler:innen oder Genres; »Stimmung« ist genau wie »Charts« als eine Kategorie auf der Startseite gelistet. »What's your mood?« fragt Spotify und schlägt als Überkategorien zur Auswahl vor: »Chill«, »happy«, »sad«, »angry«, »cozy«, »Café« oder »In the mood for romance«. Hier fällt auf, dass es außer bei Glück, Traurigkeit oder Wut eher vage und diffuse Kategorien sind; »Chill« oder »Café« haben ein tendenziell schwaches Affektprofil. Daher sind die einzelnen Listen in den Kategorien spezifischer ausgerichtet, unter »Chill« werden einem direkt die »Popular Chill Playlists« wie »Winter Chillout« vorgeschlagen. Das Spektrum reicht ansonsten von »Peaceful Piano« (7,2 Millionen Follows) bis »Beast Mode« (fast 10,5 Millionen Follows), von »Mood Booster« (knapp 8) bis »Life sucks« (gut 4 Millionen). Orientierungshilfe bieten außerdem Mood-Listen, die mit konkreten Alltagssituationen gekoppelt werden, etwa »Songs To Sing In The Shower« oder »Songs To Sing In The Car«. So wird Musik immer mehr zum Soundtrack des Alltagslebens (Aker 2017). Das ist nur in Verbindung mit medientechnischen Gefügen verstehbar; wie Michael Bull in seiner Studie zum Apple-iPod (Bull 2007) gezeigt hat, transformiert sich durch aurale mobile Technologien die Erfahrung des Stadtraums. Im Fall von Spotify wäre ohne die neueren, v.a. kabellosen Kopfhörertechnologien wie z.B. Airpods das allgegenwärtige und ›seamless‹ Hören so nicht möglich; auch beeinflusst die Soundqualität die Intensität des Hörerlebens.

Auf den ersten Blick kommt es bei den Mood-Playlists wie schon bei Mattheson zu einer Isolierung, Katalogisierung und Listung der Affekte bzw. hier: Emotionen. Genau im Sinne DeNoras und Hennions mag es eine bewusste Entscheidung und »emotionale

Arbeit« sein, die Listen auszuwählen, um seine Stimmung zu steuern. Dass die Mood-Listen auch in ihrer Reihenfolge immer noch relativ stark standardisiert sind, deutet zudem darauf hin, dass die kontextabhängigen und sequentiellen Einbettungen noch nicht sehr weit implementiert sind.[13]

Das Besondere ist aber, dass die Ergebnisse der meisten dieser Mood-Listen personalisiert sind. Zwar sind die Kategorien und deren Reihenfolge bei jedem Profil gleich, aber die Auswahl der Songs ist bei jeder Nutzerin eine andere. Sie ist jeweils das undurchschaubare Gesamtergebnis der affektiven Praxis auf der Plattform. Mein »Mood-Booster« gleicht keinem anderen; mein »Life sucks« ist Ergebnis der vielfältigen impliziten Bewertungen und ihren Verschränkungen mit den Algorithmen.

Hier zeichnet sich eine Funktionsweise des Populären ab, die sich grundlegend von standardisierenden Top-Down-Modellen unterscheidet: Nicht Dinge oder Inhalte sind populär, sondern das Listenformat selbst. Das populäre Prinzip büßt in dieser Weise an Verbindlichkeit ein, was teils zu Verunsicherungen führt. Denn wie die vorgeschlagenen Inhalte, deren Auswahl und Reihenfolge auf Listen genau zustande kommen, bleibt für die Nutzer:innen im Dunkeln, ganz im Gegensatz etwa zum Mixtape. Sie treten affektiv in den Selektionsprozess ein, und die Musik wirkt andererseits steuernd auf jene Affektdynamiken ein: verstärkend, abschwächend oder ausgleichend. Die Intransparenz dieses Prozesses wird wiederum, wie ich jetzt zeigen möchte, zur Vorlage algorithmischer Imaginäre.

5.4. Algorithmische Imaginäre

Ich weiß als Userin: Ich nehme mit jedem Klick Einfluss, aber welchen? Wie wir gesehen haben, wird die eher intuitive, implizite Praxis des Wertens durch bewusste Interventionen und Akte des Kuratierens, Sortierens, Listens und Löschens ergänzt. Aber auch diese sind keine rationalen Bewertungsakte im klassischen Sinne, sondern eingebettet in die affektiven Ströme des praktischen Gebrauchs: Gefällt mir ein Song spontan besonders, klicke ich routiniert auf den Likebutton, bei Spotify ein Herz, und speichere ihn in meiner Bibliothek; gefällt er mir nicht oder nicht mehr, kann ich ihn disliken. All das sind Arten und Weisen, mit dem Algorithmus als technischer Instanz des Wertens in Kommunikation zu treten, die mit einer Engführung auf das explizierbare Bewerten nach bestimmbaren formalen Kriterien kaum zu erfassen ist. Warum

---

13   Zwar bietet Spotify, etwa wenn man carplay nutzt, automatisch die besagte »Song To Sing In The Car« an. Sonst scheint es bislang wenig auf individuelle Alltagspatterns eingestellt. Im Sinne der Medienabhängigkeit braucht die durchgehende Personalisierung eine enorme Rechenkapazität, ist also kein technologischer Selbstläufer.

klicke ich auf das Herz? Das ist hochgradig stimmungs- und situationsabhängig. Auch das weiß ›der Algorithmus‹.

Der algorithmisch vermittelte Flow, der so generiert wird, ist also keineswegs immer nur geschmeidig und bruchlos. Es kommt durchaus zu Momenten des Stockens, einer Irritation durch die vorgeschlagenen Inhalte, die die Nutzer:in durch die vergangene Hörpraxis selbst mit hervorgebracht hat. Deshalb stellen manche Nutzer:innen ihren Account nur ungern anderen, sei es den Kindern, Freund:innen oder Partygästen zur Verfügung, um ›den Algorithmus‹ nicht zu verderben. Oder bereuen schwache Momente, in denen sie das selbst geschafft haben. Hier sucht ein User auf Reddit Rat und fragt: »How to unfuck the recommendation algorithm?« Er erläutert:

The main reason I liked spotify was music discovery, but in the past year or so, it's ability to show me new music has gone to absolute shit. One reason is obvious – I went through a stressful time where I listened to a lot of rain and nature sounds, and now spotify thinks I need recommendations for generic nature sounds which…no. No, I will never need that, they're pretty much all the same. But even before that, the algo had gotten lazy? and most of my genre playlists and mixes were populated with songs I'd already liked. And I listen to a really wide variety of genres – classical, weird modern compositions, rap, jazz, blues, some country, house, etc etc. By this point, spotify is basically useless for new music discovery for me, which sucks. Does anyone know how to get the algo working again to suggest new music that I haven't already heard and isn't generic ass rain sounds?[14]

Die Praxis des Hörens ist nicht immer Ausdruck von positiver ästhetischer Wertung, sondern das Resultat temporärer affektiver Zustände und Stimmungen (hier: Stress, Überforderung), die durch die Musik moduliert werden sollen. Außerdem erhalten wir erste Hinweise auf die affektive Beziehung zum Algorithmus selbst: Der Algorithmus – kumpelhaft »algo« genannt – ist faul geworden. Wie kann ich ihn wieder aufwecken? ›Unfucken‹?

Hier sind also konkrete Reparaturmechanismen gefragt, um das Missverständnis und die falsche Selektion zu korrigieren. Das geht aber nicht durch einen einfachen Klick in den technischen Einstellungen. Der komplexe Lernprozess bleibt zu einem gewissen Grad sperrig und unzugänglich, der Algorithmus insistiert als Black Box (Pasquale 2015). Wie sich im Beispiel eben gezeigt hat, ergeben sich dennoch Begegnungen mit dem Algorithmus – er macht sich trotz seines versteckten Charakters auf die ein oder andere Weise bemerkbar. Taina Bucher hat am Beispiel Facebook die damit verbundenen Alltagstheorien als Teil eines »algorithmischen Imaginären« untersucht

---

14 https://www.reddit.com/r/spotify/comments/s61vgb/how_to_unfuck_the_recommendati-on_algorithm/

(Bucher 2016). Bucher arbeitet ebenfalls mit dem Affektbegriff und zielt damit auf die Arten und Weisen, »how it makes people feel« (Bucher 2016: 42) – von Erstaunen über Begeisterung bis Ärger und Wut.[15]

Teilweise lässt sich aber auch eine Umkehrung der Autorität beobachten. In diversen Memes wird der Spotify-Algorithmus selbst als affizierte Person dargestellt, die die teils erratischen, peinlichen Hörgewohnheiten und Exzesse genau beobachtet und im Doppelsinne bewertet: erstens im Sinne des Auswertens, also des Verarbeitens des Hörverhaltens zu einem kohärenten Gesamtbild, zweitens im Sinne des schonungslosen normativen Urteilens. Der Algorithmus wird so zur personifizierten Instanz, deren Urteil man fürchtet. Man will vor ihm nicht schlecht dastehen; verkneift sich vielleicht sogar die ein oder andere ›guilty pleasure‹, um ihn nicht zu verärgern oder zu verwirren. Zum breiten Affektspektrum, das (natürlich auf spielerische Weise) aufgerufen wird, gehört in unterschiedlichen Wendungen die Angst, vom Algorithmus bewertet zu werden. Es ist bezeichnend, dass es trotz der Variationen durchgängig negative Reaktionen sind; positive Anerkennung gibt es selten.

Viele der affektiven Reaktionen des Algorithmus auf das eigene Hören zielen auf Verzweiflung, Überforderung, Verwirrung und Überlastung, etwa durch erratisches Hörverhalten zwischen Metal, Mongolischem Kehlgesang und Matrosenliedern aus dem 18. Jahrhundert oder zwischen Slayer, Taylor Swift und 2Pac. Der Algorithmus wird regelrecht tyrannisiert und gequält durch die scheinbar widersprüchliche Zusammensetzung des Gehörten, dessen Auswahl in selbstreflexiver Ironie als irrational bis wahnhaft eingestuft wird.

Teils wiederum sind es eher Mitleid und Verachtung – etwa wenn die Nutzer:in den einen »same sad Song« oder auch »Country Roads« wieder und wieder hört (der Algorithmus: »stop it. get some help«). Dass der Algorithmus – hier immer im Singular – die Traurigkeit der Nutzer:in süffisant beobachtet und diese in den weiteren Vorschlägen zynisch bis schadenfroh kommentiert und dann schamlos verstärkt (oder aber wie in Abb. 3 entschieden hervorbringt), ist ebenfalls ein populärer Topos.

Indem der Algorithmus als affiziert-affizierende, wertende Instanz figuriert wird, wird jene soziotechnisch vermittelte Gleichzeitigkeit von Affizieren und Affiziertwerden verhandelt, die auch eine Gleichzeitigkeit von Werten und Bewertetwerden bedeutet. Denn interessanterweise oszillieren die Darstellungen des Algorithmus als zentralem Akteur zwischen seiner Darstellung als Opfer der Nutzerin und umgekehrt als ihrem Manipulator (»I said we sad today«, Abb. 3). In dem Sinne thematisieren sie in der Gesamtschau das, was ich als affektive Praxis im Sinne einer konsequent verschränkten Praxis *zwischen* Algorithmus und Nutzer:in skizziert habe. Die figurativ vermittelte Selbstspiegelung ist analog zum Anschauen und Teilen von »Wrapped« so

---

15 Vgl. u.a. im Anschluss an Bucher zu den affektiven »Landschaften«, »Szenen« und »Arrangements« sozioalgorithmischer Begegnungen Krogh 2023.

```
my spotify algorithm: finally!! I
know what music you like!
me: (listens to "Take Me Home,
Country Roads" for an hour)
my spotify algorithm:
```

Abb. 2

lustvoll besetzt, weil das eigene Hörverhalten – weit entfernt von einem kohärenten, sophistizierten Musikgeschmack – etwas abbildet, das schwer in Worte zu fassen ist; und man zugleich als »protagonist of life« in den Fokus des Interesses und der Aufmerksamkeit von etwas rückt, das ebenso opak bleibt.

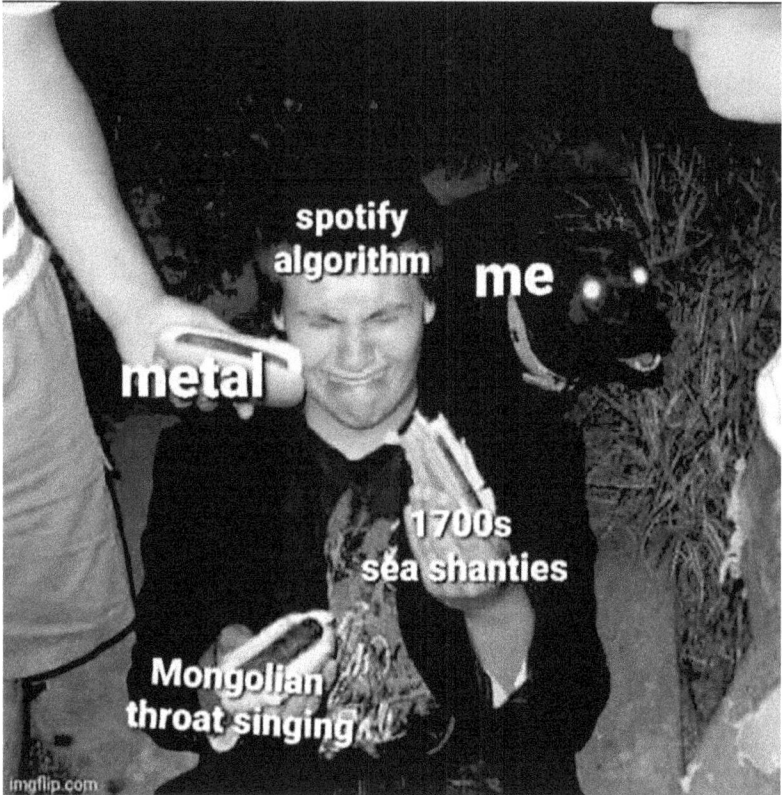

Abb. 3

6. Schluss

Abschließend lässt sich die Affektstruktur der Spotify-Listen im Sinne der in diesem Aufsatz verwendeten Heuristik wie folgt charakterisieren: Die *Autorität* kommt in der Logik der Imaginäre mal dem Algorithmus und mal – ebenso wie auf der Ebene der personalisierenden Interface-Rhetorik – der Nutzerin zu. Jenes Oszillieren lässt sich als Hinweis darauf deuten, dass die Autorität, wie sie bei den Charts zentralen Instanzen wie *Billboard* und beim Mixtape bzw. den alternativen Charts dem Autorsubjekt der Liste zukam, bei Spotify fraglich wird. Intransparenz prägt zwar sowohl das autoritative Gefüge der Charts wie auch der alternativen Kritikercharts, aber bei Spotify wird bereits die Verortung der Instanz schwierig, der Intransparenz vorzuwerfen wäre. Denn jene Instanz weicht hier einer Beziehung, d.h. einer Handlungsdynamik der affektiven Relationierung zwischen Nutzerin und Algorithmus. Was die Logik der *Bewertung* betrifft, vollzieht diese sich teils explizit durch Likes und Saves, großteils aber implizit

Me waking up with a good mood today.

My Spotify Discovery playlist:

made with mematic

I said we sad today

Abb. 4

und unbewusst sowie als Wechselbeziehung des Wertens und Bewertetwerdens durch den Algorithmus. Der affektive Charakter dieses Bewertungsgefüges macht es wenig plausibel, hier von einer Subjektivierungswirkung auszugehen. Anders als bei den Charts fehlt ein öffentliches Schauspiel und damit ein Zentrum bzw. Ort, von dem aus die Bewertung vorgenommen wird. Damit verbunden wird die *Zirkulation* innerhalb der Plattform durch algorithmische Empfehlungen reguliert und verstärkt. Eine Logik der Aggregierung bzw. Viralität sowohl bei den Dingen (Songs) als auch bei den Formaten (»Wrapped«) regt durch geteilte Links ein Verlassen der Plattform an, was die Zirkulation auf anderen Plattformen (TikTok, X, Instagram) und entsprechende Rückübersetzungen jener Resonanz auf Spotify ermöglicht. Die *Relationierung* von Nutzer:innen und Dingen, die durch den Begriff der affektiven Praxis als konsequent verschränkte betont wurde, geschieht über Listen und als Liste. Statt dem performativen Schauspiel (Charts) oder Subjektivierung (Mixtape) wird hier eine vergleichsweise stille Form der Affektmodulation wichtig, die mittels Verlistung auf Übergänge und Nachbarschaften setzt.

Im Vergleich zu den geschlossenen Listen der Charts – sowie des sich aus analogen Tonträgern entwickelten Albumformats – ergibt sich mit dem Streaming eine gesteigerte Offenheit, Entgrenzung und Automatisierung der Liste. Man könnte eine Playlist ohne Unterbrechung potenziell endlos laufen und algorithmisch erweitern lassen; die äußere Grenze liegt allenfalls in der Stromzufuhr der Endgeräte. Aus dem Hören selbst erschließt sich nicht, ob die ursprüngliche Liste noch läuft oder schon automatisch fortgeschrieben wird; die Liste wird so selbstbezüglich, zweck- und endlos. Jenes Listenprinzip der Selbsterzeugung durchkreuzt das Werkprinzip der Abgeschlossenheit. In dieser Weise kommt es zu einer Radikalisierung des Listenprinzips und seiner Logik des *und*.

Weil die Liste als Playlist zur neuen Grundeinheit wird, zeichnet sich Spotify durch ein neues Verhältnis von Liste und Popularität ab: Listen behaupten nicht einfach Popularität, Listen werden selbst populär. Statt der Popularität von Künstler:innen oder deren Behauptung in der Form von Rankings geht es nun um die *Popularität und Zirkulation von Listen*. Populäre Listen werden zum selbstreferenziellen Prinzip, wenn Spotify im Anschluss an eine populäre Liste weitere populäre Listen vorschlägt. Durch die Bezifferung der Likes und Saves wird zugleich deren *relative* Popularität sichtbar, vergleichbar und hierarchisierbar, ohne dass die Plattform sie in ein zentrales Ranking überführen würde. Während die Popularität, Wirksamkeit und Reichweite der Charts in der Regel (trotz mancher Feststellung ihres Bedeutungsverlusts) vorausgesetzt wird, misst Spotify über die Followerzahlen der Listen deren tatsächliche Popularität erstmals systematisch – auch in ihrer Begrenztheit. Auch wenn die Spotify-Chartslisten nach wie vor zu den populärsten Listen von Spotify gehören, haben sie Konkurrenz durch personalisierte Empfehlungslisten, aber auch Mood- und Genreplaylists bekommen. Eine solche Sichtbarmachung und Relativierung vormals scheinbar selbstevidenter Popularitätsmarker kann auch auf anderen Plattformen beobachtet werden (z.B. über Klickzahlen auf YouTube), musste aber im Rahmen dieses Aufsatzes auf Spotify beschränkt bleiben. Es bleibt abzuwarten, wie sich das Wachstumsmodell mit seinem Milliardenziel auf die Multiplizierung der Liste zwischen Zentralisierung und Dezentralisierung auswirkt.

Literaturverzeichnis

Åker, Patrik (2017): Spotify as the Soundtrack to Your Life. Encountering Music in the Customized Archive. In: Johansson, Sofia/Werner, Ann/Åker, Patrik/Goldenzwaig, Greg (Hgg.): *Streaming Music: Practices, Media, Cultures.* London: Routledge, S. 81–104.

Arditi, David (2017): Music Everywhere. Setting a Digital Music Trap. In: *Critical Sociology*, 63/1, S. 1–14.

Bach, Carl P. E. (1906 [1759]): *Versuch über die wahre Art das Klavier zu spielen.* Neudruck, hg. von Walter Niemann. Leipzig: Kahnt.

Bucher, Taina (2017): The Algorithmic Imaginary: Exploring the Ordinary Affects of Facebook Algorithms. In: *Information, Communication & Society*, 20/1, S. 30–44.

Bull, Michael (2007): *Sound Moves. iPod Culture and Urban Experience.* London/New York: Routledge.

Burns, Jehni (2021): *Mixtape Nostalgia: Culture, Memory, and Representation*. Lanham: Lexington Books.

DeNora, Tia (2000): *Music in Everyday Life*. Cambridge: Cambridge University Press.

Döring, Jörg/Werber, Niels/Albrecht-Birkner, Veronika et al. (2021): Was bei vielen Beachtung findet: Zu den Transformationen des Populären. In: *Kulturwissenschaftliche Zeitschrift*, 6/2, S. 1–24. DOI: 10.2478/kwg-2021–0027.

Drott, Eric (2018a): Music as a Technology of Surveillance. In: *Journal of the Society for American Music*, 12/3, S. 233–267.

Drott, Eric (2018b): Why the Next Song Matters: Streaming, Recommendation, Scarcity. In: *Twentieth-Century Music*, 15/3, S. 325–357.

Drusell, Matthias (2023): Momenting: Musik-Recommender-Systeme und die Zeitökonomie der Antizipation, Prädiktion und Präemption. In: Ochsner, Beate (Hg.): *Mediale Teilhabe. Partizipation zwischen Anspruch und Inanspruchnahme*. Lüneburg: Meson Press, S. 169–192.

Frith, Simon (1978): *The Sociology of Rock*. London: Constable and Comp.

Gerlitz, Carolin/Helmond, Anne (2013): The Like Economy: Social Buttons and the Data-intensive Web. In: *New Media & Society*, 15/8, S. 1348–1365.

Gomart, Emilie/Hennion, Antoine (1999): A Sociology of Attachement: Music Amateurs, Drug Users. In: *Actor Network Theory and After*, 47/1, S. 220–247.

Hagen, Anja N. (2015): The Playlist Experience: Personal Playlists in Music Streaming Services. In: *Popular Music and Society*, 38/5, S. 625–645.

Harker, Dave (1980): *One for the Money: Politics and Popular Song*. London: Hutchinson.

Hecken, Thomas (2006): *Populäre Kultur. Mit einem Anhang ›Girl und Popkultur‹*. Bochum: Posth Verlag.

Hecken, Thomas (2010): *Das Versagen der Intellektuellen. Eine Verteidigung des Konsums gegen seine deutschen Verächter*. Bielefeld: Transcript.

Hesmondhalgh, David (2019): Have Digital Communication Technologies Democratized the Media Industries? In: Curran, James/Hesmondhalgh, David (Hgg.): *Media and Society* (6. Auflage). London/New York: Bloomsbury, S. 101–20.

Hesmondhalgh, David (2022): Streaming's Effects on Music Culture: Old anxieties and New Simplifications. In: *Cultural Sociology*, 16/1, S. 3–24.

Jasen, Paul (2016): *Low End Theory. Bass, Bodies and the Materiality of Sonic Experience*. New York: Bloomsbury.

Johansson, Sofia (2018): Online Music in Everyday Life: Contexts and Practices. In: Johansson, Sofia/Werner, Ann/Åker, Patrik/Goldenzwaig, Greg (Hgg.): *Streaming Music: Practices, Media, Cultures*. London: Routledge, S. 27–43.

Keppeler, Christine (2018): „Zur Euphorie gehört die darkness«. In: *Der Freitag* (51). URL: https://www.freitag.de/autoren/christine-kaeppeler/zur-euphorie-gehoert-die-darkness (zuletzt abgerufen am 22.02.2024).

Krogh, Mads (2023a). Rampant Abstraction as a Strategy of Singularization: Genre on Spotify. In: *Cultural Sociology* (zuerst online). https://doi.org/10.1177/17499755231172828

Krogh, Mads (2023b): Affective Landscapes, Scenes, and Arrangements: Dynamics in the Socio-Algorithmic Musical Encounter. In: *Journal of Extreme Anthropology*, 7/1, S. 80–103.

Mattheson, Johann/Lenneberg, Hans (1958): On Affect and Rhetoric in Music (II). In: *Journal of Music Theory* 2/2, S. 193–236.

McCormick, Lisa L. H. (2008): *Playing to Win: A Cultural Sociology of the International Music Competition.* Yale University:ProQuest Dissertations Publishing.

McCourt, Tom (2005): Collecting Music in the Digital Realm. In: *Popular Music and Society*, 28/2, S. 249–252.

Morris, Jeremy W. (2020): Music Platforms and the Optimization of Culture. In: *Social Media + Society*, 6/3, S. 1–10.

Negus, Keith (2019): From Creator to dData: The Post-Record Music Industry and the Digital Conglomerates. In.: *Media, Culture and Society*, 41/3, S. 367–388.

Nowak, Raphaël (2016): *Consuming Music in the Digital Age.* Basingstoke: Palgrave Macmillan.

Parker, Martin (1991): Reading the Charts – Making Sense with the Hit Parade. In: *Popular Music*, 10/2, S. 205–217.

Pasquale, Frank (2015): *The Black Box Society. The Secret Algorithms That Control Money and Information.* Cambridge: Harvard University Press.

Pelly, Liz (2017): The Problem with Muzak. In: The Baffler. URL: https://thebaffler.com/salvos/the-problem-with-muzak-pelly (zuletzt abgerufen am 22.02.2024).

Pelly, Liz (2019): Big Mood Machine. In: The Baffler. URL: https://thebaffler.com/latest/big-mood-machine-pelly (zuletzt abgerufen am 22.02.2024).

Pelly, Liz (2020): #Wrapped and Sold. In: The Baffler. URL: https://thebaffler.com/latest/wrapped-and-sold-pelly (zuletzt abgerufen am 22.02.2024).

Pelly, Liz (2025, i.E.): *Mood Machine: The Rise of Spotify and the Costs of the Perfect Playlist.* New York: Astra House.

Prey, Robert (2016): Musica analytica: The Datafication of Listening. In: Nowak, Raphaël/Whelan, Andrew (Hgg.): *Networked Music Cultures: Contemporary Approaches, Emerging Issues.* New York: Palgrave Macmillan, S. 31–48.

Prey, Robert (2017): Nothing Personal. Algorithmic Individuation on Music Streaming Platforms. In: *Media, Culture & Society*, 40/7, S. 1086–1100.

Prior, Nick (2010): The Rise of the New Amateurs: Popular Music, Digital Technology and the Fate of Cultural Production. In: Hall, John R./Grindstaff, Laura/Lo, Ming-cheng (Hgg.): *Handbook of Cultural Sociology.* London: Routledge, S. 398–407.

Ringel, Leopold/Werron, Tobias (2021): Serielle Vergleiche: Zum Unterschied, den Wiederholung macht. Anhand der Geschichte von Kunst- und Hochschulrankings. In: *Kölner Zeitschrift für Soziologie und Sozialpsychologie*, 73/1, S. 301–331.

Rogers, Jim (2013): *The Death and Life of the Music Industry in the Digital Age.* New York: Bloomsbury Academic.

Seyfert, Robert (2024): Die Theorie algorithmischer Sozialität (TaS). In: *Österreichische Zeitschrift für Soziologie*, 49, S. 23–46.

Slaby, Jan/von Scheve, Christian (2019): *Affective Societies. Key Concepts.* London: Routledge.

Spinoza, Benedictus (1989): *Die Ethik nach geometrischer Methode dargestellt* [1677]. Übers. Otto Baensch, Hg. Carl Gebhardt. Hamburg: Felix Meiner Verlag.

Stäheli, Urs (2005): Das Populäre als Unterscheidung. In: Blaseio, Gereon/Hedwig, Pompe/Ruchatz, Jens (Hgg.): Popularisierung und Popularität. Köln: DuMont, S. 146–167.

Stäheli, Urs (2012): Listing the Global: Dis/connectivity beyond Representation? In: *Distinktion*, 13/3, S. 233–246.

Unternährer, Markus (2021): Die Ordnung der Empfehlung. In: *Kölner Zeitschrift für Soziologie und Sozialpsychologie*, 73, S. 397–423.

Vonderau, Patrick (2019): The Spotify Effect: Digital Distribution and Financial Growth. In: *Television & New Media* 20/1, S. 3–19.

Webster, Jack (2023): The Promise of Personalisation: Exploring how Music Streaming Platforms Are Shaping the Performance of Class Identities and Distinction. In: *New Media & Society*, 25/8, S. 2140–2162.

Wetherell, Margaret (2013): Feeling Rules, Atmospheres and Affective Practice: Some Reflections on the Analysis of Emotional Episodes. In: Maxwell, Claire/Aggleton, Peter (Hgg.): *Privilege, Agency and Affect*. New York: Palgrave Macmillan, S. 221–239.

Young, Liam (2017): *List Cultures: Knowledge and Poetics from Mesopotamia to BuzzFeed*. Amsterdam University Press.

Maren Lehmann

Diagrammatik des Publikums

ABSTRACT: The order of inclusion in modern society regulates an imperative without any exception. Therefore it is based on a reverse complementarity: It is determined by an asymmetry of expectations dominated by the role of the layperson, the client, the customer, or the audience, but not by the role of the professional actor. These laypersons, clients, customers, or audiences are addressed as generalized counterparts without any particular self-description or self-understanding; on their side of the asymmetry, there is no clear identity. Thus, quantification spreads, which is assumed to be the only medium to describe this indescribable, especially since it is the classic mode of describing the incomprehensible, poorly integrated, foreign, nameless and worthless. The article first examines the sociological traces of this assumption. It then considers lists, ratings, and rankings as diagrammatic forms of quantified complementarity, following the idea that visualization might be a mode of inclusion in quantified contexts. Quantification manages and organizes inclusion without presupposed group affiliations or memberships and yet serves as resource of affirmation in the context of contingent social relations.

KEYWORDS: Inclusion / Exclusion, Complementary Roles, Functional Publics, Self-organization, Quantification

1. Vorspiel

Von »einer der größten Erfolgsgeschichten von sozialen Bewegungen in Deutschland« ist dieser Tage die Rede, weil »Tennisbälle, Flummis und Schokotaler« einen »Investorendeal« der *Deutschen Fußball Liga* vorläufig platzen ließen (Kopp 2024). Das sieht aus wie ein Triumph der Fanszene gegen den Neoliberalismus, wie ein Sieg echter Männerfreunde gegen den abstrakten Kapitalismus, des heißen Herzens gegen das kalte Geld oder »einer schöne[n] Sache« gegen ihre »mitunter unschönen Grundlagen« (Kaube 2024, der Bode/Schulze-Marmeling 2023 zitiert). Aber es ist nichts als eine Momentaufnahme eines inzwischen auch im Profisport länger als ein Jahrhundert währenden Kampfes lokaler Gruppen um ihren Vorrang gegenüber einem globalen Publikum, eines Kampfes des glühenden Enthusiasmus gegen kühles Rechnen, eines Kampfes bekennender und bindender Zugehörigkeit gegen indifferente und unverbindliche Adressabilität. Dieser Kampf ist getragen vom Misstrauen gegen das Sportmanagement, dem eine Präferenz für letztere zugeschrieben wird, eine Präferenz fürs rechnerisch-unverbindlich Adressable, für indifferente Viele, die sich arrangieren, mobilisieren, evaluieren und bilanzieren lassen und dabei in sich durch nichts als dieses rechnende Beobachtetwerden zusammengehalten werden.

Dieses Misstrauen gegen das Sportmanagement verdankt sich, wie leicht zu sehen ist, einer Übertragung: es gilt zunächst nicht diesem, sondern einem unbekannt und unvertraut bleibenden und *deshalb*, wegen dieser Fremdheit, in quantitativen Metaphern beschriebenen Publikum. Das Management, so der Verdacht, benutze diese Vielen, anstatt sich mit den Clubs zu verbrüdern und diesen zu dienen. So erscheint das unbekannte Publikum der Vielen als Manövriermasse in den Händen des Kapitals, als haltloses, gegen Investoren wie Invasoren daher wehrloses Elementarsubstrat gewissenloser Zählcalculi ohne jegliche Identifikation. Sosehr dieses Management auch versuchen wird, dieses Substrat als Mann- und Gemeinschaft zu entwerfen: entstehen wird dabei allenfalls ein abgeleitetes abstraktes Publikum, dem »Fußball-Charisma« nie »spürbar« war »wie ein nationales Gewicht« (Gumbrecht 2020: 11), sodass es den mit der verachteten Fremdheit einhergehenden Desintegrationsverdacht nie entkräften kann. Das Management rechnet, die Gemeinschaft erlebt.

Die scharfe Grenze dieser Beobachtungsweisen rahmt auch das Problem von Ratings und Rankings – und nicht nur die Grenze als solche, sondern auch ihre Asymmetrie. In den Selbstbeschreibungen der modernen Gesellschaft (und nur diese differenziert beide Seiten der Unterscheidung so deutlich aus, dass Präferenzen und Diskreditierungen darstellbar werden) dominiert ein Gemeinschaftsdesiderat, dem die Zumutungen der Verwaltung (mal als Management bzw. *business administration*, mal als Bürokratie beschrieben) wie herzlose Ernüchterungen erscheinen. Unnötig darauf hinzuweisen (wer immer auch nur einige Absätze von Heideggers *Schwarzen Heften* liest, wird davon geradezu bedrängt), dass diese Zumutungsbehauptung antisemitisch grundiert ist; das Entsetzen über die »verwaltete Welt« (Adorno/Horkheimer/Kogon 1989) entsteht aus der Verzweiflung der Einsicht, aus einer Gemeinschaft ausgestoßen zu sein, und rechnet der Verwaltung zu, was der Gemeinschaft anzulasten ist. Simmels oft zitierter Hinweis auf das »messende, wägende, rechnerisch exakte Wesen der Neuzeit« (Simmel 1996: 613) ist mit dem viel seltener zitierten Wissen verknüpft, dass der »Exkurs über den Fremden« (Simmel 1992) ein Ausflug ins Innere der Gesellschaft ist.

Die moderne Gesellschaft folgt einem Inklusionsimperativ, aber sie inkludiert, indem sie exkludiert; und sie exkludiert nicht zuletzt durch Adressierung von Exklusionsindividualität. Exklusionsindividualität ist unpersönlich und in diesem Sinne formlos (Luhmann 1991); aber sie ist adressierbar, besonders leichtgängig im Modus quantifizierenden Beobachtens (White 1997). Flüche über den in die Sozialstatistik vernarrten »Scheißpositivismus« (Marx 1965; kontextualisiert bei Lehmann 2014) bestätigen das. Sie bringen einen Anspruch auf subjektivierende Inklusionsindividualität zur Sprache, der sich bei den Fußballfans in den Stadien ihrer städtischen Heimatclubs als Abwehrkampf gegen Investoren äußert, die den Schweiß der Gladiatoren nicht »so erschöpft wie erregt« erleben (Gumbrecht 2020, 14), sondern kühl und nüchtern in Bilanzen eintragen.

Eric M. Leifer (1995) hat diese als Aversion gegen das Management camouflierte Aversion lokaler Fangruppen gegen globale Publika anschaulich als Transformationsgeschichte des amerikanischen Teamsports dargestellt. Neben die Mannschaften, die sich bestimmten Städten zuordnen, treten Fangemeinschaften. Letztere sind erheblich stabiler als erstere, und dies nicht nur wegen des unvermeidlichen personellen Wechsels im Leistungssport, sondern auch und vor allem wegen der relativen Leistungs- und Erfolgsunabhängigkeit ihrer Zuneigung. Aber beide Seiten erliegen dem Missverständnis, ihre Verbindung für unvermittelte, gewissermaßen intime Nähe zu halten. Solange die Zuordnung zu Mannschaften und Fangemeinschaften lokal begrenzt bleibt, was an den städtischen Stadien der Clubs sichtbar mit einer physischen Partizipationserwartung und allerlei mitlaufenden Sozialisationsgelegenheiten verbunden ist, solange spielt daher auch der sportliche Erfolg dieser Mannschaften für den Zusammenhalt der Clubs keine besondere Rolle. Selbst auf Leistung kommt es nicht sonderlich an; Sport ist Praxis, Vollzug lokaler Gemeinschaft. Soll das Publikum wachsen bzw. versucht der Club seine Publika nicht nur lokal, sondern auch regional, national und global zu finden (etwa, weil er sich ein Stadion bauen will und dafür Geld und Auslastung braucht), muss er diese Anwesenheit organisieren. Das leisten die Ligen, in denen saisonale Wettbewerbe auf die Erwartung sportlicher Leistung forcierend und auf die Erwartung unterstützender Anwesenheit mobilisierend wirken. Die bloße gemeinschaftlich-selbstgenügsame Praxis ist damit perdu, sie wird zum Desiderat und verschärft ihre Semantik, aber sie trägt das Geschehen nicht mehr. Schließlich wird die Anwesenheit selbst medial substituiert; das leistet das Fernsehen, das sich bald, mit Serres 1987 gesprochen, als dominanter Beobachter erweist, als Parasit, der das System übernimmt und die Regeln setzt, an denen die Organisation sich programmatisch orientiert.

Leifer (der am Ende seines Buches immerhin einen Ausblick gibt auf die nochmalige Substitution des Fernsehens durch Onlineformate) weist für das 20. Jahrhundert nach, dass ein durch das Fernsehen beobachteter Sport aufhört, durch Gemeinschaften strukturiert zu sein, und sich stattdessen organisiert. Nicht die Verbindung mit einem Club dominiert, sondern das Interesse am Sport selbst, und dieses Interesse lässt sich aufmerksamkeitsökonomisch organisieren. Für Leifer dominiert daher nicht das Fernsehen als Medium, sondern das Fernsehen als programmatische Orientierung der Organisation des Sports. Nicht einmal die täglichen Nachrichten, zeigt Leifer, kann man noch sehen, ohne über die Entwicklung im Sport (der nun tagesaktuell vor- und abgerechnet wird und dabei weit über die Mannschaftssportarten hinausgeht) ins Bild gesetzt zu werden. Publikum wird man also auch ohne Interesse oder Enthusiasmus. Der sportliche Wettbewerb verlagert sich ebenfalls vom lokalen Spiel, in dem man die eigene Mannschaft nahezu unabhängig von ihrer Leistung unterstützt (möglicherweise gilt sogar die Loyalität im Misserfolgsfalle als die entscheidende), zum Vergleich von Mannschaften in Ligen (die Rahmen der vergleichbaren Leistungsklassen bilden) über

Spielzeiten hinweg (die zugleich, politischen Legislaturen vergleichbar, Öffnungshorizonte bilden, also aktuell Unterlegene im zukünftigen Spiel halten). Dieser Vergleich lässt Leistungskennziffern über jegliche enthusiastische Unterstützung triumphieren, allabendliche Briefings halten die Spannung, das Publikum macht sich die bilanzierende Abrechnung zu eigen und wird dabei, nunmehr also selbst Manager des Systems im System, vom Management wiederum beobachtet – die »Popularisierung zweiter Ordnung« (Döring et al. 2021) ist vollzogen.

Man sieht hier, wie aus einem lokalen Kräftemessen über mehrere Transformationsschritte ein globales Funktionssystem entsteht: indem es sein Publikum nicht findet, sondern erfindet, indem es sich – in Gestalt seines Publikums – organisiert. Beide Transformationsschritte – die Substitution des Interesses an einer Mannschaft und einer Fangemeinschaft durch das als Leistungsvergleich in Ligen inszenierte Interesse am Sport bzw. an der Sportart selbst; die Substitution des Gemeinschaftserlebens unter Anwesenden durch die medial vermittelte Öffnung für ein im Zuge dieser Öffnung überhaupt erst entstehendes Publikum – folgen einer aufmerksamkeitsökonomischen Rationalität. Sie finden ihr Publikum nicht bloß, weil sie es nicht einfach wie etwas Vorhandenes, aber Verborgenes aufsuchen und herausheben; vielmehr erfinden sie es, sie konstruieren es und bauen es auf, sie stabilisieren es und statten es mit Selbstbeobachtungsmöglichkeiten aus. Beide Transformationsschritte erfordern Organisation, aber erst die Etablierung dieser Selbstbeobachtungsmöglichkeiten ist entscheidend. Denn zu diesen Möglichkeiten zählen zwar weiterhin, in einem ganz erheblich global dynamisierten Maße die Anwesenheiten in Stadien, und sicherlich zählen auch die Anwesenheiten in Kneipen, Sälen und auf öffentlichen Plätzen dazu, die die Fernsehübertragungen aus den Stadien als Gemeinschaftsform inszenieren. Vor allem aber zählen dazu die tabellarisch vergleichenden Dispositive des Erfolgs: Rankings. Sie trainieren nicht die Mannschaften, sondern das Publikum – auf eine spezifisch diagrammatische, nämlich Städte, Stadien, Termine und Ergebnisse bzw. Namen, Zahlen und Daten in einem sich laufend erneuernden Arrangement darstellende und veranschaulichende Selbstbeobachtung (vgl. luzide Krämer 2016). Diese Diagrammatik des Publikums ist bzw. fungiert als Selbstbeschreibung eines Funktionssystems, des Sports, der wie vielleicht kein anderes Funktionssystem in der Form seines Publikums entsteht und besteht – ohne dabei, auf diesen Punkt kommt es mir im Folgenden an, an klassische personalisierte Komplementärrollen (wie Arzt-Patient, Anwalt-Klient, Priester-Laie oder Professor-Student[1]) gebunden zu sein. Die Inklusionsordnung des Sports ist

---

[1] Man kann das nicht gendern, weil man es – der historischen Sachlage nach – allenfalls, und auch das historisch erst sehr spät, auf Seiten der komplementären Rolle (Patientin, Klientin, Studentin) inklusiv formulieren könnte; der Verzicht ist in dem Falle der geschlechterinklusiven Formulierung daher dienlicher. Die komplementärrollengetragene Inklusion meint die männliche Seite, weil sie die Komplementärrolle als Publikumsrolle inszeniert, die weibliche Seite aber nichtöf-

demnach keine Popularisierung erster Ordnung; sie bringt nicht den Sport unter die Leute, sondern macht den Sport zum Dispositiv der Selbstbeobachtung des Publikums. Leifer arbeitet in einem bewundernswert ironischen Stil den Systemfehler heraus, der dabei als Systemeigenschaft zu erscheinen pflegt: neben das enthusiastische Missverständnis, das – in jüngsten deutschen Metaphern formuliert – die exklusive Loyalität für »die Mannschaft« mit dem inklusiven Interesse am Sport bzw. der Sportart verwechselt bzw. jedes Interesse einer Enthusiasmuspflicht unterwirft, tritt das ökonomische Missverständnis, das Ligen und Märkte verwechselt, weil es von einem Wettbewerb ausgeht, in dem sich das am ertragreichsten bewirtschaftete *human capital* quasi selbstverständlich durchsetzen würde. Beide Missverständnisse, das enthusiastische wie das ökonomische, führen zu Misstrauen gegenüber den Organisationen im Sportmanagement der Ligen und Clubs, beide begründen ihr Misstrauen mit einer parasitären Einmischung der Organisation, der Verwaltung, der Bürokratie, des Managements oder des Kapitals in vermeintlich ansonsten ›saubere‹ oder ›echte‹ Abläufe. Nimmt man die Organisation ernst und hält sie nicht aus anachronistischen Sehnsüchten nach reinen Gemeinschaften oder reinem Wettbewerb für einen korrumpierenden Systemfehler, dann versteht man, was Inklusion wirklich heißt. Sie heißt nicht einfach Einbeziehung immer größerer Kreise in gesellschaftliche Leistungserwartungen und -ansprüche, und sie heißt auch nicht einfach interaktive Begegnung von Leistungsrollen mit hohen individuellen Distinktionschancen (Ärzte, Anwälte, Priester, Professoren) und Publikumsrollen ohne dergleichen Chancen. Sondern sie heißt Selbstorganisation distinkter Sinnzusammenhänge in Form ihres Publikums.

2. Erster Seitenwechsel

Seit etwa Mitte der 1950er Jahre reagiert die soziologische Theorie auf ein bis dahin nahezu ausschließlich kritisiertes, als Fatum verstandenes Faktum: die rechnende, bilanzierende Administration, das betriebswirtschaftlich-wissenschaftliche Management als aus den technischen Fakultäten in die Familienunternehmen hineinrekrutierter Rechner (der sich unter dem Namen *Computer* dann auch physisch ersetzen lässt) und die auf demselben tayloristischen Wege sich selbst optimierende Bürokratie. Die Theorie reagiert (während die Empirie ihre statistischen und probabilistischen Methoden verfeinert) mit einer revolutionären Überlegung. An der klassischen Einsicht, dass die moderne Gesellschaft alle Möglichkeiten personaler Zugehörigkeit auf ein sachlich-kühles Erwartungsmanagement zurücknimmt, hält sie fest. Sie würdigt dessen Gewinn, dass Geburtsrechte neutralisiert werden, und sie würdigt auch dessen

---

fentlich verstanden wird, als private Seite des Publikums.

Preis, dass Personalität aus sich selbst heraus nichts darstellt oder bedeutet – nichts als ebensolches Erwartungsmanagement. Aber sie beschränkt sich nicht länger auf die Klage, die Würdigung ist nicht resignativ. Das gelingt durch einen Blickwechsel von der Anbieterseite dieser funktional differenzierten Ordnung auf deren Nachfrageseite. Der Blickwechsel ist kein bloß theoretischer Kniff, sondern nimmt eine soziale Praxis der Leistungserwartung und des Leistungsvergleichs ernst, deren Medium Quantifizierung ist und deren Dispositiv unter anderem Listen, Ratings und Rankings sind. Die Theorie, genauer: ein schmales Spektrum des theoretischen Feldes, wechselt die Seiten[2], weil die Gesellschaft es tut: sie revolutioniert den Sinn funktionaler Differenzierung, indem sie auf die Seite des ursprünglich ganz und gar passiv verstandenen Publikums wechselt (vgl. Stichweh 1988: 262). Sie krempelt sich durch den Raum des Publikums buchstäblich um *wie einen Handschuh* (vgl. Shannon 2000, der zeigen kann, dass danach – deshalb eben kann man den Vorgang revolutionär nennen – nichts anders geworden und doch nichts gleichgeblieben ist). Funktionale Differenzierung beschreibt nicht die Anbieter- oder Erbringerseite von Leistungen, sondern ein Geflecht aufeinander verweisender, sachlich exklusiver Rahmungen und dessen sozialen Horizont – eben: die Gesellschaft.

Das ändert alles. Denn mit dieser dominanten Sachlichkeit gelingt die Lösung von dominanter Sozialität, von Herkunfts- und Zugehörigkeitsdeterminationen und auch von ständischen oder tribalen Trägern des Zugestehens oder Entziehens individuellen Selbstbewusstseins. Lösung aber heißt nicht Ablösung; tribale und ständische Formen bleiben erhalten, sie dominieren nur nicht mehr. Die Gesellschaft kann sich also durch den Raum des Publikums drehen, weil es ihr eigener und doch ein von ihr unterschiedener Raum ist. Dieser *twist* ermöglicht es, anstelle eines mit Erwartungen traktierten und Inanspruchnahmen ausgesetzten Publikums mit einem erwartenden, ja fordernden, Leistungen in Anspruch nehmenden Publikum zu rechnen, dem jedes der funktionalen Sinnsysteme zugänglich ist und das also aus derer keinem prinzipiell (etwa wie vormals: wegen falscher Herkunft) ausgeschlossen bleibt, das sich aber dafür auf die erwähnte Sachlichkeit einzulassen bereit sein muss. Die traditionalen sozialen Determinanten verschwinden nicht, sondern werden ignoriert in dem Sinne, das aus ihnen – bei aller situativen Eindringlichkeit und Plausibilität – nichts Bleibendes, Unverlierbares oder Unaufgebbares folgt. Darin besteht die spezifische Zumutung der Umstellung von traditionalen auf funktionale, von sozialen auf sachliche Beobachtungsmodi.

---

2 Mitte der 1980er Jahre konstatiert Rudolf Stichweh, dieser fachhistorisch revolutionäre Seitenwechsel sei »noch kaum rezipiert worden« (Stichweh 1988: 261). Daran hat sich nichts geändert, zumal die 1980er Jahre die einzige, schon seinerzeit kaum Reichweite erzielende Hochzeit des betreffenden Theoriespektrums waren. Grund dafür sind auch Steuerungseffekte durch Soziometrie und Rankings, die Thema des vorliegenden Bandes sind.

Die Theorie interessiert sich zunächst nicht für die umstürzenden Effekte, die dieser Seitenwechsel hin zum Publikum für die globale Dimension sozialer Ungleichheit hat. Sie sieht sozusagen die, die die Gesellschaft nicht sieht, ihrerseits nicht. Den deutlichsten Ausdruck findet der Wechsel auf die Seite des Publikums bei Siegfried F. Nadel, einem Sozialanthropologen im Umfeld Talcott Parsons'. Nadel hat mit Organisationsfragen gar nichts im Sinn; er sucht aber nach einer brauchbaren Theorie relationaler Erwartungen und nennt den dafür naheliegenden Begriff der Sozialstruktur eine leere Floskel, die sich bloß dazu eigne, das Unbekannte mit Bekanntem so lange einzuseifen, bis es bekannt wirke. Als Sozialstruktur scheint ihm die klassische Soziologie praktisch »any or all features contributing to the make-up of society« zu bezeichnen, »simply a synonym for system, organization, complex, pattern, type, and indeed does not fall very short of ›society as a whole‹« (Nadel 1969: 2). Der Begriff erscheint ihm protoideologisch und nebulös. Um ihm Klarheit und Distinktheit zurückzugewinnen, entwirft er ihn gewissermaßen *von unten* neu – als Arrangement von Verhaltenserwartungen nicht durch diejenigen, die diese Erwartungen an andere richten, sondern durch diejenigen, an die sie gerichtet sind. Auf den Strukturbegriff kommt man jetzt erst dann (und Nadel zieht die Sozialanthropologie dafür heran, der Soziologie ihre Instrumente zu zeigen), wenn man Gesellschaft von unten betrachtet, von ihren elementaren Beziehungen aus, und wenn man sie daraufhin untersucht, wie diese Elementarität sich damit arrangiert, beobachtet zu werden (vgl. Lehmann 2017). Darauf komme ich zurück, weil es erlaubt, Inklusion über quantifizierende Vergleiche laufen zu lassen, was Nadel nicht thematisiert. Sozialität bedeutet aber auch in Nadels Erwartungsgeflecht kein statuarisches Sein, keine stabile Identität, sondern sowohl das Besetzen, Behaupten, Beanspruchen als auch das Entsetzen, Aufgeben, Verlieren von Positionen in einem Beziehungsgeflecht, das sich laufend verändern kann. Als Struktur muss in diesem Sinne keine feste Stellenordnung bestimmt werden; der Ausdruck bezeichnet die sich ergebende Unruhe selbst. Als statisch mag zwar gelten, was mit einer gewissen Wiederholungswahrscheinlichkeit auftritt (etwa, weberianisch gesprochen, eine Tradition) oder sich erfahrungsgemäß durchsetzt (das wäre, angelehnt an Heider 2005, ein Ding, eine Form). Solche Statik impliziert aber eine mehr oder minder große (niemals keine) Varianz von im Moment an derselben Stelle nicht aktualisierten Möglichkeiten, sie ist in diesem Sinne stets veränderungsanfällig und möglicherweise auch brüchig.

Nadels Intuition (ich paraphrasiere)[3] besteht nicht einfach darin, dieses Problem als Rollenverhalten zu bezeichnen; das war in den 1950er Jahren zwar noch nicht etabliert, aber auch längst nicht mehr neu. Sie besteht vielmehr darin, auf die Unterstellung einer Vorschrift oder eines Auftrags zu verzichten und stattdessen die Beobachtung der

---

3   Nadel erinnert in seinen einleitenden Sätzen an Darwins *I think*-Notiz, vgl. Voss 2009: 95–174 über »Darwins Diagramme«, dort expl. Abb. 97; vgl. zu Nadels »Idee« deutlich, wenn auch ohne nähere Belege Stichweh 2016: 75f.

Beziehung in den Mittelpunkt zu stellen. Das entdramatisiert das Brüchigkeitsproblem. Rollen sind dann keine Ausführungen von etwas Feststehendem in einem gewissen konzedierten Interpretationsspielraum mehr, sondern sie sind der Sinnzusammenhang, der das Verhalten verstehbar macht, genauer: der das Zustandekommen eines Verhaltens an der Erwartung dieser Verstehbarkeit orientiert. Werden Rollen *gespielt,* werden sie eben gerade nicht ausgeführt, sondern ein eher unbestimmtes Verhalten entwickelt sich – Verstehbarkeit unterstellend – auf eine Beziehung hin, es verwickelt sich in eine Beziehung, verändert diese Beziehung und sich mit ihr. Es reichert sie an. (»Roles are never, strictly speaking, enacted all ot once, being present so to speak in a piece. Rather, they are enacted phase by phase, occasion by occasion, conceivably attribute by attribute, and hence in a ›process‹ extending over time«, so Nadel 1969: 29f.). Ohne diese sinngebende Unterstellung, die man Rolle nennen kann, gäbe es in sozialen Beziehungen keinen über situatives Noch-Nicht-Zurechtkommen hinausgehenden Kommunikationsbedarf; mit ihr steigt er. Selbst da, wo bestimmte Identitäten oder Typen sozial etabliert sind, besteht eine Rolle nicht im Erfüllen der damit verbundenen Stereotype und Standards, sondern in deren kontextueller Überschreitung durch das Einspielen der mit einer Beziehung verbundenen Ungewissheiten in diese Standards. Unter diesen »halo effect« von Rollen (Nadel 1969: 28 u.ö.) fällt nicht nur das habituelle Weiterspielen eines Verhaltensmusters außerhalb der Situationen, in denen es passend erschienen wäre – der Lehrer, der auch beim Abendessen doziert, und vergleichbare Formen ärgerlicher Alltagskomik –; Rollenverhalten schließt vielmehr soziale Situationen generell nicht (nur), sondern öffnet sie (auch).[4]

Die Leistungsfähigkeit dieser Überlegung zeigt sich, wenn man sie nicht wie üblich auf die Inhaber klassischer Professionen oder Berufsrollen anwendet und sie auch nicht bindet an Verhaltensnormen in traditionalen Sozialformen wie Verwandtschaften und Nachbarschaften, sondern – das eben ist Nadels Seitenwechsel – auf deren Gegenüber. Keine spezialisierte Identität, keine Leistungsrolle setzt sich durch, die nicht auf ein Publikum trifft, das mit dieser Spezialisierung etwas anzufangen weiß – also ihren Sinn ermöglicht –, weil es sich komplementär mit ihr entwickelt hat. In diesem Sinne muss eine Gesellschaft, die angesichts hoher Komplexität auf möglichst aufwandlose, kraftersparende Begegnungen in sachlich hochgradig spezialisierten Kontexten angewiesen ist, nicht einfach Leistungsrollen ausdifferenzieren, sondern auch deren komple-

---

4 Dahrendorfs Zorn über die »ärgerliche Tatsache der Gesellschaft« (Dahrendorf 2006: 20) erscheint berechtigt: Rollenverhalten eignet sich nicht – überhaupt nicht – zur Selbstvergewisserung im höchstpersönlichen Sinne; es stiftet nur sozialen Sinn, verunsichert ihn aber zugleich, sodass es zwar (Dahrendorf spielt auf Andersen an) »ein Schatten [ist], der seinem Urheber davongelaufen ist, um als sein Herr zurückzukehren« (Dahrendorf 2006: 32) – aber dieser ›Urheber‹ ist nicht der Einzelne, sondern die soziale Ordnung. Rollenverhalten ist nicht einfach eine Disziplinierungs-, sondern eine Subversionsform, und zwar eben als andere Seite der Disziplinierung, als deren ›davonlaufender, wiederkehrender Schatten‹.

mentäre Publikumsrollen, und sie muss eine spezifische selbstbeschränkende Rahmung auf Seiten dieser Komplementärrollen forcieren. Talcott Parsons setzt sich dieser Herausforderung nicht aus; er bezieht solche »complementary selection« auf »double contingency« und limitiert sie durch einen Nukleus kultureller Normen, indem er ergänzt: »Such a system … is logically the most elementary form of culture. In this elementary social relationship, as well as in a large-scale social system, culture provides the standards (value-orientations) which are applied in evaluative processes« (Parsons et al. 1976: 16). Wenn ›as well as‹ als Generalisierbarkeit jeder elementaren Norm gemeint sein soll, dann müsste Inklusion von vornherein an elementare soziale Inter-aktion und an reflexive Wahrnehmung gebunden werden oder sich jedenfalls in In-teraktionskontexten nachvollziehbar realisieren (wovon Parsons 1967 selbst für plu-ralistisch verfasste Gesellschaften nicht ausgeht, weil diese Gesellschaften alles unvermeidlich Wahrnehmbare – Parsons diskutiert Hautfarbe und Armut – mit Ex-klusion assoziieren, sodass Wahrnehmung den sich ausdehnenden inklusiven Bereich der Gesellschaft begrenzt bzw. auf dessen andere, nichtsoziale Seite verweist). Orga-nisation käme gar nicht in Betracht – es sei denn, diejenigen, die die Kluft der Wahrnehmung nicht zu überwinden vermöchten und für die Interaktion unter An-wesenden daher nichts als Frustrationen ihrer Inklusionserwartungen bedeuten würde, erkennen ihr Potenzial. Dabei kann es dann nicht um eine Anstaltsorganisation pro-fessionalisierter Rollenkomplementarität mit den entsprechenden Vergemeinschaf-tungen gehen, sondern um eine Anwendung formalisierenden, abstrahierenden, rechnenden Beobachtens auf das Inklusionsproblem durch das Publikum selbst. Erst solches Beobachten nimmt Inklusion nicht bloß als komplementäre Rollenakzeptanz ernst – inkludiert werden kann, wer qualitative Erwartungen sachgerecht versteht und sich angemessen (das heißt unprätentiös, ohne Anspruch auf Rollenübernahme) in den Grenzen des Erwartungskontextes verhält –, sondern löst sie vom Rollenverhalten als solchem.

Nadel folgend, wird jede noch so spezialisierte Leistung von einem Publikum ge-tragen, weil sie seitens des Publikums verstanden, erwartet und in Anspruch genom-men oder eben abgelehnt wird. Das verträgt sich einerseits sehr gut mit einer ständi-schen oder tribalen Begrenzung von Publika etwa in dem Sinne, dass »a court poet or musician performs only for the nobility, a medical practitioner is a ›poor man's‹ doctor, or a ›priest‹ never officiates for strangers« (Nadel 1969: 76). Andererseits nimmt es solchen Begrenzungen ihre Ausschließlichkeit – mit drei bekannten kompensatori-schen Folgen: erstens einer erwarteten Aufwertung der Leistungsrolle außerhalb sol-cher Begrenzungen und der insoweit gerade für Leistungsrolleninhaber attraktiven Lockerung der Person-Rolle-Identität (ein bekannter Fall aus dem kirchlichen Bereich: die sinkende Attraktivität von Parochial- und die steigende Attraktivität von Funk-tionalpfarrstellen, in denen man sich habituell von den Leuten unterscheiden und statt dessen auf Zielgruppen kaprizieren kann), zweitens einer mitlaufenden Aufwertung der höchstpersönlichen Individualität des Rollenträgers als nicht funktionalisierbare Seite der Rolle, und schließlich drittens einer Lockerung der Integration von Herkunft und Leistungsinanspruchnahme auf Seiten der Publikumsrolle. Erst letzteres löst »Arbeitsteilung und Inklusion« voneinander und ermöglicht »Vollinklusion« (Stichweh 2016: 76 und 77) – aber nicht deshalb, weil für jede noch so diffizile Erwartung ein Leistungsangebot ausdifferenziert würde (vgl. zu solchem schnell sich erschöpfenden und in zwischen- und innerorganisatorische Netzwerke – Beispiel: Forschungscluster – mündenden »Wachstum« Stichweh 1988: 261). Sondern weil sich die Publikumsrolle auf einen abstrakt funktionalisierten Rahmen beschränkt und keinerlei personale Konnotation braucht, mithin auch keinerlei Individualisierungschancen bietet. Alles außerhalb der aktuellen Erwartungskomplementarität, also wirklich alles andere, ist einfach »the rest of society« (Nadel 1969: 76). Dieser situativ funktionalisiert adressierbare, sonst aber personal indifferente ›Rest‹ kann in rollenkomplementärem, interaktionsgebundenem Verhalten nicht zur Inklusionsressource werden, sondern wertet nur Exklusion auf. Aber er lässt sich organisieren. Sofern es gelingt, die Fallen der Interaktion und die Fallen der Wahrnehmung zu vermeiden, die sämtlich das Exklusionsrisiko verschärfen, kann die personale Indifferenz als Selbstorganisationsressource genutzt werden; und es ist diese Selbstorganisation, die den Raum des Publikums gesellschaftlich öffnet, also Inklusion ermöglicht. Allerdings: Wer nur die geringste, leiseste Chance auf personale Inklusion hat, wird dieses Rechnen ablehnen, weil es als Drift in Richtung der notorisch Elenden ohne diese Chance erscheint. Rankings sind nicht attraktiv für jene, die es nach oben zieht, weil es sie eben auch nach unten blicken lässt; sie sind attraktiv für jene, die die Kluft von außen und innen überwinden wollen.[5] Entsprechend wird es auch als sinnlose Aushöhlung jeder egalitären oder symmetrischen Beziehung gelten[6] (mit der Implikation, dergleichen Egalität

---

[5]　Vgl. zu dieser Hoffnung in zeittypischem Erfindungsgeist Gabriel Tarde (1902: 56) zur Wertbezifferung von Ruhm (analog zu Kredit und Besitz) durch ein »gloriomètre«; Quantität bezeichnet für Tarde eine Eigenschaft alles dessen, was sich wiederholt oder wiederholen lässt und in das sich aufgrund dieser Wiederholbarkeit Muster und Strukturen, also auch Hierarchisierungen, eintragen lassen (vgl. Tarde 1902: 51 f.); soziale Formen wie Macht, Ruhm, Wahrheit seien genauso »faktisch messbar« (Tarde 1902: 54) wie Reichtum als der einzigen Form, für die Messung und Wertung als selbstverständlich gelten; entsprechend ist eben auch Ruhm, den der Gloriometer messen kann, eine »quantité sociale« (Tarde 1902: 56). Vgl. das Kapitel zur Statistik in Tarde 2009 sowie Latour 2010.

[6]　Ein luzides Beispiel für diesen Fall einer gegen Quantifizierung vergleichsweise resistenten Sozialform gibt Stichweh (1988: 272–274) mit der eher assoziativ vorgetragenen Überlegung, in Intimbeziehungen laufe Inklusion über ein *switching* (White 1995) von Leistungs- und Publikumsrollen (wie »unter Fachleuten« oder »im Jazz«, ergänzt er, White 1995: 272). Intime Beziehungen ließen die Zuordnung auf komplementäre Rollen offen (sie könnten von allen Beteiligten jederzeit »im Wechsel oder gleichzeitig [verlangt]« werden, White 1995: 272), verzichten aber nicht auf die Komplementarität selbst. Gemeint ist das als Erklärung der histo-

strategisch-manipulativ zu behaupten, um sich bestimmte übergriffige Verhaltensformen herausnehmen zu können: Lehrer auf Schulfreizeiten, Professoren in Studentenkneipen usw.; ein anderer Fall solcher strategischen Manipulation ist der politische Populismus, der autoritäre Prätentionen egalitär auftreten lässt).

Der Quantifizierbarkeit und deren diagrammatischer Veranschaulichung in Listen, Rankings oder Ratings und Scores öffnen sich deshalb beide Seiten der klassischen Rollenkomplementarität, aber nicht in gleicher Weise. Für die Leistungsrolle stellt sie vermutlich eine unerwünschte Begleiterscheinung formaler Mitgliedschaften dar, eine von vielen Zumutungen, die mit dem insgesamt entlastenden Schritt von der klassischen Freiheit der Profession in die *bounded rationality* von Organisationen verbunden ist. In organisationalen Kontexten wird evaluiert, klassifiziert, hierarchisiert. Eine Ärztin oder ein Steuerbeamter dürfte unter den überfordernden Ansprüchen eines Publikums gelitten haben, das aus der stummen Namenlosigkeit heraustritt und Personalisierungen einklagt, wo Fallbearbeitungen praktikabler scheinen. Beide[7] dürften nicht minder gelitten haben unter den Bewertungen eines Publikums, das diese Namenlosigkeit gerade nicht meidet, sondern vielmehr offensiv nutzt. In beiden Hinsichten mag der Wechsel in formale Mitgliedschaften als Entlastung erwartet worden sein. Er führt aber die unübersehbare, leicht zu entlarvende Prätention mit, die professionelle (oder soll man sagen: aristo-/expertokratische?) Identität auch im Organisationskontext als »loose coupling« (Meyer/Rowan 1977; Weick 1976; dazu Lehmann 2020; Stäheli 2021: 322–388) weiterpflegen und dem Kennzifferndruck (vgl. mit zahllosen Beispielen Mau 2017, zu Universitäten Münch 2007) gerade nicht oder nicht umfassend unterworfen werden zu können. Eine »statistische Depression« (Luhmann 2002) kann kaum ausbleiben, gehört aber auch zum professionellen Dekor. Wie gesagt: wer kann, entzieht sich, weil jeder die Drift ins Elend erkennt, die mit der quantifizierenden Beobachtung einhergeht.

Diese auf Organisation setzenden, sich ihr aber quasiaristokratisch stets entziehenden und dennoch depressiv verstimmten Leistungsrollen wenden die quantifizie-

---

risch beispiellosen freien Zugänglichkeit von Intimbeziehungen ohne Limitationen durch Herkunft, Geschlecht, sexuelle Präferenz usw.

7 Das oben erwähnte Wachstum durch immer neue Spezialisierungen und immer kleinteiligere, ›adressatenbezogene‹ Angebote dehnt sich schnell auf die Seite des Publikums aus, lässt dort – ein Fall des bei Parsons erwähnten sich ausdehnenden gesellschaftlichen Integrationskerns – »sekundäre Leistungsrollen« entstehen (Stichweh 1988: 281), versteht diese aber eher »aktivistisch« (Stichweh 1988: 281) als sachlich-professionell – was zur Folge haben dürfte, dass wenig Reputation versprechende Leistungen wahrscheinlich dorthin ausgelagert und mit einem vagen Zugehörigkeitsversprechen vergolten werden, das die wahrscheinliche Frustrationserfahrung nicht kompensieren kann. Das partizipatorisch aktivierte Publikum organisiert sich also gerade nicht selbst und inkludiert sich in diesem Sinne nicht; es ist bloß Gegenstand und Adressat von Inklusionsprogrammen.

renden Beobachtungsmethoden, unter denen sie leiden, jedoch ohne Weiteres auf ihr Publikum an; der despektierliche Verlegenheitsbegriff *Masse* wäre sonst längst obsolet. Dass dieses nicht als beobachtend, sondern als beobachtet konzipierte Publikum den Joker-Parasiten der Organisation auf seine Seite ziehen und sich zunutze machen könnte, gerät nicht in den Blick. Quantifizierung mit all ihren abgeleiteten Vergleichs- und Hierarchisierungschancen wird einfach instrumentell genutzt: zur Programmierung, zur Kontrolle sowohl im Sinne des Vergleichs als auch im Sinne der Disziplinierung und eben auch zur Veranschaulichung von Rollenasymmetrien (das Publikum sind immer zahllos viele, die Leistungsträger immer unterscheidbar wenige); in diesem Sinne eignet sie sich zur Selbstvergewisserung durch Auswaschen der Personalisierungsspuren beim Gegenüber. Professionalität lässt sich, wie gesagt, selbst höchst ungern zählen und klassifizieren, steigert aber dem Publikum gegenüber die eigene Abstraktionsfähigkeit bis zum »kalte[n] Charisma« nüchterner Objektivität (Mau 2017: 28). Das ist nichts weiter als eine formalisierte Variante der Gewinnung von Rollendistanz, in der sich die Leistungsrolle ein qualitatives Decorum erlaubt und es der Publikumsrolle unter dem Namen ›Rationalität‹ vorführt. Aber für solche Professionalitätsprätention braucht es die Interaktion; fehlt sie, fehlt dem Decorum der Rahmen. Je geselliger, je gesprächiger, je persönlicher eine Rollenkomplementarität aber inszeniert wird, desto weiter greift es um sich, desto asymmetrischer, desto ständischer, desto herrschaftlicher und also: desto exklusiver ist die Situation. Interaktion kann, wie erwähnt, Inklusion nie, Exklusion dagegen ohne weiteres tragen. »Talk comes first«, mahnt White (1995: 1037), um zu erklären, wieso Netzwerke »pecking orders« sind (White 1992: 17), die aus Wahrnehmungsgelegenheiten in ausweglos bindende Cliquen, Clubs und Banden führen. Quantifizierung ist das Gegenmittel, das im präzisen Sinne macht- oder jedenfalls hierarchiekritisch und übrigens auch cliquenkritisch wirkt. Deswegen wird es als *kalt* diskreditiert. Auf Seiten des Publikums entsteht im Medium dieser quantifizierenden Kälte – durch sie, nicht gegen sie – eine Ressource eigener Art.

3. Zweiter Seitenwechsel

Die soziologische Theorie bezeichnet deshalb nicht Rollendistanz, sondern funktionale Ignoranz (v.a. gegenüber Herkunftsdeterminationen, Statusidentitäten, Gruppenzugehörigkeiten, emphatischen Personalitäten) als Inklusion. Parsons geht von einem sich zuverlässig allmählich ausdehnenden gesellschaftlichen Integrationskern aus; dagegen wendet Luhmann das Erfordernis eines Gegenbegriffs Exklusion ein, um die gesellschaftliche Ignoranz nicht mit historischer und empirischer Blindheit bezahlen zu müssen (vgl. zur Begriffs- und Theoriegeschichte mit den entsprechenden Verweisen Lehmann 2016). Als Sozialform dieser gesellschaftlichen Ignoranz kommt dann, das wird als Reminiszenz an den Bürokratieverdacht missverstanden und dergestalt viel zu leicht in die Fachtradition integriert, Organisation in Betracht. Der Begriff bezeichnet aber keine in erster Linie korporative Anstalt oder Behörde mit bestimmten habituellen Sozialisationseffekten mehr, auch wenn diese Interpretation alltäglich hartnäckig geblieben ist und auch aus der soziologischen Literatur einfach nicht verschwinden will, umso weniger, als eben der erste Seitenwechsel im Rahmen der klassischen Rollenkomplementarität auf professionalisierte Interaktionen verweist, die vornehmlich im Rahmen solcher Anstaltsorganisationen stattfinden. Aber bezeichnete der Begriff nichts als dies, wäre er anachronistisch und uninteressant. Dass anderes gemeint ist, deutet sich vor allem in der amerikanischen Literatur der zweiten Hälfte des zwanzigsten Jahrhunderts an, die – wie die Spieltheorie – im Zusammenhang der Spannungen des Kalten Krieges steht und sich auf das Bezugsproblem sozialer Unsicherheit stützt. Organisation in diesem neuen Sinne entsteht, wo Unsicherheit und Sinn praktisch verknüpft werden. Sie entsteht durch »uncertainty absorption«, die sie als »decision making« praktiziert (March/Simon 1958; Simon 1997). Das macht sie zu der einzigen sozialen Form, in der Inklusion als funktionale Ignoranz möglich ist. Unsicherheit – eben auch: des Status, der Identität, der Individualität – ist jetzt ein Problem, kein Fatum. Verlorenheit lässt sich in Gelegenheit übersetzen, sobald eine Beobachtungsweise gefunden ist, die Soziales ignoriert und sich auf Sachliches kapriziert, ohne sich festzulegen – also: die Sachfragen in Entscheidungsfragen transformiert. Diese Transformation inkludiert das Publikum, das jetzt nicht bloß Objekt oder Adresse von Entscheidungen ist, sondern als Entscheider beobachtet wird. Das mutmaßlich entscheidende Medium dieser Übersetzung ist Quantifizierung; sie erlaubt eine Strukturierung des Publikums aus einer Elementarität heraus, die weder Masse noch Menge ist, sondern eine mikrodiverse, qualitativ unbestimmte, jedoch unmissverständlich (vgl. Koselleck 1992: 105) als Entscheidungserwartung formatierte Unruhe.

Wie langsam die Welt sich auch dann und vielleicht gerade dann dreht, wenn sie sich in einer Revolution weiß, zeigen die schwerfälligen Formvarianten dieser Umstellung. Dass Inklusion durch Organisation ermöglicht wird, wird in beeindruckender Zähigkeit als Revitalisierung des Missverständnisses aufgefasst, bei funktionaler Differenzierung handele es sich um zunehmende Arbeitsteilung. Man kann dann von einer immer kleinerteiligen Verberuflichung ausgehen, einer sachlichen Spezialisierung des Zumutbaren und Erwartbaren, auf die – hier kommt das klassische Publikum als Adressat einer irgendwie ausbildenden Popularisierung erster Ordnung ins Spiel – zuerst biografisch in Organisationen vorbereitet und die dann in Organisationen unter Beweis gestellt oder, wie es gerne heißt, ›gelebt‹ wird. Das mag heißen, dass es Inklusionsformen eher distinkter, Identität versprechender Art gibt und Inklusionsformen eher indistinkter Art. Letztere würde immerhin Berücksichtigungschancen und Inanspruchnahmerechte für bestimmte Leistungen, sonst aber gar nichts versprechen. Erstere liefe auf die Mitgliedschaft in Organisationen hinaus und wäre der Verberuflichung wegen und aus Verknappungsgründen zwar formalisiert (im Seitenwechsel auf die indistinkte Seite liegt ein vorzügliches Einschüchterungspotenzial, gerade weil nie in Zweifel steht, dass Inklusion auch ohne Distinktionschancen auskommt und Exklusion qua Mitgliedschaftsverlust daher nirgendwo begründungs- oder rechtfertigungspflichtig ist), würde aber auch mit ausufernden quasiständischen und quasitribalen Ungleichheiten bezahlt (White 1992 spricht treffend von »disciplines«). Exklusion würde dann alles Nichtverberuflichte beschreiben, den verschatteten und unbrauchbaren Rest der Mitgliedschaft und auch so etwas wie das Recht auf eine nichtöffentliche Indifferenz, der man dann den Namen ›Individualität‹ geben mag. Eben jene Organisationsforschung, die auf ›uncertainty absorption‹ und ›decision making‹ verweist, erinnert aber auch daran, dass der Entfaltung der Persönlichkeit nur Karrieren bleiben, die sich entweder auf der Ebene des Berufs oder im Kontext organisationaler Inanspruchnahmen im infiniten *Mehr desselben* so weit verstricken, dass der Beruf in eine »Restlosigkeit« mündet (Krajewski 2006), die allenfalls als Sinnlosigkeit erfahren werden kann.

Aber wie erwähnt: diese Berufs- und Mitgliedschaftsfassung hat der Inklusionsbegriff gerade nicht oder jedenfalls insofern nicht, als Organisation dann keinen Unterschied zur Gesellschaft machen würde. Sie wäre ein nachholendes Substitut tribaler und ständischer Festlegungen mit dem einzigen Unterschied, nicht qua Geburt, sondern qua Zertifikat zu rekrutieren. Interessanterweise zögert die soziologische Theorie aber, diese Begriffsvariante aufzugeben. Sie ergänzt sie stattdessen, indem sie auf die Ebene der Interaktion unter Anwesenden wechselt und die quasiständischen und quasitribalen Milieus, die dort entstehen, als gewissermaßen residuale Sinnressourcen des Individuums rekonstruiert, häufig sogar nobilitiert mittels des quasiwiderständigen Attributs der Informalität. An den klassischen Begriffen kann man dann festhalten. Man kann auf der Leistungsseite aus Durkheims Imperativ »Bereite dich vor, eine bestimmte Funktion nützlich auszufüllen« schließlich Parsons' lapidare Feststellung eines unsicheren Festhängens im Erwartungs- und Anspruchsgeflecht im Sinne einer »more or less full membership in a wider solidary system« machen (Durkheim 1996: 87; Parsons 1972: 306). Das verschärft zwar die Verständnislosigkeit für die andere Seite dieser nur den eigenen Leuten geltenden Solidarität und mündet in Erbarmungslosigkeit ihr gegenüber.

Aber diese andere Seite kann das Prinzip der Form nach übernehmen. Auch sie ›bereitet sich vor‹ darauf, mit funktionalen Erwartungen konfrontiert zu sein; aber nur sie trainiert, wann immer diese Konfrontationen geschehen, auch den Verzicht auf jedes Statusversprechen und auf jede Statussicherheit, auf jede distinkte Identität und jede emphatische Personalisierung. Sie trainiert funktional komplementäres Erwarten im Sinne des Wissens bzw. Sicheinlassens darauf, ein Problem, ein Fall oder sogar nichts als ein elementares Quantum zu sein, weil solches Beobachtetwerden eine Inklusionsform ist – eine Inklusionsform, die aller Distinktion, allen Geltungsansprüchen und allen Zugehörigkeitserwartungen zwar enthoben ist und von allen personalen Zuschreibungen abstrahiert, die aber im Modus dieser Abstraktion eben doch inkludiert. Je geringer oder gar nichtiger der aus der Tradition überkommene individuelle Status einer Person (oder ihrer personalen Umgebung, ihrer Kultur, ihrer *peers*) ist, desto attraktiver könnte diese Inklusion für diese Person und ihre Umgebung sein; die Abstraktion setzt schließlich zumindest der Möglichkeit nach auch die verachteten und diskreditierten Personmerkmale indifferent. Ein solches Publikum – nicht die sich ihrer Funktionalisierung erwehrenden Insider, die ihrem ganzen Selbstverständnis nach sowieso dazugehören, sondern die anderen, aus der Selbstverständlichkeit des Dazugehörens Ausgeschlossenen – gewinnt mit funktionaler Differenzierung eine Inklusionschance, die sich durch Quantifizierung realisieren lässt. Dieses Publikum weiß, dass allfällige situative Inanspruchnahmen von Leistungen (Bildung, Medizin, Recht, Wirtschaft usw.) keine verlässliche Identität, sondern nur komplementäre Abstraktion voraussetzen. Also organisiert es sich so; es macht die funktionale Ignoranz zu seinem Organisationsprinzip. Elementare Existenz (so verwendet Spencer Brown 2005: 192, den Ausdruck »selective blindness«) genügt, solange sie auf eine ganz basale Weise kontextualisierbar ist. Quantifizierung erlaubt genau das; sie vernetzt elementare Ereignisse (die sich dergestalt allererst ereignen können) durch Relationierung von Häufigkeiten, Werten, Vernetzungs- und Dichtemaßen usw.

Weder Mitgliedschaft noch Beruf könnten dies leisten. Quantifizierung ist die Ressource des Publikums, das sich auf Rollenidentitäten nicht einlässt. Sie trägt seine Binnenstrukturen, seinen Eigensinn, seine Selbstreferenz, seine Selbstorganisation; indem sie das Vergemeinschafts- und Zugehörigkeitsdesiderat aufgibt, entmachtet die funktionale Ignoranz der Gesellschaft (ähnlich Mau 2017: 142, der zum Effekt von Bewertungsscores und zur daraus erwachsenden Kundenmacht notiert: »der Spieß wird – durchaus in emanzipatorischer Absicht – umgedreht«). Mit ihr wechselt auch die Organisation von der Anbieter- bzw. Leistungserbringerseite auf die Nachfrage- bzw. Leistungserwartungsseite. Natürlich wird das diesseits erhebliche Widerstände hervorrufen, wie einleitend am Beispiel der – und zwar: durch nichts als erfolgreiche Inklusion eines vor Ort nicht zu disziplinierenden Publikums – unter Druck geratenen Allianz von Mannschaften und Fangemeinschaften geschildert (ein analoger Fall ist aus der globalisierten Wissenschaft vertraut, in der sich vormals marginalisierte Universitäten namentlich Chinas auf den quantifizierenden Wettbewerbsmodus universitärer Rankings nicht nur einlassen, sondern ihn sich regelrecht zu eigen machen mit der Folge, dass sie ihn zu dominieren beginnen; vgl. sehr klar Ahlers/Christmann-Budian 2023). Qualitative Redescription wäre, so verstanden, für diese Art der Selbstorganisation von Inklusion durch das Publikum verführerisch, weil sie die Hoffnung nährt, in den Status der traditional Zugehörigen wechseln zu können. Aber sie wäre kontraproduktiv; man würde sich der entscheidenden Ressource berauben und der eben erst entmachteten funktionalen Ignoranz wieder unterwerfen. Der »Inklusionsbereich«

der Gesellschaft (Luhmann 1995: 250) ist gerade darin in seinen eigenen Anachronismen gefangen, dass er für die Möglichkeit blind ist, der »Exklusionsbereich« (Luhmann 1995: 250) könnte auf seine Seite gar nicht wechseln wollen. Vermutlich bezahlt dieses mehrfach durch seinen eigenen Raum gedrehte, transformierte Publikum seine selbstorganisierte Inklusion immer mit dem Sicheinlassen auf den inferioren Status der bloßen Elementarität. Als seine Inklusion selbst organisierendes Publikum trifft es auf den Vorwurf des kalten, ›rechnenden Wesens‹, ein Vorwurf, der es zum Renegaten erklärt, zum befremdlichen Vollzieher gerade jener Praxisformen, denen die Zugehörigen misstrauen.

Dass auch Quantifizierung verführerische Rekonkretisierungen erlaubt, überrascht kaum. Ihre diagrammatischen Veranschaulichungen in Tabellen und Graphen stellen zwar Ratings, Scores, Rankings usw. auf einen (also jeden) Blick vor Augen. Sie orientieren Zugehörigkeitserwartungen, ohne Zugehörigkeit zu realisieren. Der »Mitmachsog«, den Mau (2017: 78) durch Ratings und Rankings entstehen sieht, führt denn auch nicht zu irgendeiner Form von Zugehörigkeit. Es mag zu einer Reminiszenz von Partizipation in dem Moment führen, da man eigenes Zutun im Zustandekommen großer Datenpools in Rechnung stellt und eine gewisse Satisfaktion dabei empfindet, sein Votum in Spitzengruppen wiederzufinden. Eine Fangemeinschaft, die sich im Stadion der Heimatstadt zu einem Heimspiel der verehrten Mannschaft trifft, wird dergleichen nicht würdigen wollen. Aber diese Reminiszenz fungiert zweifellos als Moment der Selbstorganisation eines Publikums, und sei es jenes Publikum, das nicht ins Stadion geht. Personale Zurechnung finden nicht statt und ist nicht erforderlich, um den erwähnten Sog zu erzeugen, auch wenn Bindungsäquivalente oder Protointegrationen denkbar sind (Rankings von Ereignissen, an denen man sich hätte beteiligen können, sind in diesem Sinne attraktiver und binden stärker als Rankings völlig fernliegender Zusammenhänge; man ärgert sich also ggf. um 18 Uhr, sich tagsüber nicht zur Wahl aufgerafft zu haben). Die Beteiligung bleibt aber auch dann, wenn sie tatsächlich stattfand, auf der Ebene des elementaren Ereignisses, eines Quantums ohne distinkte Singularität. Dieser Punkt ist erstaunlich, weil der ›Mitmachsog‹ eine Inklusion gewissermaßen unterhalb der Sachlichkeitsschwelle von Komplementärerwartungen beschreibt, eine Inklusion durch bloßes ereignishaftes, nahezu unverbindliches, nämlich über die unwahrscheinliche Möglichkeit eines Anschlussereignisses nicht hinausgehendes Eingreifen in kommunikative Operativität. Wie gesagt: Wer vom Leben viel zu erwarten gewöhnt ist, wer seines Status nie unsicher war, dem leuchten weder der Sinn von Organisation ein noch der Reiz solcher Operativität.

Literaturverzeichnis

Adorno, Theodor W./Horkheimer, Max/Kogon, Eugen (1989): Die verwaltete Welt oder: Die Krise des Individuums [1950]. In: Horkheimer, Max: *Gesammelte Schriften*, Bd. 13. Hg. von Gunzelin Schmid Noerr. Frankfurt am Main: Fischer, S. 121–142.

Ahlers, Anna L./Christmann-Budian, Stephanie (2023): The Politics of University Rankings in China. In: *Higher Education*, 86, S. 751–770.

Bode, Marco/Schulze-Marmeling, Dietrich (2023): *Tradition schießt keine Tore. Werder Bremen und die Herausforderungen des modernen Fußballs* [2022]. 4. Aufl. Bielefeld: Verlag Die Werkstatt.

Dahrendorf, Ralf (2006): *Homo sociologicus. Ein Versuch zur Geschichte, Bedeutung und Kritik der Kategorie der sozialen Rolle* [1958]. 16. Aufl. Köln/Opladen: VS Verlag.

Döring, Jörg/Werber, Niels/Albrecht-Birkner, Veronika et al. (2021): Was bei vielen Beachtung findet: Zu den Transformationen des Populären. In: *Kulturwissenschaftliche Zeitschrift*, 6/2, S. 1–24. DOI: 10.2478/kwg-2021–0027.

Durkheim, Émile (1996): *Über soziale Arbeitsteilung. Studie über die Organisation höherer Gesellschaften* [1930]. 2. Aufl. Frankfurt am Main: Suhrkamp.

Heider, Fritz (2005): *Ding und Medium* [1926]. Mit einem Vorwort neu hg. von Dirk Baecker. Berlin: Kadmos.

Kaube, Jürgen (2024): Reinheit des Fußballs: Geld hat ihn besser gemacht. In: *FAZ* v. 13.02.2024, online (22.02.24): https://www.faz.net/aktuell/feuilleton/debatten/fussball-erst-der-kapitalismus-hat-die-qualitaet-ermoeglicht-die-uns-so-fasziniert-19514639.html.

Kopp, Johannes (2024): Die gelbe Revolution, in: *tageszeitung* v. 22.02.2024, online (22.02.24): https://taz.de/Fanproteste-verhindern-DFL-Investor/!5989441/.

Koselleck, Reinhart (1992): *Kritik und Krise: Eine Studie zur Pathogenese der bürgerlichen Welt* [1973]. 7. Aufl. Frankfurt am Main: Suhrkamp.

Krämer, Sybille (2016): *Figuration, Anschauung, Erkenntnis. Grundlinien einer Diagrammatologie*. Berlin: Suhrkamp.

Krajewski, Markus (2006): *Restlosigkeit. Weltprojekte um 1900*. Frankfurt/Main: Fischer Taschenbuch Verlag.

Latour, Bruno (2010): Tarde's Idea of Quantification. In: Candea, Matei (Hg.): *The Social after Gabriel Tarde: Debates and Assessments*. London: Routledge, S. 145–162.

Lehmann, Maren (2014): Komplexe Ereignisse und kontingente Mengen. In: Cevolini, Alberto (Hg.): *Die Ordnung des Kontingenten. Beiträge zur zahlenmäßigen Selbstbeschreibung der modernen Gesellschaft*. Wiesbaden: Springer VS, S. 5–24.

Lehmann, Maren (2016): Inklusion – revisited. In: Machin, Amanda/Stehr, Nico (Hg.), *Understanding Inequality: Social Costs and Benefits*. Wiesbaden: Springer VS, S. 151–169.

Lehmann, Maren (2017): Wo ist unten? In: Lehmann, Maren/Tyrell, Marcel (Hg.): *Komplexe Freiheit: Wie ist Demokratie möglich?* Wiesbaden: Springer VS, S. 167–184.

Lehmann, Maren (2020): Lose Kopplung. In: *Soziale Systeme* 25/2, [ersch. 2022], S. 457–475.

Leifer, Eric M. (1995): Making the Majors. The Transformation of Team Sports in America. Cambridge, Mass.: Harvard University Press.

Luhmann, Niklas (1991): Die Form »Person«. In: *Soziale Welt*, 42/2, S. 166–175.

Luhmann, Niklas (1995): Inklusion und Exklusion. In: Luhmann, Niklas: *Soziologische Aufklärung 6*. Opladen: Westdeutscher Verlag. S. 237–264.

Luhmann, Niklas (2002): Statistische Depression. Zahlen in den Massenmedien [1996]. In: Luhmann, Niklas: *Short Cuts*. 4. Aufl. Berlin: Zweitausendeins, S. 107–112.

March, James G./Simon, Herbert A. (1958): *Organizations*. New York: Wiley.

Marx, Karl (1965): Brief an Friedrich Engels vom 7. Juli 1866. In: *Marx Engels Werke* (MEW), Bd. 31. Berlin: Dietz, S. 233f.

Mau, Steffen (2017): *Das metrische Wir. Über die Quantifizierung des Sozialen*. Berlin: Suhrkamp.

Meyer, John W./Rowan, Brian (1977): Institutionalized organizations: Formal structure as myth and ceremony. In: *The American Journal of Sociology*, 83/2, S. 340–363.

Münch, Richard (2007): *Die akademische Elite. Zur sozialen Konstruktion wissenschaftlicher Exzellenz*. Frankfurt am Main: Suhrkamp.

Nadel, Siegfried F. (1969): *The Theory of Social Structure* [1957]. 4. Aufl. London: Cohen & West.

Parsons, Talcott (1967): Full Citizenship for the Negro American? In: Parsons, Talcott: *Sociological Theory and Modern Society*. New York/London: Free Press, S. 422–465.

Parsons, Talcott (1972): Commentary on Clark. In: Effrat, Andrew (Hg.): *Perspectives in Political Sociology*. Indianapolis/New York: Bobbs-Merrill, S. 299–308.

Parsons, Talcott et al. (1976): Some Fundamental Categories of the Theory of Action: A General Statement [1951]. In: Parsons, Talcott (Hg.): Toward a General Theory of Action. 7. Aufl. Cambridge, Mass.: Harvard University Press, S. 3–29.

Serres, Michel (1987): Der Parasit [1980]. Dt. von Michael Bischoff. Frankfurt am Main: Suhrkamp.

Shannon, Claude E. (2000): Der vierdimensionale Dreh, oder: Ein bescheidener Versuch, um amerikanischen Autofahrern in England zu helfen [1993]. Mit handgezeichneten Abbildungen des Autors. Dt. von Stefan Heidenreich. In: Shannon, Claude E.: *Ein | Aus: Ausgewählte Schriften zur Kommunikations- und Nachrichtentheorie*. Hg. von Friedrich Kittler et al. Berlin: Brinkmann + Bose, S. 311–320.

Simmel, Georg (1992): Exkurs über den Fremden. In: Simmel, Georg: *Soziologie. Untersuchungen über die Formen der Vergesellschaftung* [1908]. Gesamtausgabe Bd. 11. Hg. von Otthein Rammstedt. Frankfurt am Main: Suhrkamp, S. 764–771.

Simmel, Georg (1996): *Philosophie des Geldes* [1901]. Gesamtausgabe Bd. 6. Hg. von David P. Frisby und Klaus Christian Köhnke. 4. Aufl. Frankfurt am Main: Suhrkamp.

Simon, Herbert A. (1997): *Administrative Behavior. A Study of Decision-Making Processes in Administrative Organizations* [1947]. 4. Aufl., New York: The Free Press.

Spencer-Brown, George (2005): *Laws of Form – Gesetze der Form* [1969]. Lübeck: Bohmeier.

Stäheli, Urs (2021): Soziologie der Entnetzung. Berlin: Suhrkamp.

Stichweh, Rudolf (1988): Inklusion in Funktionssysteme der modernen Gesellschaft. In: Ders./ Mayntz, Renate/Rosewitz, Bernd/Schimank, Uwe: *Differenzierung und Verselbständigung. Zur Entwicklung gesellschaftlicher Teilsysteme*. Frankfurt am Main/New York: Campus, S. 261–293.

Stichweh, Rudolf (2016): *Inklusion und Exklusion. Studien zur Gesellschaftstheorie*. Bielefeld: transcript.

Tarde, Gabriel (1902): *Psychologie économique*. Bd. 1. Paris: Alcan.

Tarde, Gabriel (2009): *Die Gesetze der Nachahmung* [1896]. Dt. von Jadja Wolf. Frankfurt am Main: Suhrkamp.

Voss, Julia (2009): *Darwins Bilder. Ansichten der Evolutionstheorie 1837– 1874* [2007]. Frankfurt am Main: Fischer Taschenbuch Verlag.

Weick, Karl E. (1976): Educational Organziations as Loosely Coupled Systems. In: *Administrative Science Quarterly*, 21/1, S. 1– 19.

White, Harrison C. (1992): *Identity and Control. A Structural Theory of Social Action.* Princeton, N.J.: Princeton U.P.

White, Harrison C. (1995): Network Switchings and Bayesian Forks: Reconstructing the Social and Behavioral Sciences. In: *Social Research. The International Quarterly of the Social Sciences*, 62/4, S. 1035– 1063.

White, Harrison C. (1997): Can Mathematics Be Social? Flexible Representations for Interaction Process and Its Sociocultural Constructions. In: *Sociological Forum*, 12/1, S. 53– 71.

Klaus Nathaus

Koordination für die Hits von morgen. Charts und Repertoireentscheidungen in der amerikanischen Musikwirtschaft, 1890–1955

ABSTRACT: This article studies the function of popularity charts in the production and distribution of popular music in the United States during the first half of the twentieth century. Using archival sources of Irving Berlin's music company to gain insight into how a leading songwriter and music publisher made repertoire decisions in the face of uncertain demand, the article argues that the charts did not reflect to music providers what the people would buy tomorrow but helped coordinating their actions with other actors across the music business. Against a sketch of song-plugging on Tin Pan Alley, the article traces the rise of the airplay charts in 1930s radio, the establishment of the Peatman-Index as industry standard in 1945, and its demise by record charts from the mid-1950s. Doubts about the veracity of quantified popularity and critique of chart manipulation were a constant feature of this development, and yet, music providers like Berlin continued to use them for guidance. This illustrates that self-referential charts may create facts that limit listeners' choices, while not impeding on recipients' ability to making their own meaning of what is being offered to them.

KEYWORDS: Popularity Charts; Irving Berlin; Song Plugging; Music Business History; Peatman Index

A m 22. September 1989 verstarb der Songwriter und Musikverleger Irving Berlin im Alter von 101 Jahren in seinem New Yorker Townhouse, nur ein paar Kilometer entfernt von der Lower East Side, wo er 1893 als Flüchtlingskind angekommen war und als Teenager seine ersten Schritte ins Showgeschäft unternommen hatte. Vom singenden Kellner, der im Verlegerauftrag den Gästen Neuerscheinungen vorträllerte, hatte sich Berlin Schritt für Schritt, als Texter romantischer Schnulzen, Komponist erfolgreicher Tanzschlager und Autor und Verleger von Musicals für Bühne und Film zur Spitze des Showgeschäfts emporgearbeitet. Binnen sechs Jahrzehnten hatte Berlin über 1.000 eigene Songs veröffentlicht, darunter das bis heute zum weltweiten Weihnachtssoundtrack gehörende »White Christmas«.

Um Berlins Ausnahmekarriere zu würdigen, zitierten Nachrufe Jerome Kern, der bereits 1924 über seinen Songwriter-Kollegen geurteilt hatte, dieser habe »no place in American music. He *is* American music.« Damit brachte Kern seine Einschätzung über die besondere Empfänglichkeit Berlins für den ›Zeitgeist‹ und die Bedürfnisse der

Hörer:innen auf den Punkt, die er in Form einfacher Songs an sie zurückgespiegelt habe:

> He doesn't attempt to stuff the public's ears with pseudo-original, ultra modernism, but he honestly absorbs the vibrations emanating from the people, manners and life of his time, and in turn, gives these impressions back to the world, – simplified, – clarified, – glorified. (Woolcott 1925: 215)

Kerns ›Vibrationstheorie‹ der Songproduktion klingt reichlich unwissenschaftlich, doch ist sie bei näherem Hinsehen gar nicht so weit entfernt von gängigen konzeptionellen Vorannahmen der Populärkulturforschung. Diese hat in den vergangenen fünfzig Jahren vor allem den vermeintlichen Einfluss von Rezipient:innen auf die Schöpfung symbolischer Inhalte betont und dabei die Trennlinie zwischen Kulturkonsum und -produktion aufgeweicht. Zu den einflussreichsten Konzepten in diesem Zusammenhang gehören Lawrence Levines Definition von Populärkultur als »Folklore der Industriegesellschaft« (Levine 1992) und das Interpretament vom Kulturkonsum als »symbolischer Widerstand« (Hall/Jefferson 1991); aber auch die großzügige Verwendung von Begriffen wie ›Wechselwirkung‹ und ›Aushandlung‹ zwischen Anbieter:innen und Nachfrager:innen weist in diese Richtung (im Überblick Nathaus 2018a, 2018b).

Das Hauptaugenmerk dieser Forschung liegt auf den Rezipient:innen, deren ›Eigensinn‹ den Anbieter:innen kommerziell produzierter Inhalte Grenzen setze. Angenommen wird dabei, dass Produzent:innen und Konsument:innen eine Art Dialog führen, in dem Letztere durch Kaufentscheidungen signalisieren, was sie wollen, und Erstere mit den passenden Inhalten antworten müssen, um im Gespräch – d.h.: auf dem Markt – zu bleiben (Ross 2008: 15). Aus dieser Perspektive betrachtet, folgt der popkulturelle Wandel dem breiten Strom der Mehrheitsbedürfnisse, auf den die Konsument:innen die Anbieter:innen durch das Öffnen und Schließen ihrer Portemonnaies leiten. Die Richtung dieses Stroms werde wiederum von demographischen Veränderungen, politischen Einschnitten, Wertewandel, dem ›Zeitgeist‹ oder ähnlichen, mitunter aber auch gegenteiligen Einflüssen bestimmt; Nachfrage kann sich mal durch den Wunsch nach Ablenkung, mal das Bedürfnis nach Protest ändern. Diese Theorie des popkulturellen Wandels wiederum ermöglicht es, Chartpositionen und Verkaufszahlen als Beleg für die Popularität von Kulturinhalten zu betrachten und diese als Manifestation dominanter, handlungsleitender Werte zu interpretieren.

Der folgende Beitrag enthält sich solcher Schlussfolgerungen von Bestsellern auf die Vorstellungswelt des Publikums, weil er an der Existenz eines Dialogs zwischen Angebot und Nachfrage von Kultur zweifelt. Er geht stattdessen davon aus, dass für Anbieter:innen von symbolischem ›content‹ die zukünftige Nachfrage prinzipiell unbekannt ist. Zukünftige Popularität betreffend, gilt das Prinzip »nobody knows«

(Caves 2000). Die Ungewissheit darüber, was morgen Beachtung und eventuell sogar Wertschätzung finden wird, lässt sich auch durch ausgefeilte Popularitätsmessungen nicht beseitigen. Denn selbst wenn die Zahlen aktuelle Popularität umfassend und objektiv abbilden würden (was sie, wie zu zeigen sein wird, im Untersuchungszeitraum nicht taten und wohl auch darüber hinaus nicht vermochten), können sich die Vorlieben der Vielen schon morgen geändert haben. Für ›Content‹-Anbieter:innen ist Popularität etwas, was sich in der Zukunft erweisen muss. Doch noch bevor sich diese oder eine andere Zukunft einstellt, müssen sie Entscheidungen darüber treffen, welche Repertoires sie in welche Verbreitungskanäle sie zu welchem Zeitpunkt und mit welchem Verkaufsargument einspeisen wollen.

Die Ungewissheit der Anbieter:innen darüber, was zukünftig positive Aufmerksamkeit erfahren wird, macht die Messung gegenwärtiger und die Projektion morgiger Popularität zu einem einflussreichen, den Kaufentscheidungen der Hörer:innen vorgelagerten Faktor des popkulturellen Wandels. Die Offenheit künftiger Nachfrage bietet Raum für unterschiedliche, zum Teil gegensätzliche Interpretationen von Hörerwünschen, mit Folgen für das Repertoire. Um die Mitte des 20. Jahrhunderts etwa war für den Musikverleger Berlin und seine Kollegen Popularität durchaus kein Fixstern über dem Meer der musikalischen Möglichkeiten, der leider manchmal von den Wolken ästhetischer Vorurteile verdeckt, aber mit klarem Blick doch deutlich zu erkennen gewesen wäre. Vielmehr projizierte Berlin ebenso wie andere Musikanbieter eigene Visionen populärer Nachfrage an den Horizont, die nicht zufällig die jeweils eigenen Projekte legitimierten. Im Mit- und Gegeneinander um die Hits von morgen spielten die Charts als Messinstrument gegenwärtiger Vorlieben häufig eine zentrale Rolle. Sie verliehen den eigenen Präferenzen Gewicht und halfen, das eigene Handeln mit dem anderer Akteur:innen zu koordinieren.

Dieser Aufsatz zu Popularität als umstrittener Fiktion, die Repertoireentscheidungen legitimiert, ist inspiriert von Fallstudien zum Einfluss von Marktforschung und Verkaufszahlen auf Anbieterstrategien (Ohmer 2005; Anand/Peterson 2000). Er teilt mit der Soziologie ein übergreifendes Interesse an den gesellschaftlichen Folgen quantitativer Sozialforschung vom Universitätsranking über das Kreditrating bis zum Zensus (Mennicken/Espeland 2019). Historiographisch verortet er sich in neueren Arbeiten zur Geschichte des Kapitalismus als zukunftsgerichtetem Prozess der Wertbestimmung (Levy 2017). Hilfreich zur Analyse von Popularität aus der Produzentensicht ist ferner das in der Medientheorie etablierte Konzept des »institutionell effektiven« Publikums (Ettema/Whitney 1994), das sich aus Daten, Erfahrungen und Vermutungen zusammensetzt und nicht deckungsgleich sein muss mit dem Publikum als Summe leibhaftiger Rezipient:innen. Während Letztere morgen möglicherweise einen Musiktitel konsumieren, wird das institutionell effektive Publikum heute herangezogen, um die Auswahl von Repertoires, die Allokation von Produktionskosten und die Planung von Werbekampagnen zu legitimieren (Napoli 2011).

Der Beitrag verfolgt, wie Musikanbieter:innen in den USA der Ungewissheit morgiger Nachfrage begegneten, und fragt dabei vor allem nach der Rolle von Popularitätsmessungen. Er nimmt zentral die ›Plug‹-Charts der 1930er bis 1950er Jahre in den Blick, weil sie im Segment der Populärmusik den Übergang von der Beobachtung eines Anwesenheitspublikums zur quantitativ-vergleichenden Popularitätsmessung räumlich entfernter Hörer:innen markieren und einige Mechanismen offenbaren, die sich auch in späteren Charts beobachten lassen. Dazu gehören, erstens, die zunächst zögerliche Akzeptanz der Charts durch etablierte Stakeholder, die dann in eine exklusive Orientierung auf diese Wertungen umschlägt, zweitens, medientechnologische Veränderungen als Auslöser für neue Zählungen, drittens, eine Verschiebung des Einflusses von Musikmacher:innen hin zu Manager:innen im Zuge der Bedeutungszunahme quantitativer Messungen sowie, viertens, das Festhalten an Zahlen, obwohl man offen an deren Aussagewert zweifelt.

Der Aufsatz erzählt die Frühgeschichte der amerikanischen Charts chronologisch in drei Schritten. In der ersten Phase von den 1890er Jahren bis etwa 1930 wurden der Verlag, die Aufführung und der Verkauf von Musik enger als zuvor miteinander verzahnt, ohne jedoch zunächst von einer quantitativen Popularitätsmessung geleitet zu sein. Zu dieser Zeit begegneten Musikverleger als die zentralen Akteure zwischen Songwriter und Publikum der Ungewissheit künftiger Nachfrage, indem sie eine Vielzahl hochgradig generischer Songs in die Verbreitungskanäle der Varietés, Kabaretts und Musikcafés ›stopften‹ (›to plug‹). Ihre Strategien, Aufmerksamkeit für ihr Repertoire zu gewinnen, entwickelten sie auf der Grundlage eines mit Performern geteilten Erfahrungswissens um ein anwesendes Publikum, ergänzt um die Annahme, dass die Noten schlussendlich von Frauen daheim am Klavier gespielt würden.

In den darauffolgenden 15 Jahren ereignete sich der Aufstieg der ›Plug‹-Charts, welche die Präsenz von Songs im Radio zählten und quantitativ gewichteten. Diese Charts waren als Brancheninformation intendiert und avancierten im Laufe der Zeit zum Leitwert für das um Musikverlag, Rundfunk und Tonfilm gruppierte Musikbusiness. Der zweite Teil des Aufsatzes zeichnet die Entwicklung dieser frühen Charts nach. Er beschreibt außerdem den Dauerstreit um diese Methode der Popularitätsmessung und die durchgehende Skepsis der Musikanbieter:innen angesichts der Zahlen, die aber dennoch von den Akteur:innen der Musikwirtschaft zu Repertoireentscheidungen herangezogen wurden. Charts ermöglichten also Koordination und schufen Fakten, ohne dass die Entscheidungsträger:innen an die Faktizität dieser Popularitätsmessung glaubten.

Der dritte Abschnitt schließlich verfolgt die Verdrängung der ›Plug‹-Charts durch neue, auf Schallplattenverkäufen, Abspielhäufigkeit in Jukeboxen und DJ-Einsätzen basierenden Charts Mitte der 1950er Jahre. Er zeigt, dass es weniger die Zweifel an der Objektivität und die Kritik an der Manipulierbarkeit der ›Plug‹-Charts waren, die zu ihrem Niedergang führten, denn diese hatten die Charts vom Beginn an begleitet.

Entscheidend waren vielmehr technologische Veränderungen, die die Verbindung zwischen Musikverlagen, Radio, Bands und Tonfilm auflösten und die ›Plug‹-Listen obsolet machten. Die neue Koordination zwischen Plattenindustrie und Radio-DJs wurde effektiver bedient von den Listen der »Top 100« bzw. »Hot 100«. Diese Plattencharts leisteten außerdem eine »Popularisierung zweiter Ordnung« (Döring et al. 2019: 13), bei der Spitzenplatzierungen zum Zwecke weiterer Aufmerksamkeitsgewinnung öffentlichkeitswirksam inszeniert wurden. Waren die ›Plug‹-Listen weitgehend Brancheninformationen geblieben, lieferten Plattencharts daneben auch noch Material für die dem Publikum zugewandte Selbstfeier des Populären.

Die Entwicklung der ›Plug‹-Charts von den Anfängen des Netzwerkradios über die Etablierung des Peatman-Indexes bis zur Premiere der »Top 100« im November 1955 wird auf der Grundlage der Branchenpresse sowie Quellen aus dem Nachlass von Irving Berlin nachgezeichnet. Letztere erlauben seltene Einblicke in die Entscheidungsabläufe eines Musikverlegers und Songwriters, der in der Welt der Vaudevilles gestartet war und enorme Erfolge bei der Vermarktung seiner Musik in Kino und Rundfunk verzeichnete (Furia 1998). Berlins Korrespondenz mit Angestellten und Geschäftspartnern verspricht deshalb Antworten auf die Frage, wie man der Herausforderung ungewisser Nachfrage erfolgreich begegnete und welche Rolle Charts dabei spielten. Der geographische Fokus liegt auf dem US-amerikanischen Musikmarkt, doch der Aufsatz verfolgt mit der transatlantischen Verbreitung von Berlins Repertoire ein Stück weit, wie sich amerikanische Charts auf den britischen und den westdeutschen Musikmarkt nach 1945 auswirkten. Der Ausblick fasst einige zentrale Erkenntnisse zusammen und diskutiert kurz deren Implikationen für das generelle Verständnis von Populärkultur.

1. ›Song plugging‹ in die Ohren von Anwesenden. Der Umgang mit der Ungewissheit auf der Tin Pan Alley, 1890 – 1930

Die Musikwirtschaft mit ihren Märkten für Tickets, Medien und Lizenzen entstand im ausgehenden 19. Jahrhundert. Musikverleger standen zentral in diesem Geschäft. Sie waren zum einen Anlaufstelle für Songwriter, die ihnen für einen Anteil an zukünftigen Einnahmen oder gegen eine Einmalzahlung die Auswertung ihrer Musik überließen. Zum anderen sorgten sie dafür, dass die Musik auf Bühnen und Podien gespielt wurde, um so die Nachfrage nach den Noten anzukurbeln. In früheren Zeiten hatten Musikverleger vor allem Noten gedruckt und verkauft und sich zuweilen als Konzertveranstalter betätigt, um für ihren Katalog zu werben. Eine neue Generation von Musikverlegern konzentrierte sich nunmehr voll auf die Popularisierung von Songs. Verleger, die zuerst in den 1890er Jahren am unteren Ende des New Yorker Broadway, auf der so genannten Tin Pan Alley, ihre Büros eröffneten, bezahlten bekannte Varietésänger:innen dafür, ihre Verlagstitel auf der Bühne vorzutragen und so bekannt zu machen.

Mancherorts bekam das Publikum die Noten bereits im Theater zum Kauf angeboten. Irving Berlins Musikverlag beschäftigte dazu in den frühen 1920ern einen »nice looking fellow«, der in den Pausen durch die Reihen ging und für sieben Cent pro verkauftem Exemplar Noten feilbot.[1] Außerhalb der Theater wurden die Noten in Warenhäusern und ›dime stores‹ verkauft, oft mit dem Porträt der bekannten Sängerin bzw. des beliebten Sängers auf dem Titelblatt. Den Warenhausverkäuferinnen spendierten die Musikverleger Parfum, auf dass sie ihre Songs mit besonderem Eifer verkauften (Suisman 2009: 64f.). Auf dem langen Weg eines Songs von der Hand des Komponisten bis zum Klavier der Kundin sicherten sich die Verleger die Gunst aller ›gatekeeper‹, Verkäuferinnen und nett aussehende Platzanweiser eingeschlossen, wenn nötig mit Handgeldern oder einer Tantieme.

Viele US-amerikanische Popverleger waren Quereinsteiger in das Verlagsgeschäft und hatten zuvor entweder selbst, wie Irving Berlin, Songs geschrieben, hatten wie die Gebrüder Witmark auf der Vaudevillebühne gestanden oder sich wie Louis Bernstein und Leo Feist im Einzelhandel betätigt. Statt Bilderrahmen und Damenunterwäsche verkauften sie nun Songs. Dies taten sie mit allerhand reißerischen Tricks, mit denen sie das Interesse des Publikums erregten. So mischte sich beispielsweise Harry Von Tilzer, ein Tin-Pan-Alley-Veteran, unter das Varietépublikum, um – wie im Vorhinein mit dem Star verabredet – scheinbar spontan aus dem Auditorium heraus die Vorstellung mit einem witzigen Schlagabtausch zu unterbrechen und so Aufmerksamkeit auf den entsprechenden Song zu lenken.[2]

Der Blick zurück in die Welt der popmusikalischen ›hustler‹ zur Jahrhundertwende ist wichtig, weil er die Strategie des ›plugging‹ von Songs veranschaulicht. Um zu vermeiden, dass Lieder ungehört verhallten und in den Regalen des Handels liegen blieben, kümmerten sich Verleger aktiv um ihre Popularisierung, indem sie eine Zeit lang dafür sorgten, dass Novitäten in den Vaudeville-Häusern, in Musiktheatern, auf den Kabarettbühnen, aber auch in Cafés, Sportstadien oder an der belebten Straßenecke zur Aufführung kamen und der Warenhauskundschaft zu Gehör gebracht wurden. Neue Titel bewarb man intensiv und nur kurz, es sei denn, es zeichnete sich größeres Interesse ab und man hatte einen seltenen Hit auf der Hand. Laut Russell und David Sanjek erzielte bloß einer von zweihundert Songs einen substanziellen Profit, während mehr als die Hälfte der Neuerscheinungen ihre Kosten in Höhe von $ 1,300 nicht wieder einspielte (Sanjek/Sanjek 1991: xi).

Das ›plugging‹ hatte Methode, war aber von keiner systematischen Marktanalyse geleitet. Regelmäßig erscheinende Aufstellungen von Titeln waren in der Fachpresse

---

1   Library of Congress (LOC), Irving Berlin collection (ML31.B48), Box 311, Folder 13, Harry Hume an Saul Bornstein, 4.9.1923.
2   LOC, Von Tilzer / Gumm Collection (ML31.V67), Box 1, Folders 13 – 15, Harry Von Tilzer, Mister Tin Pan Alley, Himself (unpublished autobiography, 1920s).

der 1910er und 1920er Jahre noch sehr selten und sporadisch. Ein frühes Beispiel ist die von *Billboard* ab August 1913 veröffentlichte Liste der Songs, die in ausgewählten Vaudeville-Theatern in New York, Chicago oder San Francisco von in der Aufstellung namentlich genannten Star-Performern dargeboten wurden. Diese Liste richtete sich vornehmlich an Bühnenkünstler:innen und Theaterdirektoren in der Peripherie, die ihre Shows an den Trends der Zentren des Unterhaltungsgeschäfts ausrichten wollten, wie ein begleitender Artikel verdeutlicht.[3] Notenhändler:innen dürften sich ebenfalls an der Liste orientiert haben, um ihre Bestellungen in Auftrag zu geben. Dass dieser Zweck von *Billboard* nicht explizit erwähnt wurde, deutet ebenso wie die unscheinbare Aufmachung darauf hin, dass die rudimentäre Hitliste im Unterschied zu späteren Charts nicht dazu gedacht war, dem Handel mit publizierter Popularität ein Verkaufsargument an die Hand zu geben.

Verleger verließen sich bei ihren Repertoireentscheidungen auf ihre eigenen Beobachtungen leibhaftiger Hörer:innen. Welche Art von Musik das Publikum hören wollte und kaufen würde, meinten sie zu wissen, konnten sie doch allabendlich in den Musiktheatern und Varietés, in den 1910er Jahren auch Kabaretts und im darauffolgenden Jahrzehnt nicht zuletzt in Tanzlokalen die Reaktion der Gäste unmittelbar verfolgen. Das institutionell effektive Publikum war also weitgehend identisch mit den Gästen großstädtischer Vergnügungsstätten. Über dessen Präferenzen herrschte weitgehend Einigkeit unter den Stakeholdern, die wegen der regelmäßigen Interaktion in den Aufführungsstätten Erfahrungen und Erwartungen miteinander teilten. Die U-Musik-Verlage in New York hatten ihre Büros in der Nachbarschaft des Vergnügungsviertels, in denen im Großen und Ganzen dieselben Nummern gespielt wurden. Zunächst waren sie auf der Tin Pan Alley (West 28th Street) ansässig, nach dem Ersten Weltkrieg ein Dutzend Blocks weiter nördlich am Times Square.

Die Gewissheit der Musikproduzent:innen darüber, welche Art von Songs beim Publikum Aussicht auf Erfolg hatte, war so groß, dass sich der erfolgreiche Songwriter Charles K. Harris fünfzehn Jahre nach seinem Hit »After the Ball« (1892) zutraute, ambitionierten Liederkomponisten einen gedruckten Leitfaden an die Hand zu geben. *How to write a popular Song* beschreibt das Liederschreiben als Handwerk, das mit einem bisschen Glück zum Erfolg führen kann, sofern einige Grundregeln befolgt werden. Der Tonumfang der Melodie beispielsweise sollte zwischen dem eingestrichenen C und dem zweigestrichenen E liegen; geeignete Themen könne man der Tageszeitung entnehmen; als Hilfestellung beim Texten wurde dem angehenden Songwriter die beigefügte Tabelle mit klangvollen Reimen empfohlen. Auf »moon« etwa könne »soon« folgen, aber nicht »June«, denn dieses Reimpaar sei infolge allzu häufigen Gebrauchs zum Klischee verkommen (Harris 1906).

---

3   Song Hits. As Recorded in Billboard's Weekly Schedule Attracts Much Attention From Readers, in: Billboard, 27.9.1913, S. 18.

Während die musikalischen und textlichen Parameter eines möglichen Hits klar definiert waren, konnte man auf die Erfolgsaussichten einzelner Songs bloß spekulieren. Viele trauten sich das Erfinden eines bewegenden Texts und einer eingängigen Melodie zu, und so herrschte an neuen Songs kein Mangel; der ›output‹ der Tin Pan Alley wurde als Überproduktion kritisiert. Der Ungewissheit zukünftiger Nachfrage begegnete man also, indem man formelhafte Musik herausbrachte, mit hohem Umschlag und großem ›Plugging‹-Einsatz. In vielerlei Hinsicht hatte sich das Musikgeschäft in den USA um 1900 rationalisiert und konsolidiert; Songwriting, Werbung und Verkauf waren von Verlegern miteinander verzahnt worden, und im Vaudevillegeschäft hatten sich große Konzerne herausgebildet, die ihre Performer:innen zu kontrollieren versuchten, um das Programm familiengerecht zu machen (Wertheim 2006). Doch weil Popularität durch Bühnenunterhaltung erzeugt wurde und diese stets offen war für das Unerwartete, stieß die Planbarkeit des morgigen Hits schnell an Grenzen.

2. Zahlen für ein respektables ›business‹: Erste Radiocharts und die Planung von Popularität, 1930–1945

Ab der zweiten Hälfte der 1920er Jahre Jahren verlagerte sich das Geschäft mit den Songs von der Bühne ins Studio. Statt neue Titel weiterhin in Varietétheatern und Cafés einzuführen, konzentrierten die Musikverleger ihre ›Plugging‹-Bemühungen nun auf den Tonfilm und insbesondere das Radio. *Variety*-Redakteur Abel Green gab bereits in einem 1927 veröffentlichten Ratgeber Nachwuchs-Songwritern den Tipp, den Kontakt mit Bands zu suchen, deren Konzerte im Rundfunk übertragen wurden. Denn es sei, so Green, »durchaus möglich«, einen neuen Song im Radio zu »starten«. Außerdem könnten Bandleader, die dauernd erfolgreiche Schlager spielten und deshalb ein Gespür für Hits hätten, wertvolle Vorschläge zur Überarbeitung von Songs geben. Um sie zu motivieren, sollten Songwriter ihnen eine Beteiligung am finanziellen Erfolg eines Titels in Aussicht stellen (Green 1927: 11).

Greens Empfehlung beschrieb das ›plugging‹ im Radio so, wie die Verbreitung von Novitäten im Varietétheater ablief, nämlich als fallweise Absprache zwischen dem Anbieter eines Songs und dem Performer bzw. der Künstlerin, die gegen ausreichende Bezahlung ihr Erfahrungswissen und ihren Publikumskontakt einbrachten. Aus dieser Sicht versprach der Medienwandel den Umgang mit der Nachfrageungewissheit betreffend im Grunde nichts Neues. Die Masche der ›publicity stunts‹ und finanziellen Gefälligkeiten, etabliert von den mit allen Wassern gewaschenen Tausendsassas der Tin Pan Alley, würde demnach fortgeführt, mit dem einzigen Unterschied, dass sich die Einflussnahme nun statt in Theatergarderoben an den Hintereingängen der Rundfunkstudios abspielen und auf Radioorchester anstelle von Vaudevilleperformern richten würde.

Tatsächlich aber nahm die weitere Entwicklung einen anderen Verlauf, denn das Geschäft mit den Songs durchlief in den knapp zwanzig Jahren nach Greens Ratschlag einen grundlegenden Wandel. Zumindest für eine organisierte Gruppe von Verlegern und Songwritern verstetigte sich die hektische Jagd nach dem nächsten Hit zur zyklischen Auswertung gefälliger Songs und dem gelegentlichen Evergreen. Das Image halbseidener Geschäftemacherei verflüchtigte sich und wich dem Erscheinungsbild eines modernen, professionell geführten ›business‹. Die Branche gewann an Respektabilität, und der Herausforderung der Popularität von morgen begegnete man mit komplexer Koordination und längerfristiger Planung. Charts spielten in dieser Entwicklung eine zentrale Rolle.

Sie taten dies nach einer gewissen Anlaufzeit, denn um 1930 waren durchaus nicht alle Musikverleger überzeugt von der verkaufsfördernden Wirkung des Radios. Die der Music Publishers' Protective Association (MPPA) angeschlossenen Verlage meinten sogar vor dem Hintergrund eines zeitweisen Rückgangs des Notenverkaufs zu beobachten, dass das Radio durch häufiges Spielen eines Songs dem Publikum diesen verleide und deshalb die Verwendung von Musik im Radio begrenzt werden müsse. Die Firma Harms, die auf Musiktheatertitel spezialisiert war, limitierte für Radiostationen die Nutzung ihres Repertoires (Sanjek/Sankjek 1991: 38). Verbandsverleger sprachen gar vom »radio's curse« und waren sich einig, das neue Medium »kills 'em as fast as it makes songs hits«.[4]

Während Musikverleger noch grundsätzliche Vorbehalte gegen den Radioeinsatz ihrer Repertoires äußerten, begann mit dem Alexander Radio Reviewing Service bereits die systematische Erfassung von Radio-›Plugs‹. Der Service registrierte die im Abendprogramm von vier New Yorker Sendern gespielten Musiktitel und bot diese Daten vornehmlich Musikverlegern an, die sich damit die Arbeit sparen könnten, selbst ihre Radioeinsätze nachzuhalten.[5] Gegründet wurde der Dienst von Martin L. Alexander, dessen Schwester Dora Alexander als Einkäuferin für einen Noten-Grossisten arbeitete und somit regelmäßig Orchesterarrangements der aktuellen Tanzmusiknoten in Tausenderstapeln von den Verlagen orderte. Doras Einblicke in die Schnittstelle zwischen Musikverlag, Notenhandel und Tanzbands dürfte das Bewusstsein der Alexanders für Dispositionsprobleme geschärft und Martin zur Suche nach Indikatoren für zukünftige Nachfrage motiviert haben. Diese vermutete er im Radioprogramm.

Nachdem *Variety* im Juli 1930 erstmals eine Liste der am häufigsten auf den von Alexander erfassten Sendern zwischen 18 und 1 Uhr gespielten Songs veröffentlichte, dauerte es noch einmal drei Jahre, bis diese Erhebungen zu einem festen Bestandteil der Berichterstattung über den Musikmarkt wurden. Mittlerweile unter dem Namen Accurate Reporting Service (ARS) firmierend, belieferte Alexanders Firma ihre Abon-

---

4 Faint-Hearted Publishers, in: Variety, 25.6.1930, S. 253.
5 Radio Check Service, in: Variety 18.6.1930, S. 83.

nenten mit Berichten, die in der Branche als ›the sheet‹ bezeichnet wurden und in *Variety, Billboard* und dem *Enquirer* als wöchentlicher Digest erschienen.[6] Bis 1937 fügten sowohl *Billboard* als auch *Variety* ihrem »Network Song Census« bzw. ihrer »Most Played on Air«-Liste die Angabe hinzu, ob ein Song in einem Bühnenmusical oder in einem Film gefeatured wurde. Dies unterstreicht die Bedeutung von Broadway und insbesondere Hollywood für die Popularisierung von Songs und zeigt außerdem, dass zumindest in der Sicht der Branchenpresse die Schallplatte zu diesem Zeitpunkt bloß eine nachgeordnete Rolle spielte als Verbreitungsmedium für neue Hits. Wichtig ist auch zu betonen, dass es sich bei diesen Listen um Informationen für die Branche handelte. Als Werbemittel für den Handel waren sie nicht gedacht und wurden wohl auch nicht in dem Sinne verwendet.

Das vom ARS erstellte ›sheet‹ und die wöchentlich erscheinenden Charts wurden von Akteuren der um Radio, Film und Musikverlag gruppierten Musikbranche Mitte des Jahrzehnts zur Orientierung und Legitimation von Entscheidungen herangezogen. Musikalienhändler:innen bestellten Noten mit Blick auf die Liste der Radio-›Plugs‹ in der Erwartung, dass häufiges Spielen im Radio die Nachfrage ankurbeln werde. Die American Society of Composers, Authors and Publishers (ASCAP), die vom Radio Aufführungsgebühren erhob für das Abspielen der Musik ihrer Mitglieder, verwendete die Charts, um zur Berechnung der Ausschüttungen die Präsenz eines Repertoires im Radio zu ermitteln. Songwriter drängten Verleger, ihnen auf das ›sheet‹ zu verhelfen, weil die Häufigkeit von Radio-›Plugs‹ Beachtung fand bei Hollywoods Talentscouts, die wiederum nach Hitschreibern suchten.[7] Verleger beobachteten mittels des ›sheet‹ die Konkurrenz und kontrollierten anhand der Liste, ob ihre ›plugger‹ ihren Job erledigten und Songs beim Radio unterbrachten.[8] Werbeagenturen, die im Auftrag von Firmen wie Standard Brands Inc. oder Kraft-Phenix Cheese Corp. Programme zusammenstellten, verließen sich bei der Musikauswahl zunehmend ebenfalls auf das ›sheet‹. Nicht zuletzt basierte die Auswahl der 15 Songs, die wöchentlich in der von Lucky Strike gesponserten *Hit Parade* gespielt wurden, u.a. auf den Aufstellungen über neue und häufig im Radio gespielte Titel. Erstmals ausgestrahlt im April 1935 und ab Juni 1936 auf allen drei Netzwerken gesendet (National Broadcasting Company (NBC), Columbia Broadcasting Service (CBS) und Mutual Broadcasting System (Mutual)), avancierte dieses am ›sheet‹ orientierte Programm selbst zu einem prominenten Barometer für das Hitpotential aktueller Songs, und zwar sowohl für die Branche als auch die musikhörende Öffentlichkeit.[9]

---

6   Most Played on Air. In: Variety, 10.4.1934, S. 47; Network Song Census. In: Billboard, 30.6.1934, S. 10.
7   MPPA Votes To Operate Own Radio Checkup on Song Uses. In: Billboard, 3.10.36, S. 5.
8   Pluggers Must Alibi Missing Ether Plugs. In: Variety, 19.11.1930, S. 57.
9   Salter, Harry: A Music Formula. Why Lucky Strike Programs Succeed. In: Broadcasting, 1.9.1937,

Angesichts solcher Zirkularität überrascht es nicht, dass Insider der Musikbranche starke Zweifel am Aussagewert des ›sheet‹ hegten. Irving Berlin, zu dem Zeitpunkt seit dreißig Jahren im Geschäft, gab 1936 in einem Interview mit *Variety* zu Protokoll, dass er die »Most Played«-Liste der Zeitschrift mit gemischten Gefühlen lese. Als Songwriter suche er begierig seine Lieder in den Charts und bekomme regelrecht Wutanfälle, wenn sie dort nicht auftauchten. Als Verleger dagegen halte er die Listen für Augenwischerei, weil auf ihnen Songs an die Spitze geschoben würden, die oft nicht gut genug seien, um den kurzen Moment der Aufmerksamkeit zu überdauern. All dies helfe weder den Songs noch den Songwritern oder Verlegern.[10]

Bedenken gegen die Liste der Radio-›Plugs‹ formulierte auch Berlins Verlegerkollege Jack Mills. Der verwies darauf, dass die Charts »sehr selten« mit den Noten-Bestsellerlisten übereinstimmen, und erkannte ein vordringliches Problem des ›sheet‹ darin, dass mit ihm die Entscheidungskompetenz über Songs von Musikmachern auf Medienmanager überging. Diese schauten nur auf die Zahlen und meinten, so Mills, den auf Erfahrung und Musikkenntnissen gegründeten Rat von Performer:innen, Bandleadern und unabhängigen Verlegern ignorieren zu können. Am Ende jedoch werde überzogenes Vertrauen in die Charts bestraft, prophezeite Mills: »Very few people who depend on the ›sheet‹ – racing or music – come out ahead of the game.«[11] Ob Musikbusiness oder Pferderennbahn, für den Verlegerveteranen führte langfristig bloß Wissen aus erster Hand zum Erfolg.

Die lauteste Kritik am ›sheet‹ richtete sich allerdings nicht auf dessen Zirkularität und die dadurch erwartbaren Popularitätsblasen, sondern vielmehr auf seine Anfälligkeit für Manipulation. Noch während das Radio zum Kanal für das ›song plugging‹ entdeckt wurde, wurden bereits Klagen darüber laut, dass Verleger bestimmte Performer:innen und Programmgestalter mehr oder weniger verdeckt bezahlten, um ihren Songs auf die Liste der meistgespielten Titel zu verhelfen (Segrave 1994). Dass Bandleader im Rundfunk sich für vermeintliche ›Spezialarrangements‹ entgelten ließen oder Tantiemen für Songs zugeschrieben bekamen, die sie im Radio spielten, war kein Geheimnis.[12] Auch machten Geschichten die Runde, dass Orchesterleiter untereinander Absprachen trafen, Songs in ihre Programme zu nehmen, an denen der jeweilige Kollege ein finanzielles Interesse hatte.[13] Des Weiteren nutzten Dutzende Leader, darunter bekannte Namen wie Tommy Dorsey, Fred Waring und Guy Lombardo, ihre

---

S. 22; Odec.: Lucky Strike Hit Parade. In: Variety, 24.4.1935, S. 38.

10   Ager, Cecelia: Berlin Pans Plug Lists. Little Value to Music-Film Biz. In: Variety, 18.3.1936, S. 53.

11   Mills, Jack: Taking Radio Plugs for a Ride. In: Billboard, 31.12.1938, S. 79.

12   Chiseling Bandsmen Still Hang Around – Out for Stake or Else. In: Variety, 23.4.1930, S. 71.

13   Radio Plugs and Bribes. Coercion Widely Used on Pubs. In: Variety 23.2.1938, S. 1 u. 48.

Schlüsselposition im Radio, um eigene Verlage zu gründen und mit den ›Nur‹-Verlegern in Konkurrenz zu treten.[14]

Neu- und Nebenbeiverleger, darunter viele Bandleader, bekamen während des ASCAP-Radioboykotts ihre große Chance, ihr Repertoire über den Rundfunk zu verbreiten. Mit Beginn des Jahres 1941 untersagte die Verwertungsgesellschaft den Radiokonzernen CBS und NBC das Spielen der Musik ihrer Mitglieder, nachdem die Sender sich geweigert hatten, höhere Gebühren für die Nutzung dieses Repertoires zu zahlen. Die Radiounternehmen hatten sich jedoch auf diese Situation vorbereitet und 1939, als die ASCAP die Gebührenerhöhung angekündigt hatte, mit Broadcast Music, Inc. (BMI) eine zweite Verwertungsgesellschaft gegründet. BMI benötigte kurzfristig Repertoire und nahm dankbar Verleger und Songwriter auf, die nicht der ASCAP angehörten (Ryan 1985: 83–95). Etablierte Verleger wie Irving Berlin, 1914 einer der Mitbegründer der ASCAP, sahen sich während des Boykotts plötzlich im Niemandsland. »Every plug we get is like pulling teeth«, schrieb Dave Dreyer, Berlins leitender »contact man«, im November 1941 seinem Chef als Fazit eines Treffens mit Bandleader Fred Waring. Dieser hatte die versammelten ›Nur‹-Verleger auf Armlänge gehalten und gleichzeitig mit den anwesenden Vertretern der von Bandleader-Kollegen geführten Verlage Gegenseitigkeitsabsprachen getroffen.[15]

Wurde ›käuflichen‹ Bandleadern in der Fachpresse regelmäßig der moralische Zeigefinger gezeigt, erfuhren ›song plugger‹ regelrecht Verachtung für ihre oft verzweifelten Versuche, neuen Nummern auf die ›airplay charts‹ zu verhelfen. Die NBC etwa erteilte, nachdem das Netzwerk den »contact men« schon vorher strikte Zugangsregeln auferlegt hatte, allen »pluggern« Platzverweis in ihren Büros und Studios.[16] Ein 1930 in Hollywood veranstaltetes Golfturnier für Songwriter verbat »song pluggern« explizit den Zutritt,[17] und auf einem Treffen von »contact men« in Lindy's Restaurant in Chicago klagte der Vorsitzende: »Never […] has there been a body of men so insulted and abused while being exploited as song pluggers. They are belittled, kept out, kicked out, stalled, applesauced and treated with general disrespect.«[18]

›Song plugger‹ waren nicht zuletzt deshalb verhasst, weil sie mit ihren Handgeldern und ihrer Aufdringlichkeit die alte Tin Pan Alley repräsentierten. Mit solchen Methoden wollten weder Hollywood noch eine sich konsolidierende, auf Werbegelder angewiesene und folglich auf ihr sauberes Image bedachte Radioindustrie assoziiert werden.

---

14   Bandleader Pubs Add to Woes of Pubs Who Merely Publish. In: Billboard, 30.12.1939, S. 59.
15   LOC, ML31.B48, Box 324, Folder 1, Dave Dreyer an Irving Berlin, 22.11.1941.
16   Complete NBC Ban on Song Pluggers. In: Billboard, 14.9.1935, S. 7.
17   No Song Pluggers. In: Variety, 21.6.1930, S. 1.
18   Song Pluggers Revolt. But Want It Kept Secret. In: Variety, 3.12.1930, S. 65 u. 67, hier S. 67.

Obwohl ›song plugger‹ letztlich im Auftrag von Musikverlegern operierten, nahmen diese scheinheilig Anstoß an der ›Payola‹-Praxis. Sie taten dies immer dann, wenn sie fürchteten, im klandestinen Kampf um die besten Radioplätze ins Hintertreffen zu geraten. Unabhängige Verleger wie Louis Bernstein beschuldigten die um 1930 von Hollywoodstudios aufgekauften Verlage wie Famous Music, dass sie mit ihren vermögenden Mutterkonzernen im Rücken die Kleinen im Kampf um ›plugs‹ aus dem Feld schlügen. Umgekehrt signalisierten die mit dem Filmbusiness verbundenen Verlage Bereitschaft, sich auf einen von der MPPA verfassten Codex zu verpflichten, der bezahlte »plugs« unter Strafe stellte. Doch scherten einzelne Unabhängige, von denen einige diesen Codex zunächst gefordert hatten, immer wieder aus, sobald sich ihnen dank guter Kontakte mit Bandleadern die Chance auf einen »plug« eröffnete.[19] An ein Unrechtsbewusstsein unter Verlegern ließ sich jedenfalls nicht appellieren, um das ›payoff evil‹ einzudämmen. Erfolglos blieb ferner die Drohung der MPPA an Bandleader, diese bei Annahme eines »commercial bribe« wegen Verstoßes gegen das Wettbewerbsrecht bei der Federal Trade Commission anzuzeigen.[20] Ebenso wenig gelang es den Radiokonzernen NBC und CBS trotz Programmbeobachtung und Platzverweisen, ›payola‹ einzudämmen. Auf die Musikauswahl in gesponserten Programmen hatten sie ohnehin keinen Einfluss.[21]

Eine letzte Möglichkeit, der Lage Herr zu werden, sah die MPPA darin, in die Generierung der Charts einzugreifen und diese so zu beeinflussen, dass sie zwar noch Aufschlüsse bot über die Präsenz von Songs im Radio, ohne jedoch wettbewerbsverzerrende ›payola‹ zu stimulieren. Diesen Effekt hatten nach Ansicht der Befürworter dieses Lösungsansatzes die Charts deshalb, weil die veröffentlichten Listen die Titel in einer Rangfolge unter Angabe absoluter ›Plug‹-Zahlen aufführten. Anstelle eines solchen Rankings wollten die Reformer in der MPPA eine informationsärmere alphabetische Aufstellung häufig gespielter Titel. Ähnlich lautende Vorschläge wurden in den 1930ern und 1940ern immer wieder diskutiert. Einmal wollte die MPPA den Accurate Reporting Service in eigene Regie übernehmen, ein anderes Mal gründete sie einen kurzlebigen eigenen Dienst, um den Informationsfluss an die Branchenblätter zu kontrollieren. Nachdem diese Initiativen versandeten, kam die MPPA mit der 1939 gegründeten Gewerkschaft der sich nun »contact employees« nennenden ›plugger‹ überein, mit einer alphabetischen Liste den unerbittlichen Kampf um die ersten Plätze auf dem ›sheet‹ zu entschärfen und Radioeinsätze gewissermaßen unter das Motto zu

---

19 Publishers' Association Opens Drive on Plug Graft. In: Billboard, 21.3.1931, S. 22 u. 25; MPPA's Importance in Music Biz Grows; Propose McKee as Att'y. In: Variety, 7.10.1936, S. 45; MPPA Defends Music Code Against Attacks by Indies. In: Billboard, 10.4.1937, S. 5.

20 MPPA Warns Band Leaders of Possible »Conviction« in Letter on Paid Plugs. In: Variety, 4.12. 1935, S. 34.

21 Zur Reaktion bei CBS: Paid Plug Infests Radio; NBC makes it tougher for plugs. In: Variety, 20.3. 1934, S. 37.

stellen, ›dabei sein ist alles‹.[22] Doch auch diese Maßnahme löste das Problem nicht. Musikverleger änderten ihre Meinung über alphabetische Listen, je nachdem, ob der Titel ihres gerade häufig gespielten Songs mit dem Buchstaben »A« (»All or Nothing«) oder »S« (»Shoo Shoo Baby«) begann. Voll hinter alphabetischen Charts standen bloß kleine Verleger, die es mit lokalen ›plugs‹ bestenfalls auf die hinteren Plätze eines Rankings geschafft hätten, sich aber in einer undifferenzierten Liste mitten unter den großen Hits fanden. Einig waren sich die von *Billboard* 1943 befragten Verleger und ›plugger‹ bloß in einem Punkt, nämlich dass ›payola‹ nach wie vor gängige Praxis war.[23]

Nachdem bewusste Entdifferenzierung die Diskussion um die Charts nicht beendete, befriedete die Einführung einer komplexeren Erhebungsmethode den ›Payola‹-Konflikt zumindest zeitweilig. Entwickelt vom Psychologen Dr. John Gray Peatman, verrechnete der Audience Coverage Index (ACI) die absoluten Zahlen von Radio-›Plugs‹ – erweitert um Sender aus Hollywood und um das Morgen- und Nachmittagsprogramm – mit den Hooper-Ratings, welche die Größe der Hörerschaft für einzelne Shows veranschlagten. Hatte Alexanders ›sheet‹ bloß Radioeinsätze gezählt, gewichtete Peatmans Index die einzelnen ›plugs‹ anhand von Publikumszahlen. »Peatman evaluates[,] Accurate tabulates«, befand *Billboard* und war überzeugt, dass Peatmans Kombination von ›sheet‹ und Hooper-Ratings das unsichere Geschäft mit den Songs auf eine feste Grundlage stellen werde:

[T]he further the music industry gets away from kidding itself with figures that salve rather than reveal, the more stable it will become. [...] Popularity is a fact – it should be reported, not hoked – say the men who want to make music a business.[24]

Der Audience Coverage Index wurde mit dem vollmundigen Versprechen eingeführt, dass damit »actual ears« gezählt würden, auf die ein Song über das Radio treffe.[25] Faktisch war dies natürlich unzutreffend, denn die Hooper-Zuhörerzahlen waren ja bloß, wie konnte es anders sein, statistische Konstrukte. Doch weil diese ›ratings‹ von den Machern aller Netzwerkshows offiziell anerkannt waren, schufen sie Fakten und unterdrückten so grundsätzliche Zweifel.

---

22 MPPA to Vote Sept. 22 on Keeping Own Plug Score by Taking Over ARS. In: Variety, 16.9.1936, S. 44; Happy Days for Music Men as Song Plug List Change Looms. In: Billboard, 24.2.1940, S. 9 u. 61, hier S. 61.

23 Pubs Bleat About the »Sheet«. A-B-C or 1–2–3 – Each Has Supporters and Detractors. In: Billboard, 18.12.1943, S. 13.

24 Peatman Replaces Plug Index. Trade Move Anti-Payola. In: Billboard 8.12.1945, S. 16 u. 33, hier S. 33.

25 Peatman ACI Rating System. Actual Ears ACI Tabbed. In: Billboard, 30.6.1945, S. 13.

Dass der Audience Coverage Index unter den Akteuren der Musikwirtschaft jedoch nicht wegen seiner wissenschaftlichen Überlegenheit Akzeptanz fand, wird schon daran deutlich, dass Peatman seine Dienste bereits seit einigen Jahren mit recht geringer Resonanz angedient hatte. In die Musikbranche war der New Yorker Psychologe während des ASCAP-Boykotts gekommen. Da es während dieser Zeit für ASCAP-Mitglieder keine Radio-›Plugs‹ zu registrieren gab, stellte der Accurate Reporting Service seine Beobachtungsarbeit ein. BMI beauftragte daraufhin Peatman, die Musiktitel zu zählen, die stattdessen das Programm füllten. Die Zusammenarbeit mit BMI eröffnete Peatman einen Weg, seine Wissenschaftlerkarriere voranzutreiben. Mit dem Geld der Verwertungsgesellschaft baute er an seinem New Yorker College eine neue Abteilung für Radioforschung auf, die er als Direktor führte.[26] Die dort konzipierten Projekte allerdings fanden kaum Anklang in der Musikbranche. Eine angekündigte Studie zur »Sozialpsychologie populärer Musik«, deren Erkenntnisse es Verlegern ermöglichen sollte, zukünftige Hits vorauszusehen, wurde wohl nie durchgeführt.[27] Auch der Peatman-Index überstand die ersten Jahre nach der Rückkehr des ›sheet‹ nur mit Mühe – bis ihm 1945, angeschoben von *Billboard*, der Durchbruch gelang.

Da die Wissenschaftlichkeit des ACI bestenfalls Außenstehende überzeugte, blieb als Hauptargument für den neuen Index das Versprechen, ›payola‹ unter Kontrolle zu bringen. Dass Peatmans Methode diesen Effekt haben würde, lag nicht auf der Hand, denn die vom ACI durchaus beabsichtigte Aufwertung der prominentesten Netzwerkshows implizierte eher einen verschärften Kampf um weniger ›plugs‹. Konnten zu Zeiten des ›sheet‹ die ›contact men‹ bzw. ›women‹ noch Punkte erzielen, indem sie einen Bandleader überredeten, ihren Song zu später Stunde in irgendeinem New Yorker Hotel zu spielen, aus dem ein relevanter Sender übertrug, zählten auf dem ACI im Grunde bloß Einsätze in studioproduzierten, gesponserten Netzwerkshows. Warum Peatman dennoch »payola« eindämmen werde, erklärte *Billboard* im zeittypischen Branchenjargon wie folgt:

A number of the boys will have to learn ›social graces‹ and a number of client reps at ad agencies will find a new field in which to exert their charms – tune selling to sponsor and ad agency brass. Of course, some of the Lindy pallor on the greens of the Westchester County Club will amaze the robins out there digging worms, but the [contact men's; KN] work will make more call on the grey matter instead of the green stuff.[28]

---

26 BMI Finances City College Checking. In: Variety, 18.6.1941, S. 41.
27 College Instructor Urges Research Replace Trial-and-Error Ways of PopularMusic Publishing. In: Variety, 24.12.1941, S. 40.
28 Peatman Replaces Plug Index. Trade Move Anti-Payola. In: Billboard 8.12.1945, S. 16 u. 33, hier S. 33. Ähnlich beschrieb es *Variety*, die »band remotes« für das »Payola«-Übel verantwortlich machte und annahm, dass besser bezahlte Manager gesponserter Programme weniger emp-

Der ACI wirke also »payola« entgegen, weil er die ›plugger‹ zwang, mit Sponsoren und Werbemanagern zu verhandeln und sich deren Gepflogenheiten anzupassen. Der soziale Austausch mit diesen Leuten erfordere Intelligenz (»grey matter«) statt grüner Dollarscheine und fördere – neben einem gesunden Teint – die guten Umgangsformen. Fünfzehn Jahre lang hatte man versucht, die »boys« von den Golfplätzen fernzuhalten. Nun sollten sie sich auf dem Grün des County Clubs zu »professional music men« mausern.

Die Hoffnung auf geschäftliche Stabilität und Reputationsgewinn, die *Billboard* mit der Etablierung der Peatman-Charts verband, erfüllte sich zunächst tatsächlich. Der Tenor in der Fachpresse war bald nach Einführung des ACI, dass das »›Payola‹-Übel« zurückgegangen sei.[29] Dies verdankte sich aber nicht etwa einer Zivilisierung der Liederkrämer, sondern deren faktischem Ausschluss aus der Marktbeobachtung. Der Peatman-Index verringerte die Sichtbarkeit kleinerer Verlage, die zu Zeiten des ›sheet‹ so genannte unabhängige ›plugs‹ gelandet hatten, indem er diese bloß am Rande registrierte. Diese Verlage, die oft BMI angeschlossen waren, mitunter von Bandleadern geleitet wurden und zum Teil Blues und Hillbilly-Musik in ihren Katalogen führten, merkten rasch, dass der Schlag gegen die ›payola boys‹ letztlich sie traf.[30] 1945 hatte BMI nur einen Titel unter den zwanzig meistgespielten Songs im Radio (Sanjek/Sanjek 1991: 103).

Vom Peatman-Index begünstigt wurden dagegen etablierte ASCAP-Verleger und -Songwriter, zumal wenn ihre Melodien in Hollywood und auf dem Broadway erklangen und sie dem Bild entsprachen, das *Billboard* vom Songgeschäft als ›business‹ vorschwebte. Irving Berlin ist das Musterbeispiel für diesen Typ. Ist die Korrespondenz zwischen ihm und seinem für das ›plugging‹ zuständigen Angestellten Dave Dreyer in den frühen 1940ern geprägt von hohem Konkurrenzdruck, Ungewissheit und kurzfristigen Absprachen,[31] fehlen in den Berichten Dreyers und später, nach dessen Weggang vom Verlag, Hilda Schneiders ab dem Jahr 1945 jegliche Hinweise auf ›Payola‹-Aktivitäten, weder eigener noch von anderen Verlagen. Statt ihn mit Spekulationen und Problemen zu behelligen, hielten Dreyer und Schneider ihren Chef mitunter im Telegrammstil und mit bloßen Zahlen auf dem Laufenden. »›Weather‹ eighteen Peatman«, per Fernschreiber geschickt, reichte aus, um den auf Honolulu

---

fänglich seien für Bestechungsversuche. (Payola Problem to Peatman. Aim to Hobble Industry Evils. In: Variety, 5.12.1945, S. 39 u. 45.)

29 Pubs Say Payola Snafued by Peatman Intro. In: Variety, 16.1.1946, S. 47.
30 Peatman Plug Tabulation Draws Rap From Smaller Legit Pubs As Hitting Them As Well As the Payola Boys. In: Variety, 3.4.1946, S. 43. Vgl. auch: Is ACI Changing Songplugging? Professional Managers Differ. In: Billboard, 2.3.1946, S. 14 u. 27.
31 Vgl. etwa LOC, ML31.B48, Box 324, Folder 1, Dave Dreyer an Irving Berlin, 23.3.1943.

weilenden Berlin über den Stand der Werbung für den Song »Love and the Weather«
zu informieren.[32]

Solche ›Wetterberichte‹ entsprachen Berlins langfristigen Anweisungen an Dreyer,
welche neuen Songs in den kommenden acht Monaten wann und wie zu ›starten‹
seien. Im Juni 1945, nachdem die Branche Nutzen und Nachteile des Peatman-Indexes
diskutiert hatte und die Weichen auf eine Einführung gestellt waren, instruierte Berlin
Dreyer, er solle die Ballade »How Deep is the Ocean« noch im laufenden Monat
»pflanzen«. Obwohl der Song im Film *Blue Skies* gefeatured werde, solle Dreyer ihn
nicht mit dem Streifen in Verbindung bringen, da dieser erst Anfang des nächsten
Jahres in die Kinos kommen werde. »How Deep« bereits jetzt mit Verweis auf den Film
anzuschieben, würde Paramount und Bing Crosby, den Star des Films, verärgern, die
sich von einer koordinierten Werbeaktion Synergieeffekte versprächen. Diesen Er-
wägungen könne man mit »You Keep Coming Back Like a Song« Rechnung tragen, der
ebenfalls in *Blue Skies* erklinge. Wenn man diesen Titel im November 1945 starte, so
Berlin, werde er zeitgleich mit dem Filmstart im Januar oder Februar 1946 die Hitlisten
erreichen. Zeitliche Koordinierung sei auch in den Verhandlungen mit Plattenfirmen zu
bedenken, die »natürlich« davon ausgingen, dass Berlins Verlag die neuen Songs mit
Radio-›Plugs‹ promoten werde, auf dass sie den Schallplattenveröffentlichungen
Aufmerksamkeit verschaffen würden.[33]

Berlin und Dreyer schrieben zu dieser Zeit über die Popularisierung von Songs wie
Farmer über die Aussaat. Entscheidend für den Ertrag war demnach vor allem das
richtige Timing, das zum Teil von der Sorte des ›Saatguts‹ abhing (ein ›rhythm song‹
verlangte nach einer anderen Behandlung als eine Ballade), vor allem aber vom Zyklus
der Filmproduktion sowie der ›Reifezeit‹ im Radio bestimmt wurde. Erfolgreiche Songs
schlugen nicht etwa ein wie Hits, sondern wuchsen heran, im besten Fall zu Evergreens,
sofern man das Radio ›beackerte‹. Wenn man diesen Aufwand investierte, konnte man
unter »normalen Umständen« mit entsprechender Ernte rechnen. Ende April 1945
etwa schrieb Dreyer an Berlin, dass die Zahl der wöchentlichen »plugs« für »All of My
Life« seit Beginn der Kampagne nicht ein einziges Mal unter zwanzig gefallen sei und
er in der kommenden Woche über dreißig erwarte. »The song is up there and under
normal conditions for the amount of plugs this song has had, we should be selling
around five thousand copies a day«, rechnete Dreyer von gegenwärtigen »plugs« auf
morgige Popularität und weiter auf übermorgige Notenverkäufe.[34]

Mochten ›sheet‹ und Peatman-Index Dreyer in diesem optimistischen Moment
einmal die zukünftige Nachfrage verheißen, dienten die Zahlen vor allem dazu, die
Stakeholderinteressen in einem integrierten Unterhaltungsbusiness aufeinander ab-

---

32 LOC, ML31.B48, Box 317, Folder 31, Hilda Schneider an Irving Berlin, 22.7.1947.
33 LOC, ML31.B48, Box 324, Folder 2, Irving Berlin an Dave Dreyer, 4. Juni 1945.
34 LOC, ML31.B48, Box 423, Folder 2, Dave Dreyer an Irving Berlin, 27.4.1945.

zustimmen. In der Zusammenarbeit von Radio, Film und Musikverlag sowie Plattenproduktion und Notenhandel bildeten die ›airplay charts‹ den gemeinsamen Nenner, der die koordinierte Planung über Monate hinaus ermöglichte. Zahlen gaben Kulturproduzenten mit unterschiedlicher Expertise die Möglichkeit, Dinge von übergreifendem Interesse zu verstehen und Entscheidungen im Einvernehmen zu treffen. So schickte beispielsweise Berlin dem Regisseur des Filmmusicals *Holiday Inn* (1942), Mark Sandrich, eine Zusammenstellung der im *Enquirer* veröffentlichten ›Plug‹-Listen, um ihm das Potential eines der im Film verwendeten Songs zu veranschaulichen.[35] Umgekehrt legte die Künstleragentur William Morris Irving Berlin den Sänger Dick Haymes für die Besetzung im Filmmusical *Easter Parade* mit Verweis auf dessen Hooper-Werten ans Herz.[36]

Charts koordinierten Musikproduzent:innen über Landesgrenzen hinweg, wie ein Blick über den Atlantik erweist. Berlin hatte kurz nach Ende des Krieges zusammen mit dem naturalisierten Briten Louis Dreyfus die Irving Berlin Ltd. gegründet, die die Rechte des amerikanischen Verlags im Vereinigten Königreich wahrnahm und dort neue Songs promotierte. Kontrolliert wurde die britische Filiale dadurch, dass London regelmäßig wöchentliche Aufstellungen von ›plugs‹ einzelner Songs im BBC-Radio nach New York schickte.[37]

In Westdeutschland, wo solche Zahlen nicht erhoben wurden, musste sich der amerikanische Verleger darauf verlassen, dass potentielle Partner tatsächlich über so gute Kontakte zum Rundfunk verfügten, wie sie in den Schreiben behaupteten, in denen sie die Auswertung eines amerikanischen Copyrights in Deutschland anboten.[38] Koordination leisteten die Charts im deutsch-amerikanischem Subverlagsgeschäft der Nachkriegsjahrzehnte dennoch. Sie erleichterten nämlich deutschen Verlegern die Auswahl amerikanischer Songs, die sie dann mit einem deutschen Text, einem neuen Arrangement und in deutschsprachiger Plattenaufnahme in der Bundesrepublik auswerteten. Obwohl diese Verleger davon ausgingen, dass man für das deutsche Publikum amerikanische Hits sowohl textlich als auch musikalisch-klanglich mitunter bis zur Unkenntlichkeit eindeutschen müsse, verfolgten sie die US-Charts, um potentiell zugkräftige Titel zu identifizieren. Angesichts dieser schizophrenen Strategie scheint die Amerikanisierung der Populärmusik im Deutschland nach dem Zweiten Weltkrieg weniger eine Frage des kulturellen Inhalts als vielmehr dem Umstand geschuldet, dass deutsche Verleger amerikanische Charts als Ausblick auf die Popularität von morgen lesen konnten. Für sie hatten US-Hits ihre Zugkraft unter Beweis gestellt und schienen

---

35 LOC, ML31.B48, Box 351, Folder 7, Irving Berlin an Mark Sandrich, 16.9.1942.
36 LOC, ML31.B48, Box 366, Folder 38, Abe Lastfogel an Irving Berlin, 29.3.1947. – Die fragliche Rolle wurde jedoch schließlich nicht mit Haymes besetzt.
37 LOC, ML31.B48, Box 346, Folder 6, Jimmie Green an Irving Berlin, 5.10.1946.
38 LOC, ML31.B48, Box 338, Folder 7, West Ton Verlag an Irving Berlin Ltd., Jan. 1958.

für die Vermarktung deshalb weniger riskant als neue Songs heimischer Songwriter (Nathaus 2011: 148).

Auf dem US-amerikanischen Musikmarkt ermöglichten Audience Coverage Index, Accurate Reports und Lucky-Strike-Hitparade Irving Berlin und seinen Korrespondenzpartnern, der Herausforderung ungewisser Nachfrage strategisch zu begegnen. Zahlen wurden in Berlins Briefwechsel routinemäßig zu Entscheidungen über Repertoires und deren Vermarktung herangezogen. Dabei mag vielleicht überraschen, dass nie darüber diskutiert wurde, welche Wünsche oder Bedürfnisse des Publikums hinter diesen Zahlen stehen mochten. In den ausgewerteten Briefen findet sich bloß ein einzelner Satz, der die Erfolgsaussichten eines Songs mit der politischen Lage in Verbindung bringt. Im bereits erwähnten Achtmonatsplan vom Juni 1945 kommt Berlin kurz auf die Erfolgsaussichten des Songs »White Christmas« zu sprechen: »No one can tell just how well CHRISTMAS will do this year, but it is quite possible with world conditions that it could be just as big, if not bigger than last year.«[39]

Vorsichtig im Konjunktiv formuliert und im Übrigen komplett folgenlos, steht dieser vereinzelte Satz im starken Kontrast zum planungssicheren Rest dieses und anderer Schreiben. Er repräsentiert bereits das gesamte, geringe Ausmaß, in dem Berlin als Musikverleger Publikumsbedürfnisse überhaupt erwähnt, und das in einem Brief, der am 4. Juni 1945 verfasst wurde. Wenn es einen Augenblick gab, in dem man von einem Songwriter und bekennendem Patrioten Gedanken über die Auswirkungen von Weltlage und ›Zeitgeist‹ auf Hörerwünsche erwarten würde, dann war es wohl dieser Moment, zwei Tage nach dem Kriegsende im Pazifik. Dass eine Verbindung von den Charts auf vermeintlich dahinterstehenden Bedürfnisse fast nie hergestellt wurde, ist ein weiteres Anzeichen dafür, dass die Zahlen ein Eigenleben gewannen. Gemessene Popularität entkoppelte sich offenbar von der Wertschätzung leibhaftiger Hörer:innen, deren »actual ears« eben doch nicht abhörbar waren.

3. Der Niedergang des Peatman-Index und der Aufstieg der »Hot 100«. Alternative Zahlen für neue Koordinationsbedarfe, 1945–1960

Statt den Musikanbietern ein Bild der Hörerschaft zu vermitteln, bildeten die Zahlen ein System, das begann, sich gegen die Umwelt abzuschließen. Dave Dreyer schaute so ausschließlich auf den Peatman-Index und die wichtigen Radio-›Plugs‹, dass er meinte, andere Informationen ignorieren zu können. Anfang 1947 schickte er Berlin eine Liste der zehn Jukebox-Bestseller aus der *Cash Box*, »the official operators [sic] magazine«, wie er für notwendig hielt zu erklären. Er fügte dem noch die Bemerkung hinzu, »I don't

---

39 LOC, ML31.B48, Box 324, Folder 2, Irving Berlin an Dave Dreyer, 4.6.1945.

think it will prove anything, however, it will give you a complete picture of the re-cordings of the ten top tunes.«[40] Als gewissenhafter Angestellter hatte Dreyer damit seine Pflicht getan, doch hatte er zugleich klar zu verstehen gegeben, dass man diesen Markt getrost vernachlässigen könne. Die Abspielhäufigkeit von Platten in Musikau-tomaten war seit den späten 1930er Jahren von Betreibern mit Hilfe von Zählwerken in den Boxen landesweit ermittelt und zu einer Rangliste kompiliert worden, die auch Blues- und Folktitel enthielt und sich dadurch deutlich von den Radiocharts unter-schied. Unter den Automatenaufstellern war im Zuge dieser Erhebungen das popu-listische Selbstbewusstsein gewachsen, in totaler musikalischer Unkenntnis ganz un-voreingenommen den Musikgeschmack des ›einfachen Amerikaners‹ aufzeichnen zu können. Sie kamen dabei zu dem Schluss, dass dieser Geschmack nicht auf blüten-weißen Bigband-Swing beschränkt war (Rasmussen 2010). Dass dieselben Personen in unterschiedlichen Kontexten unterschiedliche Musik bevorzugen könnten, kam den Jukebox-Betreibern ebenso wenig in den Sinn wie den Radiomachern, die die gemes-senen Vorlieben des Radiopublikums verabsolutierten. Wie dem auch sei, den ›contact man‹ Irving Berlins vermochten die Marktbeobachtungen der ›coin men‹ nicht zu irritieren. Peatman-Index und Plug-›Sheet‹ beanspruchten Dreyers volle Aufmerk-samkeit und wiesen außerdem in eine andere, mit Jukebox-Scheiben unvereinbare Richtung. Die Schallplatte rangierte für ihn und seinen Chef am Ende der Verwer-tungskette, nicht im Zentrum der Popularitätserzeugung.

Der geschäftliche Erfolg gab der Ausrichtung der Irving Berlin, Inc. an den ›Plug‹-Zahlen noch eine Zeit lang recht. Im Verlag gratulierte man sich in den ersten Nach-kriegsjahren zu Höchstwerten auf dem ACI-Index und Rekordplatzierungen in der Lucky-Strike-Hitparade.[41] In der Branche wurden jedoch unterdessen Stimmen lauter, die Unzufriedenheit äußerten über stilistische Monotonie, das langsame Tempo, mit dem Erfolgsnummern heranwuchsen statt einzuschlagen, sowie die geschäftliche Konzentration der ›plugs‹ auf eine überschaubare Zahl von Verlagen. Abel Green, noch immer von seiner Warte als *Variety*-Redakteur aus, erklärte in seinem Rückblick auf das Jahr 1947, dass das Publikum mit der jüngsten Nostalgiewelle seine Unzufriedenheit über die »Fließband-Methode der Songproduktion« ausgedrückt habe. »The imm-ediate reaction has given way to discounting future acceptance«, brachte Green den Missstand auf den Punkt. Da diese rational kalkulierende, aber risikoscheue Methode der Verleger den Bedarf der Hörer:innen verfehle, müsse das Musikbusiness zum alten »showmanship« der Tin Pan Alley zurückkehren, so Green.[42]

---

[40] LOC, ML31.B48, Box 324, Folder 3, Dave Dreyer an Irving Berlin, 6.2.1947.
[41] Vgl. etwa LOC, ML31.B48, Box 317, Folder 31, Hilda Schneider an Irving Berlin, 12.3.1948.
[42] Green, Abel: Tin Pan Alley Needs a Return To Its Oldtime Showmanship. In: Variety, 7.1.1948, S. 193.

Aus den Reihen der ›song plugger‹, welche noch vor gar nicht allzu langer Zeit die ›alten (Un-)Tugenden‹ der Tin Pan Alley verkörpert hatten, kam ähnliche Kritik. Diese zielte direkt auf die übermäßige Orientierung der Branche am Peatman-Index. Für kleine Verleger und deren Mitarbeiter:innen erschwere diese nicht einfach nur den Zugang zum Publikum, weil er wie ein Flaschenhals zählbare Radiopräsenz auf wenige Shows verenge. Noch dramatischer, fange er die Unabhängigen in einem Paradox, weil die Programmmacher im Radio – die »Diktatoren des Musikbusiness« – sich ebenfalls an den ›Plug‹-Charts orientierten, so dass man nur ins Radio kam, wenn man bereits Songs mit hohem Hooper-Wert vorweisen konnte.[43] Unter diesen Bedingungen schienen die Bemühungen von kleinen Verlagen und ihren Repräsentant:innen von vorneherein aussichtslos.

Die Kampagne der ›contact men‹ und ›women‹ gegen den Peatman-Index erhielt reichlich Aufmerksamkeit in der Branchenpresse und mobilisierte auch einige Verleger, öffentlich Unterstützung für ihre ›plugger‹ zu bekunden. Doch die bloße Forderung, dass sich die Industrie zumindest für eine halbjährliche Probezeit von Peatman-Index und ›sheet‹ verabschieden sollte,[44] war unrealistisch, hätte dies doch bedeutet, dass sie ihr wichtigstes Kommunikationsmedium aufgegeben hätte. Wie, wenn nicht vermittels Zahlen, sollte man Repertoireentscheidungen zwischen Verlag, Radio, Film und Handel koordinieren? Der Weg zurück zum ›Naturzustand‹ der Vaudevillezeit, in der man sich voll auf geteilte Erfahrungen verlassen hatte, war im ›stahlharten Gehäuse‹ rationaler Popularitätsmessung verbaut. Die Solidaritätserklärungen von einzelnen, durchaus namhaften Verlegern waren daher leere Worte. Irving Berlin, der unter den prominenten Unterstützern im Kampf gegen Peatman genannt wurde,[45] jedenfalls nahm zu dieser Zeit die Liste durchaus zur Kenntnis.[46]

Entgegen grundsätzlicher Kritik zählten die Büros von Peatman und Alexander weiter den Radioeinsatz von Musiktiteln für ihre Abonnenten. Vermehrte Hinweise darauf, dass hochprofessionelle Manager gesponserter Netzwerkprogramme »Payola«-Zahlungen gegenüber doch nicht so abgeneigt waren, wie man 1945 behauptet hatte,[47] focht die ›Plug‹-Charts ebenso wenig an wie das Erscheinen einer alternativen Erhebungsmethode. Das »RH Plug Sheet«, begründet vom initialgebenden Bandleader Richard Himber, versprach, Verlegern schneller ein verlässliches Bild von der Radioperformance eines Songs zu bieten als der Audience Coverage Index.[48] *Billboard*

---

43 Peatman Performance Sheet Issue Splits Plugger Camps Further. In: Variety, 9.6.1948, S. 39.
44 Ask Trial Layoff of Plug Lists. MPCE Woos Pubs to Nip Peatman. In: Variety, 26.5.1948, S. 35.
45 Pubs Can't Make Up Minds Over Peatman Dispute. In: Variety, 30.6.1948, S. 39.
46 Vgl. etwa LOC, ML31.B48, Box 379, Folder 7, Al Chandler an Irving Berlin, 14.4.1948.
47 Wexler, Jerry: Pubbers Put the Payola Finger on Peatman and Himber Sheets. In: Billboard, 24.12.1949, S. 17.
48 Himber would compete with Peatman. In: Variety, 14.7.1948, S. 35 u. 38.

veröffentlichte das Himber-»Sheet« eine Zeit lang, doch gewann diese Erhebungs-methode keinen ausreichenden Rückhalt, um sich gegen Peatman durchzusetzen.

Statt an Bedeutung zu verlieren, expandierte der Peatman-Index mit Beginn des Jahres 1949 ins Fernsehprogramm, wo der den Einsatz von Musiktiteln mit einem vierfachen »Impact«-Faktor gegenüber dem Radio wertete. Fünf Jahre später generierte das Fernsehen erstmals mehr ACI-Punkte als das Radio. Unter den 35 gelisteten Standard-Songs war Irving Berlin mit sieben Titeln vertreten und somit erfolgreichster Songwriter in dieser Kategorie.[49] Peatman lenkte also die Aufmerksamkeit des Mu-sikbusiness auf das Fernsehen als zunehmend wichtiges Schaufenster, und Berlin profitierte von dieser Entwicklung.

Während der Peatman-Index den Aufstieg des Fernsehens zum neuen Massenme-dium mitvollzog, vernachlässigte die Erhebungsmethode den Aufstieg der Disk-Jo-ckeys im Radio. Dabei hatte Peatmans Dienst bereits 1947 den Verlegern angeboten, neben den ›plugs‹ ihrer Songs durch Bands auch die Radioeinsätze von Aufnahmen durch Plattenjockeys zu zählen. Doch war dieser Vorschlag auf wenig Begeisterung gestoßen, vor allem weil Verleger davon ausgingen, dass DJs überwiegend etablierte Hits spielten und Versuche, ihnen neue Songs ans Herz und auf ihre Plattenteller zu legen, vergebens wären.[50]

In die Informationslücke stießen daraufhin *Variety* und *Billboard*. Drei Monate nach Peatmans Angebot, DJ-›Plugs‹ zu zählen, begann *Variety* mit der wöchentlichen Ver-öffentlichung der neuen Rubrik »Top Tunes and Recording Artists«, die auf der Be-fragung von zunächst 17 aus Großstädten sendenden DJs basierte. Diese gaben dem Branchenblatt darüber Auskunft, welche Songs in welchen Aufnahmen in ihren Hö-rerwunsch-Programmen gerade im Kommen waren. Interessanterweise brachte ein begleitender Artikel die neuen Charts nicht mit dem Peatman-Index in Verbindung, sondern beschrieb sie als Weiterentwicklung und Ergänzung zu den Jukebox-Charts und damit als Dokumentation eines gesonderten Marktes.[51] *Billboard* ging einen Schritt weiter. Anstatt sich auf die Schallplattenproduktion als nachgeordneten Sektor der Musikwirtschaft zu beschränken, stellte das Blatt Anfang 1951 die Jahresliste der dreißig Songtitel mit den häufigsten DJ-Einsätzen der Peatman-Liste der 35 höchst-platzierten »Pops« gegenüber, mit dem Hinweis darauf, dass die beiden Aufstellungen sich wesentlich unterschieden.[52] Eine solche Kontrastierung implizierte eine Heraus-forderung des Peatman-Indexes.

---

49 TV Edges Radio As Plug Medium in Peatman Chart. In: Variety, 13.1.1954, S. 50.
50 Variety's New Disk Jockey Poll To Gauge Top Songs And Talent. In: Variety, 11.9.1947, S. 45.
51 Top Tunes And Recording Artists. As Polled Via Leading U. S. Disk Jockeys. In: Variety, 17.9. 1947, S. 46.
52 Peatman, Jocks Sing Tunes In Keys That Are Different. In: Billboard, 6.1.1951, 11.

Um 1950, nach der Zulassung neuer Radiostationen und im Zuge des beginnenden Aufstiegs des Fernsehens, gewann die Schallplatte zunehmend Präsenz im Radio, so dass immer häufiger DJs die Bands ersetzten. Im Jahr 1951 war die Umstellung auf Schallplatten und Tonbandaufnahmen bereits in fast allen lokalen Sendern vollzogen, während die Netzwerke noch in mehr als zwei Dritteln ihrer Sendungen so genannte Livemusik spielten.[53] Der Trend zum DJ setzte sich weiter fort, je mehr das Fernsehen Ressourcen aus dem Radio abzog und der Hörfunk sich nach kostengünstigem Musikersatz umsehen musste.

1955 stand die Musikwirtschaft am Scheideweg. Der Peatman-Index setzte auf das Fernsehen als das kommende Medium für ein Musikbusiness, in dem weiterhin Musikverleger die zentrale Stellung einnahmen und ein weißes, altersgemischtes Massenpublikum die institutionell effektive Hörerschaft bildete. Diese Musikverleger handelten mit Songs, die im besten Fall zu Evergreens reiften, und betrachteten die Schallplatte als verlegerisches Nebenprodukt. Repräsentativ für diese Haltung, sah Irving Berlin in der Aufwertung des Tonträgers »the recording tail wagging the creative dog's head«.[54] Noch Ende 1954, unterwegs auf Werbetour für den Film *White Christmas*, zeigte er sich erstaunt über den Einfluss der DJs: »I didn't realize how important they were, not alone for the picture but for the songs.«[55]

Variety und *Billboard* dagegen beobachteten den wachsenden Markt für Sounds, auf dem oft unabhängige Plattenfirmen sowie DJs den Ton angaben. Ihre Charts zu »Country & Western« und »Rhythm & Blues« lenkten den Blick auf Repertoires, die schon längere Zeit im Umlauf gewesen waren, aber im Schatten von Broadway-Shows, Hollywood-Musicals und Radio-Hitparaden gestanden hatten. Die auf Genres spezialisierten Plattencharts segmentierten das Publikum nach Hautfarbe und Herkunft, und die Betonung von Aktualität definierte die Hörerschaft als unruhig und leicht erregbar. Mit einer gesonderten »Coming Up Strong«-Liste und unter dem Banner »Tomorrow's Tops« verkürzten die *Billboard*-Plattencharts rhetorisch den Abstand zwischen der Messung der Popularität von ›gerade eben‹ und dem Erfüllungsmoment der Popularität von ›ganz bald‹ zu einem Grad, an dem die beiden Zeitpunkte fast zur Deckung zu kommen schienen. Dies aber eben nur fast und nur scheinbar, denn die Popularität von morgen blieb so ungewiss, wie sie immer gewesen war, nur dass sich der Umgang mit ihr nun wieder, wie zur Jahrhundertwende, in hektischer Überproduktion manifes-

---

53 Net Radio is 29% on Disks; Locals, 96%. In: Billboard, 15.12.1951, 1 u. 14.
54 Green, Abel: Berlin Sees »Compulsory Licensing« As Root of Tin Pan Alley Troubles. In: Variety, 7.1.1953.
55 LOC, ML31.B48, Box 351, Folder 8, Irving Berlin an Jack Hirshberg (Paramount Pictures), 1.10. 1954.

tierte. Nach Auskunft eines Insiders schlug nur eine von 86 Platten ein und trug die Verluste für die große Masse an Flops.[56]

Gegenüber dem Peatman-Index beschleunigten die »Top 100« den Vermarktungszyklus und schufen schon dadurch mehr Raum für Neuerscheinungen und Neueinsteiger. Auch richteten sich die Plattencharts mehr noch als die primär für die Branche gedachten ARS und ACI an die Käuferschaft, die anhand der Liste der hundert Bestseller Popularität als spannenden Wettkampf verfolgen konnte. Neu war diese »Popularisierung zweiter Ordnung« zwar nicht. Plattenfirmen hatten auch schon vor den »Top 100« in Anzeigen Verkaufszahlen als Beleg für wachsende Beliebtheit genannt, und *Billboard* hatte in Plattencharts neben der aktuellen auch die Position der vorangegangenen Wochen aufgeführt, so dass Leser:innen gewissermaßen eine Formkurve ablesen konnten.[57] Der selbstreferentielle Verweis auf Popularität als Verkaufsargument scheint jedoch mit den »Top 100« und dem Aufstieg der Tonaufnahme gegenüber dem Song an Bedeutung gewonnen zu haben, schon weil sich der Wettkampf zwischen Sänger:innen und Bands um den Spitzenplatz in der Plattenrangliste sehr viel leichter personalisieren ließ als die Konkurrenz zwischen Songs. Auf eine größere Selbstbezüglichkeit von Popularität deuten auch die in *Billboard* nach 1955 erschienenen Werbeanzeigen für Pop-Platten hin, in denen man häufiger aufsteigende Graphen, Raketen, Heißluftballons und ähnliche visuelle Metaphern des stetigen Chartaufstiegs findet, um den es nun vor allem ging.[58]

Der an eine breitere Öffentlichkeit gerichteten Darstellung von Popularität kann im vorliegenden Aufsatz, der den Umgang von Musikmacher:innen mit ungewisser Nachfrage untersucht, nicht weiter nachgegangen werden. Der beschleunigte Umsatz von Neuveröffentlichungen, der verringerte Abstand zwischen heutiger und morgiger Popularität und der engere Fokus auf die Charts als Konkurrenz zwischen Sänger:innen statt Songs stützen jedoch das Argument, dass das neue Messregime beitrug zur ›Aufgekratztheit‹ des Rock 'n' Roll, der um 1955 seinen Durchbruch erlebte (Peterson 1990). Für die Protagonist:innen des Songbusiness wie Irving Berlin waren multimedial verwertbare Evergreens mit Massenappeal wie »White Christmas« das Ziel gewesen. Ihre Bemühungen, potentielle Standard-Songs im Zusammenspiel von Broadway, Hollywood, Radio, Schallplatte und Notenhandel auf die Bahn zu schieben, stützten sich auf die Zahlen von ›sheet‹ und Peatman-Index, die dadurch das resultierende Repertoire mit präfigurierten. Die oft unabhängigen Produzenten des Rock 'n' Roll dagegen versorgten einen aufgeheizten Plattenmarkt mit musikalischen Eintagsfliegen. Ihrem im Vergleich geringeren Koordinationsbedarf mit anderen Produzent:in-

---

56   DJ's Don't Buy Payola Blast. In: Variety, 27.2.1957, S. 43.
57   Vgl. die Anzeigen in Billboard, 9.8.1952, S. 37 u. 39.
58   Billboard, 25.8.1958, S. 32; Billboard, 13.9.1958, S. 43 u. 46.

nen, aber dafür vordringlichen Bedürfnis nach Sichtbarkeit für die Käuferschaft entsprachen die »Top 100« bzw. »Hot 100«.

Während die Plattencharts an Bedeutung für die Branche gewannen, ging es mit den ›Plug‹-Charts schnell bergab. Peatman strich 1958 die Segel, nachdem dem Dienst die Abonnenten abgesprungen waren; Anfang 1962 fiel auch Martin Alexanders Accurate Reporting Service dem Wandel von ›plug‹ zu ›disk‹ zum Opfer.[59] Zum einen bestätigt dieser Niedergang die Regel, dass sich die Branche nicht an zwei Marktbeobachtungsregimen gleichzeitig orientieren kann und die Umstellung auf ein neues Wertungsverfahren große Unterstützung erfordert (Napoli 2011: 15). Zum anderen zeigt sich darin auch eine zunehmende Fragmentierung einer vormals eng integrierten, von wenigen Unternehmen kontrollierten Unterhaltungsindustrie in separate Branchen und unabhängige Stakeholder.

Ausblick

Das eingangs zitierte Diktum Jerome Kerns, das Irving Berlin eine Sensibilität für »Vibrationen« des Publikums attestierte, warf Fragen auf nach der Kommunikation zwischen Angebots- und Nachfrageseite populärer Kultur. Einblicke in die Korrespondenz Berlins zeigen zwar, dass die Gedanken des Verlegers tatsächlich oft um die künftige Nachfrage kreisten, weil er entscheiden musste, welches Repertoire er an der ›passenden‹ Stelle und mit dem ›richtigen‹ Timing zu platzieren sei. Deutlich wurde jedoch auch, dass selbst ein besonders erfolgreicher Verleger diese Fragen fast nie mit Spekulationen über konkrete Wünsche oder Bedürfnisse des Publikums beantwortete. Der Musikverleger Berlin verstand sich weniger auf den Empfang von »Schwingungen« seiner Hörer:innen als darauf, Absprachen mit anderen Kulturanbieter:innen in Radio, Film, Musikbühne und Notenhandel zu treffen. Als erste Einsicht wäre der vorliegenden Studie damit zu entnehmen, dass das populärmusikalische Produkt nicht im Dialog mit dem Publikum entstand, sondern in der Zusammenarbeit von Akteur:innen auf der Produktions- und Distributionsseite.

Die Charts als fortlaufende, quantitativ-vergleichende Messung von Marktpräsenz dienten Berlin und anderen Akteur:innen der Musikwirtschaft demnach auch nicht dazu, Auskunft über den gegenwärtigen, geschweige denn den zukünftigen Musikbedarf der Hörerschaft zu geben. Vielmehr erlaubten sie die Koordination zwischen Akteur:innen mit ganz unterschiedlichen Einblicken, Erfahrungen und ästhetischen Vorlieben. Zahlen ermöglichten die Abstimmung zwischen Machern und Managern in unterschiedlichen Industrien, vom Bandleader über die ›pluggerin‹ bis zum Werbe-

---

59 Peatman List Dips Its Mast – No Coin. In: Variety, 25.6.1958, S. 59; Accurate Reporting Service Folding In Music Biz Shift From Plug to Disk. In: Variety, 3.1.1962, S. 43.

fachmann. Die Koordination dieser Stakeholder erforderte dabei keinen festen Glauben an die faktische Richtigkeit der Zahlen. Akteur:innen im Musikfeld zweifelten an der Faktizität der Popularitätswerte und waren sich der Manipulationsmöglichkeiten und der Zirkularität der Charts ganz offenbar bewusst; in der Fachpresse wurde kaum über irgendetwas anderes berichtet. Kein noch so ›wissenschaftliches‹ System der Datenerhebung vermochte dies zu ändern. Trotz grundsätzlicher Skepsis orientierten sich dieselben Akteur:innen an diesen Charts, um Entscheidungen zu treffen und Planungen über längere Zeiträume zu entwickeln. Mit der Etablierung der ›Plug‹-Listen in den 1930er Jahren hatte das Regime vermittelter Zahlen das aus direkter Beobachtung eines Anwesenheitspublikums gewonnene Erfahrungswissen überwölbt. Bis zur Ankunft eines neuen Regimes erwies es sich als tragfähig, ja sogar verbindlich. Ein zweiter Befund der vorliegenden Untersuchung wäre damit, dass Charts Fakten schaffen können, ohne dass sie von der Realität einer gegebenen Popularität gedeckt sein müssen.

Drittens und damit zusammenhängend, lässt sich am dargestellten Fallbeispiel beobachten, dass Popularität als das, was von Vielen Beachtung findet, nicht so transparent war, wie man angesichts von scheinbar neutralen und systematisch erhobenen Zahlen annehmen könnte. Auffallend ist dabei, dass diejenigen, die mit der Messung von Popularität betraut waren, übertriebene Versprechen gaben. Für den Untersuchungszeitraum sei bloß erinnert an die »actual ears«, die der ACI zu zählen behauptete. Die Populärkulturforschung sollte also den Behauptungen von Marktforscher:innen, sie könnten das Publikumsinteresse vollständig, wertneutral und sicher vor Manipulationsversuchen registrieren, mit Vorsicht begegnen. Das gilt nicht nur für das Radiozeitalter, sondern auch für die Gegenwart mit ihren scheinbar unentrinnbaren Methoden, und steht im Zusammenhang mit einem nicht immer skrupulösen Umgang mit Zahlen in der Musikindustrie (Osborne/Laing 2021). Sicher erzeugen Musikhörer:innen online äußerst granulare und scheinbar vollständige Daten. Doch auch diese sprechen ebenso wenig für sich selbst wie in den 1940ern die ACI-Werte. Wie viele Leute ›Viele‹ sind, ob ein gezählter Klick Wertschätzung anzeigt und Algorithmen bestimmte Akteur:innen begünstigen, bleibt der Interpretation und kritischen Prüfung bedürftig und muss als Konstruktionsbedingung von Popularität mitbedacht werden.

Es sollte schließlich auch deutlich geworden sein, dass populäre Kultur unter den Bedingungen von Massenmedien und technischer Reproduzierbarkeit nicht etwa Folklore im neuen Gewand, sondern in erster Linie ein kommerzielles Unterfangen ist. Ihre Marktgängigkeit als zentrales Charakteristikum hervorzuheben ist alles andere als trivial, denn es lenkt den Blick auf Mechanismen des Repertoirewandels, die aus anderen, an Themen wie subkulturellem Widerstand oder dem Verhältnis von hoher und niedriger Kultur interessierten Perspektiven übersehen werden. So erfordert die Produktion und Distribution von populärer, d.h. kommerzieller Musik im Hier und Jetzt Entscheidungen, die sich wiederum auf das Angebot auswirken. Stellt man dies konsequent in Rechnung, erweist sich, dass Akteur:innen auf der Anbieterseite den Rezipient:innen Grenzen setzen statt umgekehrt. Letztere folgen ihrem ›Eigensinn‹ und machen sich ihren Reim auf das Gebotene; das steht außer Frage. Doch tun sie dies auf der Grundlage eines Repertoires, das, wie hier gezeigt wurde, in selbstbezüglichen Prozessen produziert wird. Bestimmte Repertoires in bestimmten Rahmungen machen manche Rezeptionspraktiken wahrscheinlicher als andere, ohne sie zu determinieren. Man denke etwa an den Paartanz zur romantischen Kontaktaufnahme, der durch Bigband-Swing gestützt, aber dann vom Rock 'n' Roll an seine Grenzen geführt wurde (Nathaus/Nott 2022). Welche Rolle Populärkultur in der Etablierung sozialer Beziehungen unter Rezipient:innen spielt, lässt sich nicht durch die Untersuchung von Produktionsprozessen allein ermessen. Aber umgekehrt folgte das Angebot nicht einer gegebenen Nachfrage. Die Sphäre der Produktion und Distribution von ›content‹ auf der einen Seite und die der Aneignung auf der anderen wären also, und das wäre die vierte Schlussfolgerung dieses Artikels, getrennt zu behandeln, mit zeitlicher Vorrangigkeit der Produktion, die auf die Popularität von morgen spekuliert. Auf diese Weise ließe sich erklären, warum sich Populärkultur in bestimmter Weise veränderte, um dann zu verstehen, was sie lebensweltlich bedeutete.

Literaturverzeichnis

Anand, N./Peterson, Richard A. (2000). When Market Information Constitutes Fields. Sensemaking of Markets in the Commercial Music Industry. In: *Organization Science*, 11/3, S. 270–284.

Caves, Richard E. (2000). *Creative Industries. Contracts between Art and Commerce*. Cambridge, MA: Harvard University Press.

Döring, Jörg/Werber, Niels/Albrecht-Birkner, Veronika et al. (2021): Was bei vielen Beachtung findet: Zu den Transformationen des Populären. In: *Kulturwissenschaftliche Zeitschrift*, 6/2, S. 1–24. DOI: 10.2478/kwg-2021–0027.

Ettema, James S./Whitney, D. Charles (1994). *Audiencemaking. How the Media Create the Audience*. Thousand Oaks: Sage.

Furia, Philip (1998). *Irving Berlin. A Life in Songs*. New York: Schirmer.

Green, Abel (1927). *Inside Stuff on How to Write Popular Songs. With Endorsement-Introduction by Paul Whiteman*. New York: Paul Whiteman Publications.

Hall, Stuart/Jefferson, Tony (Hg.) (1991/1975). *Resistance through Rituals. Youth Subcultures in Post-War Britain*. London: Routledge.

Harris, Charles K. (1906): *How to Write a Popular Song*, New York: Charles K. Harris.

Keightley, Keir (2012): Tin Pan Allegory. In: *Modernism/modernity*, 19/4, S. 717–736.

Levine, Lawrence W. (1992): The Folklore of Industrial Society. Popular Culture and Its Audiences. In: *American Historical Review*, 97/5, S. 1369–1399.

Levy, Jonathan (2017): Capital as Process and the History of Capitalism. In: *Business History Review*, 91/3, S. 483–510.

Mennicken, Andrea / Espeland, Wendy Nelson (2019): What's New with Numbers? Sociological Approaches to the Study of Quantification. In: *Annual Review of Sociology*, 45, S. 223–245.

Napoli, Philip M. (2011): *Audience Evolution. New Technologies and the Transformation of Media Audiences*. New York: Columbia University Press.

Nathaus, Klaus (2011): Turning Values into Revenue. The Markets and the Field of Popular Music in the US, the UK and West Germany (1940s to 1980s). In: *Historical Social Research*, 36/3, S. 136–163.

Nathaus, Klaus (2018a): Why ›Pop‹ Changed and How it Mattered (Part I): Sociological Perspectives on Twentieth-Century Popular Culture in the West. *Soziopolis*, 01.08.2018, <https://soziopolis.de/beobachten/kultur/artikel/why-pop-changed-and-how-it-mattered-part-i>.

Nathaus, Klaus (2018b): Why ›Pop‹ Changed and How it Mattered (Part II): Historiographical Interpretations of Twentieth-Century Popular Culture in the West. *H-Soz-Kult*, 02.08.2018, <www.hsozkult.de/index.php/literaturereview/id/forschungsberichte-1685>.

Nathaus, Klaus/Nott, James (Hg.) (2022): *Worlds of Social Dancing. Dance Floor Encounters and the Global Rise of Couple Dancing, c. 1910–40*. Manchester: Manchester University Press.

Ohmer, Susan (2006): *Gallup in Hollywood*. New York: Columbia University Press.

Osborne, Richard/Laing, Dave (Hg.) (2021): *Music by Numbers. The Use and Abuse of Statistics in the Music Industries*. Bristol: intellect.

Rasmussen, Chris (2010): »The People's Orchestra«. Jukeboxes as the Measure of Popular Musical Taste in the 1930s and 1940s. In: Suisman, David/Strasser, Susan (Hg.). *Sound in the Age of Mechanical Reproduction*. Philadelphia: University of Pennsylvania Press, S. 181–198.

Ross, Corey (2008): *Media and the Making of Modern Germany. Mass Communications, Society, and Politics from the Empire to the Third Reich*. Oxford: Oxford University Press.

Ryan, John (1985): *The Production of Culture in the Music Industry. The ASCAP-BMI Controversy*. Lanham: University Press of America.

Sanjek, Russell/Sanjek, David (1991): *American Popular Music and Its Business in the 20th Century*. New York: Oxford University Press.

Segrave, Kerry (1994): *Payola in the Music Industry. A History, 1880–1991*. Jefferson: McFarland.

Suisman, David (2009): *Selling Sounds. The Commercial Revolution in American Music*. Cambridge, MA: Harvard University Press.

Wertheim, Arthur Frank (2006): *Vaudeville Wars. How the Keith-Albee and Orpheum Circuits Controlled the Big-Time and Its Performers*. New York: Palgrave.

Woolcott, Alexander (1925): *The Story of Irving Berlin*, New York: Putnam.

Isabell Otto

»TikTok Billboard Top 50«. Memes, Plattformökonomien und die Popularisierung zweiter Ordnung

ABSTRACT: Since September 2023 Billboard has been working with ByteDance's global short video platform to determine the »TikTok Billboard Top 50« on a weekly basis. This new chart from the established entertainment magazine presents the current music trends on the platform, which has grown rapidly in recent times, based on video productions, views and other measurable user engagement. This ranking not only shows a change in the music industry, which is experiencing a surge in popularization through the appropriation and mashup practices of social media users. It also shows how ›second-order popularization‹ and thus the production of the popular based on rankings and charts is changing under the conditions of digitally networked platforms. The following article examines the extent to which the influence of meme practices on the metrics of popularization reveals a new way of asserting popularity, for which, in addition to the quantifiable attention of the many, the inherent dynamics of practices are decisive. In a first step, the relationship between pop music and TikTok is analyzed. Secondly, there is a case study of a TikTok dance trend that emerges from pop cultural transfers from the Netflix series *Wednesday* and brings a sped-up version of the song »Bloody Mary« from 2011 into the charts twelve years later. A third section uses further examples to shed light on how rankings on TikTok themselves function as meme templates and in turn produce new practices of evaluating popularity. Returning from the case studies material, a fourth section concludes by reflecting on the new development of observing viral and meme-generating social media songs in the standardized metrics of the popular culture music industry.

KEYWORDS: TikTok, Popular Music, Memes, User-generated Content, Virality

Seit September 2023 ermittelt *Billboard* in Zusammenarbeit mit der globalen Kurzvideo-Plattform des Unternehmens ByteDance wöchentlich die »TikTok Billboard Top 50«. Dieser neue Chart des etablierten und traditionsreichen Entertainment-Magazins präsentiert die auf der Grundlage von Videoproduktionen, Views und anderem messbaren User:innen-Engagement wie Likes oder Kommentaren ermittelten aktuellen Musik-Trends der in jüngster Zeit rasant gewachsenen Plattform. Die sowohl in der TikTok-App als auch auf billboard.com veröffentlichte und wöchentlich aktualisierte Rangliste zeigt nicht nur einen Wandel der Musikindustrie, die durch Aneignungs- und Mash-up-Praktiken von Social-Media-User:innen Popularisierungsschübe erfährt (Whateley 2023). Sie zeigt auch, wie sich die »Popularisierung zweiter Ordnung« (Döring et al. 2021) und somit die Hervorbringung des Populären auf der Grundlage von Rankings und Charts unter den Bedingungen digital vernetzter Plattformen verändert, wie sie nicht mehr nur von Käufen und monetarisierbaren Markierungen der Beachtung (wie Views und Likes), sondern auch von medienkulturellen und plattformökonomisch verwertbaren Formen des Bearbeitens, Umgestaltens und Nachahmens gespeist wird.

Einen wichtigen Stellenwert nehmen hierbei Memes ein, kleine popkulturelle Formen, die massenhaft kopiert, variiert und reproduziert werden (Blackmore 1999; Shifman 2014; Von Gehlen 2020). Die Plattform TikTok lässt sich als eine besonders fruchtbare Umgebung für solche memetischen Imitationspraktiken beschreiben. Gelesen als kulturelle Textur webt sich das relationale Gefüge der TikTok-Videos in erster Linie auf der Grundlage von Praktiken des Nachahmens immer weiter fort (Zulli/Zulli 2022). Für die *Billboard*-Charts ist die audiovisuelle Dimension der Plattform entscheidend, denn Memes sind auf TikTok vor allem auditive Schablonen, die ähnliche videografische Praktiken herausfordern. Populäre Songs oder Sounds fungieren als Templates, auf deren Grundlage Serien immer neuer, ähnlicher Videos entstehen (Abidin/Kaye 2021).

Die Wechselbeziehung zwischen Meme-Zirkulation und Popularisierung von Musik auf der Grundlage von Ranglisten wird besonders dann deutlich, wenn ältere Songs, die zu ihrer Zeit nur mäßig erfolgreich waren, als virale TikTok-Sounds in die Charts gelangen. Denn hierbei zeigt sich, wie Meme-Praktiken deutlich andere Dynamiken der Popularisierung ausgestalten im Vergleich zu quantifizierbaren Downloads oder Käufen aktuell vermarkteter Songs. Rankings auf der Grundlage von memetischen Praktiken sind insofern eine bemerkenswerte Facette der Kulturtechnik von Listen, Rankings oder Charts, denn hier sorgt eine Nutzungs-Praktik für Beachtung: die Verwendung eines bekannten Songs als Strukturierungselement für Videos in Kombination mit einer großen Bandbreite und Variation von zusammengefügten Inhalten.

Memes sind durch eine unkalkulierbare Eigendynamik von Viralität auf der Grundlage von Repetition und Modifikation geprägt. Beachtung kann nur das finden, was vielen gefällt (Döring et al. 2021), und zwar in diesem Fall: weil viele es nachahmen und umgestalten oder in der multiplizierten Umgestaltung immer neu und anders rezipieren. Die TikTok-*Billboard*-Charts entstehen somit nicht nur auf der Grundlage von quantifizierbaren und standardisierbaren Handlungen, sondern auf der Grundlage einer Pluralität aktualisierter Gestaltungs- und Adaptionsmöglichkeiten – eine Dynamik, die für die Plattformisierung popkultureller Formen und für die Verwertbarkeit von User:innen-Daten in einer Plattformökonomie zentral ist.

Der folgende Beitrag geht der Frage nach, inwiefern sich im Einfluss von Meme-Praktiken auf die Metriken der Popularisierung eine neue Weise der Behauptung von Popularität zeigt, für die, neben der quantifizierbaren Beachtung der Vielen, die Eigendynamik ihrer Praktiken entscheidend ist. Dazu wird in einem ersten Schritt das Verhältnis von Popmusik und TikTok auf der Grundlage des aktuellen Forschungsstands und einiger Beispiele in den Blick genommen. Zweitens erfolgt eine ausführlichere Fallstudie zu einem TikTok-Tanztrend, der aus popkulturellen Transfers aus der Netflix-

Serie *Wednesday* (der Charakter Wednesday Addams ist bekannt aus der Serie *The Addams Family*) emergiert und eine ›Sped Up‹-Version des Lady Gaga-Songs »Bloody Mary« aus dem Jahr 2011 zwölf Jahre später in die Charts bringt. Ein dritter Abschnitt beleuchtet am Beispiel der *Wednesday*-Fallstudie und über sie hinausgehend, wie Rankings auf TikTok selbst als Meme-Schablonen fungieren und wiederum neue Praktiken des Bewertens von Popularität hervorbringen. Aus dem Material der Fallstudien zurückkehrend zu allgemeineren Überlegungen, reflektiert ein vierter Abschnitt abschließend die hier untersuchte Entwicklung, virale und Meme-generierende Social Media-Songs und -Trends in den standardisierten Metriken der populärkulturellen Musikindustrie zu beobachten und diese quantifizierenden Metriken wiederum als Schablonen für Bewertungspraktiken zu nutzen.

1. Virale Songs und Metriken der Popularisierung

Wer sich mit TikTok beschäftigt, kommt nicht umhin, immer wieder mit Behauptungen einer rasanten Popularisierung konfrontiert zu sein. Seit der Covid-19-Pandemie fungieren Download- und Nutzungszahlen der Kurzvideo-App als Belege einer kontinuierlichen Erfolgsgeschichte und eines erstaunlichen Wachstums, auch wenn immer wieder der Verdacht laut wird, der Trend könne nur vorübergehend und bald vorbei sein – zumal die App auf Grund von Vorbehalten gegen zu unsichere Datenschutzrichtlinien und Jugendschutzmaßnahmen in einigen Länder bereits verboten ist (Navlakha 2023). Seit der chinesische Konzern ByteDance 2016 TikTok nach dem Vorbild des heimischen Erfolgsprodukts Douyin als globalen Videosharing-Dienst und soziales Netzwerk lanciert, die zu dieser Zeit beliebte Playback-App musical.ly aufkauft und knapp zwei Jahre später mit TikTok fusioniert, geht die Wachstumskurve steil nach oben. Laut Statista überschreitet TikTok im Zuge des ›digitalen Booms‹ der Pandemiemaßnahmen weltweit die Marke von einer Milliarde User:innen – mit weiterer Wachstumsprognose für die nächsten Jahre (Abb.1, Buchholz 2022).

Auf der Grundlage seiner eigenen Popularisierung als Plattform, aber auch begünstigt durch Features, die den User:innen das Ein- und Umarbeiten medienkultureller Inhalte wie Filme, Serien oder Songs in ihre selbsterstellten Videos erleichtern, hat TikTok entscheidenden Einfluss auf die Populärkultur, verarbeitet bereits Populäres und bringt neue Popularität durch die vorherrschenden Nachahmungspraktiken auf eine Weise hervor, die sich deutlich von anderen Plattform-Dynamiken unterscheidet. Da TikTok-Kurzvideos besonders auf der Grundlage beliebter Sounds entstehen, ist der Einfluss der Plattform auf die Messung und Darstellung von Popularität auf der

The Rapid Rise of TikTok

Number of active users of selected social networks
worldwide (in millions)

— 🔵 Facebook   — ⬛ TikTok   ⬛ Instagram   ⬜ WeChat
⬛ LinkedIn   ☁ Snapchat   ⬜ Twitter

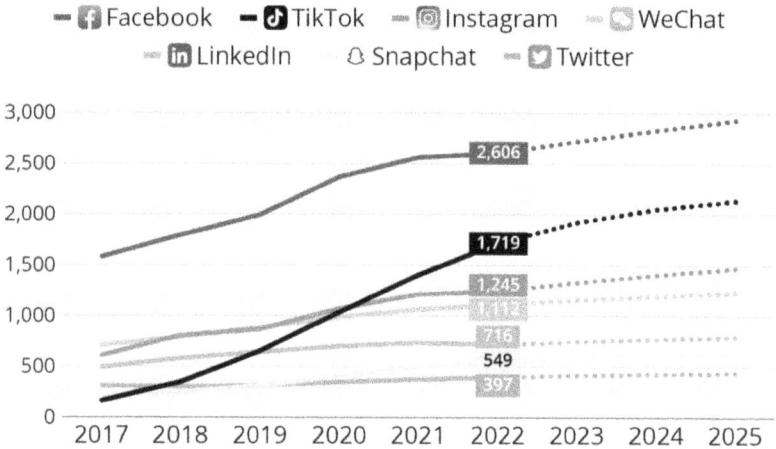

3,000

2,500 ⸺ 2,606

2,000

1,719
1,500

1,245
1,000 1,112
716
500 549
397
0
2017 2018 2019 2020 2021 2022 2023 2024 2025

Estimations as of June 2022. Projections from 2023 until 2025.
Source: Statista Advertising & Media Outlook

statista ◢

Abb. 1: Im Diagramm verdeutlichtes TikTok-Wachstum. Buchholz, Katharina
(2022): The Rapid Rise of TikTok. statista. https://www.statista.com/chart/28412/
social-media-users-by-network-amo. 15.12.2023.

Grundlage von Musik-Charts besonders groß.[1] Popsongs, die gleichzeitig TikTok-
Trends sind, gelangen in die »Billboard Hot 100« oder in die »Spotify Viral 50«.
Schließlich erhalten sie seit jüngster Zeit in den »TikTok Billboard Top 50« eine eigene
Sichtbarkeit in den Metriken der Popularisierung (Abb. 2; O'Boyle 2023).

TikTok hat das Format der Kurzvideos zu einem Erfolgsrezept gemacht, das mittlerweile von Plattformen des Meta-Konzerns (auf Facebook und Instagram als »Reels«)
und YouTube (unter dem Namen »Shorts«) ebenfalls zum Einsatz kommt, ohne al-

---

[1] Um so einschneidender ist es, wenn Streitigkeiten um die Vergütung von populärer Musik
zwischen TikTok und Plattenfirmen nicht gelöst werden können: Anfang des Jahres 2024 löscht
die Plattform die Tonspur aller Videos, die Songs der Firma Universal verwenden, weil ein
entsprechender Nutzungsvertrag nicht verlängert werden konnte (Borcholte 2024).

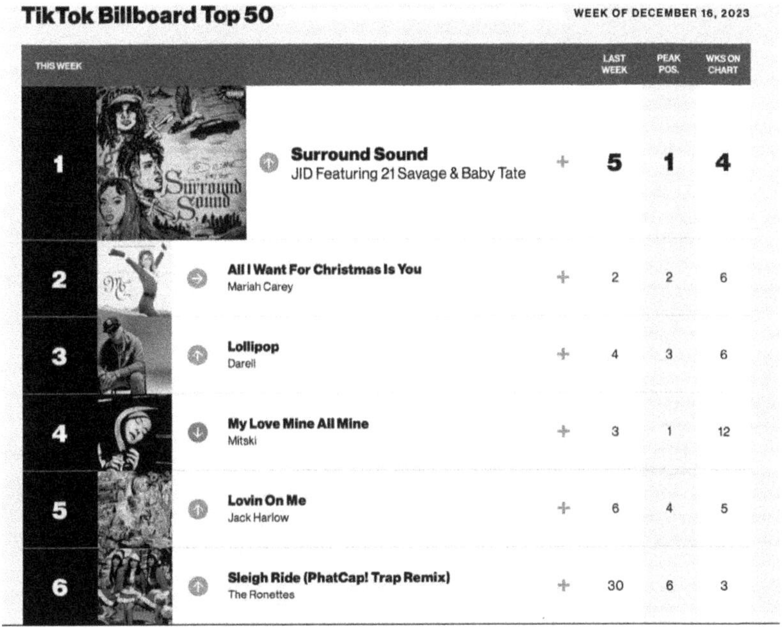

TikTok Billboard Top 50					WEEK OF DECEMBER 16, 2023		
THIS WEEK					LAST WEEK	PEAK POS.	WKS ON CHART
1			Surround Sound JID Featuring 21 Savage & Baby Tate	+	5	1	4
2			All I Want For Christmas Is You Mariah Carey	+	2	2	6
3			Lollipop Darell	+	4	3	6
4			My Love Mine All Mine Mitski	+	3	1	12
5			Lovin On Me Jack Harlow	+	6	4	5
6			Sleigh Ride (PhatCap! Trap Remix) The Ronettes	+	30	6	3

Abb. 2: Ausschnitt der wöchentlich auf billbord.com aktualisierten TikTok-Charts. Screenshot. 16.12.2023.

lerdings im Plattform-Wettstreit den Trend der TikToks vollständig aufgreifen und überbieten zu können (vgl. Coulter 2022: 138–140). Durch zahlreiche Funktionen innerhalb der TikTok-App können Videos (mit einer maximalen Länge von drei Minuten) direkt aufgenommen und bearbeitet werden. Dazu stehen nicht nur Bildbearbeitungsprogramme-, Filter- und Montagetools zur Verfügung. Zentral ist das Feature »Sound benutzen«, mit dem jedes Video, das sich in diese Partizipations-Aufforderung einreiht, eine übereinstimmende tonale Atmosphäre und Rhythmik erhält. Auf diese Weise entstehen auf TikTok Serien ähnlicher Inhalte. TikTok-Sounds sind strukturgebend und sorgen für die Hervorbringung auditiv organisierter Plattform-Relationen, wobei Video-Produktionen auf der Basis beliebter Sounds häufig mit visuell-körperlichen TikTok-Trends in Verbindung stehen. Wenn Mitte Dezember 2023 der »Surround Song« von JID, 21 Savage und Baby Tate vor Mariah Careys saisonal bedingtem Dauerbrenner »All I Want For Christmas Is You« die Hit-Liste anführt, so ist dies einer Tanz-Challenge geschuldet, die mit einer besonderen Kameratechnik einhergeht: Das Smartphone wird zunächst – im Video sichtbar – mit Klebeband an der Decke befestigt, um dann in einem Top Shot eine Gruppe von Personen wiederzugeben, die eine Abfolge

Abb. 3–5: TikTok-Screenshots: Kreis-Figur des »Surround Song«-Tanztrends, gefunden über die TikTok-Suche des Hashtag #sorroundsong. 15.12.2023.

von Tanzfiguren ausführt (im Kreis tanzen, Polonaise, emporwerfen eines Tanzenden; vgl. Abb. 3–5[2]).

Auf Quantifizierung beruhende Produktionen von Popularität stützen sich hier wechselseitig: Der Hashtag #surroundsound kann in der TikTok-App mit 701,3 Millionen Aufrufen verzeichnet werden. Der gleichnamige Popsong aus dem Jahr 2022 erreicht Ende des Jahres 2023 auch in den »Billboard Hot 100« mit Platz 64 einen neuen Höchststand (Rutherford 2023). Wichtig ist dabei, dass Popsongs auf TikTok ›Vorlagefähigkeit‹ erlangen können. Songs fungieren als auditive Schablonen, die ähnliche Choreografien herausfordern und sich in freier Assoziation auf Lyrics (»Push the fucking pack off of the porch or break a pound down / Get this strap, if it happen to blow, it makes surround sounds«) oder rhythmische Akzentuierungen beziehen. Entschei-

---

[2] Alle hier verwendeten TikTok-Screenshots wurden über einen Forschungsaccount gewonnen. Videos werden aus forschungsethischen Gründen anonymisiert wiedergegeben und nicht durch eindeutige Zitation identifizierbar gemacht, es sei denn, bei ihren Ersteller:innen handelt es sich um Personen des öffentlichen Lebens, große Firmen oder Influencer:innen, die mindestens eine Million Follower:innen haben.

dend ist die Wiederverwendung des Songs in tausenden Videos, deren Protagonisten Inszenierungsformen nachahmen, die den Song ebenfalls als Sound verwenden.

Schnipsel populärerer Songs wie der »Surround Sound« können somit auf der Plattform wie Ohrwürmer zirkulieren (Abidin/Kaye 2021). Sie folgen der Ansteckungs-Logik eines kontingenten Zusammentreffens unterschiedlicher sich von Ferne ähnelnder medialer Artefakte (»surround« in den Song-Lyrics und das Umringen des Bildausschnitts durch die Tanzenden), die in einer lockeren Kombinatorik immer neue Varianten in Imitationspraktiken hervorbringen (Simon 2016). TikTok ist, darauf hat die analog zur Plattform rasant wachsende Forschung deutlich hingewiesen, eine Meme-Textur, die das Kopieren und Variieren kleiner medienkultureller Artefakte besonders auf Ton-Bild-Kombinatoriken konzentriert und auf diese Weise als Katalysator für die Popularisierung von Songs und Melodien fungiert, was gleichermaßen zu Reichweite, Aufmerksamkeit und Berühmtheit der Plattform-Kreator:innen führen kann (Abidin 2020; Zulli/Zulli 2022).

Aufgrund der Plattformgeschichte und ihrer Herkunft aus der Tradition der Lipsync-Videos, wie sie bereits auf musical.ly beliebt waren, sind die Relationen zwischen TikTok und den Populärkulturen der Musikbranche besonders eng. Während des Corona-Lockdowns waren besonders über Split-Screens und Duette inszenierte Formen des gemeinsamen Musizierens beliebt und haben ganze Communities zu spezifischen Musikgenres (z.B. JazzTok) auf der Plattform ausgebildet (Kaye 2022). Memes und Trends verbinden Popmusik auch mit politischen Themen und gestalteten TikTok als einen Ort des Aktivismus aus (Rauchberg 2022; Peterson-Slahuddin 2022; Gentry 2022).

Die Möglichkeit liegt nahe, TikTok als ein Marketing-Tool in der Musikbranche zu nutzen und die Plattform gezielt als Popularisierungs-Antrieb einzusetzen, mit dessen Hilfe Songs zu oberen Plätzen in den Charts und großen Verkaufs- und Streaming-Gewinnen gelangen können. In Zusammenarbeit von TikTok-User:innen und Akteur:innen der Musikindustrie könne Musik besonders erfolgreich vermarktet werden, so die Hoffnung (Toscher 2021). TikTok lässt sich dabei als ein Meilenstein in der Geschichte des Musik-Marketings auffassen, das sich immer mehr zu einer Praxis der Co-Kreation hin entwickelt, ein Marketing unter Mitwirkung von Fans und Influencer:innen, das auch die Musik-Industrie verändert und neue Möglichkeiten, aber auch neue Anforderung an die Vermarktung von Künstler:innen stellt (Odgen/Odgen/Long 2011). TikTok kann von großen Labels unabhängigen Künstler:innen zu überraschender Bekanntheit verhelfen. Musikalische Entdeckungen, neue Darbietungen und Performer:innen können durch die mimetische Viralität der Plattform besonders begünstigt werden. Jedoch ist eine gezielte Arbeit an der eigenen Reichweite auf TikTok schwer umsetzbar. Die auf den Vorlieben von vielen und großen Zahlen beruhende virale Eigendynamik kann ebenso zu Invisiblisierung führen, besonders von User:innen, die eine Zugehörigkeit zu gesellschaftlich marginalisierten Gruppen markieren (Duffy/

Meisner 2022). Ebenso scheint sich die Plattform als Marketing-Tool für große Labels weniger gut zu eignen, da die Sichtbarkeits- und Verbreitungsdynamik zwar für Überraschungserfolge sorgen kann, aber schwer zu kontrollieren ist. Die Steuerung von Popularität bleibt letztlich auf unterschiedlichsten Ebenen unkalkulierbar. So betont die ehemalige Marketing-Direktorin und Betriebswissenschaftlerin Andi Coulter besonders hier einen markanten Unterschied zwischen TikTok und anderen Plattformen, die sich kontrollierter als Marketing-Tools einsetzen ließen (Coulter 2022).

Auf TikTok sind Elemente einer Social-Media-Ökonomie wie Following, Influencing oder ein relativ kontrollierter und überschaubarer Austausch von Inhalten unter Freund:innen oder Follower:innen weniger dominant als auf Facebook, Instagram, X (vormals Twitter) – oder vielmehr: Sie werden überlagert von einer Plattform-Strukturierung, die den individuell zugeschnittenen, algorithmisch aus der globalen Videoproduktion von Kreator:innen kuratierten Stream jeder User:in ins Zentrum der App-Erfahrung stellt.

Das in Peking ansässige Unternehmen ByteDance ist spezialisiert auf Empfehlungsalgorithmen, TikTok ist nur ein Einsatzort unter vielen (vgl. Kaye/Zeng/Wikström 2022: 18–55). Signifikantes Interface-Element der TikTok-App ist die so genannte »ForYou-Page«, die nach Öffnen der App sofort ein Video des personalisierten Streams abspielt, das den gesamten Smartphone-Screen ausfüllt und durch Interaktions-Tools am Rand überlagert wird. Die User:in kann sich dieses Video ansehen, es liken, kommentieren, weiterleiten oder es sofort nach oben wegwischen, um zum nächsten Video zu gelangen. Die TikTok-Nutzung gleicht somit einem potenziell endlosen Zappen, das als besonders bindend erfahren werden kann. Das dem Algorithmus zugeschriebene Sucht-Potenzial wird in der öffentlichen Wahrnehmung vielfach auch als Erklärung für die Faszination und Gefährlichkeit TikToks, für die einseitige Information oder die Invisiblisierung von Inhalten, die gemäß den Plattform-Richtlinien unerwünscht sind, verantwortlich gemacht (Wang 2022). Die künstliche Intelligenz des selbstlernenden Algorithmus entwirft ein ständig aktualisiertes Profil jeder User:in, um möglichst zielgenau zu antizipieren, was sie sehen und hören will. Um ein ständig aktualisiertes Profil ihrer Vorlieben zu erstellen, ist für die permanente Datenabfrage der App weniger relevant, wem eine User:in folgt, sondern wie lange und wie oft sie ein Video anschaut, ob und wie sie den Interaktionsaufforderungen folgt oder welche Themen sie mittels der Suchfunktion der App aufruft.

Die Praktiken der Nutzung bestimmen also mit, was es in der App zu sehen gibt. Wer auf dieser Grundlage Reichweite und Popularität erlangen will, sieht sich mit einem nur schwer oder gar nicht kontrollierbaren Wechselspiel aus Trends und Vorlieben in einer weltweiten Zirkulation von Videos konfrontiert. Aus Coulters Sicht ist TikTok weniger für ein ›Top-Down-Marketing‹ geeignet, sondern nur dann sinnvoll als Marketing-Tool nutzbar, wenn die Vermarktung von Popsongs dem rhizomatischen Wachstum von Erfolg und Reichweite auf der Plattform Rechnung trage und ein ›agiles Marketing‹

verfolge, das nicht auf die Verbreitung von Musik über Influencer:innen setze, sondern mit ›Schnipseln‹ aus Songs arbeite, eine ›Vorlagenfähigkeit‹ von Songs anstrebe, die sich zur Meme-Produktion und zur viralen Verbreitung anbiete (vgl. Coulter 2022: 149). Zugrunde liegt hier die Annahme, Unternehmen oder politische Akteur:innen müssten sich nur die richtige ›TikTok-Literacy‹ aneignen, um auf der Plattform ihre Produkte und Strategien lancieren zu können (Bösch/Köver 2021).

Doch mit einer solch instrumentellen Sicht, in der TikTok zwar als raffiniertes und schwer handhabbares, aber eben doch gezielt einsetzbares Tool aufscheint, ist die Kontingenz (Esposito 2014), mit der auf TikTok Songs zu viralen Trends werden, nicht ausreichend erfasst. Allein die Rhizom-Metapher weist hier in eine andere Richtung. Warum beispielsweise der 43 Jahre alte Song »Dreams« von Fleetwood Mac zu Zeiten der weltweiten Corona-Pandemie im Herbst 2020 wieder in die Charts kommt (in die Top 20 der Spotify-Charts), lässt sich höchstens im Nachhinein ermitteln. Die erneute und unerwartete Popularität des Hits ist einem Video des TikTok-Users Nathan Apodaca zu verdanken, in dem er auf einem Longboard einen Highway entlangfährt, sich mit dem Smartphone im ausgestreckten Arm filmt, dabei aus einer Plastikflasche Cranberry-Saft trinkt und lippensynchron »Dreams« performt. Warum dieses Video und damit der Song auf TikTok innerhalb kürzester Zeit auf die Aufmerksamkeit von Millionen stößt, bleibt letztlich ein Rätsel. »*Realness*«, nennen Marcus Bösch und Chris Klöver dieses TikTok-Stilelement, »schwer zu beschreiben, aber einfach zu verstehen, wenn man es sieht« (Bösch/Klöver 2021: 13).

Der virale Erfolg des Clips lässt sich auch nur nachträglich für Vermarktungszwecke in Anspruch nehmen: Der Hersteller des Cranberry-Safts Ocean Spray springt auf den Trend auf und befeuert ihn weiter, indem er Apodaca mit einem werbewirksam inszenierten Truck beschenkt; Fleetwood Mac präsentiert sich anerkennend auf TikTok – Ocean Spray Cranberry-Saft trinkend (Morillo 2020; Schmock 2020). Ocean Spray Inc. postet ein TikTok-Video unter den Hashtags #dreamschallenge und #cranberrydreams, das nicht nur das ursprüngliche Video verarbeitet, Apodaca und Fleetwood Mac im Duett zeigt, sondern in einem Split-Screen die Videos zahlreicher safttrinkender und skatender TikToker:innen vereint: Die Viralität des Videos wird aufgegriffen und reproduziert, ein Meme wird genutzt und mit erschaffen (Abb. 6–8).

Welchen Stellenwert haben dann die Charts, die dank TikTok erfolgreiche Songs (erneut) erklimmen, wenn die Selektion dieser Songs so kontingent, unvorhersehbar und nicht zu steuern ist? Folgende Vermutung soll die hier verfolgten Überlegungen leiten: TikTok-Chart-Erfolge sind weniger Behauptungen von Popularität eines spezifischen populären Songs, denn der einzelne Song ist austauschbar. Eine Liedzeile, ein Begriff aus dem Songtitel oder ein Melodieelement kann dafür sorgen, dass eine Verbindung mit einer visuellen Performance und einem besonderen Framing durch die Smartphone-Kamera möglich wird, das zur Imitation und massenhaften Reproduktion oder einfach nur zum erneuten Wiedersehen und -hören anreizt. TikTok-Charts oder

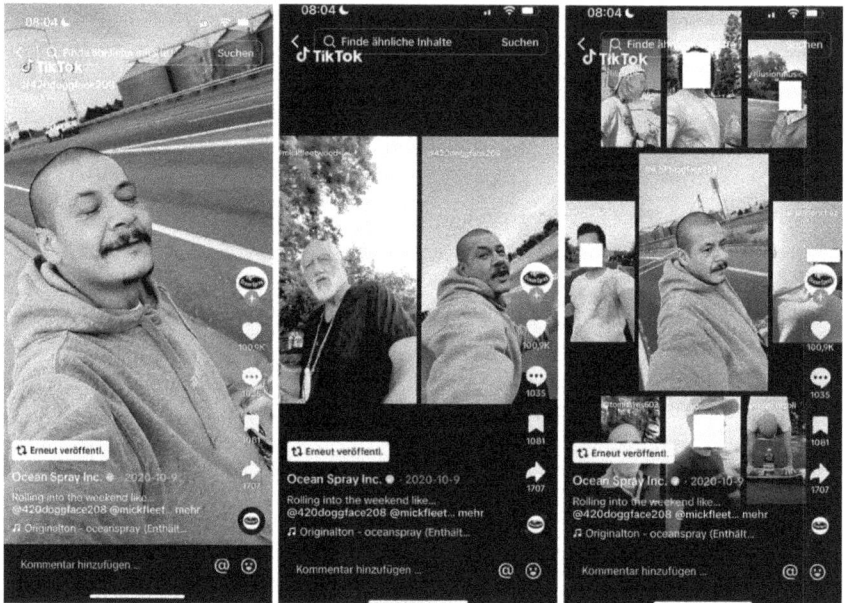

Abb. 6–8: Screenshots eines Videos des TikTok-Accounts Ocean Spray Inc vom 9. Oktober 2020, https://www.tiktok.com/@oceanspray/video/6881731218379984133. 27.12. 2023.

die Chart-Platzierung von Songs, die auf TikTok ein Millionenpublikum verzeichnen können, dokumentieren vielmehr die Popularität der Meme-Produktion, die Vitalität der sozialen Interaktionen, ihre Fruchtbarkeit für die weitere ökonomische Abschöpfung ganz generell. Im Folgenden soll dies im Detail entlang des *Wednesday*-Tanztrends nachvollzogen werden.

2. Reproduktionsdynamiken des Populären

Was in Rankings und Charts als populär ausgewiesen ist, findet auch Beachtung auf TikTok. Die erste Staffel der Netflix-Serie *Wednesday* wurde auf der Streaming-Plattform in den ersten 91 Tagen nach ihrer Veröffentlichung über 250 Millionen Mal angesehen und rangiert Ende Dezember 2023 somit auf Platz eins im Netflix-Ranking der populärsten englischsprachigen TV-Serien.[3] Damit übertrifft *Wednesday* noch die bislang als erfolgreichste Produktion geltende Serie *Stranger Things*. Dabei ist es un-

---

[3]   Vgl. Most Popular Lists. Netflix.com. https://www.netflix.com/tudum/top10/most-popular/tv. 28.12.2023.

erheblich, dass die mittlerweile über 1,7 Milliarden Streaming-Stunden, die *Wednesday* auf Netflix verzeichnen kann, aus feuilletonistischer Sicht als ein mittelmäßiges ›Hintergrundfernsehen‹ bezeichnet werden (Stolworthy 2022). Was hier zählt, ist nicht die kulturkritisch ausgewiesene Qualität des Formats, sondern allein das quantifizierbare Einspielergebnis einer gut geplanten Serie, die auf einer Kombination von mehreren Erfolgsgaranten beruht.

Wednesday greift ein seit den 1930er Jahren aus Cartoons bekanntes und im frühen Fernsehen der 1960er Jahre besonders beliebtes Serien-Sujet auf:[4] Wednesday ist die Tochter der skurrilen und makabren Addams Family, die anschließend an Charles Addams Bildgeschichten im *New Yorker* mehrfach zum titelgebenden Sujet in Fernsehserien und anderen Formaten wurde. Die Netflix-Serie verlegt den Handlungsort vom Familienhaus in das Internat der mittlerweile jugendlichen Tochter, in die so genannte Nevermore Academy, verbindet den beliebten Stoff mit seinen Mystik- beziehungsweise Horrorelementen und bekannten Akteur:innen (»The Thing«/»Das eiskalte Händchen« zieht mit Wednesday ins Internatszimmer ein) mit einer Coming-of-Age-Geschichte und knüpft somit an das bewährte Erfolgsformat *Stranger Things* oder auch an die *Harry Potter*-Reihe an. Jenna Ortega kann durch ihre Perfomance der Titelrolle eine weltweite Fancommunity ansprechen, Tim Burton als Regisseur gibt der Serie eine zusätzliche skurril-groteske Note – fertig ist das auf bestehender und in Rankings nachweisbarer Popularität beruhende Erfolgsrezept, das im Fall von *Wednesday* vollständig aufgeht. Die Serie wird binnen kürzester Zeit zum Popkultur-Phänomen (Zara 2022).

Dass die Serie in Fan-Adaptionen auf TikTok jedoch eine Eigendynamik entwickelt, die über den *Wednesday*-Erfolg hinaus zu Chart-Gewinnen von Lady Gagas Song »Bloody Mary« zwölf Jahre nach dessen Erstveröffentlichung führt, war zumindest vonseiten der *Wednesday*-Produzent:innen nicht vorhersehbar, zumal der Song im Soundtrack der Serie gar nicht vorkommt. Die Kreator:innen auf TikTok greifen ein Element in der Storyline der Serie auf – einen Tanz der Protagonistin auf dem Schulball der Nevermore Academy. In ihren Imitations-Praktiken entsteht auf diese Weise ein Audio-Meme, das einen bislang völlig unbeteiligten Song in das Serienuniversum der Addams Family einwebt und ihn so sehr mit *Wednesday* verbindet, dass er auch unabhängig von visuellen Performances der Nachahmung diese Verbindung repräsentieren kann.

Ausgangspunkt ist auch hier ein Schnipsel, in diesem Fall ein kleines Serienelement, das sich zur Imitation anbietet und sich als Vorlage für die Videoproduktion auf TikTok eignet: ein Tanz auf einem Schulball, der besonders charakteristisch für die Protagonistin und die dunkle, skurrile Ästhetik der Serienfigur ist. Die Schulballperformance

---

4   Im Folgenden greife ich Gedanken auf, die bereits im Band *Digitale Bildkulturen: TikTok* veröffentlicht wurden (Otto 2023: 40–48) und beleuchte sie neu unter dem Aspekt der Rankings.

Abb. 9: Jenna Ortegas Performance des Wednesday-Dance in der gleichnamigen Netflix-Serie. Quelle: Netflix, zit. nach Cadorniga, Callie (Carlos) (2022): Wednesday Addams' Dance Moves from the Popular Netflix Series Are Taking Over TikTok. distractify.com: https://www.distractify.com/p/wednesday-addams-dance-tiktok-trend. 30.12.2023.

Ortegas, die sie für die Serie selbst choreografiert haben soll, eignet sich hierzu im besonderen Maße, weil sie durch eine Abfolge von markanten Körperpraktiken für Wiedererkennbarkeit sorgt und in ihrer Ungewöhnlichkeit zur Nachahmung einlädt. Der Tanzstil wirkt fast ungelenk und unzeitgemäß, er knüpft nicht an Tanztechniken der Gegenwart an, sondern erinnert eher an avantgardistischen Ausdruckstanz des frühen 20. Jahrhunderts und schlägt eine Brücke zur Tradition der Goth-Ästhetik der historischen Serienfigur Wednesday. Der Tanz funktioniert über Kontraste: Ortega kombiniert langsame, fließende Abläufe mit abrupten Bewegungen: die Hände angewinkelt und die Finger nach unten gespreizt wirft sie plötzlich den Kopf in den Nacken, richtet sich dann wieder auf und lässt anschließend die Arme in fließenden Moves nach oben gleiten. Sie tanzt mit unbeweglicher, ernster Miene, den Blick in eine unbestimmte Ferne gerichtet. Ein Kleid aus Tüll und Spitze, expressives Make-up und hochgesteckte geflochtene Zöpfe unterstreichen die kühle Strenge der Figur. Der expressive Tanz steht im Gegensatz zum Ausdruck einer lakonisch-makabren Emotionslosigkeit, die für Wednesday charakteristisch ist (Abb. 9).

Nachdem die Serienfolge mit der Tanzszene Ende des Jahres 2022 auf Netflix veröffentlicht wird, erfährt der Wednesday-Dance virale Verbreitung auf TikTok und erlangt ›Meme-Status‹ (Cadorniga 2022): Der Hashtag #wednesdaydance rangiert auf der Plattform mit über zwei Milliarden Aufrufen sehr weit oben in der internen Markierung von Popularität. Die mit dem Hashtag verknüpften Short Videos zeigen einzelne Tänzer:innen, Tanzgruppen, aber auch animierte Figuren oder Tiere, die den

Wednesday-Dance ausführen. Die Darbietungen finden in unterschiedlichsten Räumen statt – in Tanzstudios, Klassenzimmern, aber auch draußen in der Natur, im Schnee, sogar unter Wasser. Der Trend gestaltet sich vielfach als eine Challenge aus, die charakteristischen Körperpraktiken Wednesdays möglichst gut nachzuahmen und auf ihre Tanzfiguren und Bewegungsabfolgen imitierend Bezug zu nehmen. Die Referenzen zur Netflix-Serie sind teilweise eng und sehr deutlich, wenn beispielweise Wednesdays äußeres Erscheinungsbild, ihre Frisur, ihr Make-up oder auch das Kostüm kopiert werden. Manchmal ist die Imitation sogar spiegelbildlich angelegt, wenn ein großer Flachbildschirm, auf dem das Netflix-Original zu sehen ist, mit im Bild platziert wird. Teilweise sind die Nachahmungen aber auch in starker Variation nur locker oder auch satirisch an Wednesday angelehnt, wenn zum Beispiel Rettungskräfte, Soldaten oder ein Busfahrer den Tanz-Trend aufgreifen und in der wiedererkennbaren Bewegungsabfolge performen.

Die Choreografin Joana Tischkau vermutet, der Wednesday-Tanz sei vor allem deshalb auf TikTok so erfolgreich, weil es hier nicht nur um eine Tanz-Performance gehe, sondern auch um eine besondere Bildlichkeit, um den spezifischen Wednesday-Look, der leicht nachgestellt werden könne (Tischkau, zit. nach Saoud 2022) Dies erklärt den Trend jedoch nicht vollständig. Viele Bewegungsabläufe der TikTok-Tänzer:innen funktionieren eher kontrastiv, indem sie mit einem eher gar nicht passenden Outfit kombiniert werden. Entscheidend für das entstehende Meme ist, dass hier die zusätzliche Popularität eines Sounds ins Spiel kommt, ohne den der Wednesday-Trend nicht vollständig wäre: Der Trend ist nur in Kombination mit einem spezifischen TikTok-Audio-Meme in seiner Popularität und massenhaften Verbreitung nachvollziehbar. Die Wednesday-Performance ist nicht allein für den Tanz-Trend verantwortlich. Die Serie wird in TikTok-Praktiken angeeignet und mittels eines Ohrwurms umgestaltet. Die TikTok-Performer:innen greifen nicht die Musik auf, die in der Serie für den expressiven Tanz verwendet wird, den 1980er-Jahre-Song »Goo Goo Muck« von The Cramps. Sie verwenden für ihre Performances vielmehr eine in schnellerer Geschwindigkeit abgespielte Version von Lady Gagas »Bloody Mary«. Der Wednesday-Dance wird zum Meme auf TikTok im Zusammenspiel mit einem anderen Trend: dem Remix von älteren Popsongs.

Wer sich die Kombination von »Bloody Mary« mit *Wednesday* zuerst ausgedacht hat und warum sie so beliebt ist, bleibt unklar. Ein klares Kausalitätsverhältnis der Kombinatorik ist im Fall von Memes ebenso wenig ermittelbar wir eine eindeutige ›Urheber:in‹ im Unterschied zu bloß Nachahmenden. Insofern sie sich stets im Wechselverhältnis zu ihren soziotechnischen und plattformspezifischen Umgebungen herausbilden, haben Memes viel mehr mit den Kontexten ihrer Hervorbringung als kulturellen Artefakten zu tun als mit der individuellen Kreativität ihrer ›Schöpfer:innen‹ (Goriunova 2013). Die Lyrics des Lady-Gaga-Songs – »I'll dance, dance, dance / With my hands, hands, hands / Above my head, head, head / Like Jesus said« – könnten das vielfältige Aufgreifen als Videosound für Wednesday-Performances begünstigen (CNA Lifestyle 2022). Vollständig erklären lässt sich die Meme-Kombination damit jedoch nicht. Das liegt nicht zuletzt an einer nur eingeschränkten menschlichen Agency in einer algorithmisch gesteuerten Plattform. Die Rhizomatik TikToks webt sich nicht allein auf der Grundlage von Semantiken und Intentionen menschlicher User:innen. Vielmehr handelt es sich um ein in der Plattformökonomie durchaus kalkuliertes und provoziertes Zusammentreffen, um eine ›kontrollierte Unkontrollierbarkeit‹, an der die algorithmische Reichweitenregulation, die immer wieder überraschende und unvorhergesehene Begegnungen herausfordert, entscheidend beteiligt ist (vgl. Esposito 2022: 9): Song-Schnipsel stehen zur Verfügung, um aufgegriffen und mit anderen Bewegtbildern kombiniert zu werden. Mit der Funktion »Sound benutzen« fordert TikTok dies in jedem Video immer wieder neu heraus.

Der Trend rund um die Netflix-Serienfigur Wednesday verdankt seine Popularität somit einem algorithmisch lancierten Aufeinandertreffen zweier Bündel von Imitations- oder Aneignungspraktiken, die Gegenstände der Populärkultur transformieren. Als der Wednesday-Trend Ende 2022 beginnt, zirkulieren die ›Sped Up‹-Songs bereits seit einigen Monaten auf TikTok. Ähnlich wie Ortegas Performance greifen sie Vorbilder aus der Pop-Geschichte auf. Sie erinnern an mit erhöhter Geschwindigkeit abgespielte Songs aus dem Nightcore-Genre, das der Anime-Kultur nahesteht oder an so genannte ›Chipmunk‹-Versionen bekannter Songs. Das Remix-Phänomen ist nicht auf TikTok beschränkt, es greift wiederum in die Populärkultur aus, was in Rankings kenntlich wird: ›Sped-Up‹-Versionen führen bisher mehr oder weniger erfolgreiche Songs zu Plätzen weit oben in den Charts, sie werden in Spotify-Playlists als eigenes Genre zusammengefasst oder in Musikvideos zur gezielten Vermarktung von Songs genutzt (Wagner 2023; Whitehead 2022).

In der engen Verknüpfung mit dem Tanz-Trend hat sich die ›Sped Up‹-Version von »Bloody Mary« auf TikTok als ein auditives Meme herausgebildet, das eng an die Serie *Wednesday* gebunden bleibt, sich aber zugleich weit von ihrer audiovisuellen Ästhetik entfernt. Die Verbindung zwischen »Bloody Mary« und *Wednesday* erhält ihre Stabilität allein aus den Imitations-Praktiken auf TikTok. Der Sound wird auf der Plattform von mehreren Accounts zur Verfügung gestellt.[5] Nur wenige Videos, die ihn verwenden, zeigen keine oder keine klar erkennbaren Referenzen zu *Wednesday*. Auch ohne explizit die Körpertechniken des Tanz-Trends zu reproduzieren, nutzen die allermeisten Videos den Sound, um an den Tanz oder an *Wednesday* zu erinnern. Dabei zeigen sich weitere Transformationen von populärer Kultur: Besonders eindrücklich verarbeitet zum Beispiel der ukrainische Zauberwürfelkünstler Alex Ivanchak das

---

5   Nicht alle Sounds bleiben – vermutlich auf Grund von Urheberrechtsstreitigkeiten – auf der Plattform nachhaltig verfügbar. Die folgenden Beispielvideos (von Alex Ivanchak und Lady Gaga) sind Ende Februar 2024 nur noch ohne Sound auf TikTok rezipierbar.

Audio-Meme. Ivanchak stellt in seinen Videos aus bekannten Vorlagen Pop-Art-ähnliche Porträts aus Zauberwürfeln her, in dem er deren Farbflächen entsprechend anordnet. Mit dieser Kunstfertigkeit hat er Aufmerksamkeit innerhalb und auch außerhalb TikToks erlangt (Martin 2021). Er gewinnt die Anerkennung der Community durch kunsthandwerkliches Geschick und verblüffende Praktiken des Herstellens, wobei seine Videos alle einem ähnlichen Prinzip folgen: Ivanchak hält zunächst die Vorlage in die Kamera, meist auf einem Bildschirm. Bei seiner Aneignung der Netflix-Serie zeigen sich auch die Vorgänge der Interaktion innerhalb TikToks. Ivanchak kommt mit diesem Video der Bitte einer User:in nach (rechts oben in Abb. 10 im eingeblendeten Kommentar, hier anonymisiert wiedergegeben), doch ein Zauberwürfel-Bild Wednesdays zu erstellen. Das gesamte Video ist entlang der ›Sped Up‹-Version von »Bloody Mary« angelegt. Die Geschwindigkeit des Songs vereint sich hier mit Ivanchaks üblichem Vorgehen, die Anfertigung des Zauberwürfel-Portraits im Zeitraffer zu zeigen (Abb. 11).

Ausgehend von einem Tanz-Trend, der ein Audio-Meme hervorbringt, erklimmt der Song »Bloody Mary« aus dem Jahr 2011 im Januar 2023 erstmals die »Billboard Hot 100« (Zellner 2023). Der Trend bleibt in Körpertechniken des Nachahmens von möglichst exakten Kopien der Bewegungen und Outfits bis hin zu lockeren Adaptionen auf der Straße oder in Innenräumen noch mehr oder weniger eng an die Netflix-Serie gebunden. Der Sound trägt jedoch die Stimmung und Bildlichkeit *Wednesdays* mit sich, ohne im Original überhaupt vorzukommen. Wenn Lady Gaga Ende 2022 ein TikTok im Stil des Wednesday-Trends erstellt und dabei die ›Sped-Up‹-Version von »Bloody Mary« verwendet, schließt sich der Kreis der Adaption und Neubearbeitung und zeigt sich zugleich deutlich als ein Kreislauf der ökonomischen Zirkulation, in dem die Rollen zwischen Produzierenden und Konsumierenden nicht mehr in klarer Opposition zueinander stehen (Bruns 2008) (Abb. 12 u. 13). Als ›Urheberin‹ des Songs, die besonders von seinen neuen Chart-Erfolgen profitiert, webt sich Lady Gaga damit als ein Faden in die Textur des Serien-Gefüges TikToks ein, lässt sich von einem Schub der Popularisierung mittragen, die sie nicht kontrollieren, sondern nur mit bespielen kann. Auf TikTok beschert ihr dies über 15 Millionen Views und 2,5 Millionen Likes.

3. Popularität der Charts und Praktiken des Bewertens

Die TikTok-Trends, aus denen überraschende Chart-Rangplätze für Songs wie »Surround Sound«, »Dreams« und »Bloody Mary« hervorgehen, zeigen die enge Verbindung von Social Media-Praktiken, Aneignungskulturen und der Popularisierung zweiter Ordnung. Charts, Listen und Rankings sind dabei nicht nur Formen der Darstellung von Popularität, sie wirken an der Popularisierung mit, indem sie Orientierungswissen über das bereitstellen, was viele beachtenswert finden, es ordnen und

Abb. 10 u. 11: Zauberwürfelkunst mit auditiver Referenz zur Netflix-
Serie über den Sound des Wednesday-Dance, alex.ivanchak, 30.11.2022,
https://www.tiktok.com/@alex.ivanchak/video/7172261450260565253.
14.04.2023.

strukturieren (Adelmann 2021). Dass ein kulturelles Produkt überhaupt oder sogar weit
oben auf einer Rangliste erscheint, garantiert seine Beachtung. Die Liste bringt Popularität hervor, sie wirkt performativ an der Popularisierung eines Produkts mit. Für
das Wechselverhältnis von Plattformökonomien, digitalen Kulturen und performativen Behauptungen von Popularität, in denen die Liste selbst ein entscheidendes Gewicht hat, ist es aufschlussreich, dass in den Nachahmungspraktiken von TikTok-User:
innen Rankings ihrerseits als populäre Formen auftauchen, in denen sich User:innen
nicht nur über popkulturelle Produktionen, sondern auch über ihre Vorlieben für oder
ihre Abneigungen gegen alle möglichen Konsumgüter und kulturelle Produkte ver-
ständigen: über Süßigkeiten, Serien, Drogerie-Marken, Bücher, BMWs, Chips, Fingernägel von Inlucencer:innen usw. Auf der Plattform stehen dazu unterschiedliche
Ranking-Filter bereit, die User:innen auf der Grundlage von einfach handhabbaren

Abb. 12 u. 13: Lady Gagas Performance des Wednesday Dance, lady-
gaga, 09.12.2022, https://www.tiktok.com/@ladygaga/video/
7174951907461467435. 14.04.2023.

Vorlagen erstellen. Diese Filter können ähnlich wie die Sounds als Schablone genutzt
werden, um neue Videos über das eigene Ranking zu generieren.

Sie funktionieren – aufgrund der bereitgestellten Vorlage – alle sehr ähnlich: Am
linken Rand des Bildschirms befindet sich die Liste, meist mit zehn Rangplätzen, die im
Laufe des Videos zu füllen sind. Bei Start des Effekts werden in einem Bilder-Shuffle, das
im Selfie-Modus auf der Stirn der User:in erscheint, nacheinander zu bewertende Gegenstände gezeigt. Durch Berühren der gewählten Nummer auf der Liste wird das Item
platziert und das Shuffle beginnt von neuem, bis die Liste gefüllt ist. Das immer auch
anders Mögliche spielt also entscheidend mit: Die User:innen müssen ad hoc urteilen,
auf jedes einzelne Item reagieren, ohne zu wissen, was als nächstes erscheint. Aufgrund
des ludischen Interaktionsangebots und der einfachen Handhabung werden Ranking-
Filter auf TikTok vielfältig genutzt, sowohl von sehr jungen User:innen, die sich der
Öffentlichkeit ihrer Bewertungs-Praktiken vermutlich nicht bewusst sind, als auch von

Abb. 14–16: Influencerin Nayenne rankt KINDER-Produkte, Disney-Prinzessinnen und polnische Gerichte, gefunden auf ihrem Account nayennee, https://www.tiktok.com/ @nayenneee. 22.02.2024.

reichweitenstarken Influencer:innen (Abb. 14–16). Wenig überraschend findet auch der Wednesday-Trend Ausdruck in diesen Rankings: so zum Beispiel in einem Filter, der zur Bewertung von Serienfiguren einlädt (Abb. 17), in einem Ranking beliebtester Lady Gaga-Songs (Abb. 18) oder in einer Bewertung der besten Wednesday Dance-Performances (Abb. 19), wobei in vielen dieser Videos erneut die ›Sped Up‹-Version von »Bloody Mary« als Soundkulisse dient.

　　Das Ranking erscheint hier als Werkzeug oder Kommunikationsmittel, das ähnliche Dinge einer globalen Konsum- und Popkultur neu verbindet, anordnet und bewertet. Im Vordergrund steht hier, wie Urs Stäheli dies für die Listen des Globalen beschrieben hat, jedoch nicht die Diskonnektivität, die Loslösung der einzelnen Items aus ihrem je spezifischen lokalen oder narrativen Kontext (Stäheli 2012), sondern eine Produktion von Ähnlichkeit und Vergleichbarkeit von Items, die wiederum eng an die Meme- und Imitationspraktiken der Plattform anschließt. Darüber hinaus knüpfen die User:innen-Rankings an offizielle Charts und Ranglisten an, in denen die Popularität der zu wählenden Items schon behauptet wurde. Wir haben es hier mit einer Kombination von Verfahren des Rankings auf der Grundlage von quantitativen Daten (Likes, Views, Käufen) und qualitativen Formen des Rating auf der Grundlage von subjektiver Aus-

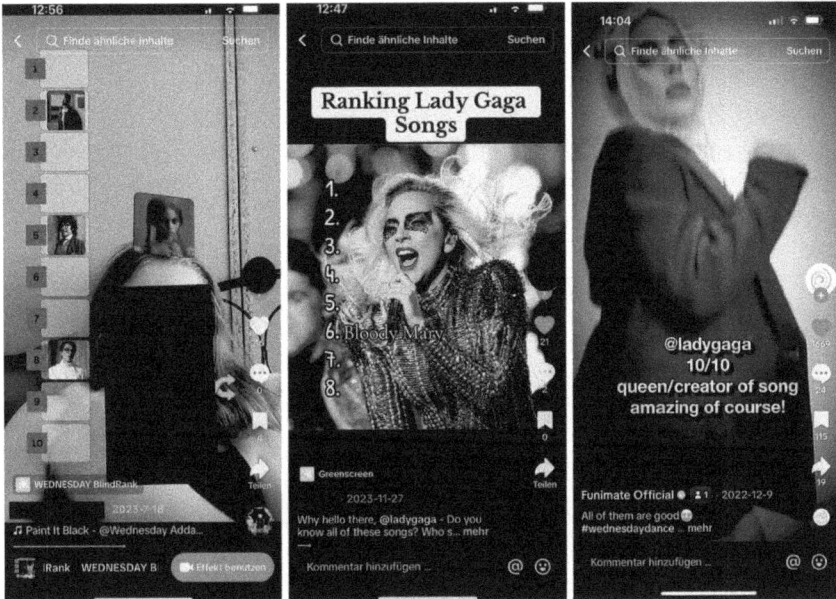

Abb. 17–19: Ranking im Kontext des Wednesday-Trends, gefunden über den TikTok-Filter »WEDNESDAY BlindRank« (Abb. 17) bzw. die TikTok-Suche nach »Ranking Lady Gaga« (Abb. 18) und »Wednesday Dance Rating« (Abb. 19). 21.02.2024.

wahl und Wertung der einzelnen User:innen zu tun. Disney-Prinzessinnen, Fingernägel von Influencer:innen oder *Wednesday*-Charaktere sind bereits auf der Grundlage von Formen der Popularisierung zweiter Ordnung populär, das Rating kann bestehende Rankings voraussetzen, wie das oben erwähnte Netflix-Ranking oder die Follower:innen-Zahl von Influencer:innen. Der Beachtungswürdigkeit der zu bewertenden Produkte ist bereits Evidenz verliehen worden, die User:innen-Ratings schließen hier an und verfolgen in ihren Aneignungspraktiken der Charts eine Art Popularisierung *dritter* Ordnung, indem sie die Popularisierung zweiter Ordnung beobachten, durch Binnenbewertungen wiederholen und neu perspektivieren.

Mit dieser Wiederholung gelangt die Rangliste selbst in den Vordergrund und schreibt sich in eine Logik der Ökonomie und Taxonomie in Social Media-Praktiken ein: Das Ranking-Spiel legt fest, was gerankt werden kann und schließt vieles andere aus. Es bestimmt die Möglichkeiten ebenso wie die Einschränkungen des Bewertens – zum Beispiel gibt es kein ›gleich gut‹, sondern nur ein ›besser‹ oder ›schlechter‹ oder: jedes Produkt oder jede Figur muss platziert werden, egal, ob der urteilenden User:in bekannt oder nicht. Die Charts fungieren als Schablone, die von einer zweifachen Kontingenz auf der Grundlage bereits ausgemachter Popularität gekennzeichnet ist: Zum einen kann alles und jedes bewertet werden, wenn es bereits Beachtung gefunden hat. Keine Bewertung ist notwendig, aber sie ist auch nicht vollständig beliebig. Zum anderen verdankt sich ein Rangplatz eines Items weniger der strikten Notwendigkeit eines abwägenden und vergleichenden Urteils als vielmehr seiner Position im Bilder-Shuffle, die immer auch anders sein könnte. Die Rangliste erlangt auf TikTok eine spezifische Affordanz (vgl. Bender/Mell/Wildfeuer 2022: 37–41). Als Rating-Spiel in die Funktion eines Filters eingebettet legt sie Handlungsmöglichkeiten fest, fordert zu Erstellung von Listen oder zur Bewertung von Produkten heraus. In den Aneignungspraktiken auf TikTok spiegeln sich die ubiquitären Aufforderungen der Digitalkultur, durch einfache Klicks ständig zu bewerten und sich an den Bewertungen der anderen zu orientieren – Praktiken, die sich auch in Charts und Bestseller-Listen manifestieren.

4. Die Plattformisierung der Rangliste

Es gilt nun die Fäden zusammenzuziehen und die Bewegungen von TikTok in die Charts und die Zirkulation von Charts als Schablonen in der TikTok-Community in ein Verhältnis zu setzen. Beiden gemeinsam ist die Plattformisierung der Rangliste in Zusammenhang mit digitalen Praktiken der Imitation und Aneignung, die weniger von einer eigendynamischen Zufälligkeit als vielmehr von einer algorithmisch gesteuerten Überzufälligkeit gekennzeichnet sind. Die Platzierung von Items auf einer Rangliste – ausgehend von oder in TikTok – folgt somit der Logik einer algorithmischen Kontingenz (Esposito 2014; 2022). Der Begriff ›Plattformisierung‹ bezieht sich auf die Weise, in der Social-Media-Plattformen verschiedene Wirtschaftssektoren und Lebensbereiche durchdringen, auf die Art, wie die technischen Infrastrukturen, die ökonomischen Prozesse und die Governance-Strukturen von Plattformen auch in andere Bereiche ausstrahlen. In ihrer Klärung des Begriffs für den kulturellen Bereich fassen Thomas Poell, David B. Nieborg und José van Dijck darunter eine ›Reorganisation kultureller Praktiken und Imaginationen rund um Plattformen‹ (Poell/Nieborg/Van Dijck 2019: 5f.).

Dies lässt sich sehr deutlich für die Wechselbeziehungen zwischen TikTok-Praktiken und Charts beobachten: Erstens werden TikTok-Trends zunehmend auch in standardisierten Rankings wie den *Billboard*-Charts beobachtbar und prägen die hier behauptete Popularität. Memes und Trends als typische Ausdrucksformen einer Plattformökonomie, die neben der Gewinnmaximierung der Plattform-Betreibenden, auch Komplementär-Unternehmen und Influencer:innen eine größere Reichweite ermöglichen, bestimmen Bestellerlisten mit. Dies wurde für die Musikcharts deutlich, und ließe sich ebenso gut für die Buchbranche durch den zunehmenden Einfluss von Reviews in der BookTok-Community nachvollziehen. Zweitens: Auch in der ubiquitären Verwendung von Charts als Vorlage für verschiedenste Formen des Ratings und Rankings reorganisiert sich die Rangliste entsprechend einer Plattform-Logik. Sie erscheint als Spielfeld, das zur Partizipation auffordert und Bewertungsmöglichkeiten in einem Feld nahelegt, dessen Rahmenbedingungen schon klar abgesteckt sind: Ein Feintuning innerhalb des Populären, das nichts weiter als kontingente Abstufungen und Schattierungen in einem bereits als populär behaupteten und etablierten Bereich vornimmt. Was zählt, ist das Spiel selbst, das Anschlüsse herausfordert, die Popularisierung in Gang hält und die Plattform mit ökonomisch verwertbaren Zirkulationen versorgt.

Welche neue Weise der Behauptung von Popularität zeigt sich somit in den hier untersuchten Wechselbeziehungen zwischen TikTok-Praktiken und Charts? Das Ranking von Songs oder anderen kulturellen Produkten hat sich in den vorangegangenen Fallbeispielen als höchst kontingent erwiesen. Damit unterscheiden sich die TikTok-Praktiken noch nicht von den zahlenbasierten Grundlagen von standardisierten Charts. Auch die Beliebtheit eines Songs, die Verkaufszahlen eines bestimmten Buchs, die Kennzahlen einer Universität sind Ausdrucksformen eines Möglichkeitsraums, der keine Notwendigkeit hat und – ohne völlig beliebig zu sein – immer auch anders sein könnte. Das zeigt sich nicht zuletzt in den Dynamiken eines jeden Rankings: Kein Hit bleibt dauerhaft auf Platz 1, seine Platzierung ist vorübergehend und in ihrer Nicht-Notwendigkeit flüchtig. Allerdings beruhen die TikTok-Billboards auf einer Eigendynamik, die den Plattformbedingungen folgt und ökonomische Logiken der Produktion populärer Songs durchkreuzt. TikTok-Chart-Erfolge bringen die Popularitätsbehauptung eines spezifischen Songs nur als Nebenprodukt hervor. In erster Linie zeigen sie die Popularität von Praktiken der Aneignung und Nachahmung, deren Kontingenz sich einem algorithmischen Kalkül der Reichweitenregulation und der Aufforderung zur Interaktion verdankt. TikTok-Charts zeigen den Erfolg der Plattform in der Produktion von ökonomisch verwertbaren Relationen. Das gilt nicht nur für die vielbeachteten Charts auf billboard.com, sondern auch für die zahlreichen Templates, Filter und Effekte, die das Ranking-Spiel vervielfachen. Die leere, noch zu füllende Liste als memetische Form verdeutlicht diesen Zusammenhang in besonderem Maße: Das Chart wird als Mechanismus der algorithmisch gesteuerten Kontingenz sichtbar, der zu immer neuen produktiven Verknüpfungen von kulturellen Produkten und Praktiken bereitsteht.

Literaturverzeichnis

Abidin, Crystal (2020): Mapping Internet Celebrity on TikTok: Exploring Attention Economies and Visibility Labours. In: *Cultural Science Journal*, 12/1, S. 77–103.
Abidin, Crystal/Kaye, Bondy Valdovinos (2021): Audio Memes, Earworms, and Templatability: the ›Aural Turn‹ of Memes on TikTok. In: Arkenbout, Chloe/Wilson, Jack/De Zeeuw,

Daniel (Hgg.): *Critical Meme Reader. Global Mutations of the Viral Image.* Reader Nr. 15. Amsterdam: Institute of Network Cultures, S. 58–68.

Adelmann, Ralf (2021): *Listen und Rankings. Über Taxonomien des Populären.* Bielefeld: Transcript.

Bender, Michael/Mell, Ruth M./Wildfeuer, Janina (2022): Zur Spezifik digitaler Medien als Diskursraum: Materialität, Daten, Affordanzen. In: Gredel, Eva (Hg.): Diskurse – digital. Theorien, Methoden, Anwendungen. Berlin/Boston: De Gruyter, S. 27–46.

Blackmore, Susan (1999): *The Meme Machine.* Oxford u.a.: Oxford University Press.

Borcholte, Andreas (2024): Was TikTok für den Erfolg von Popstars bedeutet. spiegel.de: https://www.spiegel.de/kultur/musik/universal-music-auf-tiktok-was-der-streit-fuer-den-erfolg-von-popstars-bedeutet-a-696308a0–489e-49ff-a67d-739d4272ef28. 29.02.2024.

Bösch, Marcus/Köver, Chris (2021): *Schluss mit lustig? TikTok als Plattform für politische Kommunikation.* Berlin: Rosa Luxemburg Stiftung. https://www.rosalux.de/publikation/id/44578/schluss-mit-lustig. 27.12.2023.

Bruns, Axel (2008): *Blogs, Wikipedia, Second Life and Beyond: From Production to Produsage.* New York u.a.: Peter Lang.

Buchholz, Katharina (2022): The Rapid Rise of TikTok. statista.com: https://www.statista.com/chart/28412/social-media-users-by-network-amo. 15.12.2023.

Cadorniga, Callie (Carlos) (2022): Wednesday Addams' Dance Moves from the Popular Netflix Series Are Taking Over TikTok. distractify.com: https://www.distractify.com/p/wednesday-addams-dance-tiktok-trend. 30.12.2023.

CNA Lifestyle (2022): Fans Are Obsessed with Wednesday Addams' Dance Moves on TikTok – but to a Lady Gaga song? cnalifestyle.channelnewsasia.com: https://cnalifestyle.channelnewsasia.com/entertainment/wednesday-addams-tiktok-netflix-lady-gaga-bloody-mary-343496. 30.12.2023.

Coulter, Andi (2022): Marketing Agile Artists: How Music Labels Can Leverage TikTok's Virality. In: *Journal of the Music & Entertainment Industry Educators Association*, 22/1, S. 135–161.

Döring, Jörg/Werber, Niels/Albrecht-Birkner, Veronika et al. (2021): Was bei vielen Beachtung findet: Zu den Transformationen des Populären. In: *Kulturwissenschaftliche Zeitschrift*, 6/2, S. 1–24. DOI: 10.2478/kwg-2021–0027.

Duffy, Brooke Erin/Meisner, Colten (2022): Platform Governance at the Margins: Social Media Creators' Experiences With Algorithmic (In)Visibility. In: *Media, Culture & Society*, 45/1, S. 285–304.

Esposito, Elena (2014): Algorithmische Kontingenz. Der Umgang mit Unsicherheit im Web. In: Cevolini, Aberto (Hg.): *Die Ordnung des Kontingenten. Beiträge zur zahlenmäßigen Selbstbeschreibung der modernen Gesellschaft.* Wiesbaden: Springer VS, S. 233–249.

Esposito, Elena (2022): Artificial Communication? Algorithms as Interaction Partner. In: Esposito, Elena: *Artificial Communication. How Algorithms Produce Social Intelligence.* Cambridge, MA/London: MIT Press 2022, DOI: https://doi.org/10.7551/mitpress/14189.003.0003.

Gentry, Briand A. (2023): TikTok's ›Republicansona‹ Trend as Cross-Party Cross-Dressing: Legible Normativity, (In)Dividual Representation and Performing Subversive Ambiguity. In: *Convergence: The International Journal of Research into New Media Technologies*, 29/6, S. 1465–1485.

Goriunova, Olga (2013): Die Kraft der digitalen Ästhetik. Über Meme, Hacking und Individuation. In: *Zeitschrift für Medienwissenschaft*, 8/1, S. 70–87.

Kaye, D. Bondy Valdovinos (2022): Please Duet This: Collaborative Music Making in Lockdown on TikTok. In: *Networking Knowledge*, 15/1, S. 59–77.

Kaye, D. Bondy Valdovinos/Zeng, Jing/Wikström, Patrik (2022): *TikTok. Creativity and Culture in Short Video*. Cambridge Medford: polity.

Martin, Kelsey (2021): Ukrainian Artist Creates Unbelievable Portraits – Out of Rubik's Cubes! inspiremore.com: https://www.inspiremore.com/alex-ivanchak-rubiks-cube-art. 21.02.2024.

Morillo, Alexis (2020): This Man Went Viral for Drinking Cranberry Juice and Listening to Fleetwood Mac – Now He Has Millions of Fans. delish.com: https://www.delish.com/food-news/a34414112/viral-tiktok-cranberry-juice-fleetwood-mac. 27.12.2023.

Navlakha, Meera (2023): Which Countries Have Banned TikTok? A Growing List of Nations and Government Bodies Are Taking Action against the App. mashable.com: https://mashable.com/article/tiktok-ban-countries. https://doi.org/10.2478/kwg-2021–0027. 15.12.2023.

O'Boyle, Kira (2023): From TikTok to the Charts: How the App is Chancing Music Forever. impactnottingham.com:https://impactnottingham.com/2023/11/from-tiktok-to-the-charts-how-the-app-is-changing-music-forever/#:~:text=So%20just%20exactly%20how%20has%20TikTok%20done%20this%3F&text=2021%20statistics%20claim%20that%20a,influence%20on%20the%20music%20charts. 15.12.2023.

Ogden, James R./Ogden, Denise T./ Long, Karl (2011): Music Marketing: A history and Landscape. In: *Journal of Retailing and Consumer Services*, 18, S. 120–125.

Otto, Isabell (2023): *TikTok. Ästhetik, Ökonomie und Mikropolitik überraschender Transformationen*. Berlin: Wagenbach (= Digitale Bildkulturen).

Peterson-Salahuddin, Chelsea (2022): »Pose«: Examining Moments of »Digital« Dark Sousveillance on TikTok. In: *New Media & Society*, 08.04.2022. Doi: https://doi.org/10.1177/14614448221080480.

Poell, Thomas/Nieborg, David B./Van Dijck, José (2019): Platformisation. In: *Internet Policy Review. Journal of Internet Regulation*, 8/4, Doi: 10.14763/2019.4.1425.

Rauchberg, Jessica Sage (2022): A Different Girl, Gut She's Nothing New: Olivia Rodrigo and Posting Imitation Pop on TikTok. In: *Feminist Media Studies*, 222/5, S. 1290–1294.

Rutherford, Kevin (2023): JID's ›Sourrond Sound‹ Crowns TikTok Billboard Top 50. The 2022 track spends its first wee at No. 1. billboard.com: https://www.billboard.com/music/chartbeat/jid-surround-sound-number-1-tiktok-billboard-top-50–1235555764. 15.12.2023.

Saoud, Amira Ben (2022): Choreografin über Wednesday-Tanz: »Weiße, rationale Männlichkeit bewegt sich nicht«. In: *Der Standard*, 30.12.2022. https://www.derstandard.de/story/2000141919057/choreografin-ueber-wednesday-tanz-weisse-rationale-maennlichkeit-bewegt-sich-nicht. 30.12.2023.

Schmock, Franziska (2020): Nach TikTok Video – 43 Jahre alter Song schafft es wieder in die Charts. stuttgarter-nachrichten.de: https://www.stuttgarter-nachrichten.de/inhalt.dreams-von-fleetwood-mac-nach-tiktok-video-43-jahre-alter-song-schafft-es-wieder-in-die-charts.a838f2d0-b047–45ca-8fc3-a66bc12ad07c.html. 27.12.2023.

Shifman, Limor (2014): *Meme. Kunst, Kultur und Politik im digitalen Zeitalter*. Frankfurt am Main: Suhrkamp.

Simons, Sascha (2016): Mobilizing Memes. The Contagious Socio-Aesthetics of Participation. In: Denecke, Mathias/Ganzert, Anne/Otto, Isabell et al. (Hgg.): *ReClaiming Participation. Technology – Mediation – Collectivity.* Bielefeld: Transcript, S. 231–245.

Stäheli, Urs (2012): Listing the Global: Dis/Connectivity Beyond Representation? In: *Distinktion: Scandivavian Journal of Social Theory*, 13/3, S. 233–246.

Stolworthy, Jacob (2022): Wednesday Is a Netflix Success Story We Could Come to Regret. independent.co.uk: https://www.independent.co.uk/arts-entertainment/tv/features/wednesday-addams-season-2-netflix-b2242785.html. 28.12.2023.

Toscher, Benjamin (2021): Resource Integration, Value Co-Creation, and Service-dominant Logic in Music Marketing: The Case of the TikTok Platform. In: *International Journal of Music Business Research*, 10. Doi: 10.2478/ijmbr-2021–0002.

Von Gehlen, Dirk (2020). *Meme.* Berlin: Wagenbach (= Digitale Bildkulturen).

Wang, Pengda (2022): Recommendation Algorithm in TikTok: Strengths, Dilemmas, and Possible Directions. In: *International Journal of Social Science Studies*, 10/5, S. 60–66.

Wagner, Micha (2023): Schnell, Schneller, TikTok: Wie »Sped Up«-Songs den Markt erobern. diffusmag.de:https://diffusmag.de/p/schnell-schneller-tiktok-wie-sped-up-songs-den-markt-erobern. 30.12.2023.

Whateley, Dan (2023): How TikTok Is Changing the Music Industry and the Way We Discover New, Popular Songs. businessinsider.com: https://www.businessinsider.com/how-tiktok-is-changing-music-industry#:~:text=Songs%20that%20trend%20on%20TikTok,music%2Danalytics%20company%20MRC%20Data. 14.12.2023.

Whitehead, Elizabeth (2022): Are Sped-Up Songs On TikTok Music's Answer to Dopamine Dressing?refinery29.com:https://www.refinery29.com/en-gb/tiktok-sped-up-songs. 30.12.2023.

Zara, Janella (2022): How Netflix's Wednesday Became a Pop Culture Phenomenon. theguardian.com:https://www.theguardian.com/tv-and-radio/2022/dec/14/wednesday-addams-family-reboot-netflix-tiktok. 29.12.2023.

Zellner, Xander (2023): Lady Gaga's 2011 Deep Cut ›Bloody Mary‹ Debuts on Hot 100, Thanks to ›Wednesday‹ Hype. billboard.com: https://www.billboard.com/music/chart-beat/lady-gaga-bloody-mary-hot-100-wednesday-1235196057. 21.02.2024.

Zulli, Diana/Zulli, David James (2022): Extending the Internet Meme: Conceptualizing Technological Mimesis and Imitation Publics on the TikTok Platform. In: *New Media & Society*, 24/8, S. 1872–1890.

Matthias Schaffrick

Bestsellerlisten in Theorie und Empirie. Ansätze einer Literatursoziologie des Populären

ABSTRACT: The current popularity paradoxes of the book market (book enthusiasm on digital platforms on the one hand, decline in book sales on the other) are best illustrated by bestseller lists. To this end, the article conceptualizes bestseller lists as a medium of second-order popularization in contrast to other evaluation practices in the literary field that engage in first-order popularization (e.g. literary prizes). Based on theoretical approaches and empirical findings, the article shows how bestseller lists are modified in order to react to the continuous depopularization of the book and the competition from digital platforms such as Amazon and TikTok. It thus argues for a literary sociology of the popular.

KEYWORDS: Bestseller Lists; Popularity; Rankings; Quantification; Sociology of Literature; Book Market; Amazon; Reading Motives; Paratexts; Thin Knowledge

1. Popularitätsparadoxien auf dem Buchmarkt

»›Spiegel‹-Liste aus neuer Quelle«, meldet die *FAZ* am 11.01.2024. Warum? Was war geschehen? Seit über sechzig Jahren, seit dem 18.10.1961, erscheint die für den deutschen Buchmarkt maßgebliche Bestsellerliste im Nachrichtenmagazin *Der Spiegel*. Diese Listen sind da, um »stets das frischeste Stimmungsbild von den Ladentischen« (Augstein 1961) zu präsentieren, wie Rudolf Augstein zur Einführung der Bestsellerliste im *Spiegel* erklärte, um die neue Rubrik zu rechtfertigen. Denn Bestsellerlisten sind als Medium der Behauptung von Popularität seit jeher umstritten. Seit 1971 wurden die Listen im Auftrag des *Spiegel* vom Fachmagazin *buchreport* ermittelt. Der *buchreport*-Verlag Harenberg musste Ende 2023 einen Insolvenzantrag stellen, und mit Ende des Jahres 2023 wurden die Geschäfte des Verlags und das Erscheinen des Magazins eingestellt. Die Bestsellerlisten für den *Spiegel* werden nun von der eBuch Genossenschaft – weiterhin in Kooperation mit dem Marktforschungsinstitut Media Control – erstellt und vermarktet und außerdem in ihrem monatlich erscheinenden Magazin *BuchMarkt* veröffentlicht.

Dieser Wechsel der für die Erstellung der *Spiegel*-Liste verantwortlichen Institution ist der Liste nicht anzusehen. Das Geschehen der Datenerhebung und die Erstellung der Liste spielen sich unbeobachtet und nicht immer transparent im Hintergrund ab. Anders verhält es sich mit zwei Neuerungen im Repertoire der Bestsellerlisten. Eine dieser Neuerungen besteht darin, dass seit April 2023 monatlich eine #BookTok-Bestsellerliste im Branchenmagazin *börsenblatt* erscheint. Sie beruht auf der Kombination von Daten, die von Media Control und TikTok erhoben werden. Die zweite Neuerung findet sich auf einigen der anderen im *börsenblatt* publizierten Bestsellerlisten. Seit Juni 2023 sind auf den Listen für unter anderem Belletristik und Sachbuch »Lesemotive« zu finden. Lesemotive sollen als »neuer Klassifikationsstandard für Bücher« dienen.[1] Jeder Titel auf der Bestsellerliste wird mit einem von zehn Lesemotiven wie z.B. »Eintauchen«, »Entspannen«, »Nervenkitzeln« oder »Optimieren« klassifiziert. Die Lesemotive, die den einzelnen Büchern automatisiert mittels einer KI zugeordnet werden, sollen bei den Buchkäufer:innen die oft »unbewussten Beweggründe, die zum Buchkauf führen«,[2] ansprechen.

Die neue #BookTok-Liste auf der einen Seite und die Lesemotive auf der anderen reagieren auf unterschiedliche Entwicklungen auf dem Buchmarkt. Sie deuten einerseits auf eine Popularisierung, andererseits auf eine Depopularisierung des Buches hin. Die Erfindung der #BookTok-Liste zeugt von einer erstaunlichen Bücherbegeisterung auf der Plattform TikTok, die sich anhand von Klicks, Views und Likes messen, also quantitativ bestimmen lässt.[3] Bücher finden auf TikTok sehr viel Beachtung. Ihre plattformspezifische Popularität wird gemessen, und die Ergebnisse der Messungen werden in der #BookTok-Bestsellerliste übersichtlich und in altbewährter Form – auch für diejenigen, die TikTok nicht nutzen – zusammengefasst und präsentiert.

Die Klassifikation nach Lesemotiven hingegen antwortet auf ein anderes Phänomen, nämlich darauf, dass die Zahl der Buchkäufer:innen kontinuierlich sinkt. Bücher finden also messbar weniger Beachtung. »Bücher werden ›vergessen‹«, heißt es in einer Präsentation, in der die Kernergebnisse der Studie »Buchkäufer – quo vadis?« aus dem Jahr 2018 zusammengefasst sind.[4] In der ›Quo vadis‹-Studie wurden die Ursachen für den Leser:innen-Schwund untersucht und Gegenmaßnahmen erarbeitet. Zu diesen Maßnahmen gehören die Lesemotive, die einer Depopularisierung des Buches entgegenwirken sollen, indem sie die Lesebedürfnisse und -sehnsüchte der potenziellen Buchkäufer:innen unmittelbar ansprechen und eine zuverlässige Orientierung beim Buchkauf geben, also eine wichtige Funktion der Bestsellerliste supplementieren.

---

1   Börsenblatt: FAQ zu Lesemotiven: https://www.boersenblatt.net/thema/lesemotiv-eintauchen. 01.03.2024.

2   Lesemotive im VLB: https://vlb.de/hilfe/lesemotive. 01.03.2024.

3   »Was das Phänomen #BookTok in so kurzer Zeit erreicht hat, ist einmalig und die rasante Entwicklung geht weiter. Das belegen die Zahlen eindrucksvoll«, erläutert Ulrike Altig, die Geschäftsführerin von Media Control, euphorisch. Christina Schulte (2023): »Die rasante Entwicklung geht weiter«. So funktionieren die #BookTok-Bestsellerlisten. boersenblatt.net: https://www.boersenblatt.net/news/so-funktionieren-die-booktok-bestsellerlisten-285859. 07.03.24

4   Börsenverein des Deutschen Buchhandels (2018): Studie »Buchkäufer – Quo vadis?«. Kern-Ergebnisse. PDF der Präsentation abrufbar unter: https://www.boersenverein.de/markt-daten/marktforschung/studien-umfragen/studie-buchkaeufer-quo-vadis. 07.03.24.

Dieser Beitrag untersucht Bestsellerlisten aus literatursoziologischer Sicht, um die hier skizzierten Popularitätsparadoxien des Buchmarkts nachzuvollziehen. Bestsellerlisten sind sowohl Maßstab als auch Bedingung der Möglichkeit von Popularität (Schaffrick 2018). Sie präsentieren Popularität für alle gut sichtbar in Buchhandlungen, in Zeitschriften und digitalen Medien. Zudem stellen sie Popularität in ihrer Funktion als »Selektivitätsverstärker« (so Niels Werber in dieser Ausgabe) selbst her. Nicht zuletzt bringen sie ein eigenes literarisches Genre hervor, das als ›Bestsellerliteratur‹ oder ›populäre Literatur‹ zu bezeichnen wäre (vgl. Minden 2007: 166f.). Das Populäre ist allerdings eine unterschätzte, zumeist unreflektiert gebrauchte Kategorie literatursoziologischer Ansätze. Zu Unrecht. Denn populäre Literatur und literarische Popularität stellen einen konstitutiven Bestandteil der sozialen Verfasstheit von Literatur dar. Bestsellerlisten sind dafür als Indikator und als Ermöglichungsbedingung maßgeblich.

Der Beitrag geht in vier Schritten vor. Zunächst werden Bestsellerlisten als literatursoziologisches Forschungsproblem umrissen. Zweitens werden theoretische, vor allem soziologische Ansätze zum Thema ›Listen, Rankings, Charts‹ mit Blick auf Bestsellerlisten und in Abgrenzung von anderen Verfahren der Popularisierung von Literatur diskutiert. Anschließend, also drittens, stehen die bislang spärlichen Befunde der empirischen Bestsellerlistenforschung im Fokus. Davon ausgehend gilt es viertens aufzuzeigen, inwiefern Bestsellerlisten durch eine Erweiterung der Datengrundlage oder des Informationsgehalts dazu geeignet sind, die Krise des Lesens und die Inhaltsleere der Liste zu kompensieren.

2. Bestsellerlisten als literatursoziologisches Problem

Das Feld ist unübersichtlicher geworden. Anfangs genügte ein Blick in das Magazin *Der Spiegel*, um sich einen Überblick über die Verkaufserfolge auf dem Buchmarkt zu verschaffen (zu Vorläuferformen und zur Geschichte der Bestsellerliste vgl. Schaffrick 2018, 74−79). Heute konkurrieren unterschiedliche Listen miteinander. Traditionell wird bei der Erstellung von Bestsellerlisten zwischen Belletristik und Sachbuch unterschieden (vgl. Ziermann 2000: 108). Mit der Zeit kamen weitere Differenzierungen hinzu. Zuerst waren dies buchformatspezifische Listen (Taschenbuch seit 1980; zusätzlich Paperback seit 2012, ebenfalls jeweils Belletristik und Sachbuch). Im Laufe der Zeit wurden außerdem einzelne Genres wie Kinder- und Jugendbuch, Bilderbuch, Ratgeber unterschiedlicher Segmente und Wirtschaftsbuch (*manager magazin*) gelistet. Zudem gibt es Hörbuch- und DVD-Bestsellerlisten. Die Listen erscheinen in unterschiedlicher Frequenz (wöchentlich oder monatlich) und je nach Publikationsform (gedruckt, als Plakat oder online) mit unterschiedlich vielen Plätzen.

Zwischenzeitlich waren unterschiedliche Marktforschungsinstitute an der Datenerhebung für die Bestsellerlisten verschiedener Magazine beteiligt (*buchreport* und

Spiegel einerseits bzw. *börsenblatt* und *Focus* andererseits) (vgl. Magenau 2018: 100f.). Mittlerweile beruhen die von den unterschiedlichen Magazinen verbreiteten Listen auf denselben, vom Marktforschungsunternehmen Media Control erhobenen Daten. Das Marktforschungsinstitut GfK Entertainment hat seine Verkaufsanalysen auf dem Buchmarkt, die seit 2013 in Konkurrenz zu Media Control durchgeführt wurden, im Jahr 2019 eingestellt. Diese Konzentration auf ein Marktforschungsinstitut führt dazu, dass die Bestsellerlisten in den beiden großen Fachmagazinen des Buchmarkts, was die Erstellungskriterien und folglich die Platzierungen angeht, identisch sind. Dabei handelt es sich um das Magazin *BuchMarkt* (Buchmarkt Media GmbH, Teil der eBuch Genossenschaft), das die Lizensierung der Spiegel-Bestseller-Marke Anfang 2024 vom *buchreport* übernommen hat, und das Magazin *börsenblatt* (hg. vom Börsenverein des Deutschen Buchhandels e.V.).

Konkurrenz bekommen diese konventionellen Bestsellerlisten durch die Verkaufsplattform Amazon. Amazons Bestsellerlisten bedeuten im Hinblick auf die Frequenz und die Vielfalt von Kategorien eine Disruption. Bei Amazon werden zunächst einmal alle möglichen Produkte in unterschiedlichen Kategorien (»Baby«, »Baumarkt«, »Fashion«, »Games« etc.) in Bestsellerlisten sortiert. »Bestseller. Unsere beliebtesten Produkte, basierend auf Verkaufszahlen. Wird häufig aktualisiert«, steht als Überschrift über den Listen. Es gibt bei Amazon – anders als bei den gängigen Bestsellerlisten – eine ungeteilte, übergreifende Liste, mit der Vergleichbarkeit zwischen allen angebotenen Büchern bzw. als Buch gerankten Produkten hergestellt wird: Kartenspiel, Kochbuch, Koran, Baby Pixi (unkaputtbar), Bürgerliches Gesetzbuch. Die Kategorie »Bücher« ermöglicht es aber auch, aus einer Fülle von Subkategorien – von »Esoterik« über »Musiknoten« bis zu »Reise & Abenteuer« – auszuwählen. Als Äquivalent für die Belletristik-Liste dient bei Amazon die Kategorie »Literatur & Fiktion« (»Liebesromane« sind allerdings eine eigene Kategorie). Unter »Literatur & Fiktion« finden sich weitere Subkategorien, die nach Gattungen, Genres, Interessengebieten, Themen oder literaturgeschichtlichen Zeiträumen differenzieren. Die Kategorien sind allerdings nicht trennscharf, unter »Dramatik« werden auch Romane und Übungsbücher für Schulabschlussprüfungen genannt,[5] unter »Lyrik« finden sich auch Kafkas *Verwandlung* und Goethes *Faust*.[6] Von konventionellen Listen unterscheiden sich die plattformspezifischen Listen bei Amazon durch die Datengrundlage (nur ein Händler vs. ca. 6500 Verkaufsstellen bei den von Media Control erhobenen Daten[7]), durch die

---

5   Amazon: Bestseller in Dramatik. https://www.amazon.de/gp/bestsellers/books/419895031/ref=zg_bs_nav_books_2_117. 06.03.24.

6   Amazon: Bestseller in Lyrik & Gedichte. https://www.amazon.de/gp/bestsellers/books/419989031/ref=zg_bs_nav_books_2_117. 06.03.24.

7   BuchMarkt: Spiegel-Bestseller: Die Erhebungskriterien: https://buchmarkt.de/spiegel-erhebung. 07.03.24. »Erfasst werden vom Marktforschungsunternehmen Media Control rund 6.500 stationäre und E-Commerce-Verkaufsstellen in Deutschland. Die Verkaufsstellen umfassen Sorti-

Frequenz, mit der die Listen veröffentlicht bzw. aktualisiert werden, und durch die Kategorienvielfalt. Außerdem kommen bei Amazon zusätzliche Informationen hinzu. Es werden nämlich sowohl Verkaufsränge in den einzelnen Kategorien angegeben als auch Ratings in Form von null bis zu fünf Sternen, die sich aus Kundenbewertungen ergeben. Nicht zuletzt ermöglicht es die Plattform mit wenigen Klicks, die geranketen Bücher zu kaufen. Die Listen auf digitalen Plattformen stellen generell die Hegemonie der etablierten Listen infrage, worauf die beteiligten Akteure mit einer Ausweitung der Datengrundlage oder des Informationsgehalts reagieren.

Aus dieser kurzen Beschreibung des Feldes ergibt sich ein komplexes Gefüge aus Buch und Ware, literarischer Autonomie und ökonomischer Heteronomie sowie unterschiedlicher Akteure, die an der der Produktion, Distribution und Rezeption von Büchern beteiligt sind. Im literarischen Feld stellen Bestsellerlisten vor allem ein Problem dar, weil sie Literatur nicht bewerten, sondern den Verkauf von Büchern registrieren und dadurch »tradierte Verfahren der Legitimation« (Werber 2021: 477) entwerten. An die Stelle der literaraturkritischen Einordnung des Geschriebenen durch ausgewiesene Kenner:innen und Spezialist:innen setzt die Bestsellerliste numerische Evidenz. Bestsellerlisten transformieren diese »Quantitäten in Qualitäten« (Werber 2021: 477) und marginalisieren – in den Augen der ›Gebildeten‹ wie Theodor W. Adorno, Ernst Robert Curtius oder Max Wehrli – dadurch den hochkulturellen Kanon. Bestsellerlisten vergleichen etwas, das für unvergleichlich, singulär, autonom gehalten wird, rein quantitativ, während sie über die Qualitäten des Buches nichts aussagen. Daher kollidieren in den Bestsellerlisten literarische Autonomie und der Warencharakter des Buches.

Je nachdem von welcher Warte aus man Bestsellerlisten betrachtet, erscheinen sie entweder als eines der verrufenen, gleichmachenden Standardisierungsinstrumente der Kulturindustrie oder als eine der vielen für populäre Kulturen typischen Ranglisten, die Beachtung messen und vergleichbar machen. Obwohl in der Bestsellerliste lediglich Verkaufserfolge erfasst werden, behaupten sie mit dieser Popularität auch eine besondere Qualität, dass nämlich Popularität »zu einem ästhetischen Urteil eigenen Rechts werden könne« (Werber 2021: 476). Das ist ihre Behauptung von Popularität: Es geht nicht (nur) um die »Quantifizierung des Besonderen« (Reckwitz 2017: 174), sondern vor allem um die ›Besonderheit durch Quantifizierung‹.

Bestsellerlisten gelten als demokratisch, weil das Publikum qua Konsum selbst über seine Geschmackspräferenzen disponiert – ohne Belehrung durch die professionellen Akteure des literarischen Feldes, sondern durch Orientierung am Markt (vgl. Werber 2021: 478). Dadurch tragen die Listen dazu bei, dass die symbolische Ordnung des

---

mentsbuchhandel (Standort- und Filialhändler), Onlineshops, Bahnhofsbuchhandel, Kauf- und Warenhäuser sowie Nebenmärkte (u.a. Elektrofachhandel und Drogerieketten mit Medienangebot).«

tradierten Kanons erodiert (vgl. Minden 2007: 168) und die Repräsentant:innen des
Klassischen den Verlust ihrer Autorität fürchten (vgl. Tomkowiak 2003: 53). Die Listen
führen zu einer Erfolgskonzentration mit einer kleinen Zahl von Erfolgstiteln, Er-
folgsautor:innen und Erfolgsverlagen (vgl. Amlinger 2021: 181). Zugleich verschärfen
sie damit die Ungleichverteilung von Aufmerksamkeit auf dem Buchmarkt (vgl.
Reckwitz 2017: 178).

Was bislang fehlt, um diesen Dynamiken einer wichtigen und viel beachteten
»Kulturtechnik des Populären« (Werber 2021: 477) auf die Spur zu kommen, ist eine
Literatursoziologie des Populären. Popularität ist eine Kategorie, die literatursoziologischen Ansätzen offenbar Unbehagen bereitet und die sie daher umgehen oder
missachten. Aussagen zur Popularität jenseits der Abwertung populärer Ästhetik lassen sich weder bei den einschlägigen Gewährsmännern wie Adorno, Bourdieu oder
Luhmann noch in neueren literatursoziologischen Positionsbestimmungen finden
(Magerski/Steuerwald 2023).[8] Die etablierte Literatursoziologie bleibt der Axiologie
von high und low, ernster und populärer Literatur verhaftet und setzt sich daher vor
allem mit der (relativen) Autonomie der Literatur auseinander, nicht aber mit den
Popularisierungsdynamiken des literarischen Feldes.

3. Theorie: Popularisierung, Bewertung, Beobachtung (erster und zweiter Ordnung)

Eine Literatursoziologie des Populären könnte mit der Unterscheidung zwischen der
Popularisierung erster und der Popularisierung zweiter Ordnung beginnen, die von den
Vertreter:innen einer »Transformation des Populären« vorgeschlagen wurde (Döring
et al. 2021).

Bestsellerlisten gehören zu den Verfahren der Popularisierung zweiter Ordnung,
»die Populäres herstellen, indem sie seine Beachtung durch viele feststellen und ausstellen« (Döring et al. 2021: 13). Die Beachtung, die einem Buch im Kauf widerfährt,
wird registriert und gemessen, und die Ergebnisse dieser Messungen werden in
Ranglisten präsentiert (vgl. Hecken 2006: 85). Die Bestverkauften stehen ganz oben auf
der Liste. Bestsellerlisten sind idealtypische Ranglisten bzw. Rankings.[9] Durch sie
werden Verkaufserfolge öffentlich vergleichbar gemacht (vgl. Heintz 2019: 45), indem
sie die verkauften Produkte oder Angebote in eine hierarchische, ordinale Ordnung
bringen (vgl. Esposito/Stark 2019: 18). Sie machen quantifizierte »Popularitätsrela-
tionen« (Döring et al. 2021: 13) sichtbar, in Listen, Rankings, Charts, die auf der »Basis

---

8   In dem Band werden Bestsellerlisten nicht berücksichtigt; Verfahren oder Kulturtechniken der
    Popularisierung spielen (abgesehen von Oliver Berlis Beitrag über Literaturpreise) in dem Band
    keine Rolle.
9   Die Begriffe werden hier synonym gebraucht.

von automatisch generierten Daten« (Heintz 2019: 67) erstellt werden. Auf diese Weise markieren Bestsellerlisten Unterschiede im Kontinuum von mehr oder weniger Beachtung, mehr oder weniger Verkaufserfolg, mehr oder weniger Popularität (vgl. Stäheli 2012: 239).

Die Popularisierung erster Ordnung hingegen beruht nicht auf quantitativen, sondern auf normativ-qualitativen Kriterien. Die Akteure und Institutionen der Popularisierung erster Ordnung wie Literaturkritik, Verlage, Wissenschaft, Jurys, legen fest, was Beachtung finden *soll* (und was nicht) (vgl. Döring et al. 2021: 11). Für die Popularisierung erster Ordnung bleibt die Unterscheidung von high (kanonisch, zeitüberdauernd, ästhetisch avanciert) und low (vergänglich, flach, einfach, trivial) stabil. Die Asymmetrie rechtfertigt den Anspruch, Beachtung für »das qualitativ Wertvolle bzw. ästhetisch Gelungene« (Döring et al. 2021: 12) bei möglichst vielen zu generieren. Literaturpreise als Konsekrationsinstanzen des literarischen Feldes sind dafür ein gutes Beispiel. Sie werden von einer Jury oder Akademie, in der Expert:innen versammelt sind, vergeben und zielen darauf ab, ein Werk oder eine:n Autor:in gegenüber allen anderen als besonders beachtenswert hervorzuheben. Die Popularität des oder der Prämierten ist erwünscht.

Aus Sicht der Ranglistensoziologie liegen Literaturpreise am einen, Bestsellerlisten am anderen Ende des Spektrums. Bettina Heintz hat eine Ranglisten-Typologie entworfen, in der vier Formate unterschieden werden: Ratings, Rankings, Bestenlisten und Preise. Dass Heintz auch Preise in das »Ordnungsschema« (Heintz 2019: 56) der Ranglisten einordnet, überrascht. Sie begründet die Wahl dieser Kategorie damit, dass Preise auch eine Rangliste erzeugen, auch wenn diese Rangliste eine sehr einfache »dichotome Struktur« (Heintz 2019: 62) aufweise. »Die eine gewinnt, die anderen verlieren.« (Heintz 2019: 62) Diese einfache Struktur als Rangliste zu bezeichnen, lässt sich nur schwer nachvollziehen, wenn man annimmt, dass Listen ein aus mehreren Elementen bestehendes Paradigma konstituieren (Schaffrick/Werber 2017). Nur eine Gewinnerin oder ein Gewinner reicht nicht aus, um eine Liste aufzustellen. Wenn der Verleihung allerdings eine Vorauswahl in Form einer *long* oder *short list* vorausgeht, spielen Listen für die Preisvergabe zwar eine Rolle (vgl. Schaffrick 2018: 80). Aber das ist bei Heintz nicht der Punkt.

Bestsellerlisten rechnet Heintz dem ›hybriden Format‹ der Bestenliste zu (vgl. Heintz 2019: 61). Ihr Konzept der ›Bestenliste‹ bleibt – als Mischung aus Rating und Ranking – allerdings unscharf. Ihr geht es dabei vornehmlich um eine durch zumeist im Titel angegebene Begrenzung des Umfangs der Listen wie beispielsweise Top 10 oder Top 100. Die unterschiedlichen Entstehungsbedingungen im Gegensatz von Bestenlisten (Juryurteile; qualitativ) und Bestsellerlisten (statistische Datenauswertung; quantitativ) berücksichtigt sie jedoch nicht. Auch auf die variierenden Funktionen (Empfehlung bei Bestenlisten im Gegensatz zur Popularisierung bei Bestsellerlisten) geht sie nicht ein. Die Listen des Literaturbetriebs wären also zu unterteilen in *long und short lists* (nominal, also ohne Rangfolge) sowie Bestenlisten (mit metrischer Rangfolge), die beide von Jurys erstellt werden und qualitativ bewerten (vgl. Schaffrick 2018: 80f.) und daher den Praktiken der Popularisierung erster Ordnung zuzurechnen sind. Die Bestsellerliste unterscheidet sich von diesen beiden dadurch, dass sie nicht Popularisierung erster, sondern Popularisierung zweiter Ordnung betreibt. Daher wäre die Bestsellerliste nach Heintz Typologie anstatt als Bestenliste, die ein Rating darstellt, am besten als Ranking zu klassifizieren, also als eine Form der Rangliste, die einen »direkten Vergleich« (Heintz 2019: 57) ermöglicht und (in der Regel) auf quantitativen Daten beruht.

Bestsellerlisten sind ein Element eines ausdifferenzierten Netzwerks von Akteuren, Instanzen oder Techniken, um Literatur zu beobachten und zu bewerten. Dazu gehören die verschiedenen Formen von Listen ebenso wie die feuilletonistische Literaturkritik, Literaturpreise, Podcasts, Fernsehsendungen, Kundenrezensionen sowie Beiträge, die unter Hashtags wie Booktube, Bookstagram oder Booktok firmieren. Alle diese Instanzen aktualisieren unterschiedliche, teils konkurrierende »Bewertungsrepertoires« (Berli 2023: 118). Die Besonderheit von Bestsellerlisten – gegenüber allen anderen Bewertungspraktiken – besteht darin, dass sie nicht die inhaltliche oder formale Gestaltung literarischer Texte beobachten, sondern den der Lektüre vorgelagerten Verkauf von Büchern. Indem sie Verkaufserfolge quantifizieren, machen sie Bücher daraufhin vergleichbar, welcher Titel sich besser verkauft als andere. Eine Rezension, die lediglich feststellt, dass sich ein Buch besser als alle anderen verkauft, hätte ihre Aufgabe nicht erfüllt.

Die Bestsellerliste operiert nicht mit dem Code ›gelungen / nicht-gelungen‹, sondern ›kaufen / nicht-kaufen‹. Ihrer Ordnung liegen also nicht literarästhetische Qualitätsurteile zugrunde, sondern es werden außerliterarische, ökonomische Maßstäbe angelegt, um Bücher in eine Rangfolge zu bringen. Das geht damit einher, dass die Akteure, deren Handeln in die Bewertung eines Buches einfließt, je nach Bewertungssystem andere sind. Zum Auf und Ab auf der Bestsellerliste trägt potenziell jede Entscheidung für den Kauf eines Buches bei, während über die Auszeichnung mit Literaturpreisen in der Regel Jurys entscheiden und die professionelle Literaturkritik von Expert:innen des literarischen Feldes verantwortet wird. Die je individuelle Entscheidung, ein Buch zu erwerben, liegt möglicherweise auch in den Empfehlungen der Literaturkritik, Auszeichnungen mit Literaturpreisen oder anderen Wertungsinstanzen begründet, diese spielen für die Funktion des Codes ›kaufen / nicht-kaufen‹ jedoch keine Rolle. Die Entstehung der Liste vollzieht sich in einem kollektiven, anonymen Prozess ohne Rechtfertigungszwang (vgl. Stäheli 2012: 237). Gekauft ist gekauft.

Rankings wie die Bestsellerliste reagieren auf Unsicherheiten, die sich mit der in der Moderne offensichtlichen Kontingenz von Selektionsangeboten ergeben. Es gibt immer viel mehr Bücher, als man lesen könnte. »To this purpose they [Ratings und Rankings, Anm. MS] function well enough, *not because they inform us about how things are but because they provide an orientation about what others observe* [...], offering a reference in a contingent world with its horizon of uncertainty.« (Esposito/Stark 2019: 3) Je unübersichtlicher die Welt der Bücher wird, desto größer ist die Attraktivität der Bestsellerlisten, die dazu beitragen, das komplexe Feld der Literatur zu sortieren, in eine einfache Ordnung zu übersetzen und dadurch die Kontingenzen des Lesens zu verwalten (vgl. Schaffrick 2018: 82). Auch wenn man den Aktivitäten auf TikTok nicht folgt oder von der Plattform nichts versteht, scheint die #BookTok-Bestsellerliste einen Eindruck davon zu geben, welche Bücher auf der Plattform TikTok populär sind. Insofern fungieren Listen als »künstliche Verknapper« (Heintz 2019: 71).

Gemeinsam ist der Bestsellerliste mit den anderen Listen und mit der Verleihung von Literaturpreisen, dass sie ein »thin knowledge« über Literatur vermitteln. Jørgen Sneis und Carlos Spoerhase nutzen diesen Begriff, um zu erklären, welcher Wert Listen oder Tabellen bei der Orientierung im literarischen Feld zukommt. Sie verhandeln das Thema am Beispiel von Listen mit Literaturnobelpreisträger:innen, aber ihre Schlussfolgerungen lassen sich auf Bestsellerlisten übertragen: »Lists and tables may seem somewhat far from the literature itself, but that is precisely the point here. They allow their readers to view literature from a distance, and offer them a few apparently simple but in fact consequential means of comparison.« (Sneis/Spoerhase 2023: 161) Dieser distanzierte, vergleichende Blick auf Literatur wird häufig über die Paratexte des Buches organisiert, wenn Erfolge bei Literaturpreisen oder auf Bestsellerlisten als Aufkleber oder Bauchbinde zum Teil des Buches werden. Die Information über die Popularisierung des Buches (ob erster oder zweiter Ordnung) verändert dann als faktischer Paratext die Präsentation, die Wahrnehmung, die Lektüre und die Interpretation eines Buches (vgl. Schaffrick 2018: 73; Genette 2001: 14). Die Erstellung, Veröffentlichung und Verbreitung von Listen sind die Voraussetzung dafür, die Vorteile des ›schmalen‹ Wissens zu nutzen: dass es sich schnell verbreitet, leicht zu verstehen ist und ein breites Publikum erreicht (vgl. Sneis/Spoerhase 2023: 162).

4. Empirie: Unwahrscheinlichkeit von Erfolg

»Man liest, was auf den Bestsellerlisten Spitzenpositionen erhält« (Reckwitz 2017: 178). Das könnte man meinen. Aber stimmt es auch? Die Wirkung von Bestsellerlisten wird häufig überschätzt. Erstens lässt sich nicht leicht herausfinden, »ob ein Buch deshalb erworben wird, weil es in einer Bestsellerliste auf den vorderen Plätzen rangiert« (Werber 2021: 476) – oder möglicherweise aus ganz anderen Gründen. Zweitens scheint der »von Bestsellerlisten ausgehende Kaufimpuls« (Fischer 1999: 772) beim Publikum begrenzt zu sein.

Sicher lässt sich hingegen davon ausgehen, dass ein Erfolg auf der Bestsellerliste für sehr viele Autor:innen ein höchst unwahrscheinliches Ereignis darstellt. »Eigentliche

Bestseller sind äußerst selten« (Escarpit 1967: 108). In den 1960er Jahren, als der *Spiegel* mit der Veröffentlichung der Bestsellerliste begann, war diese Liste »Signum einer der entscheidendsten Verschiebungen innerhalb des literarischen Verlagsprogramms« und »Produkt einer neuen strategischen Ausrichtung der Verlage« (Amlinger 2021: 179). Bestsellerlisten führen zu einer Erfolgsbündelung. »Der Literaturmarkt ist durch eine extreme Konzentration von Erfolg gekennzeichnet: Nur einer kleinen Auswahl an Büchern, verfasst von einer noch kleineren Gruppe von Autoren und veröffentlicht von einer noch geringeren Anzahl an Verlagen gelingt der Sprung in die Bestsellerlisten« (Reichert 2017: 13). In den Jahre 1962 bis 1995 dominierten Johannes Mario Simmel, Siegfried Lenz und Ephraim Kishon mit mehreren Titeln die Verkaufsstatistik der erfolgreichsten Bestseller-Autoren im Segment Belletristik (vgl. Ziermann 2000: 114; weitere Daten zur in Wochen gezählten Verweildauer auf der Bestsellerliste finden sich bei Fischer 1999: 767).

Bestellerlisten führen zu einer »Homogenisierung des literarischen Angebots« (Amlinger 2021: 181), weil Bestseller nachgeahmt werden, um an ihrer Popularität zu partizipieren. Dies geschieht entweder durch die Bestsellerautor:innen selbst, die versuchen, an bereits erlangte Erfolge anzuknüpfen, indem sie eine Geschichte fortsetzen oder an einem Genre festhalten. Dadurch entstehen Formate populärer Serialität. Oder andere Autor:innen greifen ein bereits populäres Genre auf und variieren die Handlungsverläufe, die Erzählweisen oder das Figurenrepertoire und kreieren auf diese Weise »literarische Trends« (Amlinger 2021: 181).

Die Entwicklung hin zu »genre fiction and series« (Verboord 2011: 308) lässt sich auch empirisch nachweisen. Marc Verboord hat in einer diachron und international vergleichenden Studie nachweisen können, dass sich die Marktlogik bei Titeln auf der Bestsellerliste sowohl in den USA als auch in Frankreich und in Deutschland gegenüber Titeln durchsetzt, die primär ästhetischen Maßstäben zuzuordnen sind. Die Paradigmen »Markt« und »Ästhetik« stellt er gegenüber, indem er einerseits die Unternehmensstrukturen der Verlage, die Publikumsorientierung der Titel und die »star power« der Autor:innen als Indikatoren der Marktlogik operationalisiert (vgl. Verboord 2011: 297) und andererseits Einträge in Lexika und Auszeichnungen mit Literaturpreisen, also Praktiken kultureller Konsekration, als Maßstab der ästhetischen Hochwertigkeit nutzt. Die Studie führt zu folgendem Ergebnis:

> Competition between book titles and authors has intensified considerably, but authors who write genre fiction and series or who have star power seem to thrive better in this climate than others. [...] At the same time, authors who have established high literary status, as indicated by being consecrated through encyclopedia entries and previous wins of literary awards, less often appear in the lists an have shorter stays. (Verboord 2011: 308)

Verboord nennt Heinrich Böll und Günter Grass, man könnte auch Siegfried Lenz hinzufügen, als Autoren, denen die Kombination von literarisch-ästhetischer Autorität und großen Verkaufserfolgen gelungen sei (zum Siegfried-Lenz-Modell vgl. Schaffrick 2018: 86f.). Popularisierung erster Ordnung und zweiter Ordnung verlaufen in diesen Fällen parallel.

Anhand seiner Untersuchung von Bestsellerlisten stellt Verboord allerdings fest, dass die Popularisierung erster und zweiter Ordnung mehr und mehr auseinander-driften. »What is classified as a ›bestseller‹ hence, more and more, diverges from what critics classify as aesthetically important work« (Verboord 2011: 309). An die Stelle der geschmacksstratifikatorischen Unterscheidung von high und low rückt die Konkurrenz unterschiedlicher Ordnungen der Popularisierung. Weder die Popularisierung erster noch die Popularisierung zweiter Ordnung kann jedoch die Vorgängigkeit oder Hegemonie gegenüber der anderen behaupten. Die Agenten der Popularisierung erster und zweiter Ordnung können lediglich versuchen, für die von ihnen popularisierten Objekte, in diesem Fall also Werke und Autor:innen, so wirkungsvoll wie möglich Beachtung zu beanspruchen.

Ob Rankings aber überhaupt für Beachtungserfolge relevant sind, untersucht eine andere empirische Studie, die den Einfluss von Rankings »auf den Markterfolg« von Büchern analysiert (Clement et al. 2008: 748). Als relevant erweist sich der Studie zufolge vor allem, wann ein Buch auf welchem Platz auf der Liste steht. In der ersten Woche profitiert ein Buch »am stärksten« von einer Platzierung auf der Bestsellerliste (Clement et al. 2008: 768). In den Wochen 1 bis 4 ist es wichtig, überhaupt auf die Liste zu gelangen, weniger wichtig, auf welchem Platz ein Buch steht. Langfristig jedoch befördern nur Platzierungen auf den vorderen zehn bzw. 20 Rängen den Verkaufserfolg (vgl. Clement et al. 2008: 768, 772; vgl. die ebenfalls empirisch hergeleitete Verkaufs-kurve des Bestsellers bei Escarpit 1967: 107; weiterführend außerdem Keuschnigg 2012). Es entspricht diesen Ergebnissen, dass die Lizenzvorgaben für das Logo »Spiegel-Bestseller« vorsehen, dass damit nur Titel und Autor:innen beworben werden dürfen, die in den Top 20 (bzw. bei Kinder- und Jugendbüchern und Ratgebern in den Top 10) platziert waren.[10] Dieser Beleg einer gelungenen Popularisierung zweiter Ordnung kursiert anschließend als ›thin knowledge‹ und stellt Popularität als Quali-tätsmerkmal heraus. Der Beststellerstatus wird paratextuell markiert, sowohl in den Peri- als auch den Epitexten eines Buches, und er gibt die Sortierung in den Regalen der Buchhandlungen und auf den Plattformen, auf denen Bücher verkauft werden, vor.

---

10 BuchMarkt: Spiegel-Bestseller: Lizenzen. https://buchmarkt.de/spiegelsiegel. 07.03.24.

5. Lesemotive

Eine andere Art von ›thin knowledge‹ entsteht mit den eingangs erwähnten Lesemotiven. Sie versuchen, die Inhaltsleere der Bestsellerliste zu kompensieren, indem sie
den quantitativen Maßstab der Bestsellerliste um eine qualitative Dimension erweitern.
Lesemotive stehen quer zu den Formen und Verfahren der Popularisierung erster und
zweiter Ordnung. Denn der neue qualitative »Klassifikationsstandard« dient weniger
der Popularisierung des Buches als der ›emotionalen Adressierung der für den Buchkauf entscheidenden Bedürfnisse‹.[11]

Seit Juni 2023 fügt das *börsenblatt* den meisten seiner Bestsellerlisten die Lesemotive
hinzu. Jeder Titel auf der Bestsellerliste wird mittels Künstlicher Intelligenz auf der
Basis eines Katalogs von Metadaten[12] einem von zehn Lesemotiven zugeordnet, die
dazu dienen sollen, den Inhalt eines unbekannten Buches einzuschätzen, also den rein
quantitativen Code der Bestsellerliste qualitativ zu ergänzen. Die zehn Lesemotive sind
(in Klammern wird jeweils das dem Lesemotiv zugesprochene Kundenbedürfnis genannt):[13]

– Auseinandersetzen (gesellschaftskritische und/oder provokative Inhalte – auch, um
damit ein Statement zu setzen)
– Eintauchen (andere, auch fiktive Welten, die aus dem Alltag entführen)
– Entdecken (Unbekanntes, das Lust auf Neues macht und inspiriert)
– Entspannen (Rückzug, der ausgleichend wirkt)
– Lachen (Heiterkeit, vom Schmunzeln bis hin zu Spaß pur)
– Leichtlesen (unbeschwerte Lektüre mit einfacher Sprache und niedriger Komplexität)
– Nervenkitzeln (Spannung, die einen mit fiebern lässt)
– Optimieren (Leistungsverbesserung, die zu persönlichem Erfolg führt)
– Orientieren (Sicherheit, die sich auf Wissen stützt)
– Verstehen (Erklärung von Zusammenhängen oder Pflichtlektüre, z.B. in Schule oder
Studium)

Bemerkenswert ist einerseits, welches Paradigma von Literatur diese Liste von Lesemotiven konstituiert. Kriterien bzw. Motive der Poetizität oder Ästhetik, also einer

---

11 Vgl. zur Semantik von ›unbewussten Kundenbedürfnissen‹ und ›bewussten Kaufimpulsen‹ die
    Erläuterungen auf der Seite Lesemotive im VLB: https://vlb.de/leistungen/lesemotive-im-
    vlb. 07.03.24.
12 Das sind elementare Metadaten, Keywords und Klassifikationen, Inhaltsangaben, Cover und
    Leseprobe. Lesemotive im VLB: https://vlb.de/leistungen/lesemotive-im-vlb. 07.03.24.
13 Die Übersicht, aus der ich die Liste der Lesemotive zitiere, findet sich auf der Hilfe-Seite zum
    Thema Lesemotive im VLB: https://vlb.de/hilfe/lesemotive. 07.03.24. Dort findet sich auch eine
    ausführliche Beschreibung der einzelnen Lesemotive.

Literatur im ›autonomen‹ Sinne, kommen unter den Lesemotiven überhaupt nicht vor. Bemerkenswert ist andererseits aber auch, welche der Lesemotive sich auf den Bestsellerlisten durchsetzen. In den auf der Seite *boersenblatt.net* veröffentlichten Bestsellerlisten vom 26.02.2024 finden sich in der Sparte Belletristik in den Formaten Hardcover, Paperback und Taschenbuch vor allem die vier Lesemotive »Eintauchen« (z.B. Carissa Broadbent, Rebecca Yarros), »Entspannen« (z.B. Haruki Murakami, Martin Suter), »Leichtlesen« (z.B. Ildikó von Kürthy, Gaby Hauptmann) und »Nervenkitzeln« (z.B. John Grisham, Sebastian Fitzek). Ausnahmen finden sich lediglich auf der Taschenbuch-Bestsellerliste mit Ferdinand von Schirach und Friedrich Dürrenmatt (»Auseinandersetzen«) sowie Karsten Dusse (»Lachen«) und Elke Heidenreich (»Entdecken«).

Abgesehen davon, ob Lesemotive tatsächlich geeignet sind, der Depopularisierung des Buches, also der sinkenden Zahl von Buchkäufer:innen und Buchverkäufen entgegenzuwirken, sind die Lesemotive ausschlussreich, nicht weil sie Buchinhalte nach Lesebedürfnissen sehr grob und verallgemeinernd klassifizieren, sondern weil die Lesemotive mögliche Anhaltspunkte dafür geben, aus welchen Gründen Bücher Popularisierungserfolge verzeichnen: Weil sie bestimmte Bedürfnisse erfüllen, die jenseits der Interesselosigkeit autonomer Literatur liegen (jedenfalls wird das von den Lesemotiven postuliert). Zudem stellen Lesemotive quer zur quantitativen Relationierung überraschende Beziehungen zwischen einzelnen Titeln her. So werden etwa Rüdiger Safranskis Kafka-Biografie (Sachbuch Bestseller Hardcover Platz 13) und die Second-Chance-Romance *Golden Bay – How it feels* von Bianca Iosivoni (Belletristik Bestseller Paperback Platz 2) beide dem Lesemotiv »Entspannen« zugeordnet. Der Versuch, die Inhaltsleere und den rein ökonomischen Code der Bestsellerliste zu kompensieren, wird durch solche Konstellationen des Entspannens ad absurdum geführt. So erscheint die mit den Lesemotiven vorgenommene Komplexitätsreduktion irreführend vereinfachend und den Büchern gegenüber unangemessen. Auf jeden Fall kommen die Lesemotive einer Entwertung des Literarischen gleich, die aufgrund der affektiv-inhaltlichen Ambition der Lesemotiv-Klassifikation schwerer wiegt als die gegenüber allen Inhalten neutrale Quantifizierung der Bestsellerliste.

6. Ausblick

Die Bestsellerliste hat sich als beständiges und einflussreiches Medium der Beobachtung, Bewertung und Popularisierung von Literatur erwiesen. Listenplatzierungen wirken als faktischer Paratext auf die Wahrnehmung und den Status eines Werkes ein und produzieren ein ›thin knowledge‹, das schnell seine Kreise zieht und ein breites Publikum erreicht. Bestsellerlisten sind idealtypische Ranglisten der Popularisierung zweiter Ordnung. Sie erfassen quantitativ, wie viel Beachtung ein Buch findet, sie machen die Ergebnisse miteinander vergleichbar und stellen auf diese Weise Popularität öffentlich sichtbar dar.

Mittlerweile bekommen die konventionellen Bestsellerlisten, deren Daten für die Fachmagazine der Buchbranche von Media Control erhoben werden und als *Spiegel*-Bestsellerliste viel Beachtung finden, Konkurrenz durch andere Anbieter wie Amazon und durch soziale Medien wie TikTok. Die Popularisierungsverfahren digitaler Plattformen, die permanent Beachtung messen und für alle gut sichtbar inszenieren, reagieren dynamischer und unmittelbarer auf das Auf und Ab der Popularitätsbekundungen des Publikums. »Wird häufig aktualisiert«, wie es bei Amazon heißt.

Auf die Digitalisierung, die mit zur Popularisierung von Büchern beiträgt, und auf die kontinuierlich fortschreitende Depopularisierung des Buches, was die Zahl der Buchkäufer:innen angeht, reagiert die Buchbranche u.a. mit der Einführung von Lesemotiven, die funktional äquivalent zu Ranglisten als ›künstliche Verknapper‹ (Heintz) fungieren. Mit ihnen wird versucht, Bücher auf zehn affektive oder intellektuelle Bedürfnisse zu verkürzen. Ästhetische, literarische oder poetische ›Bedürfnisse‹, die für die Popularisierung erster Ordnung ausschlaggebend wären, sind auf der Liste der zehn Lesemotive allerdings nicht zu finden. Über die Erfolgsrelevanz von Lesemotiven gibt es bislang keine Studien. Es lohnt sich aber, zu verfolgen, welche Lesemotive in den Bestsellerlisten auf den vorderen Plätzen liegen, um daraus Rückschlüsse auf die mit dem Paradigma ›populäre Literatur‹ postulierten Leseaffekte zu ziehen.

Offen ist, ob die Depopularisierung des Buches auch zu einer Depopularisierung der Bestsellerliste führen könnte. Ihre Reichweite ebenso wie die Erfolgsrelevanz als Kaufimpuls sind jedenfalls umstritten. Solange die kulturelle Hierarchie von high und low von den Expert:innen des Literaturbetriebs verteidigt werden konnte, war den Bestsellerlisten immerhin etwas Widerständiges zu eigen. Sie setzten die Popularität, die Beachtung bei vielen, als Wert gegen die Maßstäbe des Klassischen, Kanonischen, Tradierten, Avancierten oder Autonomen. Damit erweisen sich Bestsellerlisten als ein früh anerkanntes und viel beachtetes Beispiel der Popularisierung zweiter Ordnung.

In Bestsellerlisten manifestieren sich die Gegensätze und Popularitätsparadoxien des Buchmarkts. Um ihrem Stellenwert und dem komplexen Geflecht der Akteure, die an ihrer Entstehung, an der Datenerhebung und an der Veröffentlichung beteiligt sind, gerecht zu werden, bedarf es einer hier in Ansätzen skizzierten Literatursoziologie des Populären.

Literaturverzeichnis

Amlinger, Carolin (2021): *Schreiben. Eine Soziologie literarischer Arbeit.* Berlin: Suhrkamp.
Augstein, Rudolf (1961): Lieber Spiegel-Leser! In: *Der Spiegel*, Nr. 50, 06.12.1961, S. 22. http://magazin.spiegel.de/EpubDelivery/spiegel/pdf/43367707. 27.05.16.

Berli, Oliver (2023): Germany's next top novel. Eine Soziologie literarischer Bewertung am Beispiel von Literaturpreisen. In: Magerski, Christine/Steuerwald, Christian (Hgg.): *Literatursoziologie. Zu ihrer Aktualität und ihren Möglichkeiten.* Wiesbaden: Springer VS, S. 107–128.

Clement, Michel/Hille, Anke/Lucke, Bernd et al. (2008): Der Einfluss von Rankings auf den Absatz – Eine empirische Analyse der Wirkung von Bestsellerlisten und Rangpositionen auf den Erfolg von Büchern. In: *Schmalenbachs Zeitschrift für betriebswirtschaftliche Forschung,* 60, S. 746–777.

Döring, Jörg/Werber, Niels/Albrecht-Birkner, Veronika et al. (2021): Was bei vielen Beachtung findet: Zu den Transformationen des Populären. In: *Kulturwissenschaftliche Zeitschrift,* 6/2, S. 1–24. DOI: 10.2478/kwg-2021–0027.

Escarpit, Robert (1967): *Die Revolution des Buches.* Gütersloh: Bertelsmann.

Esposito, Elena/Stark, David (2019): What's Observed in a Rating? Rankings as Orientation in the Face of Uncertainty. In: *Theory, Culture & Society,* 36/4, S. 3–26.

Fischer, Ernst (1999): Bestseller in Geschichte und Gegenwart. In: Leonhard, Joachim-Felix (Hg.): *Medienwissenschaft. Ein Handbuch zur Entwicklung der Medien und Kommunikationsformen.* Berlin: de Gruyter, S. 764–776.

Genette, Gérard (2001): *Paratexte. Das Buch vom Beiwerk des Buches.* Frankfurt am Main: Suhrkamp.

Hecken, Thomas (2006): *Populäre Kultur. Mit einem Anhang ›Girl und Popkultur‹.* Bochum: Posth.

Heintz, Bettina (2019): Vom Komparativ zum Superlativ: Eine kleine Soziologie der Rangliste. In: Nicolae, Stefan/Endreß, Martin/Berli, Oliver/Bischur, Daniel (Hgg.): *(Be)Werten. Beiträge zur sozialen Konstruktion von Wertigkeit.* Wiesbaden: Springer VS, S. 45–79.

Keuschnigg, Marc (2012): *Das Bestseller-Phänomen. Die Entstehung von Nachfrage-Konzentration im Buchmarkt.* Wiesbaden: Springer VS.

Magenau, Jörg (2018): *Bestseller. Bücher, die wir liebten – und was sie über uns verraten.* Hamburg: Hoffmann und Campe.

Magerski, Christine/Steuerwald, Christian (Hgg.) (2023): *Literatursoziologie. Zu ihrer Aktualität und ihren Möglichkeiten.* Wiesbaden: Springer VS.

Minden, Michael (2007) Bestseller Lists and Literary Value in the Twentieth Century. In: Saul, Nicholas/Schmidt, Ricarda (Hgg.): *Literarische Wertung und Kanonbildung.* Würzburg: Königshausen & Neumann, S. 163–172.

Reckwitz, Andreas (2017): *Die Gesellschaft der Singularitäten. Zum Strukturwandel der Moderne.* 2. Aufl. Berlin: Suhrkamp.

Reichert, Isabella (2017): *Der Status-Effekt. Bestseller und Exploration im Literaturmarkt.* Wiesbaden: Springer VS.

Schaffrick, Matthias (2018): Paratext Bestsellerliste. Zur relationalen Dynamik von Popularität und Autorisierung. In: Gerstenbräun-Krug, Martin/Reinhard, Nadja (Hgg.): *Paratextuelle Politik und Praxis. Interdependenzen von Werk und Autorschaft.* Wien: Böhlau, S. 71–90.

Schaffrick, Matthias/Werber, Niels (2017): Die Liste, paradigmatisch. In: *Zeitschrift für Literaturwissenschaft und Linguistik,* 47/3, S. 303–316.

Sneis, Jørgen/Spoerhase, Carlos (2023): The Nobel Roll of Honor. Comparing literatures and compiling lists of Nobel laureates in the early twentieth century. In: *Orbis Litterarum*, 78, S. 147–166.

Stäheli, Urs (2012): Listing the Global: Dis/connectivity beyond Representation? In: *Distinktion: Scandinavian Journal of Social Theory*, 13/3, S. 233–246.

Tomkowiak, Ingrid (2003): Schwerpunkte und Perspektiven der Bestseller-Forschung. In: *Schweizerisches Archiv für Volkskunde*, 99/1, S. 49–64.

Verboord, Marc (2011): Market logic and cultural consecration in French, German and American bestseller lists, 1970–2007. In: *Poetics*, 39, S. 290–315.

Werber, Niels (2021): »Hohe« und »populäre« Literatur. Transformation und Disruption einer Unterscheidung. In: *Jahrbuch der deutschen Schillergesellschaft*, 65, S. 465–479.

Ziermann, Klaus (2000): *Der deutsche Buch- und Taschenbuchmarkt 1945–1995*. Berlin: Spiess.

Urs Stäheli

Parfum als populäre Kommunikation? Zur Rolle von olfaktorischen Listen

ABSTRACT: The paper discusses different types of fragrance lists and their importance in contributing to olfactory popularity. While sales-based best-seller lists are crucial, they remain hidden from consumers unlike other areas of popular culture. Instead, social media lists based on indicators such as views have become important for the public perception of perfumery, creating a shift from sales figures to often viral social media communication. These lists are complemented by >subjective< lists created by influencers and perfumistas, such as >compliment getter<, >expert< and >iconic< lists. The paper examines these lists in terms of the everyday life of perfumes and how they address the material olfactory dimension of success. The interplay between these different types of lists demonstrates hints at competing and interwoven ideas of popularity. The paper demonstrates that the classic high/low distinction, which originated in luxury perfumery, continues to dominate an olfactory understanding of popularity, in contrast to a purely quantitative approach.

KEYWORDS: Popularity; Lists; Olfaction; Perfumery; High/Low; Inclusion; Compliments; Social Media

D ie Welt des Parfums erscheint auf dem ersten Blick weit entfernt von den kalten Techniken der Liste. Der ephemere Charakter des Riechens trifft hier auf die Isolation von Einheiten einer Liste; sinnlicher Genuss kontrastiert mit abstrakten Listenmanipulationen. Dennoch – und vielleicht gerade deshalb – ist die Parfumerie von einer Vielzahl von Listen geprägt, um das Flüchtige erfassen und verwalten zu können. Vom Kreationsprozess über das Marketing bis hin zu den Sammlungslisten der Konsument:innen – alle diese Bereiche sind von meist übersehenen olfaktorischen Listen geprägt. Mit olfaktorischen Listen bezeichne ich die listenförmige Erfassung von Geruch, sei es in der Form eines gesamten Parfums, sei es in Form von olfaktorischen Eindrücken oder Rohmaterialien. Die meisten dieser Listen bleiben jedoch häufig im Dunkeln. Umso überraschender ist es, dass Jean-Claude Ellena in seinem *Tagebuch eines Parfumeurs* einen eigenen Eintrag den Listen widmet. Ellena gilt als einer der bekanntesten und einflussreichsten Parfumeure, lange Zeit war er Hausparfumeur von Hermès und arbeitet inzwischen als unabhängiger Parfumeur. Inspiriert von einem Besuch der von Umberto Eco kuratierten Ausstellung zu Listen im Louvre (Eco 2009) gibt er einen Einblick in die Fülle olfaktorischer Listen:

> Dizzying lists: Computers are tremendous prescribers of lists, so much so that they provide lists of lists; having all that knowledge of the world at your fingertip is dizzying. Oddly, though, lists are reassuring... but if we give this >list< (formula) too much

importance, we leave no room for imagination. For a perfumer, lists are part of everyday life: lists of usable materials, prices, banned substances, recommendations. (Ellena 2013: 41)

Der Alltag des Parfumeurs ist durch zahlreiche Listen geprägt, viele werden in der Praxis (und von der Öffentlichkeit) meist übersehen, zu selbstverständlich ist ihre Gegenwart. Nur die ›Formel‹ eines Parfums genießt einen geradezu mystischen Ort als das Geheimnis eines Parfums, dem Blick der Öffentlichkeit verborgen, gut geschützt in den Tresoren der Parfum- und v.a. Duftstoffhäuser. Für Ellena ist diese Vielzahl von Listen ambivalent: zum einen notwendig für den Schaffensprozess, zum anderen ein Gegenpol zur Imaginationskraft des Parfumeurs (und Publikums). Bemerkenswert ist, dass die Listen unter affektiven Gesichtspunkten thematisiert werden: Sie schaffen Vertrauen (»reassuring«), sind aber auch schwindelerregend, nicht zuletzt in ihrer Fülle (»dizzying«). Listen stehen selten für sich allein; zuweilen mögen sie nur nebeneinanderstehen, aber ihr Charakter als Liste macht sie immer schon anschlussfähig für andere Listen. Diese Listen sind miteinander verzahnt, ohne aufeinander reduzierbar zu sein. »Listen von Listen« – damit spricht Ellena nicht zuletzt ihre ›computability‹ an; ihre abstrakte Form macht sie zur idealen und notwendigen Grundlage für Digitalisierungsprozesse – eine der wichtigsten gegenwärtigen Debatten der Parfum- und Kosmetikindustrie beschäftigt sich denn auch mit den Möglichkeiten der Digitalisierung von Geruch.[1]

Dieser Aufsatz wird sich nur einem Bruchteil der Menge von olfaktorischen Listen zuwenden, jenen Listen, die für die Popularität von Parfums eine wichtige Rolle spielen. Damit sind neben den Bestsellerlisten insbesondere die von Ellena nur kurz genannten Empfehlungslisten gemeint. Diese Listen leisten einen Beitrag zur Herstellung und Sichtbarkeit populärer Parfums, ohne dass sich Popularität darauf reduzieren lässt. Es ist daher notwendig, auch die Materialität von populärer olfaktorischer Kommunikation mitzudenken.

Ich schließe hier selektiv an meine früheren Arbeiten zum Populären an (Stäheli, 2003, 2005, 2007). Das Populäre habe ich in Erweiterung der Systemtheorie als das Prozessieren der Unterscheidung zwischen dem Publikum und seinem Außen bestimmt und damit als inklusionstheoretische Kategorie gefasst. Auch wenn in diesem Aufsatz die Frage der Inklusion in Funktionssysteme nicht im Vordergrund steht, so werden wir im Feld, wenn von Popularität die Rede ist, immer wieder auf die Verhandlung von high/low-Unterscheidungen treffen. Zurecht ist diese Unterscheidung als normativ

---

1 In meinem laufenden Projekt zu *Digitizing Scents: Lists, Molecules and AI* gehe ich der Vermutung nach, dass die gegenwärtige Etablierung von AI-Geruchstechnologien in der Parfumindustrie nicht zuletzt dadurch möglich wird, dass eine lange Tradition des olfaktorischen Listenmachens besteht.

kritisiert worden, welche an Stelle einer soziologischen Analyse ästhetische Werturteile setzt. Dennoch muss sie aber als Gegenstand des Parfumdiskurses ernst genommen werden, ohne sie zur eigenen analytischen Unterscheidung zu machen.[2] Die high/low-Unterscheidung ist eine Semantik, welche eine meist kulturkritische Antwort auf ein ›zu viel‹ an Popularität gibt – also dann, wenn Popularisierung als problematisch wahrgenommen wird.

Populär ist ein Parfum dann, wenn es allgemein zugänglich und hyperkonnektiv verfasst ist, also über ein großes Verbreitungspotenzial verfügt, in unterschiedlichen Kontexten anschlussfähig ist (Stäheli 2007) und dazu in der Lage ist, Nachahmungsströme zu generieren (Tarde 2003). Diese Hyperkonnektivität wird affektiv unterstützt oder sogar geschaffen und ist so in sozial geformte »mattering maps« (Grossberg 2014) eingebettet. Gerade bei Parfums als materieller olfaktorischer Kommunikation spielt deren sinnliche Erfahrung eine zentrale Rolle: Parfums überschreiten etwa im Gegensatz zur Kleidung den einzelnen Körper und werden durch ihre Sillage Teil der Atmosphäre eines Raums.

Thomas Hecken hat in seiner absichtlich schlanken Bestimmung des Populären vorgeschlagen: »Populär ist, was bei vielen Beachtung findet.« (Hecken 2006: 85) Auch wenn ich dieser quantitativen Bestimmung des Populären nicht vollständig folgen möchte, so mag sie als Indiz für das Kriterium der allgemeinen Zugänglichkeit dienen. Gerade für die Popularität von Parfums ist die an Hecken anschließende Unterscheidung zwischen unterschiedlichen Typen von Popularisierung hilfreich. Als Popularisierung erster Ordnung gelten Strategien, welche die Verbreitung und Anschlussfähigkeit eines Produktes erhöhen sollen (Döring et al. 2021) – also das zu ermöglichen, was ich als Demokratisierung von Parfums bis hin zum aufwändigen Einsatz von Konsument:innentests diskutieren werde. Das strategische Ziel, eine große Zahl zu erreichen, übersetzt sich in die materielle olfaktorische Gestaltung von Hyperkonnektivität, die in den Marketingabteilungen der großen Dufthäuser mit viel Aufwand entwickelt wird.

Im Zentrum meiner Untersuchung stehen aber Formen der Popularisierung zweiter Ordnung, also die Feststellung, dass ein Produkt auch viel Beachtung gefunden hat (Döring u. a. 2021). Aus einer solchen Perspektive übernehmen Listen wie Rankings und Charts eine zentrale Rolle beim Erfassen von Popularität, also bei der Erzeugung eines Wissens über das Populäre, das eine selbstverstärkende, affektive Kraft entfalten kann. Damit wird auf den wichtigen Zusammenhang zwischen Popularität und Listen hingewiesen. Allerdings muss gerade in Bezug auf Parfums eine derartige stark an klassischen Charts und Bestsellerlisten orientierte Fassung des Populären in zweierlei Hinsicht modifiziert werden. Zum einen gilt es, noch vor der Formatierung von Listen

---

2   Vgl. dagegen die These, dass sich mit der Transformation des Populären die Bedeutung der high/low-Unterscheidung abgeschwächt habe (Döring et al. 2021).

die Präsenz von Düften im Alltag zu thematisieren – eine nicht-repräsentationale, sensorische Form von Popularität zu erfassen; zum anderen gilt es, statt der meist öffentlich nicht verfügbaren, auf Verkaufszahlen beruhenden Bestsellerlisten andere Listenformate in den Vordergrund zu rücken. Hier ist an auf sozialen Medien basierte Erfolgslisten und an unterschiedliche Formen von Empfehlungslisten zu denken, durch welche bestimmte Parfums sichtbar und populär gemacht werden.

1. Die Demokratisierung der Parfumerie

Bevor aber überhaupt von der Popularität von Parfums gesprochen werden kann, gilt es kurz historisch zu zeigen, wie Parfums allgemein zugänglich wurden.[3] In Europa entwickelte sich eine breite Parfumindustrie erst Ende des 19. Jahrhunderts. Zuvor wurden Parfums etwa am französischen Hof getragen, nicht zuletzt, um schlechte Körpergerüche zu überdecken; in England ließ Königin Elisabeth I. ganze öffentliche Plätze mit Parfums deodorisieren, um sich vor den üblen Gerüchen der Straße und Leute zu schützen. Parfums standen damit im Dienste von Hygienemaßnahmen und der Abgrenzung vom als übel riechend wahrgenommenen Plebs (Corbin 1996). Man könnte sie in diesem Sinne als Techniken der Anti-Popularität in einem doppelten Sinne verstehen: Erstens waren die teuren Parfums einer kleinen, meist adligen Elite vorbehalten, zweitens waren sie Mittel, das Volk nicht riechen zu müssen – ganz im Sinne von Georg Simmel, der die Klassenfrage auch als Nasenfrage bestimmt (Simmel 1968).

Im 18. Jahrhundert setzt eine erste Öffnung der Parfumkultur ein, eindrücklich literarisiert in Süskinds *Das Parfum* (Süskind 1985). Parfums werden nun in Apotheken angeboten, wo sich auch das wohlhabende Bürgertum die neuesten Kompositionen leisten kann. Mit der Produktion von Parfums durch Apotheker verändert sich auch deren Status: »On August 18th 1810, an imperial decree formalised the separation of perfumery and pharmacy […] In order to protect consumers from charlatans, Napoleon ordered apothecaries to reveal their formulae, whereas perfumers were not obliged to do so.« (Annick Le Guérer zit. nach Swardt 2022) Mit diesem Dekret wird die »therapeutic era« von der »cosmetic era« abgelöst – und das moderne Parfum aus dem Geiste des Verbraucherschutzes geboren. Während nun also gesundheitsfördernde Mixturen und Medikamente unter ein staatliches Transparenzmandat gestellt werden, bleiben die Rezepte (und später Formeln) der Parfums dem öffentlichen Blick verborgen. Für de Swardt etabliert sich so eine auch die heutige Parfumindustrie prägende

---

[3] Ich konzentriere mich hier auf die Herausbildung der amerikanischen/europäischen Parfumindustrie, wenn auch zu bedenken ist, dass außereuropäische Parfumtraditionen wie etwa in Indien und der Golfregion schon viel länger Parfums, bzw. Attars in alltägliche und rituelle Praktiken integriert haben.

Geheimnishaftigkeit im Herzen des Parfums. Das Geheimnis um die Komposition ist auch hinsichtlich der Verbreitung von Parfums – und damit ihre Popularität – relevant. Denn auf diese Weise soll verhindert werden, dass beliebte Parfums kopiert und damit unkontrolliert verbreitet werden.

Eine weitere Entwicklung ist für die Popularität von Parfums folgenreich. Ende des 19. Jahrhunderts werden die alten Parfumrezepte zu Formeln (Swardt 2022). Die alten Rezepte listeten in der Regel nicht einfach Inhaltsstoffe aus, sondern auch die entsprechenden Verfahren (z.B. Destillation), mit deren Hilfe man die Inhaltsstoffe erst gewinnen konnte. Eine Formel dagegen listet nur noch die Inhaltsstoffe und deren Proportionen auf. Sie ist damit auch ein großer Schritt in Richtung Listenförmigkeit von Parfums, da nun die einzelnen Materialien auf der Formelliste präzise benannt werden können. Die Transformation der Rezepte zur Formel wurde durch die Entwicklung synthetischer Duftmoleküle gefördert, welche zu unsichtbaren ›Stars‹ der Parfumproduktion werden: z.B. das erste synthetische Molekül Nitrobenzol mit einer Mandelnote (1837 von Liebig), der heuähnliche Duft von Coumarin (1868 von Perkin) das teure, Vanilleschoten ersetzende Vanillin (1874 von Tiemann/Harmann) oder die wachsigen aliphatischen Aldehyde (Lévy 2020: 64ff.; Ohloff et al. 2022). Die moderne Parfumindustrie ist damit nicht ohne die Errungenschaften der organischen Chemie zu denken (Le Guérer 2005: 181ff.). Viele dieser Moleküle haben erst Klassiker wie *Fougère Royal* (Coumarin) oder *Jicky* (Vanillin), *Chanel No 5* (Aldehyde) möglich gemacht. Die Kosten der neuen Moleküle betragen häufig nur einen Bruchteil von jenen der ursprünglichen organischen Essenzen; Parfums können nun zu einem Preis angeboten werden, der sie für breitere Schichten zugänglich macht. Mehr noch, die synthetischen Moleküle sind stabiler und häufig auch deutlich intensiver wahrnehmbar als ihre ›natürlichen‹ Vorgänger. Sie bilden damit auch die Voraussetzungen für einen versatilen Einsatz in unterschiedlichen Nutzungsumwelten. Das Kriterium der Versatilität von Parfums als Qualitätsmerkmal prägt auch noch heutige Parfumkritiken, die gerne die Vielseitigkeit und einfache Tragbarkeit betonen. Ein solcher Duft kann im Büro, im Restaurant oder auch abends zum Einschlafen getragen werden und hält sich nicht an Genderunterscheidungen. Er bettet sich durch seine vergrößerte Anschlussfähigkeit mühelos in eine Vielzahl von Kontexten und Atmosphären ein – kurz er erweist sich olfaktorisch als hyperkonnektiv.

Eine »démocratisation« von Parfum setzt erst in den 1920er Jahren ein, insbesondere mit der steigenden Berufstätigkeit von Frauen. Exemplarisch dafür ist das Parfum *Soir de Paris* von Bourjois (1920) (Feydeau 2011: 350f.). Das günstige Parfum wurde zunächst in den USA berühmt mit seinen Bezügen auf die französische Luxuskultur, um dann auch in Frankreich zu einem Bestseller zu werden (Borisov 2023). *Soir de Paris* ist

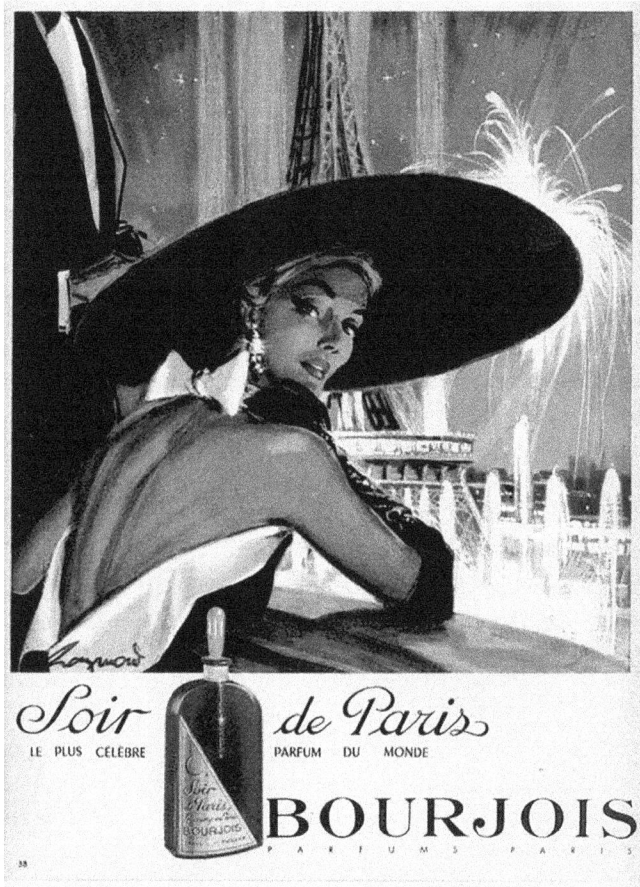

Abb. 1: Werbung für Soir der Paris (Evening in Paris)

ein frühes Beispiel dafür, dass mit der Popularität des Parfums geworben wird: »Le plus célèbre parfum du monde« (Herman 2013: 69).[4]

Zunehmend differenziert sich der Parfummarkt in drei Sektoren: Luxusparfums (z.B. Guerlain), Designerparfums (z.B. Chanel) und eine »parfumerie bon marché«. Insbesondere Coty entwickelt gezielt Strategien, um das Massenpublikum anzusprechen. Unterstützt wird dies vom Aufkommen der günstigen Warenhauskette *Bon Marché*; wichtiger noch sind aber Ende des 19. Jahrhunderts in Paris die Parfum Bazars, in denen preiswerte Parfums verkauft wurden (Briot 2011). Die Popularisierung von

---

4   03.03.2024, https://www.fragrantica.com/news/Soir-de-Paris-Bourjois-Remember-That-Night-In-Paris-19547.html

Parfums geht einher mit der internen Differenzierung des Marktes, in die sich nun die high/low-Unterscheidung, die wir auch aus anderen populärkulturellen Bereichen kennen, einschreibt. Die Parfumhistorikerin Elizabeth de Feydeau moniert: »Le parfum était-il un produit de luxe qui pouvait résister à toute démocratisation? Ou plutot, le problème n'est il pas que trop souvent democratization était confondue avec vulgarization?« (Feydeau 2011: 371)[5] Die Popularisierung von Parfums bedroht aus einer solchen Perspektive den ästhetischen Wert von Parfums.

Aber auch der Erfolg von breit anerkannten Parfumklassikern wie *Chanel No 5* beruht nicht zuletzt auch auf einer innovativen Vertriebsstruktur. Zunächst verschenkte Coco Chanel das Parfum an ihre Elite-Kundinnen, umso einen regelrechten Buzz zu erzeugen. Sie gibt dann später die Lizenzrechte am Parfum an Pierre und Paul Wertheimer ab, worauf eine Auseinandersetzung der anti-semitischen Modeschöpferin mit den jüdischen Warenhausbesitzern folgt. Wertheimer produziert das Parfum in den 1940er Jahren in den USA (mit aus Grasse geschmuggeltem Jasmin) und entwickelt einen neuen Vertriebsweg über die US Army: »It's really that decision more than anything that transformed Chanel No. 5 into this international icon during the Second World War.« (Mazzeo 2011) Gewiss war *Chanel No 5* auch eine ästhetische Innovation und gilt häufig als erstes abstraktes Parfum. Dennoch lässt sich dessen Erfolg nicht ohne die über Logistik geschaffene Zugänglichkeit verstehen. Zudem ist *Chanel No 5* auch ein Wegbereiter für die sich verstärkende Kopplung mit der Popularität von Stars, die in die Werbekampagnen eingebunden wurden.

2. Popularisierung erster Ordnung: Markttests

Die Ausrichtung am Massenmarkt verstärkt sich seit den 1980er Jahren, da nun professionelle Strategien der Popularisierung erster Ordnung entworfen werden. Viele von diesen sind listenbasiert. Nun entscheiden nicht mehr alleine die Direktoren der großen Häuser wie Dior darüber, welche Parfums produziert werden, sondern es werden aufwändige Konsument:innentests und -befragungen durchgeführt, in denen meist nur jene Parfums eine Chance haben, die nirgends anecken (Feydeau 2011: 373; Kubartz 2009). Diese Tests sind seit den frühen 2000er Jahren fester Bestandteil aller Etappen des Kreationsprozesses geworden (Lévy 2020: 106). Entscheidend ist hierbei die interne Differenzierung der Parfumindustrie in die Rohmaterialanbieter (wie z.B. Givaudan oder IFF) und die Parfumhäuser, die nur in seltenen Fällen (wie z.B. Guerlain) über eine:n In-House-Parfumeur:in verfügen. Meist werden die Düfte von den Parfu-

---

5   Ganz ähnlich formuliert auch Mathilde Laurent, Hausparfumeurin von Cartier: »Je ne suis pas contre une parfumerie plus accessible, plus facile à porter, mais j'aimerais qu'il y ait aussi une parfumerie de luxe.« (zit. nach Le Guérer 2005: 195)

meur:innen der Materialanbieter komponiert, die den »brief« des Parfumhauses in eine Komposition übersetzen (Pybus/Sell/Pybus 1999). Die Parfumhäuser haben in der Regel eine *Liste* der Materialhersteller, die zum Wettbewerb um den »brief« eingeladen werden – und häufig ihren Listenplatz durch Zahlungen, Rabatte etc. absichern (Burr 2008). Um den Wettbewerb zu gewinnen, werden die Modelle der Materialhäuser intern evaluiert und aufwändigen Konsument:innen-Tests unterzogen.

Diese Tests werden maßgeblich mit Hilfe von Listen und Vergleichen organisiert. Sie finden häufig unter laborähnlichen Bedingungen statt, zu denen entweder eine zufällige Gruppe oder eine Zielgruppe eingeladen wird. Die Tester:innen erhalten neutrale Testvials, die sie untereinander vergleichen sollen. Teils werden die Tests paarweise durchgeführt, teils wird auch ein Ranking aller Proben angefordert: Rankings werden »used for preference/hedonic measure (i.e., ›please rank samples in order of your personal preference‹) or for analytical assessment (i.e., ›rank the samples in increasing order of chewiness‹)« (Gillette 2016).[6] Vergleiche und Rankings dienen hier dazu, die Chancen auf zukünftige Popularität eines neuen Duftes zu eruieren. In der Regel wird die erhoffte zukünftige Popularität mit bereits existierenden Bestellern verglichen: »the purpose of the focus group and the tool for gauging market reactions is always within the perimeters of comparison. It's always against a current best-seller. This makes for much perfume sameness to be sure.« (Perfumeshrine 2008) Interessanterweise werden hier zwei unterschiedliche Techniken der Erhebung von Popularität miteinander kombiniert: Subjektive Rankings/Vergleiche durch die Fokusgruppe einerseits, auf Verkaufszahlen beruhende Bestseller, die als Maßstab dienen, andererseits. Damit kombinieren diese Tests Strategien der Popularisierung erster Ordnung, welche ein möglichst breites Publikum imaginieren, mit den durch Popularisierung zweiter Ordnung gewonnenen Daten (etwa zur Identifikation von Bestsellern als Vergleichsgröße).

Viele Parfumeur:innen empfinden diese Tests als Einschränkung ihrer Kreativität (Kubartz 2009: 230), wodurch Listen insgesamt unter Verdacht geraten. In meinem Interview mit Christophe Laudamiel – einem der namhaftesten Parfumeure der Gegenwart, der vor seiner Selbständigkeit lange in der Parfumindustrie gearbeitet hat – fragte ich ihn nach der Rolle von Listen für den Kreationsprozess: »Ja, also die Leute lieben Listen. … Und ich sage, besonders die Manager, die lieben Listen, weil dann fühlen sie, sie können das beherrschen, ein bisschen.« (Laudamiel 2023) Laudamiel denkt bei Listen zunächst nicht an die alltäglichen Listen, die für die Parfumherstellung wichtig sind (also die Material- und Formellisten), sondern an Listen als ein Managementtool, mit dem der Kreationsprozess kontrolliert werden soll. An anderer Stelle sagt Laudamiel: »data dictates design« (zit. nach Kubartz 2009: 25). In den Vordergrund gerät die Spannung zwischen Ökonomie und Kunst – die Erfolgslisten repräsentieren

---

6 Siehe auch die Ethnografie von Muniesa und Trébuchet-Breitwiller (2010)

einen »clash von business und art« (Ellena zit. nach Kubartz 2009, S. 25); sie stehen damit implizit auch für den Clash einer banalen ›low‹ mit einer ästhetisch subtilen ›high‹ Form der Parfumerie. So bemängelt Michael Edwards, der Erfinder des weit verbreiteten Duftrads und Betreiber einer professionellen Parfumdatenbank: »Every great perfume probably loses the market test …It affronts, and so they mark it down […] The reality is that broad appeal means you have to compromise: you end up with the best of the worst and the worst of the best. The average perfume is nice and pretty and forgettable.« (Michael Edwards in Skelly 2019) Diese aufwändigen, listenbasierten Kontrollversuche sind allerdings keineswegs eine Versicherung gegen Misserfolge – die Flop-Rate von Neulancierungen bleibt hoch (Kubartz 2009: 227). Strategien der Popularisierung erster Ordnung bleiben also selbst immer riskant, in ihrem Versuch, Marktrisiken zu reduzieren.

3. Unsichtbare Bestsellerlisten

Im Gegensatz etwa zur Musikindustrie sind die auf Verkaufszahlen beruhenden Bestsellerlisten der Parfumindustrie selbst ein gut gehütetes Geheimnis. Die offiziellen Bestsellerlisten prägen damit weniger die öffentliche Wahrnehmung als den Produktionsprozess. Wie wir noch sehen werden, bedeutet das nicht, dass der öffentliche Diskurs ohne Bestenlisten auskommt. Vielmehr wird die Unverfügbarkeit offizieller Daten zum Anlass einer massiven Vermehrung von Empfehlungslisten. Die Manager der großen Häuser sind jedoch geradezu fixiert auf das, was sie kurz »the List« (für Bestseller) nennen. Der ehemalige Parfumkritiker der *New York Times*, Chandler Burr, zeichnet auf schon fast ethnografische Weise die Entstehung von zwei Parfums nach – und bietet damit einen einzigartigen Einblick in die schwer zugängliche Welt der Parfumindustrie:

> Dubrule [Helene Dubrule, Head of Marketing von Hermès, US] was as conscious as anyone of what had made the List – as it is known in the industry – and what had not. The perfume industry is just obsessed with the best-seller line-up as Hollywood with the international box-office scores, and the executives and perfumers pore over the lists like shamans over runes, reading the signs, trying to divine trends. (Burr 2008: 228)

Die Bestsellerlisten fungieren hier nicht als bloße Repräsentationen des Marktes, sondern sind ein »market device« (Callon/Millo/Muniesa 2007), das einen Blick in die Zukunft erlauben soll. Auf Grundlage vergangener Erfolge sollen zukünftige Trends identifiziert werden. Allerdings verbirgt sich hinter der objektivierten, sachlichen Form der Liste ein kaum transparenter Prozess ihrer Herstellung: »The List is made up of sales data from various sources, the sources change and are never complete, and the full picture is never entirely clear.« (Burr 2008: 231) In den USA werden diese Listen vom NPD (*National Purchase Diary*) geschaffen, in Europa von Euromonitor. NPD erhält die Daten von den Verkaufsstellen, welche wiederum die aggregierten Daten zurückerhalten – während die restliche Industrie diese käuflich erwerben muss. Es handelt sich hier also um exklusive Listen von Verkaufszahlen, die nicht für die öffentliche Verbreitung vorgesehen sind – ja, die selbst zum Teil der Geheimnishaftigkeit der Industrie geworden sind. Mit ihnen erwirbt die Industrie ein exklusives Wissen über die Verbreitung. Das Wissen über die Popularität ist hier also kein populäres Wissen – und damit auch nicht unmittelbar Teil der reflexiven Konstitution des Populären im Sinne von Döring et al. (2021). Denn, so Bettina Heintz (2010: 163), ein Ranking ist nur dann populär, wenn es auch weit verbreitet und anschlussfähig ist. Im populären Diskurs bleiben diese Rankings meist verborgen, auch wenn das Wissen, dass es solche Erhebungen gibt, häufig mitkommuniziert wird. So hieß es z.B. kürzlich in einem Bericht von *Esquire*, dass *Chanel No 5* »nach wie vor einer der meistverkauften Düfte aller Zeiten« sei – gleich mit der Einschränkung verbunden: »Auch wenn die exakten Verkaufszahlen nicht veröffentlicht werden: Laut Experten werden jährlich immer noch etwa eine Million Exemplare von Chanel N° 5 verkauft.« (Schmidt 2024) Werden Bestsellerlisten verbreitet, dann also in der Regel indirekt durch das Hörensagen in Massenmedien und sozialen Medien.[7] *Men's Health* z.B. listet *The 20 Best Selling Men's Colognes* auf, ohne Ranking und Angaben über die Verkaufszahlen, dafür kommentiert und klassifiziert. Zu den Düften gehören u.a. *Dior Sauvage* (2015), *Ralph Lauren Polo Blue* (2003), *CK One* (1995) und *Aventus* (2010). Auffällig und auch typisch für viele Empfehlungslisten ist dabei, dass nicht nur die Neulancierungen, sondern die ›bewährten‹ Klassiker aufgelistet werden. Die Auswahl wird begleitet von Überlegungen zur Popularität. Zwar mag ein Thrill in einem singulären Parfum liegen: »But there's also something to be said about popularity. Popular things become popular for a reason: because they work […] Fragrance is no exception, but it's also one of those industries where people look down on popularity. We've never really understood that. Popularity isn't a bad thing.« (Munce 2024) Dass der Autor sich genötigt sieht, das Kriterium der Popularität zu verteidigen, zeigt, wie stark die Parfumwelt nach wie vor von der high/low-Unterscheidung geprägt ist. Gleichzeitig wird Popularität hier auch als Indiz für die Qualität von Parfums gelesen.

Es mag an dieser Skepsis gegenüber Popularität liegen, dass selbst die Online-Auftritte der großen Parfumerieketten häufig auf Bestsellerlisten verzichten: Bei Douglas lassen sich Parfums zwar anhand verschiedener Kriterien sortieren, aber nicht nach Beliebtheit oder Verkaufszahlen.[8] Etwas anders sieht dies bei Sephora aus: Hier

---

7   Döring/Werber fassen dies im Anschluss an den Topos »a lot of people are saying« als prätendierte Popularität (Werber/Döring 2023: 24f.)

8   Wobei dem Personal die Bestseller in der Regel bekannt sind; zumal sie gemäß anekdotischer

können z.B. beliebte Damenparfums ausgewählt werden, und man erhält eine Liste von 532 Produkten. Ob das erstgenannte Parfum *Chanel Chance. Eau Tendre* aber auch den ersten Platz einnimmt, erfährt man nicht. Das Ordnungskriterium der Liste bleibt verborgen. Interessant ist hier die Zusatzqualifikation von einigen beliebten Parfums mit »Hot on Social« wie z.B. bei *Kayali Vanilla 28*. Je weniger exklusiv der jeweilige Online-Händler in seinem Parfumangebot ist, umso höher ist die Wahrscheinlichkeit, dass es die Kategorie ›beliebt‹, ›populär‹ oder ›Bestseller‹ gibt. Nur im Nicht-Fachhandel wie z.B. bei Amazon werden auch Rankings von Parfums präsentiert – es scheint, dass dort Parfum als ein weiteres von vielen anderen Produkten den gleichen Verfahren wie Bücher, Schuhe und Klebeetiketten unterworfen wird. Die Präsenz von Rankings, bzw. deren Abwesenheit, spiegelt die high/low-Unterscheidung innerhalb der Parfumwelt wieder: Mit der Exklusivität eines Anbieters geht die Reduzierung von nach Verkaufszahlen oder Beliebtheit geordneten Listen einher. Große Nischen-Parfumerien wie Jovoy (Paris) verzichten auf ihrer Homepage denn auch vollständig auf die Möglichkeit, die Produkte nach Popularität zu ordnen (stattdessen nach Relevanz, Preis, Erscheinungsjahr und Duftfamilie).

4. Virale Erfolgslisten

Dieser weitgehende Verzicht auf klassische Bestsellerlisten bedeutet aber keineswegs, dass die Welt des Parfums ohne Rankings auskommt. Der Hinweis bei Douglas »hot on social« (und nicht: Platz 1 der Verkaufsliste) verweist denn auch auf die alternative Datengrundlage dieser Listen. Der Nischendiscounter Beautinow.com erstellt z.B. eine Liste *The 12 Most Popular Perfumes Everyone Talks About*, sich implizit auf deren Erfolg in den sozialen Medien beziehend:

> But among the ocean of perfumes, a select few emerge and these are the fragrances that people gravitate towards and become immensely popular. You may recognize these simply by name or you may only know these fragrances by their scents. Either way we've compiled a list of the most popular perfumes that's on everyone's lips (and noses)! (Beautinow 2023)

Damit werden zwei Popularitätskriterien benannt: neben dem unbestimmten ›talked about‹ in Social Media bestimmt sich der Erfolg eines Parfums durch seine sinnliche Präsenz im Alltag. Popularität im Sinne einer öffentlichen Sichtbarkeit von Parfums wird also nicht primär über die offiziellen Bestsellerlisten geschaffen, sondern vor allem

---

Evidenz von Kund:innen gerne nach den erfolgreichsten Parfums gefragt werden.

durch ›mentions‹ in sozialen Medien. Für Mainstreamdüfte ist inzwischen TikTok die zentrale Plattform; #perfumetok verfügt über mehr als 4,5 Milliarden Views und gehört zu den am schnellsten wachsenden Bereichen der Plattform (Silverman 2023). Videos von Beauty-Influencer:innen erreichen hier zuweilen mehrere Millionen Views und sind eine treibende Kraft für das Viralwerden von Parfums. Auch wenn einige TikTok-User:innen ihre eigenen Listen über die besten Parfums des Jahres präsentieren, entscheiden nicht diese Rankings über die Popularität, sondern die View-Zahlen – und deren Vergrößerung durch die über Algorithmen gesteuerte Timeline der User:innen. Wir haben es hier mit einer imitativen und hyperkonnektiven Dynamik populärer Kommunikation zu tun, die selbst in der Regel noch nicht listenförmig verfasst ist. So gehört zum *Beispiel Baccarat Rouge 540* zu den beliebtesten TikTok-Parfums (mit 672,4 Mio Views unter dem #Baccaratrouge540 und 181,9 Mio Views von #Baccaratrouge). Erst in einem zweiten Schritt findet die listenförmige Identifizierung von viralen TikTok-Parfums statt – und dies häufig in einem anderem Medium, meist von Blogger:innen und Journalist:innen aufbereitet. Typische Beiträge sind etwa: *A Look At Tik-Tok's Trending Scents* (Thorpe 2022), *21 Fragrances That Are All The Rage on TikTok* (Forbes 2022) oder *#PerfumeTikTok says these are the top 13 viral fragrances to buy* (Embleton 2022). Viele dieser Artikel wählen virale Parfums aus, ranken diese aber nicht – zuweilen werden diese dann kommentiert. Während TikTok-Videos nur kurze, meist reißerische Beschreibungen wie »you have to get this« mit einer knappen Charakterisierung als »compliment getter« oder »beast mode« leisten, findet sich auf anderen Plattformen wie Instagram auch stärker die Nischen-Community mit ausführlichen Diskussionen einzelner Parfums wieder. Auch dort werden gerne gerankte Listen der besten Parfums des Jahres, der Jahreszeit, für einen bestimmten Anlass oder eines Genres erstellt.

Als Ersatz für die klassischen Bestsellerlisten werden damit zunehmend durch soziale Medien generierte Daten zur Grundlage für Popularitätslisten, wodurch diese objektivierbar werden. So wertet z.B. ein Online-Händler Instagram und Tiktok-Daten für seine Listen, die mit Hilfe eins »popularity scores« gerankt werden, aus.[9]

Diese Listen müssen sich nicht mit den Verkaufslisten decken; es ist zu vermuten, dass günstige Drogerie- und Kettendüfte über weitaus größere Verkaufszahlen verfügen.[10] *Marie Claire* ist der überraschende erste Verkaufsrang sogar ein eigener Artikel wert, der mit der Frage eingeleitet wird: *You'll Never Guess What the Best-Selling Fragrance in America Is* (Leal 2016). In der Tat handelt es sich um ein Parfum, das im professionellen und öffentlichen Parfumdiskurs keine Rolle spielt: *Japanese Cherry*

---

[9]   Basierend auf Daten von Threadspy: 03.03.2024, https://www.topbeautysh.com/news/industrialnews/202312011185.html

[10] Online-Peer-Reviews waren bereits 2015 für 50% der US-Käufer:innen wichtig. 03.03.2024, https://www.statista.com/statistics/655259/online-fragrance-purchase-influences-us/

Rank	Perfume	Search Vol (2023)	Instagram Hashtags	TikTok Views	Popularity Score /10
1	Creed Aventus	772,500	127,886	341.9m	9.43
2	Versace Eros	480,300	55,125	372.8m	9.08
3	Bleu de Chanel	448,900	125,775	224.6m	9.01
4	Giorgio Armani Acqua di Gio	228,000	75,293	334.1m	8.44
5	Hugo Boss BOSS Bottled	131,700	42,751	184.6m	7.94
6	Tom Ford Oud Wood	263,600	10,770	15.2m	7.16
7	Tom Ford Black Orchid	316,400	23,399	8m	7.09
8	Le Labo Santal 33	110,000	6,918	28.9m	6.67
8	Azzaro The Most Wanted	52,400	7,033	151.5m	6.67
10	Dior Sauvage Elixir	218,100	2,512	87.4m	6.60

Abb. 2: Most Popular Men's Colognes (2023)

Rank	Perfume	Search Vol (2023)	Instagram Hashtags	TikTok Views	Popularity Score /10
1	Maison Francis Kurkdjian Baccarat Rouge 540	821,500	209,540	588.5m	9.86
2	Miss Dior	493,000	563,688	554m	9.79
3	Chanel No. 5	390,300	160,856	84.6m	8.65
4	Ariana Grande Cloud	346,100	8,421	136.4m	7.87
5	Gucci Bloom	158,500	108,001	40.4m	7.73
6	Carolina Herrera Good Girl	364,900	15,807	12.4m	7.38
7	Viktor & Rolf Flowerbomb	18,580	251,439	152m	7.31
8	Yves Saint Laurent Black Opium	131,600	29,814	26.9m	7.16
9	Christian Dior Oud Ispahan	107,900	6,847	10m	6.03
10	Creed Aventus for Her	54,200	5,320	2m	5.11

Abb. 3: Most Popular Women's Fragrances (2023). Beide Rankings anhand eines Social-Media-»popularity score«.

Blossom von Bath and Body Works mit über 30 Millionen verkauften Produkten pro Jahr (2016). In der Parfumindustrie kann ein Duft zum absoluten Bestseller werden, ohne dass die Öffentlichkeit davon Kenntnis hat. Die bloße Platzierung auf einer Bestsellerliste garantiert also keineswegs Popularität in dem Sinne, dass der Duft auch öffentlich bekannt und anerkannt würde. Hinsichtlich der Aussagekraft für die öffentliche Wahrnehmung von Düften sind auf Social-Media-Daten basierte Listen aussagekräftiger. Dies sind Düfte, die kommentiert werden, über die gestritten wird, die in den unzähligen Empfehlungslisten auf YouTube auftauchen und so Teil der populären olfaktorischen Alltagskultur geworden sind.

KWZ Listen, Rankings, Charts

5. Expert:innenlisten: der Kampf um Objektivität

Eine alternative Form der Popularitätslisten sind Expert:innenlisten mit den wichtigsten Parfums aller Zeiten – hier sei dies exemplarisch an der von Insidern der Parfumindustrie erstellten Liste *The 100 Greatest Fragrances of All Time* erläutert (Fine/ Manso 2022). 300 Expert:innen wurden von der einflussreichen Branchenzeitschrift *Women's Wear Daily* um Nominationen der wichtigsten Parfums gebeten, umso ein Ranking der Top-Düfte zu produzieren. Eine der Eigenschaften von Listen ist, dass die jeweiligen Auswahlkriterien der Liste äußerlich sind und häufig intransparent bleiben können – gerade dieses ›disembedding‹ aus einer argumentativen und objektiven Begründung macht Listen so erfolgreich und umstritten (Goody 1977; Stäheli 2016). Dies gilt auch für diese Liste, deren Auswahlkriterien zwar genannt werden, aber sehr heterogen sind – zudem erfährt man nichts über die Gewichtung der genannten Faktoren: »originality of concept; olfactive originality; retail performance; marketing innovation; quality of ingredients, and packaging and bottle design« (Fine und Manso 2022). Sie gewinnt ihren Anspruch auf Glaubwürdigkeit durch den Verweis auf die Autorität der Listenproduzent:innen.

The 100 Greatest Fragrances of All Time (WWD 2022)

1) Chanel no 5
2) Le Labo Santal 33
3) Mugler Angel
4) Malle Portrait of a Lady
5) Chanel Coco Mademoiselle
6) D&G Light Blue
7) Dior Eau Sauvage
8) Tom Ford Black Orchid
9) Armani Acqua di Gio
10) CK One
11) Guerlain Shalimar
12) L'Eau d'Issey
13) YSL Opium
14) Dior J'Adore
15) Lauder Youth Dew
16) Clinique Aromatics Elixir
17) MFK BR 540
18) Malle Carnal Flower
19) Narcisco Rodriguez for Her
20) V&R Flower Bomb

Die genannten Auswahlkriterien verbinden quantitative ökonomische mit qualitativen ästhetischen Kriterien. Die Liste unterscheidet sich aber auch von rein subjektiven Empfehlungslisten, ist sie doch das Ergebnis einer Wahl durch Expert:innen. Sie integriert dabei auch Verkaufsdaten, so ist in den kommentierten Listeneinträgen immer wieder davon die Rede, dass ein Duft zu den meistverkauften Parfums gehört. Indirekt fließt damit über die Expert:innen das unveröffentlichte Bestsellerwissen in diese öffentliche Liste ein. Trotz aller Objektivierungsbemühungen droht solchen Listen aber Kritik, wie man hier an einer Diskussion auf dem Basenotes-Forum gut nachvollziehen kann. Schnell wird die Neutralität der Expert:innen bezweifelt:»No doubt a number of voters are associated with Estee Lauder in one way or another, who may push their properties with nominations and votes« (LiveJazz). Besonders interessant sind die Überlegungen eines Forumsmitglieds zum Sinn solcher Listen:»That list almost makes me wonder: what's the point of lists for this sort of thing? Do they actually work? Who are they appealing to, why?« Der/die User:in slpfrsly schlägt eine eigene Typologie sinnvoller Listen vor:

The first is from people you already know and respect and simply want to see their thoughts put down in a different way. …The different framing of his [Persolaise, US] opinion, in to a ranked hierarchy, would be interesting to see. But for any impersonal list […] you really want one of two things. The first would be a sort of highly focused autistic approach, where you have rigorous analysis, categorisation and so on creating a comprehensive ranking. … The other would be more on the schizophrenic side, where it's basically just nonsensical for the most part but dusted with interesting strains of observation.[11]

Diese bemerkenswerte Listentheorie kritisiert die anonyme Autorität der Listenersteller:innen und schlägt alternative »useful« Listen vor: Diese stammen von den vom jeweiligen User anerkannten Autoritäten wie der schon fast an der Literaturkritik orientierte Blogger Persolaise; oder anonyme Kategorisierungen, welche neues Wissen produzieren – und zu guter Letzt schräge und verrückt anmutende Listen. Interessant ist hier auch, dass die Effekte des Listenformats reflektiert werden: Als reizvoll wird die Überführung von Argumenten und Eindrücken in ein Ranking gesehen. Wenn auch einige User:innen die WWD-Liste für hilfreich halten, zeigt sich an der Diskussion, wie schnell die Autorität einer Liste angezweifelt werden kann – und diese Zweifel werden umso stärker herausgefordert, wenn diese einen starken Anspruch auf Autorität (namhaftes Branchenmagazin und Expert:innen, objektives Wahlverfahren) erhebt.

---

11 03.03.2024, https://basenotes.com/community/threads/industry-data-on-fragrance-sales-and-trends-from-wwd-top-scents-as-elected-by-industry-insiders.524947/

Kehren wir zur WWD-Liste zurück. Im Gegensatz zu den oben erwähnten Toplisten werden auf der WWD-Liste die einzelnen Einträge kurz kommentiert, wie z.B. *Chanel No 5* auf Platz 1: »›The gold standard,‹ one voter said. ›The beginning of everything we think of in modern fragrance,‹ said another, of the bestselling scent of all time, which contains 1,000 jasmine flowers in every 30-ml. flacon. ›It not only endures, it triumphs.‹« (Fine und Manso 2022) Hier wird sowohl auf den Verkaufsrang hingewiesen, wie auch auf seine Funktion als »gold standard« und Begründer der modernen Parfumerie. Zur öffentlichen Sichtbarkeit gehört neben der Verbreitung das, was ich als gesteigerte Konnektivität bezeichnet habe: Diese Parfums erweisen sich als einfluss- und folgenreich, sei es, dass sie zum ikonischen Ausdruck moderner Parfumerie werden, dass sie neue Genres wie Gourmands begründen (*Angel*) oder erstmals neue Moleküle einführen (Hedione für *Eau Sauvage*), welche neue Dufttrends etablieren. Man mag gegen dieses Argument einwenden, dass es sich hier um ästhetische Kategorien handelt, die für die innerkünstlerische Entwicklung (analog zur Literatur) wichtig sind, aber damit noch keine Aussage über deren Popularität getätigt ist. Dies würde aber den spezifischen Status der Parfumerie zwischen Kunst und Konsum verkennen.[12] Gewiss gibt es innovative Parfums wie *Le Feu d'Issey* von Issey Miyake, das nicht nur eine originelle Komposition mit laktonischen, leicht ›vomitty‹, floralen Noten und einem auffälligen, roten Space-Age-Flakon eingeführt hat, aber wegen seines mangelnden Verkaufserfolgs schnell vom Markt verschwunden ist (Matos 2022). Die Innovativität eines Produktes ist keineswegs Garantin für Erfolg und Popularität, aber sie wird es dann, wenn sie für nachfolgende Kreationen einflussreich wird und dies auch öffentlich anerkannt wird. Sie führen zu beschleunigten Nachahmungsströmen im Sinne von Gabriel Tarde, sei es, dass unzählige Flankers und Dupes geschaffen werden, oder sei es, dass neue Duftfamilien und Stile gegründet werden.

Auf ein weiteres Kriterium der WWD-Liste sei hier noch eingegangen. Auf Platz 4 finden wir *Portrait of a Lady* von Frédéric Malle. Kommentiert wird dies auf der Liste folgendermaßen: »Malle made two finalist attempts of the scents that would become Portrait of a Lady. He perfumed his wife with one of the two and asked her to go for a walk. When she returned 10 minutes later, she reported that she had been asked four times in the streets of Manhattan about the name and origin of her perfume.« Das hier erwähnte Kriterium ist die Schaffung öffentlicher Aufmerksamkeit durch den Duft, die in der Regel durch Komplimente zum Ausdruck kommt.[13] Dieser Präsenz von Düften

---

[12] Siehe die lange Diskussion über den Kunststatus von Parfum (Ellena 2015; Roudnitska/Souriau/Sauvan 1977; Swardt 2022)

[13] Ähnlich erzählt der Parfumeur Geza Schön, dass ein Freund von ihm in der Testphase während eines Barbesuchs das reine Molekül Iso-E-Super (die Grundlage seines Erfolgs *Molecule One*) getragen hat und dieser spontan ein Kompliment von einer Frau erhalten habe. 03.03.2024, https://fr.escentric.com/blogs/news/iso-e-super-a-molecule-that-makes-your-olfactory-receptors-dance Insgesamt gilt Iso-E-Super als häufig komplimentiertes Molekül.

und der Rolle von olfaktorischen Komplimenten möchte ich im folgenden Abschnitt nachgehen.

6. ›Compliment getter‹-Listen – die Alltagslogik des Populären

Populär, um noch einmal Heckens Wendung aufzunehmen, ist das, was öffentlich weite Beachtung findet. Diese Beachtung zeigt sich im Parfum-Bereich allerdings nicht primär, wie wir bereits gesehen haben, in quasi-offiziellen Charts oder Bestsellerlisten. Vielmehr ist es notwendig, die Verzahnung von Empfehlungslisten mit den alltäglichen Praktiken des Parfumierens zu betrachten. Der oben von Frederic Malle genannte Aspekt tritt hier besonders hervor, nämlich jener der Beachtung durch alltägliche Komplimente. In der Tat erzählen nicht nur die Parfumhäuser, sondern v.a. Nutzer: innen gerne, für welche Parfums sie Komplimente erhalten. Ja, diese Fokussierung auf Komplimente hat sogar zu einem eigenen Listengenre in den Social Media geführt: den »top compliment getter«-Listen. Das ist auch im Vergleich mit visuellen oder musikalischen Populärkulturen bemerkenswert. In der Regel erhalte ich selten Komplimente dafür, dass ich einen bestimmten Film gesehen habe oder einen beliebten Song höre. Anders aber in der alltäglichen Parfumkultur, auch wenn die Praxis des Komplimentierens durchaus von Ambivalenzen geprägt ist. Denn die Fokussierung auf Komplimente schreibt sich gleichsam in eine low/high-Differenz ein: Wer Parfums wegen der Komplimente trägt und dies auch noch offen zugibt, gilt für die einen Kunstanspruch pflegenden Nischen-Parfumistas als ahnungslos; gleichzeitig geben aber auch Nischenliebhaber:innen etwas verschämt zu, dass sie für ein Parfum zumindest manchmal gerne Komplimente erhalten: So z.B. der Nischen-Instagramblog von thescentamentalist: »I want you to tell me I smell good. I do not want to want it … but I do …I don't need anyone's recognition, appreciation or approval. But gosh … sometimes I really would like it«.[14]

In Parfum-Communities auf Reddit, Fragrantica und Parfumo werden Komplimente leidenschaftlich diskutiert. »Oh my god, this smells great! What is it?« Diese einfache Wendung lohnt entschlüsselt zu werden. Erstens werden Düfte kommentiert, die positiv wahrgenommen werden: »Some of my friends will compliment a scent every so often because they know I enjoy them but if I'm wearing Aventus I will without fail have *someone I don't know* come and ask me about it.« (meine Hervorhebung)[15] Die wertvollsten Komplimente stammen nicht von Freund:innen, sondern von Fremden – d.h. es geht um öffentliche Anerkennung des getragenen Parfums.

---

14   11.02.2024, https://www.instagram.com/thescentamentalist
15   03.03.2024, https://www.reddit.com/r/fragrance/comments/1454rx4/fragrances_that_make_people_go_omg_what_is_that/.

Zweitens wird in der Regel der konkrete Duft nicht erkannt, sondern nur seine he-
donistische Qualität. Für Popularität heißt dies, im Unterschied zum Nominalismus der
Bestsellerlisten und Charts, dass diese hier sensorisch zustande kommt, noch bevor sie
überhaupt mit einem bestimmten Parfum identifiziert worden ist. Nur einige wenige
ikonische Parfums werden von vielen erkannt. Meist gehört aber zur Struktur des
Kompliments ein Moment der Suspense: Was riecht denn so gut? Hier sind zweierlei
Optionen des weiteren Verlaufs denkbar: Entweder trägt die Person ein bekanntes
Parfum, das aber nicht sofort wiedererkannt wurde – durch die Benennung wird eine
kleine olfaktorische Lehrgeschichte abgeschlossen: »After a friend tells us ›that's Paco
Rabanne‹ and puts us out of our misery, there is that moment of relief. The Rubik's Cube
is solved.« (Ostrom 2015: 13) Oder es handelt sich um ein unbekanntes Parfum, das für
die Singularität des Trägers steht. Diese Singularität ist aber nicht so einzigartig, dass
sie keine Beachtung mehr findet – es mag sich hier um eine paradox anmutende Form
des singulären ›crowd pleaser‹ handeln.

Drittens tritt auch die Kehrseite der Komplimente in den Vordergrund, die Belei-
digung:

> Die netten Kommentare sind – zum Glück – die häufigeren, aber sie erschöpfen sich
> meist in einem: »hmmm, du riechst heut' wieder gut«, oder ähnlich. Die nicht so netten
> Kommentare sind dagegen einfallsreicher, vorallem wenn nicht ich als Quelle des
> mißfallenden Geruches ausgemacht werde. Dann kam schon mal: »hier raucht irgend
> jemand Shit, ich riechs doch..«, ich trug »Sycomore«. Ein anderes Mal: »hier brennt
> doch irgendwo ein Kabel durch, hier riechts so verschmort..«, ich trug »Rien« von Etat
> Libre d'Orange.[16]

Während Komplimente generisch formuliert sind, zeichnen sich Missfallensäußerun-
gen häufig durch ihre Originalität aus. In beiden Fällen affizieren die Gerüche aber, was
sich in der Lust am Urteilen ausdrückt (vgl. Ostrom 2015: 13). Ein weiterer wichtiger
Aspekt wird hier deutlich: Der Ursprung eines Duftes ist nicht immer klar, häufig kann
er nicht auf eine Träger:in zugerechnet werden. Olfaktorische Beachtungskommuni-
kation ist damit immer mit einer Unsicherheit behaftet, weil die Attribution auf einen
Sender unklar sein kann.

Alltägliche olfaktorische Beachtung erweist sich als komplexer Kommunikations-
vorgang, der ein Beachtungsmanagement der Träger:in voraussetzt. Sie oder er muss
gewisse olfaktorische Kompetenzen mitbringen, um den Eindruck so zu regulieren,
dass es zu einer positiven Beachtung kommt. Die Sprühstöße sind genau abzuwägen:
Untersprayer:innen werden nicht wahrgenommen, Übersprayer:innen mögen für

---

16   03.03.2024, https://www.parfumo.de/forum/viewtopic.php?t=221&postdays=0&postorder=
     asc&start=1

ungewollte negative Beachtung sorgen. Dazu gehört auch ein Wissen über die materiellen Eigenschaften des jeweiligen Duftes: Passt dieser zur jeweiligen Situation und zur eigenen Person? Wie gestalten sich Sillage und Projektion eines Duftes? Wie gehe ich mit Situationen um, in denen ein möglicherweise noch nicht auf mich attribuierter Duft kommentiert wird?

Der oder die populäre Parfumnutzer:in versucht, die Chance auf Komplimente durch die Auswahl eines entsprechenden ›compliment getters‹ zu erhöhen. Dies ist der Einsatz der zahlreichen ›compliment getter‹-Empfehlungslistenvideos auf YouTube und TikTok. Exemplarisch sei hier kurz auf zwei besonders erfolgreiche, millionenfach angesehene Videos eingegangen: Jeremy Fragrances *Top 10 Most Complimented Best Men's Fragrances Ever* (2021)[17] mit 3,1 Mio. Views (im Folgenden J); und von Andres Perfume-Man *The 10 Most Complimented Perfumes for Men* (2019) mit 4,4 Mio. Views (im Folgenden A).[18] In beiden Fällen handelt es sich um erfolgreiche Fragrance-Influencer, die regelmäßig Videos zu ›compliment getters‹ produzieren. Andres macht dieses Kriterium sogar zu seiner Selbstbeschreibung auf YouTube: »I analyze the fragrances after testing them, comparing them, and using them, always looking for the ones that elicit the best female reactions and the most compliments.« Die beiden Influencer unterscheiden sich in ihrer Selbstinszenierung: Jeremy, im Anzug oder mit nacktem Oberkörper, als skandalisierender, schriller Influencer; Andres, etwas ruhiger und seriöser Kenner. Komplimente werden in beiden Fällen auf Basis der eigenen Erfahrung quantifiziert: es geht um »the amount of total compliments« (J) oder um die Zahl von Komplimenten in Bezug auf die genutzte Parfummenge (A) oder die Zeit (2 Komplimente in 10 Minuten mit Creed Aventus, J). Voraussetzung für Komplimente ist, dass die Düfte überhaupt wahrgenommen werden können, daher ist regelmäßig die Performance ein wichtiges Kriterium (»powerful«). Die Videos sind eigentümlich repetitiv in den schon fast mantramässig wiederholten Komplimenten: »Wow, where does that smell come from?« (A)? Das riecht großartig, bist Du das? Obwohl häufig die eigene Partnerin als Komplimentgeberin auftaucht, ist auch hier das ultimative Qualitätskriterium ein Kompliment von Fremden in der Öffentlichkeit (Bar, Restaurant). Besonders in dem Video von A wird schon fast eine Alltagstheorie von Komplimenten entwickelt: Ein Parfum wirkt nicht automatisch als Komplimentgenerator, sondern muss sorgfältig dosiert werden. Empfohlen wird, ein Travelsize mitzuführen, um kurz vor dem Auftritt einen zusätzlichen Spritzer einzusetzen (A: Erhöhung von Komplimenten um den Faktor 3). Zudem ist zu berücksichtigen, ob ein Parfum in Innenräumen oder im Freien getragen wird. Die Wirkungsweise wird strikt genderisiert: Im Mittelpunkt stehen Komplimente von Frauen; als Ausnahmedüfte werden jene benannt, welche primär männliche Komplimente generieren. Insgesamt folgen diese Kompli-

---

17 03.03.2024, https://www.youtube.com/watch?v=OvGWbpM6pA8
18 03.03.2024, https://www.youtube.com/watch?v=VMJ4WNosKHg

ment-Listen einem klaren Gender-Dualismus (ganz entgegen gegenwärtigen Trends der Parfumkultur); selbst Videos von Influencerinnen beschäftigen sich häufig mit Männer-Düften. Wenn Influencerinnen aber ihre eigenen ›compliment getter‹ auflisten, dann ergeben sich ganz andere Top-Plätze. So hat Ksenja z.B. einen Instagram-Poll gestartet, in dem sie ihre Followers nach ihren ›compliment getters‹ befragt hat.[19] Zu ihrer eigenen Überraschung landet *Cloud* von Ariana Grande auf Platz 1, ein Dupe des viel teureren *Baccarat Rouge 540:* »smells similar, but less expensive«. Es reicht, einen populären Geruch zu verbreiten, im Alltag spielt es keine Rolle, ob es sich um das Original oder um die günstige Kopie handelt.

Wodurch Komplimente ausgelöst werden, bleibt letztlich den meisten Influencer verborgen. Fast sprachlos präsentiert Jeremy als ultimativen ›compliment getter‹ *Unisex* von seiner eigenen Marke Fragrance One. Dieses verkörpere gleichsam die »compliment DNA«; die Wirkung der empfohlenen Parfums wird als »magic« und »vibrating« beschrieben (A). Besonders Andres betont bei einigen der empfohlenen Parfums, dass er einzelne Düfte nicht mag, für uninteressant hält, aber diese dennoch eine eigentümliche Komplimentkraft entfalten. Damit unterscheidet er die ästhetische Qualität eines Duftes von seiner Funktion, Komplimente zu erzeugen, und unterstreicht so seine Kennerschaft.

Die ›compliment getter‹-Listen gehen explizit davon aus, dass die Popularität eines Parfums (und damit auch der/des Träger:in) olfaktorisch bestimmt werden kann, also dass bestimmte Düfte anziehend wirken. Sie schließen an ein historisch weitverbreitetes Verständnis von Parfums als Verführungsmittel an und befinden sich damit im Gegensatz zum modernen ästhetischen Parfumdiskurs. Dieser betont die Zwecklosigkeit des reinen ästhetischen Gefallens: Parfums für sich und nicht für andere zu tragen. Auch hier schreibt sich die high/low-Unterscheidung ein – zwar mögen durchaus ästhetisch anerkannte Parfums auf diesen Listen landen, für die/den Kenner:in aber aus den falschen Gründen. Erst recht provozieren die ›compliment getter‹ jenen Teil der Öffentlichkeit, welcher Parfums insgesamt als Belästigung empfindet und »scent free« Umgebungen fordert (Grenville 2018). Die raumeinnehmenden Düfte werden dann schnell schichtspezifisch als ›billig‹ oder ›prollig‹ kritisiert. Hier deutet sich auch an, dass die Popularität von Parfum mit zwei Grenzen konfrontiert ist: der inneren Grenzen zur hohen Parfumerie als Kunst und der äußeren Grenze zur Ablehnung von Parfums per se.

---

19   03.03.2024, https://www.youtube.com/watch?v=IFwtyuPwRII

7. Materialität des Populären: olfaktorische Reichweite

Ich möchte an dieser Stelle auf die materielle Diffusion eines Parfums zurückkommen, ist diese doch Voraussetzung dafür, dass ein Duft Beachtung oder Missachtung erhalten kann. Im Gegensatz zu visuellen und auditiven Kulturen kann ein Parfum nicht nahezu instantan wahrgenommen werden, sondern es muss sich in einer Umgebung verbreiten – die Moleküle müssen die Haut des/der Träger:in verlassen und Teil der jeweiligen Atmosphäre werden. Im Parfumdiskurs wird diese Verbreitung als Sillage bezeichnet: Der Spur eines Schiffes ähnlich bezeichnet diese den Duftschweif, den ein:e Träger:in hinter sich zurücklässt: den »vapor trail«.[20] Während Verkaufszahlen die ökonomische Verbreitung eines Parfums beziffern, drückt die Sillage dessen materielle und sensorische Verbreitung aus. Die zunehmende Thematisierung von Sillage geht – wie auch schon die Schaffung der modernen Formel – mit der Einführung synthetischer Moleküle einher, die sich besser verbreiten und intensiver wahrnehmen lassen. Im professionellen Parfumdiskurs wird Sillage meist durch präzisere Kategorien ersetzt: »impact« (Intensität beim ersten Sprühstoß), »diffusion« (Ausmaß und Geschwindigkeit der Verbreitung von Molekülen), »volume« (Effektivität des Parfums) und »tenacity« (Dauerhaftigkeit) (Calkin und Jellinek 1994). Für unsere Zwecke hier möchte ich aber die im populären Diskurs gebräuchlichen Begriffe der Sillage als Duftspur und den der Projektion als Reichweite der Verbreitung verwenden. Die Kultivierung dieser materiellen Verbreitungseigenschaften eines Duftes gehört zu den zentralen Aspekten jeder Parfumkreation. Dabei sind Sillage und Projektion keineswegs ›nur‹ materielle Eigenschaften, sondern unterliegen selbst wieder Moden und Prozessen der Politisierung:

By the 70's synthetics were the dominant ingredient in perfume and their presence was herald by the women's liberation movement. Scent marking is a trait to establish dominance, and what we see (or rather smell here) is women's perfume will had incredible sillage. The vapor trail and persistence of many of these perfumes of the 1970s and 80s was extraordinary and able to fill up a room leaving an aroma that would persist for hours. (Meetheherb 2022)

Die Sillage erhöht nicht nur die Wahrnehmbarkeit eines Duftes, sondern auch die Sichtbarkeit einer Träger:in. Heute sind Düfte mit hoher Projektion häufig, wenn auch nicht ausschließlich Männerdüfte, nachdem sich in den letzten zwanzig Jahre eine

---

[20] »Charles Sell (Understanding Fragrance Chemistry) defined radiance as the ability of a perfume or a perfume ingredient to fill space … sillage is the phenomenon of a scent trail being left by a person. Sillage is a property that is highly evaluated in the creation of fine fragrances.« (Sarrazin 2017: 1037)

regelrechte Bro-Culture um Männerparfums herausgebildet hat (Vukcevic 2018b), in deren Mittelpunkt ein instrumentelles Verständnis von Parfums als Attraktivitätsteigerung steht (man denke hier an die misogyne Rede von »panty droppers«)

Die gegenwärtige westliche Parfumkultur zeichnet sich denn auch durch eine Betonung von Parfums mit starker Projektion aus. Die *Financial Times* fragt in diesem Sinne *Is your perfume in beast mode yet?* (Moulton 2023) Nach einer Phase eher leiser und cleaner Düfte sind nun wieder intensive, raumeinnehmende Düfte gefragt: »The trend looks set to last. There's a confirmation bias in wearing big scents that is akin to listening to your headphones at the very highest level; once you've made the decision to go louder, the only way is up.« Eines der gegenwärtig erfolgreichsten Parfums ist *Baccarat Rouge 540* von Francis Kurkdjian. Ursprünglich nur als limitierte Edition geplant, waren es insbesondere TikTok und YouTube, welche diesen zu einem der meist gehypten Düfte gemacht haben. Auch wenn man den Namen des Duftes nicht kennt, kann man seiner Gegenwart kaum entgehen. Es ist, so die Zeitschrift *Elle*, »the scent that you smell everywhere« (Hou 2023). Eine *Zeit*-Journalistin machte sich kürzlich auf die Suche nach einem für sie störenden omnipräsenten Duft:

> Ich halte mir Hände, Ärmel, Schals vor das Gesicht. Ich reiße Fenster auf. Ich wechsele die Straßenseite, verlasse Geschäfte. Ich weiß nicht mehr, wann ich das Problem das erste Mal in der Nase hatte, aber ich rieche es in Brügge. Im Flieger aus London. Im Bus in Berlin. An Männern, an Frauen. Es ist nicht komplett ekelhaft ..... Aber es hat eine anstrengende kompositorische Dichte. (Ewert 2023: 62)

Es handelt sich um *Baccarat Rouge 540*; als störend wird häufig die Überdosierung von Ambroxan empfunden, die hier in Kontrast zu Ethlymatol gesetzt ist.[21] Die Projektion und Tenazität machen diesen Duft allgegenwärtig. Auf unsichtbare Weise, häufig noch lange nachdem der/die Träger:in den Raum verlassen hat, bleiben dessen Spuren präsent, für andere erfahr- und identifizierbar. Das Wissen über die Verbreitung ist hier zunächst ein nicht-sprachliches olfaktorisches Wissen, unterstützt von der überragenden Erinnerungsfähigkeit des menschlichen Gehirns für Gerüche. Dadurch, dass man häufig auf einen bestimmten Duft stößt, wird man sich seiner massenhaften Verbreitung bewusst – sodass Düfte dann zu ikonischen Parfums, die den Zeitgeist ausdrücken, werden können. Öffentliche Anerkennung findet hier noch nicht repräsentational statt, sondern es handelt sich um sensorisch erfahrene Popularität.

---

[21] Im zuvor erwähnten Dupe *Cloud* von Ariana Grande wurde der Anteil von Ambroxan deutlich reduziert gemäß Daten der Gaschromatographie, die vom Instagram-Blog Perfumeachaeology veröffentlicht wurden: 03.03.2024, https://www.instagram.com/p/CocywzHI1ii/?utm_source=ig_web_copy_link

8. Ikonisierung als Popularisierungstechnik

Einige wenige Parfums werden durch ihre Allgegenwart zu kulturellen Ikonen ihrer Ära – dabei spielt nicht nur ihr Geruch eine Rolle, sondern auch die Gestaltung der Flakons, das Brand Marketing oder ihre Assoziierung mit Modehäusern und Stars. Auch wenn Parfums mehr als ein bestimmter Geruch sind, so bleibt dieser durch seine unsichtbare Allgegenwärtigkeit ein wichtiger Aspekt. Nicht zuletzt werden durch spezifische Düfte das Unbewusste von Städten, Gruppen und Identitäten ausgedrückt und geformt. Lizzie Ostrom widmet ihr Buch *Perfume: A Century of Scents* ganz diesen populären Parfums, die zuweilen wenig kunstvoll sind, aber, »pertinently expressing something about the era in which they were created, encapsulating to perfection a lifestyle craze,…a culture, through fragrance itself or through the bottle. … This is not a book about the best … it is about the beloved.« (Ostrom 2015: 17f.)

Ikonische Parfums sind zum wiedererkennbaren Ausdruck eines kulturellen Milieus, ›cultures of feeling‹ (Williams) oder gar eines ›Zeitgeists‹ geworden. Populäre Ikonizität wurde als breite Symbolisierung von »universal concepts, emotions, and meanings« (Sturken/Cartwright 2001: 444) in Bezug auf visuelle Kultur bestimmt. Das Konzept eignet sich aber auch, olfaktorische Ikonizität zu erfassen. Allerdings gilt es hier, neben den repräsentationalen Faktoren auch das vor-sinnhafte sinnliche Erkennen zu berücksichtigen: Olfaktorische Ikonizität funktioniert nicht über Ähnlichkeit, sondern durch die Aktivierung von Erinnerungen und die Schaffung von Affekten. Auch für diese Form der Ikonizität gilt, dass sie selbstverstärkend ist – dass Ikonen geschätzt werden, weil sie Ikonen sind. Dies zeigt sich etwa daran, dass ikonische Parfums häufig kopiert und viele nur leicht veränderte Flankers produziert worden sind. Man denke hier z.B. an *Cool Water* (Davidoff), das »imitated more times, I'll wager, than any other fragrance in the history save Chypre.« Die zeitgenössische semantische Aufladung solcher Parfums mag zuweilen der Wertschätzung ihrer Kunstfertigkeit entgegenstehen: »The problem with successful masculines is that you associate them with the legion of aspirational klutzes who wore them for good luck. … some open-shirted prat with hair gel…« (Turin und Sanchez 2011: 46f.) Unangefochtener ikonischer Klassiker ist schon fast selbstredend *Chanel No 5* (1921), an dem die selbstverstärkende Kraft von Ikonisierung evident wird. Über dieses Parfum wurde so viel gesprochen, dass etwa Ostrom damit ringt, überhaupt noch etwas schreiben zu können: »Coming up with something original to say about Chanel No 5 is a bit like trying to say something original about *Hamlet*. So dissected is No 5 that somebody's probably already that first sentence« (Ostrom 2015: 121). Der Erfolg ist umso erstaunlicher, wenn man bedenkt, dass *Chanel No. 5* in Blindtests regelmäßig schlecht abschneidet.[22]

Es ist erstaunlich, dass auch heute noch, unter Tausenden von jährlichen Neulancierungen, einzelne Parfums diesen epochalen Status einnehmen. So betont Geza Schön, dass der Zeitgeist durch einzelne, wiedererkennbare Parfums dominiert wird: »Vor 15 Jahren hat alles nach meinem Molecule 01 gerochen, dann nach Santal 33 von Le Labo, und jetzt riechen alle nach Baccarat Rouge.« (Ewert 2023) Popularität wird auf dieser Ebene (noch) nicht über Listen hergestellt, sondern über verkörperte, alltägliche olfaktorische Erfahrungen. Gerüche affizieren, mögen Ekel erwecken oder überwältigendes Wohlgefallen. Diese Popularität kann zur Grundlage der Ikonisierung und Kanonisierung werden, so Linda Levy von *The Fragrance Foundation:* »A classic scent is one that spans different generations and continues to stay at a certain volume for many years. [Baccarat Rouge 540] has grown and will probably continue to do so – it is a classic.« (Hou 2023) Blogs und die Presse transformieren Klassiker und Ikonen zu Listen mit meist 10 ikonischen Parfums.[23] Durch solche Listen und listenförmigen Bücher wird Ikonizität handhabbar gemacht und objektiviert – und sie tragen durch ihre Zirkulation zu ihrer Popularität bei.[24]

Ikonizität führt in vielen Fällen nicht nur zur Steigerung von Verkaufszahlen bei, sondern auch dazu, dass ein Parfum getragen wird und sich ein weites Geflecht von kulturellen Referenzen eröffnet. Die Entscheidung für ein ikonisches Parfum nimmt der/dem Käufer:in die Last ab, ein ›falsches‹ oder ›schlechtes‹ Parfum auszuwählen – eine nicht zu unterschätzende Unsicherheit angesichts des geringen Stellenwerts

---

[22] »And yet (and here is the catch), when participating in blind tests, the fragrance does especially poor! This is something that has been discussed in the corridors of Firmenich, Givaudan, International Flavors and Fragrances and the rest of those hidden pillars of capitalism for some time now.« (Perfume Shrine 2008) Ähnlich betont der weit respektierte Blog *Boisdejasmin*, dass das Parfum in solchen Tests »miserably« versagt (Belim-Frolova 2011). Der Star-Status von *Chanel No 5* kommt auch dadurch zum Ausdruck, dass es inzwischen mehrere wissenschaftliche Monographien dazu gibt (Dreyfus 2021; Mazzeo 2010; Schlögel 2020)

[23] Z.B. *The 12 most iconic perfumes of all time and what sets them apart* (Telegraph 2019), häufig auch mit Verweis auf ikonische Flakons: J'adore (Dior), Opium (YSL), Chanel No 5, Chloe, L'interdit (Givenchy), Shalimar (Guerlain), Angel Star (Mugler), CK one (Calvin Klein), L'eau d'Issey (Issey Miyake), La Vie est belle (Lancome), Classique (Gaultier), Lime Basil & Mandarin Cologne (Malone).

[24] Teilweise überlappend mit den ikonischen Listen sind die Kanonlisten. Diese argumentieren allerdings stärker mit qualitativen ästhetischen Kriterien. Luca Turin und Tania Sanchez, welche maßgeblich an der Etablierung von Parfumkritik beteiligt waren, beginnen ihr Buch *The Little Book of Perfumes. The 100 Classics* mit dem Satz: »Every buff has a list« (Turin/Sanchez 2011). Sie bekennen sich dabei offen zu ihren idiosynkratischen Kriterien. »The fragrances reviewed in this book are not the greatest of all time – instead, they are those that struck us as far above their peers in quality, inventiveness, or straightforward beauty.« Die Überschneidung mit der obigen ikonischen Liste (Telegraph) ist überschaubar mit *Opium, Chanel No 5* und *Shalimar.*

olfaktorischer Erziehung. Man befindet sich so auf der sicheren Seite, zumindest während der Hochzeit der jeweiligen Ikonizität. Nicht zuletzt, um diese historische Passung nicht zu verlieren, nutzen Parfumhäuser die unter Kenner:innen umstrittene Praxis der Reformulationen, um einen Duft weiterhin zeitgemäß erscheinen zu lassen[25]. Ikonizität lässt sich also nicht allein an Verkaufszahlen festmachen, sondern erfordert die Fähigkeit, zur internen und externen Referenz zu werden: intern bedeutet, dass dieses für weitere Parfumentwicklungen folgenreich ist; extern, dass dieses über die Parfumwelt hinaus kulturelle Referenzen produziert und auf diese Weise gleichsam – etwa in Filmen und der Musik – zitiert wird.

9. Konklusion: Listen als Popularisierungsverstärker

Möchte man die Popularität von Parfums erfassen, so habe ich argumentiert, ist es zunächst notwendig, die ›Demokratisierung‹ der Parfumkultur zu thematisieren. Denn gerade die Parfumkultur ist bis zum heutigen Tage von einer starken high/low–Differenz geprägt. Diese spiegelt sich in der gegenwärtigen Unterscheidung zwischen Design-, Nischen- und Artisanalparfumerie wider.[26] Parfums müssen überhaupt erst allgemein *zugänglich* sein, um populär werden zu können. Dafür war es entscheidend, dass neue Vertriebswege jenseits exklusiv wirkender Parfumerien geschaffen wurden, seien es die frühen Parfumbazars, preisgünstige Warenhäuser oder der direkte Vertrieb durch den frühen Versandhandel (z.B. Sears). Auch hier schreibt sich heute noch die high/low-Unterscheidung in den Vertrieb ein, wenn z.B. Hermès die exklusive Hermessence-Reihe ausschließlich in eigenen Boutiquen (inzwischen aber auch auf seiner Webseite) anbietet, um nicht durch die billige Konkurrenz an Glanz zu verlieren. Die Beachtung durch viele setzt eine Logistik der Zugänglichkeit voraus – und dies gilt für Parfums in besonderem Maße, da diese nicht wie z.B. Musik in Streams verbreitet werden kann, sondern eine Begegnung mit dem Duft erfordert.[27]

---

[25] Daneben spielen neue Bestimmungen verbotener Inhaltsstoffe der EU-Kommission und die Reduzierung des Preises der Rohmaterialien eine wichtige Rolle.

[26] Diese Unterscheidung ist im Parfumdiskurs heiß umkämpft. Wurde Nische ursprünglich dadurch definiert, dass diese im Gegensatz zu den großen Häusern nur ein kleines, ästhetisch anspruchsvolles Publikum mit eigenwilligen Produkten erreichen will, hat sich dies mit deren Erfolg verändert. Einige der frühen Nischenhersteller wie L'Artisan, Tom Ford und Serge Lutens wurden von großen Häusern aufgekauft (hier: Puig, Estée Lauder und Shiseido). Gleichzeitig haben Häuser wie Dior ihre Privée-Linien entwickelt, gleichsam eine Nische im ›Mainstream‹. Die Fragrance-Bloggerin Claire Vukcevic spricht im Anschluss an Michael J. Silverstein und Neil Fiske von »masstige«: Luxus für die Masse (Vukcevic 2018a).

[27] Trotz der großen Bedeutung von sozialen Medien für die Kaufentscheidung wächst der Online-Handel von Parfums nur langsam. In den USA wurden 2022 5% der Parfums online erworben (Statista 2022: 92)

Im Gegensatz zu anderen (populär-)kulturellen Feldern wie der Musik spielen Listen für die Popularität eine sehr spezifische Rolle. Offizielle Charts oder Bestsellerlisten sind nicht öffentlich verfügbar, obwohl sie erhoben werden. Es handelt sich gleichsam um unpopuläre Charts, die zwar für die Popularisierungsstrategien der großen Häuser von großer Bedeutung sind, selbst aber keine öffentliche Beachtung finden. Dieses Fehlen von offiziellen Bestsellerlisten mag die Grundlage dafür gegeben haben, dass sich in der Gegenwart Empfehlungslisten multiplizieren und über ein riesiges Publikum verfügen. Die Listenaffinität von sozialen Medien prägt denn auch in besonderem Maße die Kommunikation über Parfums: Aus der unüberschaubaren Menge von Neuerscheinungen und Klassikern werden einige wenige Parfums durch eine Vielzahl von Top-10, -50 oder -100-Listen herausgefiltert und sichtbar gemacht. Nur in den seltensten Fällen beruhen diese Listen unmittelbar auf Verkaufszahlen oder Views, sondern es handelt sich um subjektive Listen, in denen lose Vermutungen über Verkaufserfolge mit eigenen Bewertungskriterien verbunden werden. Populär werden damit Listen, welche Popularitätsbehauptungen aufstellen, wenn sie millionenfach geteilt werden. Auch wenn die Parfumkultur vielfach von einer high/low-Unterscheidung geprägt ist, gilt dies nicht für die allgemeine Praxis des Listenerstellens, welche alle Parfumgenres (von der Nische bis hin zu den großen Designerhäusern) prägt.

Diese subjektiven Auswahl- und Empfehlungslisten beruhen auf unterschiedlichen Legitimationsgrundlagen. Ein erster Typus von Popularitätslisten orientiert sich lose an Verkaufszahlen/Popularität in sozialen Medien und wird in individuellen Videos, Blogs oder Zeitschriftenartikel kommentierend aufgearbeitet. Diese Listen erzeugen einen Anschein von Objektivität, ohne aber die Grundlage transparent zu machen. Als zweiten Typus habe ich Expert:innenlisten der bedeutendsten Parfums am Beispiel von *WWD* diskutiert. Diese berufen sich auf die professionellen Kompetenzen der Ersteller:innen, was aber geradezu die Infragestellung der Motive und des Auswahlverfahrens provoziert. Schließlich, und am weitesten verbreitet, ist der dritte Typus von subjektiven Influencer:innenlisten, hier am Beispiel der ›compliment getter‹-Listen dargestellt. Diese subjektiven Listen haben das Potenzial, deutlich populärer zu werden als die wenig verbreiteten objektiven Listen, was sich an den View/Like-Zahlen ablesen lässt.[28] Damit einher geht aber der Verlust der einen autoritativen Stimme, die Auswahl der ›besten‹, ›beliebtesten‹, ja sogar der behaupteten Bestseller variiert, wenn es auch gerade bei den einflussreichsten Listen zu großen Überschneidungen kommt.

Die ›compliment getter‹-Listen sind in mehrfacher Weise aufschlussreich für die Analyse von olfaktorischer Popularität. Erstens thematisieren diese Listen die *materielle Affektivität* von Parfums, indem sie deren Fähigkeit, öffentliche Beachtung zu

---

28 Zur Subjektivität dieser Listen gehört auch dazu, dass diese häufig von den Parfumhäusern am Gewinn durch ihre Empfehlungen (z.B. über Rabattcodes) beteiligt werden.

erzeugen, verhandeln. Gerade im alltäglichen Tragen von Parfums ist dieses unsichtbar (der Flakon kann noch so exquisit sein, er ist im Club nicht sichtbar) und nur sinnlich als Geruch wahrnehmbar. Komplimente werden dann zu einer Bestätigungskommunikation, ja, sie verweisen gleichsam auf die Grundstruktur eines Verständnisses von Popularität, das dieses an öffentlicher Anerkennung festmacht. Zweitens wird so eine der zentralen Affordanzen von Listen (Von Contzen 2017) genutzt: ihre *objektivierende Wirkung*. Die Plätze auf den Kompliment-Listen werden quasi objektivierend anhand der Menge von erhaltenen Komplimenten errechnet. Drittens schreibt sich auch hier wieder die high/low-*Differenz* ein: Das Schielen auf Komplimente gilt für die/den Kenner:in als Missachtung des künstlerischen Status von Parfums – d.h. des eigentlich angemessenen Tragens von Parfums für den eigenen ästhetischen Genuss (ganz im Sinne einer individualistischen Autonomieästhetik).

Schließlich habe ich mich der Ikonizität von Parfums zugewandt, auch dies wiederum auf zwei Ebenen. Olfaktorisch-materiell entfalten einige wenige Parfums eine weite sensorische Präsenz im Alltagsleben. Ihre Popularität besteht darin, dass ihr Duftprofil erkannt und erinnert wird (wie am Beispiel von *Baccarat Rouge 540*) – wozu noch nicht die Fähigkeit gehört, das jeweilige Parfum auch benennen zu können. Für diese nicht-repräsentationale Popularität sind zweierlei Faktoren ausschlaggebend: Regelmäßig sorgt die Einführung neuer Moleküle wie Caletone für aquatische Düfte oder Ambroxan für holzig-gourmandige Kompositionen für einen Überraschungswert, welcher den Duft von den bekannten olfaktorischen Erfahrungen abhebt. Auch wenn die jeweilige Komposition gewiss nicht zu vernachlässigen ist, kann hier sogar von der Popularität von Molekülen gesprochen werden, was in den Formeln zu einem regelrechten Überbietungswettbewerb von Überdosierungen führt. Ikonisch wird ein solcher Duft dann, wenn er evident wird, d.h. wenn er zur gesellschaftlichen Struktur als ›passend‹ empfunden wird.[29] Dies ist damit gemeint, wenn der Parfumdiskurs über den Ausdruck des Zeitgeists oder einer Ära in einem Parfum spricht. Man denke hier an veränderte Geschlechtervorstellungen (von der Konstruktion der neuen Frau, der Validierung von Homosexualität bis hin zur Auflösung von Geschlechterdualismen), an die westliche Sehnsucht für Orientalismen, an die Hoffnung auf einen neuen Anfang nach dem Zweiten Weltkrieg oder die Kultivierung von Unauffälligkeit. Evidenz meint hier also Passung zu sozio-kulturellen Landschaften, Parfums werden so gleichsam zu olfaktorischen Zeitdiagnosen. Diese Ikonizität wird nun selbst wieder – nachträglich – in Listenform behauptet, prozessiert und so gefestigt.

Mit der Vielzahl der Empfehlungslisten geht aber eine Aufteilung des olfaktorischen Raums in dem Sinne einher, dass die Listenersteller:innen selbst an unterschiedlichen Orten verortet sind. Die semantisch unterschiedlich bezeichnete Spannung von high/

---

29   Im Anschluss an Luhmanns Bestimmung der Plausibilität und Evidenz von schriftbasierten Semantiken (Luhmann 1980: 46f.)

low (etwa zwischen Parfum als Kunst vs. Parfum als Konsumgut oder von Autor: innenparfum vs. Marketing) prägt damit nach wie vor die jeweiligen Sprecher:innenpositionen. Auch wenn die Listen nicht zwischen Massen- und Nischenparfums, zwischen high und low unterscheiden, so werden diese im Kampf der Listen so kategorisiert: Die Listen der großen Influencer:innen werden von der Nischen-Community gerne belächelt oder verärgert kritisiert; deren Listen wiederum kaum beachtet. Damit hat sich der Ort der high/low-Unterscheidung vom einzelnen Produkt hin zur soziokulturellen Position der Listenersteller:innen verschoben. Die Popularitätsbehauptungen mögen sich unvoreingenommen präsentieren, sie stoßen aber qua Situierung, die von anderen beobachtet wird, immer wieder auf unterschiedliche Versionen der high/low-Unterscheidung. Popularisierung zweiter Ordnung meint dann auch Beobachtung zweiter Ordnung, indem oft polemisch die Beobachtungskriterien der anderen thematisiert werden. Trotz all dieser Uneinigkeit in den Popularitätsbehauptung bleibt aber eine Gemeinsamkeit: die leitende Annahme, dass bestimmte Parfums beachtet werden sollten – und ein gemeinsamer Gegner: die pauschale Duftkritik, die sich z.B. in verschiedenen Initiativen für ›scent free‹ Umwelten ausdrückt.

Literaturverzeichnis

Beautinow (2023): The 12 Most Popular Perfumes Everyone Talks About. Beautinow: https:// beautinow.com/how-to-choose-a-perfume/10-most-popular-perfumes/. 26.02.2024

Belim-Frolova, Victoria (2011): Chanel No 5: Perfume, EDT, EDP Review and Fragrance Poll. Bois de Jasmin: https://boisdejasmin.com/2011/02/chanel-no-5-perfume-edt-edp-review-and-fragrance-poll.html. 26.02.2024

Borisov, Sergei (2023): Soir de Paris Bourjois: Remember That Night In Paris?. Fragrantica: https://www.fragrantica.com/news/Soir-de-Paris-Bourjois-Remember-That-Night-In-Paris-19547.html. 29.02.2024

Briot, Eugénie (2011): From Industry to Luxury: French Perfume in the Nineteenth Century. In: *Business History Review*, 85/2, S. 273–294.

Burr, Chandler (2008): *The Perfect Scent: a Year Inside the Perfume Industry in Paris and New York*. London: Macmillan.

Calkin, Robert/Jellinek, J. Stephan (1994): *Perfumery Practice And Principles: Practice and Principles*. Hoboken: Wiley.

Callon, Michel/Millo, Yuval/Muniesa, Fabian (2007): *Market Devices*. Hoboken: Wiley.

Corbin, Alain (1996): *Pesthauch und Blütenduft. Eine Geschichte des Geruchs*. Berlin: Wagenbach.

Doré, Jeanne (Hg.) (2020): *The Big Book of Perfume*. o.O: Nez éditions.

Döring, Jörg/Werber, Niels/Albrecht-Birkner, Veronika et al. (2021): Was bei vielen Beachtung findet: Zu den Transformationen des Populären. In: *Kulturwissenschaftliche Zeitschrift*, 6/2, S. 1–24. DOI: 10.2478/kwg-2021–0027.

Dreyfus, Pauline (2021): *Chanel No. 5: Story of a Perfume*. New York: Abrams Books.

Eco, Umberto/Musée du Louvre (2009): *The Infinity of Lists*. New York: Rizzoli.

Ellena, Jean-Claude (2013): *The Diary of a Nose: A Year in the Life of a Parfumeur*. New York: Rizzoli.

Ellena, Jean-Claude (2015): Le parfum, un acte poétique. In: *Rencontres*, 120/2, S. 139–153.

Embleton, Condé (2022): PerfumeTikTok Says These Are the Top 13 Viral Fragrances to Buy. Glamour UK: https://www.glamourmagazine.co.uk/gallery/perfume-tik-tok. 26.02.2024

Ewert, Laura (2023): Riechst Du das auch? In: *Die Zeit*, 2023/45, S. 62.

Feydeau, Elisabeth de (2011): *Les parfums: histoire, anthologie, dictionnaire*. o.O: R. Laffont.

Fine, Jenny B./Manso, James (2022): The 100 Greatest Fragrances, as Chosen by Beauty Insiders. https://wwd.com/beauty-industry-news/beauty-features/greatest-fragrances-1235061958/. 26.02.2024

Forbes, Jihan (2022): 21 Fragrances TikTok Can't Stop Talking About in 2022. Allure: https://www.allure.com/gallery/tiktok-popular-fragrances. 26.02.2024

Gillette, Marianne (2016): Sensory Evaluation: Analytical and Affective Testing. Perfumer & Flavorist: https://www.perfumerflavorist.com/flavor/regulatory-research/article/21861072/ sensory-evaluation-analytical-and-affective-testing. 26.02.2024

Goody, Jack (1977): *The Domestication of the Savage Mind*. Cambridge: Cambridge University Press.

Grenville, Kate (2018): *The Case Against Fragrance*. Melbourne: The Text Publishing Company.

Grossberg, Lawrence (2014): *We Gotta Get Out of This Place: Popular Conservatism and Postmodern Culture*. London: Routledge.

Hecken, Thomas (2006): *Populäre Kultur: Mit einem Anhang ›Girl und Popkultur‹*. Berlin: Posth Verlag.

Heintz, Bettina (2010): Numerische Differenz. Überlegungen zu einer Soziologie des (quantitativen) Vergleichs. In: *Zeitschrift für Soziologie*, 39/3, S. 162–181.

Herman, Barbara (2013): *Scent and Subversion: Decoding a Century of Provocative Perfume*. Lanham: Rowman & Littlefield.

Hou, Kathleen (2023): The Scent You Smell Everywhere. ELLE: https://www.elle.com/beauty/a42170666/baccarat-rouge-540-perfume-trend/. 26.02.2024

Kubartz, Bodo (2009): *Geographies of Knowledge in the International Fragrance Industry*. Oklahoma: University of Oklahoma.

Laudamiel, Christophe (2023): Interview mit Christophe Laudamiel (Urs Stäheli).

Le Guérer, Annick (2005): *Le Parfum: Des origines à nos jours*. Paris: Les Éditions Odile Jacob.

Leal, Samantha (2016): You'll Never Guess What the Best-Selling Fragrance in America Is. Marie Claire Magazine: https://www.marieclaire.com/beauty/news/a19284/best-selling-fragrance-america/. 26.02.2024

Luhmann, Niklas (1980): Gesellschaftliche Struktur und semantische Tradition. In: Luhmann, Niklas: *Gesellschaftsstruktur und Semantik. Studien zur Wissenssoziologie der modernen Gesellschaft*. Bd. 1. Berlin: Suhrkamp. S. 9–71.

Matos, Miguel (2022): The 1990s – The Decade of Visionary Fragrance. https://www.fragrantica.com/news/The-1990-s-The-Decade-of-Visionary-Fragrance-17056.html. 26.02.2024

Mazzeo, Tilar J. (2010): *The Secret of Chanel No. 5: The Intimate History of the World's Most Famous Perfume*. New York: Harper Collins.

Mazzeo, Tilar J. (2011): The Enduring Allure Of Chanel No. 5 (Interview). NPR: https://www.npr.org/2011/01/01/132480988/the-enduring-allure-of-chanel-no-5. 26.02.2024

Meetheherb (2022): Perfume's Sillage: A Mirror of Women's Liberation. Meet the Herb Halfway: https://meettheherb.com/blogs/natural-perfume/perfumes-sillage-a-mirror-of-womens-liberation. 26.02.2024

Moulton, Nicola (2023): Is Your Scent in ›Beast Mode‹ yet?. Financial Times: https://www.ft.com/content/45936599−4abd-48e3-be87-c951f8443bab. 26.02.2024

Munce, Garrett (2024): The Best Selling Colognes Guaranteed to Score You Compliments. Men's Health: https://www.menshealth.com/grooming/g46978332/best-selling-colognes-for-men/. 26.02.2024

Muniesa, Fabian/Trébuchert-Breitwiller, Anne-Sophie (2010): Becoming a Measuring Instrument. In: *Journal of Cultural Economy*, 3/3., S. 321–337.

Ohloff, Günther et al. (2022): *Scent and Chemistry: the Molecular World of Odors*. Hoboken: John Wiley & Sons.

Ostrom, Lizzie (2015): *Perfume: A Century of Scents*. New York: Random House.

Perfume Shrine (2008): Secrets of the Trade. Perfume Shrine: https://perfumeshrine.blogspot.com/search/label/blind%20test. 26.02.2024

Pybus, David H./Sell, Charles S./Pybus, David (1999): The Fragrance Brief. In: Sell, Charles S. (Hg.): *The Chemistry of Fragrances*. London: Royal Society of Chemistry, S. 131–136.

Roudnitska, Edmond/Souriau, Étienne/Sauvan, Jacques (1977): *L'Esthétique en question: introduction à une esthétique de l'odorat*. Paris: Presses universitaires de France.

Sarrazin, Elise (2017): The Scent Creation Process. In: Büttner, Andrea (Hg.): *Springer Handbook of Odor*. Berlin: Springer, S. 137–138.

Schlögel, Karl (2020) *Der Duft der Imperien: „Chanel No 5« und „Rotes Moskau«*. München: Carl Hanser Verlag.

Schmidt, Dominik (2024): Meistverkaufte Männer-Parfums: Die beliebtesten Düfte der Welt. Esquire: https://www.esquire.de/style/pflege-grooming/meistverkaufte-maenner-parfums-liste. 26.02.2024

Silverman, Carly (2023): Nope, Your Perfume Does Not Have to Fit Your ~Aesthetic~. Cosmopolitan: https://www.cosmopolitan.com/style-beauty/beauty/a45244847/perfume-aesthetics-tiktok/. 26.02.2024.

Simmel, Georg (1968): Exkurs über die Soziologie der Sinne. In: *Soziologie. Untersuchungen über die Formen der Vergesellschaftung*. Leipzig: Duncker & Humblot, S. 483–93.

Skelly, Susan (2019): A Fragrance Connoisseur Explains the Ingredients Required to Make an Iconic Scent. Vogue Australia: https://www.vogue.com.au/beauty/news/a-fragrance-connoisseur-explains-the-ingredients-required-to-make-an-iconic-scent/news-story/8972875b5c72c8b1852d6652a727d364. 26.02.2024

Stäheli, Urs (2003): The Popular in the Political System. In: *Cultural Studies*, 17/2, S. 275–299.

Stäheli, Urs (2005): Das Populäre als Unterscheidung In: Blaseio, Gereon/Pompe, Hedwig/Ruchatz, Jens (Hgg.): *Popularisierung und Popularität*. Köln: Dumont, S. 146–167.

Stäheli, Urs (2007): Bestimmungen des Populären. In: Huck, Christian/Zorn, Carsten (Hg.): *Das Populäre der Gesellschaft*. Wiesbaden: VS Verlag für Sozialwissenschaften, S. 306–321.

Stäheli, Urs (2016): Indexing – The Politics of Invisibility. In: *Environment and Planning D: Society and Space*, 34/1, S. 14–29.

Statista (2023): *Beauty & Personal Care: Market Data & Analysis. Market Insight Report.*

Sturken, Marita/Cartwright, Lisa (2001): *Practices of Looking.* Oxford: Oxford University Press Oxford.

Süskind, Patrick (1985): *Das Parfum: die Geschichte eines Mörders.* Zürich: Diogenes.

Swardt, Delphine de (2022): Perfume, a Mixed (up) Art – Nez the Olfactory Cultural Movement. Nez: https://mag.bynez.com/en/art-en/perfume-a-mixed-up-art/. 26.10.2023

Tarde, Gabriel de (2003): *Die Gesetze der Nachahmung.* Berlin: Suhrkamp.

Telegraph (2019): The 12 Most Iconic Perfumes of All Time and What Sets Them Apart. The Telegraph: https://www.telegraph.co.uk/beauty/tips-tutorials/iconic-fragrances-perfumes-time/. 26.02.2024

Thorpe, Lucy (2022): A Look At TikTok's Trending Scents. POPSUGAR Beauty UK: https://www.popsugar.co.uk/node/48813183. 26.02.2024

Turin, Luca/ Sanchez, Tania (2011): *The Little Book of Perfumes: The 100 Classics.* London: Profile Books.

Von Contzen, Eva (2017): Die Affordanzen der Liste. In: *Zeitschrift für Literaturwissenschaft und Linguistik,* 47/3, S. 317–326.

Vukcevic, Claire (2018a): The Business of Perfume: Artisan as the New Niche. Takeonethingoff. Com: https://takeonethingoff.com/blog/2018/06/29/the-business-of-perfume-artisan-as-the-new-niche/. 29.02.2024

Vukcevic, Claire (2018b): The Business of Perfume: Demographics, Gender, and Influence. takeonethingoff.com: https://takeonethingoff.com/blog/2018/05/23/the-business-of-perfume-demographics-gender-and-influence/. 26.02.2024

Werber, Niels/Döring, Jörg (2023): Transformationen des Populären: Zur Verteilung von Beachtung. o.O: Manuskript.

Niels Werber

Rankings als Selektivitätsverstärker. Ein Beitrag zur Verteilung von Beachtung

ABSTRACT: The assertion that our society is ›complex‹ is hardly disputed. From this complexity of society, actors face the ›contingency‹ of their possibilities for action. Because social order offers a multitude of possible connections between elements, no action is strictly necessary; alternative options are always conceivable. This contingency is restrained in functional systems by symbolically generalized media of communication (sensu Parsons, Luhmann): money, power, or truth motivate the preference for certain selections – because money is paid, because the exercise of power should be avoided, or because one trusts and builds upon the findings of research. Thus, media amplify selectivity and increase the connectivity of a certain communication.

The essay pursues the thesis that rankings function as amplifiers of selectivity. For the top positions in rankings, the chances increase that the corresponding products, individuals, parties, or programs will receive attention and can play a role in subsequent communication. In a society shaped by rankings, the social distribution of attention, therefore, follows more a logic of popularity than a logic of substance.

KEYWORDS: Popularity, Rankings, Communication, Distribution of Attention, Media, Selectivity

1. The Matthew Effect in Science

Rankings sind bereits in der zweiten Hälfte des letzten Jahrhunderts so sehr verbreitet, dass sie zum Gegenstand wissenschaftlicher Reflexion werden. Einer der ersten und bis heute am häufigsten zitierten Aufsätze eines inzwischen prosperierenden Forschungsfelds stammt von Robert K. Merton, obschon er sich gar nicht selbst mit Rankings beschäftigt, sondern mit der in den Wissenschaften sehr ungleich verteilten Beachtung für Publikationen: Manche werden von vielen, andere von niemanden zitiert. *The Matthew Effect in Science* ist rund elftausendmal in wissenschaftlichen Publikationen, die Google.Scholar erfasst, zitiert worden und zählt damit zu jenen ›Top-Papern‹ des Soziologen (konkret: Platz 3), die Merton einen *H-Index* von 133 beschert haben. Nur zwei seiner Publikationen sind noch häufiger zitiert worden. Und nur sehr wenige Soziologen haben (nach Google.Scholar, Ranking: Sociology vom 10.10.2023, Abb. 1) überhaupt noch mehr Beachtung gefunden: nämlich Bourdieu, Goffman, Becker, Adorno und Durkheim; auf Merton (Platz 6) folgen dann Parsons und Portes. Bourdieus Werke, der Spitzenreiter dieser Rangliste, sind mehr als eine Million Mal zitiert worden. Man kennt ihn, das darf in der Soziologie unterstellt werden.

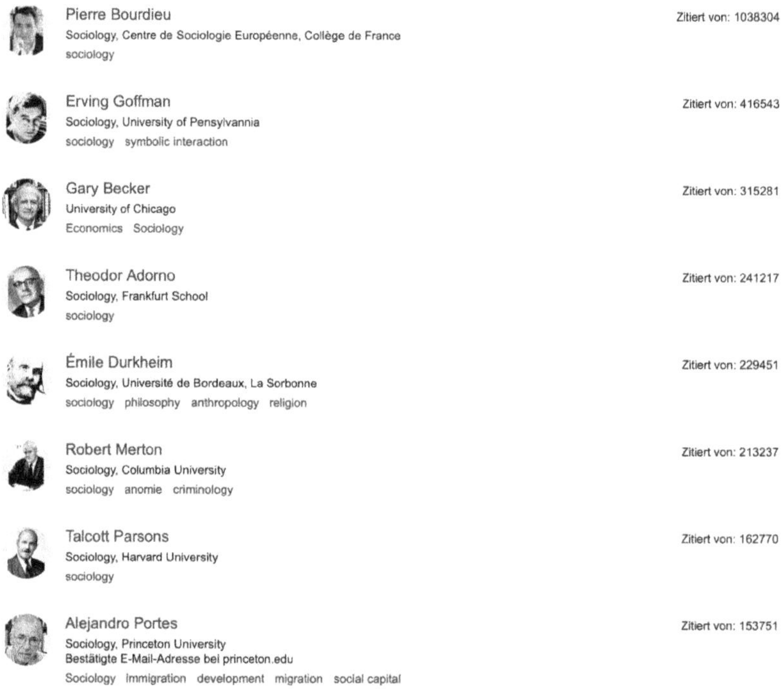

Pierre Bourdieu   Zitiert von: 1038304
Sociology, Centre de Sociologie Européenne, Collège de France
sociology

Erving Goffman   Zitiert von: 416543
Sociology, University of Pensylvannia
sociology   symbolic interaction

Gary Becker   Zitiert von: 315281
University of Chicago
Economics   Sociology

Theodor Adorno   Zitiert von: 241217
Sociology, Frankfurt School
sociology

Émile Durkheim   Zitiert von: 229451
Sociology, Université de Bordeaux, La Sorbonne
sociology   philosophy   anthropology   religion

Robert Merton   Zitiert von: 213237
Sociology, Columbia University
sociology   anomie   criminology

Talcott Parsons   Zitiert von: 162770
Sociology, Harvard University
sociology

Alejandro Portes   Zitiert von: 153751
Sociology, Princeton University
Bestätigte E-Mail-Adresse bei princeton.edu
Sociology   Immigration   development   migration   social capital

Abb. 1: Soziologen-Ranking nach Google-Scholars. https://scholar.google.de/cita
tions?view_op=search_authors&hl=de&mauthors=label:sociology (abgerufen
am 30.11.2023)

Es ist einigermaßen plausibel anzunehmen, dass in der Soziologie diese Namen bekannt
sind und auch noch länger bekannt bleiben, weil Bourdieu, Goffman, Becker, Adorno
und Durkheim als bedeutende Vertreter des Fachs gelten. Ihnen wird zugleich deswegen große Bedeutung zugeschrieben, weil ihre Texte häufig zitiert werden und ihr
Name häufig angeführt wird. »Offenbar ordnet sich das meiste Wissen unter Namen«,
schreibt der Soziologe Niklas Luhmann (Luhmann 2008: 11), dessen Arbeiten übrigens
283.129-mal zitiert werden, ohne dass er im angeführten Google-Scholars-Ranking der
Soziologen überhaupt vorkäme, obwohl er mehr Zitationen vorweisen kann als sein
Lehrer Parsons; aber Luhmann wird einfach nicht unter den Soziologen geführt, sondern unter Systemtheoretikern, deren Ranking er allerdings als Spitzenreiter anführt.[1]
Man ahnt hier schon die Schwachstellen bei der Erstellung von Ranglisten, aber all dies
ändert nichts an den Folgen, die sich beobachten lassen. Denn es kommt gar nicht

---

1   https://scholar.google.de/citations?view_op=search_authors&hl=de&mauthors=label:social_
    systems_theory. Abgerufen am 30.11.2023.

immer so sehr darauf an, wie gut und genau, umfassend und adäquat ein Ranking erstellt wird; wenn es erst einmal da ist und bei vielen Beachtung findet, dann zeitigt es Effekte, auf die es in diesem Aufsatz ankommen soll.

Rankings repräsentieren die Bekanntheit der Forscher:innen eines Fachs und verändern damit die Wahrscheinlichkeit dafür, dass ein Aufsatz oder eine Monografie zur Kenntnis genommen wird oder nicht. Denn wer als Soziolog:in veröffentlicht, muss »hochselektiv lesen« und zugleich »weitläufige vernetzte Referenzen« ausstellen (Luhmann 2008: 11) – und kann daher kaum darauf verzichten, die eine oder andere Publikation von Bourdieu, Goffman, Becker, Adorno, Durkheim oder auch Merton und Parsons zu berücksichtigen und zu zitieren – denn daran, wer zitiert wird, scheint man zum einen erkennen zu können, zu welchem Fach und zu welcher Schule man sich bekennt (Frankfurt oder Bielefeld, qualitativ oder quantitativ usw.), und zum anderen wird damit der Nachweis zu erbringen versucht, dass man selbst das Fach, seine Theorien und Methoden überschaut, da man ja genau die soziologischen Werke (an der richtigen Stelle, im passenden Ton) zitiert, auf die alle anderen auch verweisen. Man könnte (wie Merton) auf den Gedanken kommen, dass es vor allem darum ginge, die Texte zu zitieren, die ohnehin zitiert werden, und dass dies dazu führt, dass diejenigen, die immer wieder zitiert werden, auch künftig von vielen zitiert werden. Wenige werden viel zitiert; viele werden wenig zitiert. So entstehen die Klassiker des Fachs – und Verteilungen von Beachtung, die sich in Rankings bringen lassen.

Dieser sich selbstverstärkenden Ungleichverteilung der Beachtung von Wissenschaftler:innen in den Wissenschaften hat Robert Merton den Namen »Matthäus-Effekt« gegeben; ein Begriff, der (laut Webofscience.com) über 68.000-mal in englischen Publikationen verschiedenster Disziplinen verwendet worden ist. Sein Aufsatz *The Matthew Effect in Science* ist im Jahr 1968 in der Zeitschrift *Science* erschienen; und dies passt vorzüglich, denn das ›Paper‹ ist so revolutionär, wie es die Jahreszahl 1968 annonciert, und es hinterfragt genau das bibliometrische System (Desrochers et al. 2015), in dem das Journal *Science* eine herausragende Rolle spielt: Denn die Zeitschrift *Science* ist (und war) das zweitbestgerankte wissenschaftliche Publikationsorgan der Welt, und das bedeutet, dass die Artikel, die hier veröffentlicht werden, mehr zitiert werden als alle anderen Artikel – mit Ausnahme jener, die bei *Nature* erschienen sind, dem Platzhirschen der Indices. Rund 130.000-mal wird ein *Science*-Jahrgang in den folgenden 3 Jahren zitiert. Der Hirsch-Index beträgt 1283. Nur zum Vergleich: Die am meisten beachtete deutschsprachige Zeitschrift *Das Gesundheitswesen* erreicht 2023 einen H-Index von 25. Im Ranking der zwanzig besten soziologischen Zeitschriften nach H-Index kommt kein einziges deutschsprachiges Organ vor. Für das Journal *Social Science Research*, das den 20. Platz einnimmt, wird ein H-Index von 41 angeführt[2] – also

---

2   https://scholar.google.com/citations?view_op=top_venues&hl=en&vq=soc_sociology. Abgerufen am 30.10.2023.

ein weit höherer Wert, als die bestbewertete deutschsprachige Zeitschrift aller Disziplinen mit 25 erreicht. Eine Soziolog:in sollte folglich in der *American Sociology Review*
publizieren (H-Index 63), um selbst *visibility* und *impact* zu gewinnen (Jacobs 2016).
Für einen Naturwissenschaftler empfiehlt es sich, in *Nature* oder *Science* zu publizieren, und damit dies gelingt, so ließe sich von Merton lernen, zitiert man am besten
diejenigen, die bereits in *Nature* oder *Science* veröffentlicht haben. Denn Texte, die das
würdigen, was die *Nature*- oder *Science*-Autor:innen ebenfalls der Mühe für Wert
befunden haben, das passt bestens zu diesen *Journals*, zu den ›Peer Reviewern‹ und zur
Richtung, der die Großen des Fachs der Disziplin gegeben haben, und erhöht die
Chancen, selbst dort publiziert und zitiert zu werden. All dies sieht verdächtig (nach
Networking oder Zitier-Kartellen) aus und wird entsprechend kritisiert (Bar-Ilan et
al. 2018). Merton selbst zitiert in seinem Aufsatz Durkheim, Parsons und Weber, ohne
dass dies für seine Argumentation von Belang wäre. Man könnte sich dennoch fragen,
ob die anderen Referenzen in seinem Aufsatz in gleicher Weise beachtet werden wie
diese. Merton selbst konstatiert, dass dies unwahrscheinlich sei. Es fielen eben stets die
Namen auf, die ohnehin allen vertraut seien. Die *early career researcher* hätten damit
also die Wahrscheinlichkeit gegen sich, selbst zitiert zu werden und in den Rankings
aufzusteigen:

> The problem of achieving a public identity in science may be deepened [...] the role of
> young collaborators becomes obscured by the brilliance that surrounds their illustrious
> co-authors. So great is this problem that we are tempted to turn again to the Scriptures to
> designate the status-enhancement and status-suppression components of the Matthew
> effect. We can describe it as ›the Ecclesiasticus component,‹ from the familiar injunction
> ›Let us now praise famous men,‹ in the noncanonical book of that name. (Merton 1968:
> 58)

Den Effekt von Beachtungsverstärkung und Beachtungsminimierung, der hier mit
Blick auf die Reputationskultur und die Publikations- und Zitationspraktiken der Na-
turwissenschaften beschrieben wird, erhält seinen Namen nach dem Vers aus dem
Matthäus-Evangelium: »Denn wer hat, dem wird gegeben, und er wird im Überfluss
haben; wer aber nicht hat, dem wird auch noch weggenommen, was er hat.« (Matthäus
25, Vers 29)
Diese Begriffsprägung hat sich als äußerst erfolgreich erwiesen: In den verschiedensten Disziplinen wird (in Tausenden von ›peer reviewten‹ Aufsätzen) vom
»Matthew effect« gesprochen, wenn kumulative Erfolgsvorteile erklärt werden sollen
(Reichert 2016: 69) – mit Blick auf Social Media, Belohnungssysteme, Bewertungs-
portale, Karrieren und Gehälter, Reputation und Drittmittelvergabe, Populismen und
Populist:innen usw. Mertons Aufsatz hat eine Perspektive entwickelt, die sich als
paradigmatisch erwiesen hat. Er wird auch in der neuesten Forschung zitiert, die sich

mit der »power law distribution« und »preferential attachments« in Netzwerken beschäftigt (Johnson/Faraj/Kudaravalli 2014: 798), also jener Forschung, die die ungleiche Verteilung von Beachtung in skalenfreien Netzen und auf digitalen Plattformen modelliert und dies für die Ranking-Forschung fruchtbar gemacht hat (Barabási 2000; Barabási 2003; Iñiguez et al. 2022; Yucesoy et al. 2018). Gerade auch in den angeblich partizipativen, inklusiven, demokratischen digitalen Netzen gilt: Wenige erhalten viel, viele erhalten wenig Beachtung.

Das von Merton so benannte und popularisierte Matthäus-Prinzip gilt zunächst einmal ›in science‹: Wer bereits Reputation gewonnen hat, dessen neue Artikel werden häufiger zitiert als Beiträge von Autor:innen, die noch nicht viel zitiert worden sind und daher wenig bekannt sind. Weder die Chancen für die Beachtung eines Beitrags noch für die Relevanz für das Fach sind gleichverteilt. Wenn es um die Beachtung eines Artikels und damit auch um seine Bedeutung für die weitere Entwicklung eines Fachs geht, kommt es also nicht allein auf den Erkenntnisgewinn und die wissenschaftliche Relevanz eines Beitrags an, sondern zuerst darauf, ob die Autor:innen bereits Beachtung genug gefunden haben, um daher auch künftig beachtet zu werden. Nur die wenigsten *paper* finden überhaupt Resonanz, die meisten verschwinden im Nichts des Ungelesenen und tragen zur faktischen wissenschaftlichen Kommunikation überhaupt nicht bei. Merton schreibt: »It has been found, for example, that only about half of 1 percent of the articles published in journals of chemistry are read by any one chemist«. (Merton 1968: 57)

Nur 0,5 % der Artikel werden überhaupt gelesen. Wenige Artikel werden viel zitiert, viele Artikel werden gar nicht zitiert. Der langjährige Chefredakteur der Zeitschrift *Wired*, Chris Anderson, hat diese Verteilung mit einer griffigen Metapher in *head* und *tail* differenziert. Der *head* bezeichnet den Bereich der wenigen, die viel Beachtung erfahren; der immer länger und schmaler auslaufende *tail* den großen Bereich der vielen, die immer weniger beachtet werden (Anderson 2012). Im Falle der Publikationen des Fachs Chemie ist der *long tail* (nach Auskunft Mertons) wirklich sehr lang und schmal.

Dem Soziologen Merton ging es um die Beachtungsverteilung im »Communication System«, und damit meint er die Wahrscheinlichkeit (»chances«) in der wissenschaftlichen Kommunikation beachtet oder nicht beachtet zu werden: Ein Artikel ist entweder »noticed and used« oder eben nicht. Er erzielt »visibility« oder er bleibt unsichtbar (Merton 1968: 59). All diese von Merton benutzen Begriffe führen heute ein reges Eigenleben auf den Interfaces der großen digitalen Plattformen der Wissenschaftsverlage, von Sage bis Springer Nature, von Elsevier bis zur Oxford University Press. Sie fungieren dort als Indikatoren gemessener Beachtung: *Visibility, Usage, Citations, Views, Downloads* etc. Obwohl diese Parameter rein quantitative Daten ermitteln, fungieren sie häufig als Indikatoren für Qualität, als stünde »high visibility« immer auch für »high research quality« (Jacobs 2016: 193). Diese quantitativen In-

#340: Britney Spears

    #1010: Pink

       #5153: No Doubt

          #32,195: The Selecter

Amazon Sales Rank

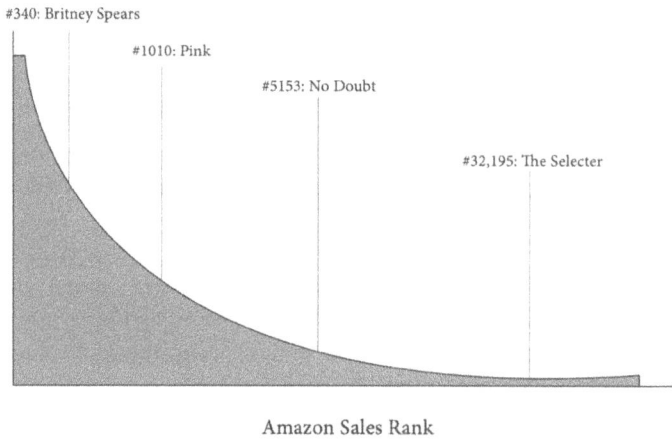

Fig. 10.4. *"If you like Britney, you'll love . . ."* Just as lower prices can entice consumers down the Long Tail, recommendation engines drive them to obscure content they might not find otherwise.[4]

Abb. 2 aus Anderson 2012: 149. Die Grafik macht deutlich, was im *head*, nämlich Hits wie von Britney Spears, und was im *tail*, nämlich unbekanntere Songs wie die von The Selecter, zu finden ist. Andersons Hoffnung war es, dass der Amazon-Algorithmus uns auch Selecter vorschlägt, wenn wir Spears gut finden, also auch Songs im *tail* eine Chance bekommen.

formationen rahmen die Aufsätze mit Informationen darüber, wie viele diesen Aufsatz schon nachgefragt, genutzt, zitiert oder angeschafft haben und was in dieser Hinsicht von der Zeitschrift oder den Autor:innen generell zu erwarten sei (*impact factor*, H-Index). Man könnte diese Umgebung aus Indikatoren als digitale Paratexte bezeichnen, die dem Text einen »Dienst« leisten: nämlich die Wahrscheinlichkeit für »Rezeption« und »Lektüre« zu erhöhen – oder zu senken (Genette 2001: 10; Werber/Stein 2023; Paßmann et al. 2021: 308). Der »Dienst«, den diese Popularitäts-*Counter* der Wissenschafts-Plattformen verrichten, indem sie auf der »Schwelle« (Genette 2001) zum Text auf seine Popularität und das Ranking der Zeitschrift und der Autor:innen hinweisen, hängt nun aber genau davon ab, wie ein Text, ein Journal, die Autor:innen in diesen Popularitätsrankings rangieren. Merton schreibt über die Wahrscheinlichkeit, gelesen und zitiert zu werden:

> Looking at the Matthew effect from this perspective, we have noted the distinct possibility that contributions made by scientists of considerable standing are the most likely to enter promptly and widely into the communication networks of science, and so to accelerate its development. (Merton 1968: 59)

The Long Tail

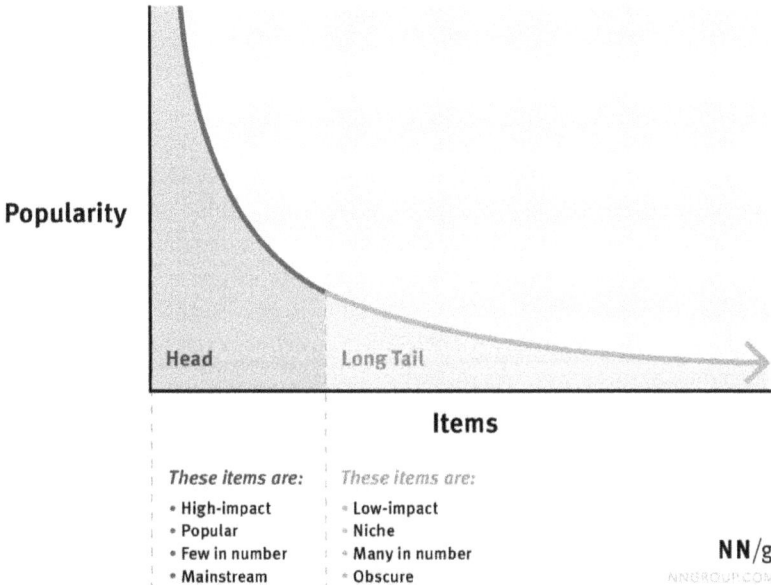

Abb. 3 aus https://www.nngroup.com/articles/long-tail/ Die Begriffe *head* und *long tail* werden inzwischen so verwendet, wie es die Abbildung zeigt: zur Unterscheidung der hohen und geringen Popularität von Gütern. Die *vielen* Dinge im *tail* gelten als *obscure*, finden also nur bei *wenigen* Beachtung.

Was ihn aber in seinem Aufsatz nicht weiter interessiert hat, ist der öffentliche »Schauplatz« (Genette 2001: 10), auf dem die Wahrscheinlichkeit dafür justiert wird, ob etwas »prompt« und »umfassend« beachtet wird oder gar keine Rolle spielt. Er gibt keinen Hinweis auf Ranglisten. Dies ist aus seiner Sicht verständlich, hat er doch den Wirkungsort seines Matthäus-Effekts im Gedächtnis der Forscher:innen lokalisiert:

> You usually notice the name that you're familiar with. Even if it's last, it will be the one that sticks. In some cases, all the names are unfamiliar to you, and they're virtually anonymous. But what you note is the acknowledgement at the end of the paper to the senior person for his ›advice and encouragement.‹ So you will say: ›This came out of Greene's lab, or soandso's lab.‹ You remember that. (Merton 1968: 57)

Das mag so sein. Aber auf die persönliche Erinnerung sind wir nicht angewiesen, wenn uns die Rankings darauf hinweisen, was bereits von vielen beachtet worden ist und auch uns bekannt sein sollte. Die Charts und Rankings fungieren vermutlich, im Sinne von Elena Esposito (Esposito 2002), als Medium des sozialen Gedächtnisses, insofern sie nur das erinnern, was bereits von vielen beachtet worden ist, und zugleich alles vergessen, was nur wenig Beachtung findet. Jedenfalls aber bringen Popularitätsindikatoren und Rankings das in (eine auffallende, populäre) Form, was am meisten Beachtung gefunden hat. Und was auf einer Rangliste »den ersten Platz einnimmt«, ist »populär« (Hecken 2006: 85).

Mertons Interesse an der Wahrscheinlichkeit dafür, in der Wissenschaft beachtet oder nicht beachtet zu werden, wäre also fruchtbar zu machen für eine Analyse jener Rankings und *Counter* (Gerlitz/Lury 2014), die spektakulär und unübersehbar in den Paratexten der Plattformen und Publikationen über die Verteilung von Beachtung informieren und damit zugleich auf die weitere Verteilung von Beachtung Einfluss gewinnen, weil das, was viel beachtet wird, auch weiterhin Beachtung findet, während das, was kaum jemand beachtet, geringere Chancen hat, »to enter promptly and widely into the communication networks of science« (Merton 1968: 59). Ob ein *paper* Chancen auf Rezeption hat oder gar in der Forschung relevant werden kann, hängt (auch) davon ab, wie viel Beachtung seine Autor:innen bereits gefunden haben und wie wirksam die Rankings und Indikatoren in den Paratexten der *paper* und *journals* in Szene gesetzt werden, um den Matthäus-Effekt seine Arbeit tun zu lassen. Da hier »self-reinforcing mechanisms« (Oleinik 2022: 185) die Ungleichverteilung aufgreifen und verstärken, steht es schlecht um die Aussichten vieler Forscher:innen, ein gutes Ranking, einen hohen H-Index und eine exzellente Reputation aufzubauen. Die Folgen sind längst nicht mehr auf die sog. »hard sciences« zu beschränken, und man könne, so meinte Bernhard Pörksen schon vor einem Jahrzehnt,

> gerade in den Berufungsverfahren für Geisteswissenschaftler sehen, dass die einstige Leitfigur der Autoren-Existenz durch den Herold der neuen Zeit, die Indikatoren-Existenz, abgelöst und verdrängt wird. Diese Indikatoren-Existenz wird in formal ausgerichteten Ritualen einer scheinbaren Objektivierung von Qualität (Höhe der eingeworbenen Gelder, Zahl der Aufsätze im Verhältnis zum Lebensalter, Beteiligung an einem SFB etc.) klar bevorzugt. (Pörksen 2012: 23f.)

Wer aufgrund der exzellenten Position im Indikatoren-Ranking berufen wird, hat künftig noch bessere Chancen, »sichtbar« zu publizieren. Die Selbstverstärkungsmechanismen des Matthäus-Effekts tragen sie/ihn voran.

2. Form und Funktionen von Ranked Lists

Zwei Jahrzehnte nach Mertons Aufsatz, 1987, lässt sich ein so großes Forschungsinteresse an Rankings konstatieren, dass die Bibliothekarin einer US-amerikanischen Universität für eine bibliothekswissenschaftliche Fachzeitschrift eine Auswahlbibliografie zusammengestellt hat, die einige Seiten umfasst (Ohles 1987). Die Bibliothekswissenschaften (unter dem Namen *bibliometric & information studies*) sind ohnehin an dieser Forschung intensiv beteiligt (Desrochers et al. 2018), was kein Wunder ist, da Rankings, die aus den Metadaten wissenschaftlicher Publikationen (im Zeitalter der digitalen Wissenschaftsverlage also aus digitalen Paratexten: Desrochers/Apollon 2014) erstellt werden, nicht nur Einfluss darauf haben, was gelesen und zitiert wird, sondern auch darauf, was von Bibliotheken angeschafft und referentialisiert wird. Auch die Forschungsbibliotheken und Wissenschaftsplattformen tragen so das ihre zum Matthäus-Effekt »in Science« bei (Desrochers et al. 2015).

Was Judith Ohles zusammenträgt, sind »ranked lists«, die nicht aus den Wissenschaften, sondern aus den verschiedensten Sparten der Gesellschaft stammen: »multisubject, consumer, education, film and television, geography, and music« (Ohles 1987: 85). Auf Ranglisten stößt man also nicht nur in den Zitationsindexen und Impactfaktorenlisten, sondern über viele Funktionsbereiche der Gesellschaft hinweg, von den »Charts« in der *popular music* (Nathaus 2011) bis zu den Bestsellerlisten der Belletristik (Bloom 2021). Die Arbeitsdefinition, an der Ohles die Zusammenstellung ihrer Auswahlbibliografie orientiert, ist genauso aufschlussreich wie ihre kurze Einschätzung der Relevanz von Ranglisten, die sie zu ihrer »selection« motiviert hat:

> Bestsellers, the weekly Top 40, Fortune 500, Places Rated Almanac are just a few of the ranked lists available that fascinate and thrill almost everyone. These lists often contribute to our decision making. A consumer looks for the best car, a college graduate hunts for jobs at the top companies, a student applies to the best law schools. (Ohles 1987: 85).

Rankings sind Listen, deren entscheidende Information in der Reihenfolge der Einträge liegt (so auch Stäheli 2012: 240). Bei den genannten Beispielen, den Bestseller-Listen, den »weekly Top 40« der Hitparaden aller Art, der »Fortune 500«-Liste der umsatzstärksten Unternehmen der Vereinigten Staaten eines Jahres oder dem jährlich erscheinenden »Places Rated Almanac«, dem »Classic Guide for Finding Your Best Places to Live in America«, handelt es sich um ordinal skalierte Ranglisten, die alle den ersten Platz prämieren: Es ist, wenn es auf den Erfolg qua Matthäus-Effekt ankommt, besser, auf dem ersten Platz einer Hitparade, einer Bestsellerliste, eines Städte-Rankings oder der Forbes-Liste zu rangieren, weil dieser erste Platz im Vergleich zum zweiten und allen weiteren Plätzen indiziert, in einem Wettbewerb in Führung zu liegen: Mehr

Bücher oder Platten sind verkauft worden, mehr Leute wollten hier lieber wohnen als dort, diese Firma hat mehr Umsatz gemacht als alle anderen usw. Diese Ranglisten »fascinate and thrill almost everyone« (Ohles 1987: 85): Konsumenten aller Art, die aus einem großen Angebot zu wählen haben, aber auch Hochschul-Absolventen, die für ihre kommenden Karriereschritte nach einer »Top«-Adresse suchen. Diese Listen sind alles andere als »unspektakulär« (Stäheli 2011: 83), im Gegenteil: Sie attrahieren Aufmerksamkeit, interessieren nahezu jede(n) und haben Folgen auf die Entscheidungsfindung. Denn diese faszinierenden Listen »often contribute to our decision making« (Ohles 1987: 85). Sie zeitigen Folgen. Der Gedanke liegt nahe, dass Songs, Orte, Universitäten, Produkte, die nicht auf der Rangliste auftauchen, in der Entscheidungsfindung keine Rolle spielen.

Was Ohles in ihrer kurzen Einleitung zu ihrer Sammlung von Rankings notiert, trifft auch noch dreißig Jahre später mehr oder minder auf Zustimmung. Leopold Ringel und Tobias Werron schreiben in ihren Vorbemerkungen zu einer »Soziologie der Rankings«:

> Die Gegenwartsgesellschaft scheint von einer spezifischen Form des quantitativen Leistungsvergleichs fasziniert, gleichermaßen angezogen und abgestoßen: Ob im Sport in der Gestalt von wöchentlich erscheinenden Ligatabellen, die am Ende einer Saison zur Kür eines Meisters dienen, in der Wissenschaft als jährlich erscheinendes und vom Universitätspersonal mit Spannung und/oder Schrecken erwartetes Universitätsranking, im Tourismus als kontinuierlich upgedateter Popularitätsindex der Internetseite TripAdvisor, in der Wirtschaft als jährliches Ranking von Nachhaltigkeitsberichten, im staatlichen Erziehungswesen als PISA-Ranking, das die Leistungsfähigkeit von Erziehungssystemen zahlreicher Staaten alle drei Jahre neu zu messen versucht – in all diesen Bereichen (und vielen mehr) spielen Rankings seit den 1990er-Jahren eine zunehmend prominente Rolle. (Ringel/Werron 2019: V)

Die »Gegenwartsgesellschaft« sei »fasziniert« von Rankings; es gebe sie überall; sie spielten eine »zunehmend prominente Rolle«. Dies alles wird auch schon von Judith Ohles genannt. Während sie in der Frage der Funktion der Rankings die Vermutung äußert, es gehe um den Einfluss auf unser »decision making«, nehmen Ringel und Werron an, wir hätten es bei diesen Ranglisten mit einer »modernen Form des Leistungsvergleichs« zu tun (Ringel/Werron 2019: V). Diese Vermutung, die Funktion der Rankings liege in ihrer »spezifischen Form des quantitativen Leistungsvergleichs«, versucht implizit auch eine Antwort zu geben auf die große Verbreitung und Prominenz von Rankings: Rankings bieten die Lösung eines Problems an.

Die Frage nach dem »Problembezug« einer sozialen Einrichtung ist typisch für soziologische Theorien, die »Normales für unwahrscheinlich erklären«, um dann danach zu fragen, wofür diese oder funktionsäquivalente Einrichtungen eine »Problemlösung« anbieten (Luhmann 1987: 162f.). Der Funktionsbegriff ermöglicht Vergleiche – und zwar hinsichtlich der immer auch anders möglichen (kontingenten) Lösung eines Problems. So ließe sich etwa die großfamiliäre Heiratspolitik mit dem Einrichten von Treuhandfonds, dem Verfassen von Testamenten oder dem Abschließen von Lebensversicherungen vergleichen – nämlich bezogen auf das Problem, wie Besitzstände an Erben weiterzugeben sind. Der funktionale Vergleich führt zugleich die Kontingenz der Einrichtungen und Praktiken vor, deren funktionsäquivalente Lösungen verglichen werden. Man kann das Auto stehen lassen und den Bus nehmen, um den Arbeitsplatz zu erreichen, man muss es aber nicht. Man kann dem Film streamen, statt ins Kino zu gehen, um *Barbie* zur Kenntnis zu nehmen, aber auch dies wäre kontingent. Damit ist nicht gesagt, dass Auto und Bus, Streaming-Dienste und Kino, Großfamilien und Treuhandfonds dasselbe wären, sondern nur, dass sie auf ihre Art die Lösung eines Problems anbieten und daher verglichen werden können – mit dem möglichen Ergebnis, dass es opportuner, effizienter, preiswerter oder befriedigender sein mag, das eine zu tun und das andere zu lassen.

Die systemtheoretische Frage lautete also: Womit wären Rankings zu vergleichen? Ein Ranking, so ließe sich mutmaßen, bietet eine ähnliche Hilfe zur Entscheidungsfindung an wie der Vorschlag einer Autorität oder eine institutionelle Norm. Um ein Beispiel für eine Autorität zu nennen: Wenn ein berühmter Literaturkritiker (oder warum nicht gleich: ein ›Literaturpapst‹ wie Marcel Reich-Ranicki) im Fernsehen oder in der *FAZ* einen Roman empfohlen hat, dann wurde der auch von vielen gekauft. Und wenn in Bildungseinrichtungen ein und derselbe Roman zum verbindlichen Lehrstoff zählt, dann wird er ebenfalls von vielen Mitgliedern der Organisationen erworben und vielleicht auch gelesen werden. Die vielen folgen bei ihrem Handeln der Empfehlung anderer. Die Präferenzen anderer motivieren das eigene Handeln. Was *alter* auswählt, wird von *ego* berücksichtigt. Es geht hier ganz generell um die »Übertragung von Selektionen« (Luhmann 1973: 219). Zugleich handelt es sich, spezifischer formuliert, um »Popularisierung erster Ordnung« (Döring et al. 2021: 11–15), insofern (um bei unserem Beispiel zu bleiben) ein Roman Beachtung bei vielen findet, der aus der Sicht einer Autorität oder einer Institution beachtet (gelesen) werden soll (Werber 2021; vgl. Hecken 2006: 110). Das Ranking dagegen stellt im Falle eines Romans, der auf einer Bestsellerliste rangiert, fest, *dass* der Titel viel mehr Beachtung gefunden hat als andere – ein Fall der »Popularisierung zweiter Ordnung« (Döring et al. 2021: 11–15), insofern die Beachtung hier quantitativ erhoben und in eine Rangordnung gebracht worden ist. Die Kaufempfehlung, die sich aus dem vorderen Platz einer Bestsellerliste ergibt, basiert allein auf dem Zählergebnis des Erwerbs durch so oder so viele Leute. Was die Reduktion von Komplexität angeht, besteht zwischen den wohlmeinenden Empfehlungen einer Autorität (»Popularisierung erster Ordnung«) und den Behauptungen von Popularität (»Popularisierung zweiter Ordnung«) kein Unterschied: In beiden Fällen wird eine Selektion einfach übernommen. Die spezifische Differenz liegt in der Legitimation:

Es macht, bei aller funktionalen Äquivalenz zwischen den Empfehlungen eines prominenten Fachmanns, den Curricula einer höheren Schule und einer Bestsellerliste, die Spezifität eines Rankings aus: Es rechtfertigt seine Empfehlung allein durch die Popularität der Sache, nicht durch ihre Qualität. Man könnte schon hier vermuten, dass darin ein Nachteil, aber auch ein Vorzug liegt – denn es kann keinen Streit darüber geben, *ob* etwas auf einer Rangliste rangiert, während über qualitative Gründe einer Empfehlung immer gestritten werden kann. *De gustibus disputandum* – nicht aber über Zählergebnisse. Wenn ein Werk von Stephen King wieder einmal auf dem ersten Platz der Bestsellerliste des *Spiegel* rangiert, dann kann man das begrüßen oder verdammen, nicht aber bezweifeln. Die Empfehlungen des sog. Literaturpapstes und der Curricula lassen sich ganz anders kritisieren, etwa als Ausweis subjektiver Vorlieben, historischer Usancen, obsoleter Annahmen etc. Auch wenn solche Empfehlungen in Listenform gebracht werden, handelt es sich nicht um Bestsellerlisten, sondern um Ranglisten, deren Reihenfolge Expert:innen zusammengestellt haben – und deren Spitzenreiter keinesfalls populär sein müssen. Rankings von Beachtungserfolgen dagegen, so kontingent und dubios sie auch sein mögen, haben so die Anmutung des Unbezweifelbaren. Die Frage nach den genauen Zahlen und Modalitäten, die sich immer stellen lassen könnte, ändert ganz offensichtlich nichts am Effekt der Ranglisten. Was auf dem ersten Platz eines solchen Ranking rangiert, ist von vielen beachtet worden, dies kann nicht bestritten werden.

Ringel und Werron gehen dagegen einer anderen Vermutung nach – dass nämlich Rankings Leistungsvergleiche anbieten: Der höhere Rang verwiese dann auf eine größere »Leistung«. Bei der Forbes-Liste leuchtet das ein, es geht nicht um Popularität, sondern um den Börsenwert eines Unternehmens, der im zeitlichen Verlauf fallen oder steigen kann und so mit der *Performance* von anderen Firmen verglichen werden kann. Die Management-Funktion von Vergleichen wird hier ins Zentrum gerückt. Dafür gibt es gute Gründe: So orientieren beispielsweise Hochschulleitungen, Berufungskommissionen und Gremien der Forschungsförderung ihre Entscheidungen an Rankings unter der Annahme, dass diese Ranglisten Leistungen vergleichen und sog. Leistungsträger profilieren. Organisationen oder Personen, die ihre Entscheidungen an der »Leistung« von Einrichtungen, Personen, Konsumgütern, Dienstleistungen orientieren wollen, erhalten in der Form des Rankings eine kurze, übersichtliche, komparative Liste, die anhand weniger Parameter zusammenstellt, wer mehr Leistung erbracht haben soll als andere. Angeboten wird also das Ergebnis einer vergleichenden Leistungsmessung – was sehr viel mehr voraussetzt als das bloße Zählen von verkauften Büchern, Schallplatten oder Eintrittskarten *und Vergleichen* der Zählergebnisse. Die große Verbreitung und Beachtung dieses Angebots ließe darauf schließen, dass Rankings ein Angebot zur Bearbeitung eines Problems der »Gegenwartsgesellschaft« unterbreiten – nämlich aus einer Vielzahl von Optionen schnell und ohne allzu große Risiken das Angebot auszuwählen, das eine bessere Leistung zu erbringen verspricht, denn schließlich haben die Unternehmen schon etwas geleistet, das sie auf der Forbes-Liste nach oben gebracht hat.

Auch im Sport, ein Bereich, in dem einer der historischen Entstehungsorte von Rankings ausgemacht wird, scheint es auf den ersten Blick um Leistungen (gewonnene oder verlorene Spiele, schlechtere oder bessere Zeiten, Höhen, Weiten etc.) zu gehen, die in Ranglisten verglichen werden. Ringel und Werron beobachten die Koevolution eines modernen, professionellen, ausdifferenzierten Wettkampfsportssystems und der dort bereits im 19. Jahrhundert zum Einsatz kommenden Rankingtechnologie: »Sports rankings are not just a way of observing sports; they are constitutive of the very meaning of modern sports as we know them.« (Ringel/Werron 2020: 155f.)

Dies ist eine sehr interessante Beobachtung, da Rankings ein evolutionärer Effekt zugesprochen wird: Sie messen und vergleichen nicht nur etwas, was sowieso schon praktiziert wird, sondern bringen das, was in Rangfolgen gebracht wird, auch mit hervor. Es ließe sich hier also die mir sehr fruchtbar erscheinende Frage formulieren, inwieweit Charts und Hitparaden, Bestsellerlisten und Nielsen-Ratings »constitutive« waren und sind für die moderne Musik-, Buch-, TV- und Kino-, Radio- und Game-Kultur »as we know them« (Ringel/Werron 2020: 156). Rankings ließen sich dann als »evolutionäre Errungenschaft« (Luhmann 2000: 120f.) verstehen, die dazu beiträgt, unwahrscheinliche Selektionen wahrscheinlicher zu machen, sei es die Lektüre von bestimmten Romanen, das Schauen bestimmter Filme, das Spielen bestimmter Spiele oder das Einstellen bestimmter Personen – statt unzähliger anderer Romane, Filme, Spiele oder Personen, die zur Auswahl stehen.

Ob es nun um Leistungsvergleiche oder um die soziale Verteilung von Beachtung geht: Es kommt jedenfalls auf die Wahrscheinlichkeiten an, die im Spiel sind. Wer sich für Wettkampfsport interessiert, wird mit der Vermutung kein allzu großes Risiko eingehen, dass den Vereinen auf den oberen Plätzen einer Rangliste bessere Chancen auf einen Sieg zukommen als Vereinen auf den unteren Plätzen. Wer an einer guten Universität studieren will, wird keinen großen Fehler begehen, nach einem Abschluss in Oxford oder Stanford, Harvard oder Cambridge zu streben. Es könnte zwar sein, dass auch eine Mannschaft auf dem untersten Platz einer Tabelle mal ein gutes Spiel macht oder dass eine Universität auf einem schlechten Platz im Shanghai-Ranking hervorragende Forschung betreibt, aber man wird wohl kaum falsch damit liegen, auf die oberen Plätze zu setzen. Die »besseren Leistungen« (Ringel/Werron 2019: VII) finden sich eher oben auf den Ranglisten als unten, jedenfalls in der Perspektive derjenigen, auf die es ankommt, weil sie ihre Entscheidungen daran orientieren. Ringel und Werron weisen eigens darauf hin, dass Leistungen »zugeschrieben« würden, dass die Platzierung im Ranking von der kontingenten Wahl der Leistungskriterien abhänge und dass die hohe Platzierung im Ranking entsprechende Leistungsunterstellungen *motiviere*, auch wenn diese Leistung gar nicht erbracht worden sei (Ringel/Werron 2019: XI-XIII).

Versucht man eine Übersicht darüber zu bekommen, wo empirisch Rankings auftauchen – und wohin man alles schauen kann, zeigt schon Judith Ohles Bibliografie –, dann stellt sich allerdings die Frage, ob es tatsächlich in allem Fällen um »Leistungsvergleiche« gehen kann und nicht vielmehr auch oder gar oft um Leistungsunterstellungen, die verglichen und in eine Rangfolge gebracht werden? Wie steht es mit den Restaurants oder Hotels, die im »kontinuierlich upgedatete[n] Popularitätsindex der Internetseite TripAdvisor« in Rankings gebracht werden? Ist ein Restaurant oder Hotel, das von mehr Gästen besucht wird, tatsächlich besser, weil es mehr leistet? Wenn man sich an die empirische Verteilung der Beachtung in *head* und *tail* erinnert: Warum sollte ein kaum bekannter Song schlechter sein als ein Hit? Was hat die Popularität eines Restaurants mit der »Leistung« zu tun, also der Qualität der Küche, der Ausstattung oder des Service? Würde man da nicht besser den Bewertungen des Michelin- oder Gault&Millau-Führers folgen, die sich nicht an der Popularität einer Küche orientieren, sondern an Qualitätskriterien? Und wäre die Popularität eines Restaurants in einer vergleichbaren Weise eine »Leistung« wie die von Schüler:innen verschiedener Staaten derselben Alterskohorte, deren Testergebnisse im PISA-Ranking zusammengeführt werden? Und wie steht es mit den Spitzenreitern von Bestsellerlisten, Hitparaden und Top-Ten-Charts, die heute im Ranking führen und morgen anderen Platz machen müssen? Haben sich auch deren »Leistungen« verändert, die gemessen und verglichen werden? Ein Buch ist wohl kaum »schlechter« geworden, nur weil es in der Bestsellerliste abgestiegen ist, während die Leistungen eines Fußballclubs »schlechter« genannt werden können, wenn er zehn Plätze in der Rangliste eingebüßt hat.

Und selbst dann, wenn man darauf bestehen möchte, dass auch Rankings von Büchern, Filmen, Spielen, Konsumartikeln oder »scenic spots« für Fotos, die auf Instagram zu posten sind, auf »Leistungen« referieren, dann handelt es sich doch wohl allemal um Zurechnungen – denn die »Leistung«, in einer Rangfolge einen Platz einzunehmen, ergibt sich in diesen Fällen ja allein aus der Zahl derjenigen, deren anonyme, unergründliche Kauf- oder Konsumentscheidungen zu einem Ranking errechnet werden. Es sind also die Entscheidungen der Leser:innen, Hörer:innen, Zuschauer:innen, Nutzer:innen, Konsument:innen oder Gamer:innen, die gezählt und dann verglichen werden, nicht irgendwelche Annahmen über Eigenschaften (Qualitäten) der gerankten Sache.

Die Frage nach der Funktion von Rankings erscheint mir äußerst fruchtbar, aber mit Blick auf den Vorschlag, es gehe in allen oben aufgeführten Fällen von Rankings um Formen eines »quantitativen Leistungsvergleichs«, bleibe ich skeptisch. Die Rangliste einer Football- oder Fußballliga vergleicht auf eine andere Weise Leistungen als der »Popularitätsindex« einer Plattform wie TripAdvisor; und die Rangfolge von Staaten in den PISA-Erhebungen vergleichen anders als jene Rankings, die Ohlsen aufführt: »Bestsellers, the weekly Top 40« oder »TV-Ratings« (Ohles 1987: 85, 87). Ob es sich überhaupt um eine Leistung handeln kann, wenn besonders instagrammable Orte in ein Ranking gebracht werden, bleibt fraglich – nicht aber die Konsequenz des Rankings für die Anschlusskommunikation. Denn ob es sich nun um Leistungen handelt oder um Zurechnungen, ob die Ranglisten den höchsten Standards des Sortierens, Zählens und Vergleichens genügen oder einfach nur überzeugend erfunden sind – in allen Fällen ist es wahrscheinlich, dass es einen Unterschied macht, ob etwas in einem Ranking (und zumal auf den oberen Plätzen) gelistet wird oder nicht. Diese Gemeinsamkeit gilt es theoretisch zu erschließen.

3. Unwahrscheinlichkeit und Selektivitätsverstärker

Eine soziologische Theorie des Rankings, so möchte ich vorschlagen, könnte die Wahrscheinlichkeit von Anschlusskommunikationen in den Blick nehmen, die sich von Rangfolgen oder Charts beeindrucken lässt. Dieser Vorschlag würde zugleich der These folgen, dass es sich bei Rankings um eine Kulturtechnik handelt, die für die Konstitution einer »populären Kultur« in unserer Gesellschaft eine besondere Rolle spielt (Hecken 2006: 85; Hecken 2017; Adelmann 2021: 13, 40, 147; Hahn/Werber 2004; Stäheli 2012), was auch für eine Theorie des Populären relevant wäre, die im Kontext der Forschung zu den »Transformationen des Populären« weiterentwickelt und diskutiert wird (Döring et al. 2021; Werber et al. 2023). Denn Rankings, die Popularität über das Zählen von »Kauf- oder Wahlakten« messen, vergleichen und in eine Reihenfolge bringen, stellen nicht nur Popularität aus, sondern sorgen auch – siehe Matthäus-Effekt – für weitere Beachtung (von den wenigen Artefakten, Personen oder Waren in den *Top Ten* oder auf der Bestellerliste) *und Nicht-Beachtung* (von den vielen anderen, die nicht einmal platziert sind). In einem Ranking aufgeführt zu sein, macht also einen Unterschied – und transformiert die Ware, die Person, das Werk, den Ort, der eine derartige Beachtung erfährt, da es angesichts der Platzierung in den Ranglisten zu Leistungsvermutungen kommt und vielfach unterstellt wird, es gäbe gute Gründe für das Ranking. »Quantität« wird nun in der Tat zum »Ausweis für Qualität!« (Hecken 2006: 88) Rankings machen es möglich, »das Populäre durch die schiere Beachtung durch viele zu rechtfertigen.« (Döring et al. 2021: 16)

Weitere Überlegungen in diese Richtung können zunächst auf einer Grundannahme der Systemtheorie über die »Unwahrscheinlichkeit der Kommunikation« aufbauen. Im gleichnamigen Aufsatz unterscheidet Niklas Luhmann a) die Unwahrscheinlichkeit des Erreichens von Empfängern von b) der Unwahrscheinlichkeit des Erfolgs einer kommunikativen Offerte. Einerseits liegt das Problem »in der räumlichen und zeitlichen Extension«; wie kann eine Kommunikation andere Leute erreichen als bloß jene, die bei einer Interaktion anwesend sind? Dieses Problem können Medien lösen, und Speicher- und Verbreitungsmedien spielen eine wichtige Rolle, wenn es um den Unterschied geht, den das Populäre macht. Anderseits genügt es aber nicht, räumliche und zeitliche Entfernungen zu überbrücken, denn es reicht für gelingende Kommunikation nicht hin, dass die Übertragungs- und Speichermedien funktionieren: Die »Leute«, so Luhmann lapidar, könnten ja einfach »anderes zu tun haben«, sodass die gespeicherte und übertragene Offerte folgenlos verpufft. Es gibt Fernsehsendungen, die niemand anschaut, Radiosendungen, denen niemand zuhört, Zeitungen, die niemand liest.

Aber »selbst wenn eine Kommunikation verstanden wird, ist damit noch nicht gesichert, dass sie auch angenommen wird.« Es ist unwahrscheinlich, dass »der Empfänger den selektiven Inhalt der Kommunikation [...] als Prämisse des eigenen Verhaltens übernimmt, also an die Selektion weitere Selektionen anschließt und sie dadurch in ihrer Selektivität verstärkt« (Luhmann 1981: 26f.). Etwas verstanden zu haben, bedeutet noch nicht, dass es für das eigene Handeln Folgen hat. An dieser Stelle kommen bei Luhmann symbolisch generalisierte Medien der Kommunikation ins Spiel, etwa Recht, Macht oder Geld, die die Annahme einer Offerte eigens motivieren (Luhmann 1973), und ich werde vorschlagen, Rankings in diesem Sinn als Selektivitätsverstärker zu betrachten. Um das Argument vorzubereiten, bleibe ich aber noch kurz bei Luhmanns Überlegungen zu symbolisch generalisierten Kommunikationsmedien (Werber 2011): Wenn Zahlungen erfolgen oder Gehorsamserzwingung (Medien: Geld bzw. Macht) vermieden werden soll, dann steigt die Wahrscheinlichkeit dafür, dass »der Empfänger den selektiven Inhalt der Kommunikation [...] als Prämisse des eigenen Verhaltens übernimmt.« (Luhmann 1981: 26f.) Wenn dies geschieht, ließe sich vom »Erfolg« einer Selektionsofferte sprechen. Diese Überlegungen konnte Luhmann von Parsons übernehmen (Parsons 1961), dessen Theorie er 1960/61 in Harvard aus erster Hand kennenlernte. Der Zusammenhang von »Verbreitungsmedien und Erfolgsmedien« ist in der Systemtheorie also nichts Neues (Luhmann 1997: 202; Werber 2020). »Symbolisch generalisierte Kommunikationsmedien« sind »Erfolgsmedien«, die auch im Fall medientechnisch verbreiteter Selektionsofferten die »Chancen der Annahme auch im Falle von ›unbequemen‹ Kommunikationen erhöhen« (Luhmann 1997: 203f.). Luhmann nennt die Mechanismen, die sich herausgebildet haben und die Funktion bedienen, »Selektivitätsverstärker«: »Von Selektivitätsverstärkung wollen wir immer dann sprechen, wenn dieser Effekt der Kettenbildung antizipiert wird und die Selektionen mitbegründet; wenn also die Vorwegnahme als Prämisse weiterer Selektionen die Erstselektion mitmotiviert« (Luhmann 2017: 459f.).

Auch Rankings motivieren die Selektion (das höre, kaufe, lese, streame ich auch) dank der Unterstellung, dass sich dies schon lohnen werde, weil das bereits andere gehört, gekauft oder gelesen haben, was wiederum zu einer besseren Platzierung der Sache führen wird. Dieser »Effekt der Kettenbildung« wird »antizipiert«. Merton hat diesen Effekt »Matthäus-Effekt« genannt. Charts und Ranking funktionieren als Selektivitätsverstärkung: Wer die ubiquitären Ranglisten (»easy to quote and spread«, so Stäheli 2012: 240) konsultiert und daher weiß, dass der Song ein Top-Hit ist, diese

Politikerin zu den drei beliebtesten des Landes zählt oder jenes *journal paper* zu den meistzitierten Publikationen der Disziplin gehört, der wird darin bestärkt, sich das Lied einmal anzuhören, die Partei der Politikerin zur Kenntnis zu nehmen oder den Aufsatz ebenfalls zu zitieren – um genau damit die Popularität der Offerten zu steigern und so rückwirkend die Gründe für die Erstselektion zu verstärken. Das Ranking dient der *Selektivitätsverstärkung*, insofern es die Annahmen bestimmter Offerten motiviert und zugleich die Annahme vieler anderer Offerten unwahrscheinlich werden lässt.

Was in Rankings und Charts, Hitparaden und Bestsellerlisten aufgeführt wird und sich dort auf den vorderen Plätzen findet, ist nicht nur populär in dem Sinne, dass es bei vielen Beachtung findet, sondern es wird auch weiterhin beachtet werden. Alles andere wird dagegen mit großer Wahrscheinlichkeit weniger beachtet – es sei denn, und das war Andersons Hoffnung (Anderson 2008), ein Empfehlungsalgorithmus schlägt uns Produkte vor, die im *long tail* zu finden sind, uns aber auch gefallen könnten, weil sie Leuten gefallen haben, denen gefällt, was uns gefällt. Auch Empfehlungsalgorithmen haben Folgen für die Verteilung von Beachtung, doch haben sie nur sehr mittelbar mit Ranglisten zu tun, insofern sie dazu beitragen, ›obskuren‹ Angeboten aus dem *long tail* eine Chance zu geben, mehr Beachtung zu finden.

Die Funktion von Rankings liegt in der Verstärkung von Selektivität: Charts und Bestsellerlisten, Indizes und Hitparaden, die über die *Popularität* eines Beitrags, eines Romans, eines Aufsatzes, eines Songs oder Films informieren (was mir die Sache besser zu treffen scheint als die Unterstellung einer *Leistung*), der vom »Informationsnehmer« selektiert werden *könnte*, nehmen bereits die Effekte der Selektivitätsverstärkung als Prämisse vorweg. Das Populäre wird noch populärer, und damit finden auch Rankings immer größere Verbreitung (Schaffrick 2016; Schaffrick 2018). Um ein Beispiel der Selektivitätsverstärkung aus dem Bereich des belletristischen Buchmarkts anzuführen:

> Der Status von ›gelesener Literatur‹ hängt dabei nicht zuletzt von institutionellen Beobachtungsformaten ab. Bestsellerlisten, Publikumspreise und andere Indizien erlauben überhaupt erst zu erkennen, was im Lesepublikum den stärksten Anklang findet, um dadurch wiederum das Interesse anzuregen und zu vermehren. (Martus/Spoerhase 2018: 12)

Was in Bestsellerlisten vorne liegt, wird nicht nur gelesen, sondern auch noch mehr gelesen. »Hier produziert aktueller Erfolg weitere Popularität.« (Keuschnigg 2012: 37). Der *long tail* wird dagegen kaum beachtet.

Eine empirische Voraussetzung meiner Überlegungen zur Selektivitätsverstärkung ist die Verbreitung und Beachtung von Rankings. Daran besteht in der Forschung allerdings kein Zweifel. »We are surrounded by ratings and rankings«, konstatieren Elena Esposito und David Stark (Esposito/Stark 2019: 2) und schließen mit der These an, ihre Funktion liege in der Information darüber, was (viele) andere für beachtenswert halten und entsprechend in Betracht ziehen können:

> To this purpose they function well enough, not because they inform us about how things are but because they provide an orientation about what others observe. It is in regard to problems of second-order observation that ratings and rankings are used, offering a reference in a contingent world with its horizon of uncertainty. (Esposito/Stark 2019: 3)

Es kommt laut Esposito und Stark dabei nicht so sehr darauf an, ob Rankings auf belastbaren Zahlen beruhen oder nicht, sondern darauf, dass sie als »social form« Konsequenzen haben, weil ihre Konsultation zu Entscheidungen führten (Esposito/Stark 2019: 11). Rankings verändern die Wahrscheinlichkeitsbedingungen einer Selektion (Esposito/Stark 2019: 10) für einen Wein, einen Film, einen Song, einen Urlaubsort. Sie ersetzen die Beobachtung der Sache (*first order observation*) durch die Beobachtung eines Rankings, in dem die Dinge nach ihrer Popularität in eine Liste überführt werden. Um einem Einwand zuvorzukommen: Dies gilt nicht für Fußballmannschaften. Dort werden Spielergebnisse in eine Rangfolge gebracht – was kaum von denen abhängt, die die Spiele angeschaut haben und nun das Ranking rezipieren, sondern von Leistungen abhängt, die bereits ›auf dem Platz‹ erbracht sind. Gezählt wird hier nicht der Grad der »Beachtung«, die jemand oder etwas findet, vielmehr werden bereits hochaggregierte Daten (gemessene »performance«) in »zero-sum comparisons« gebracht (Brankovic/Ringel/Werron 2018: 274). Die Leistung ist immer schon erhoben, bevor sie gemessen wird. Fußballtore sind schon gezählt, die Summe aller Waren und Dienstleistungen ist bereits gezogen, die Börsenwerte sind längst errechnet worden – und dann werden Rankings erstellt. In den Fällen von Charts und Bestsellerlisten wird dagegen nichts anderes gezählt und verglichen als die Zahl derer, die etwas beachten.

> Populär ist, was viele beachten. Populäre Kultur zeichnet sich dadurch aus, dass sie dies ständig ermittelt. In Charts, durch Meinungsumfragen und Wahlen wird festgelegt, was populär ist und was nicht. […] Auf Platz Eins der Liste steht, wer die meisten Stimmen bekommen hat oder von wem die meisten CDs gekauft wurden. Populär ist mindestens derjenige, der den ersten Platz einnimmt. (Hecken 2006: 85)

Die Unterstellung, die Spitzenposition eines Rankings indiziere eine Leistung, ist eine Folge des Rankings, nicht eine Voraussetzung. Während die Fußballspieler eines Teams, das häufig gewinnt, schon eine messbare Leistung (Tore) erbracht hat, bevor die Tabelle der Liga erstellt wird, ist völlig unbestimmt, worin die Leistung einer Buchautorin bestehen sollte, die mit der Leistung anderer Autoren verglichen werden könnte – wären Buchseiten pro Zeiteinheit eine Leistung? Oder die Substanz oder Güte pro Seite? Die Seitenzahl? Die Relevanz für die aktuelle gesellschaftliche Diskussion? Die Bildung der Leser:innen? Die Tauglichkeit für Rezensionen, Kritik oder Unterricht? Das alles mag beim Lesen eine Rolle spielen, aber sobald die Bücher in der Bestsellerliste auftauchen, steht fest, in welcher Hinsicht sie verglichen worden sind: der Anzahl der verkauften Exemplare. Oder, auf den anderen Feldern der Kultur, die bereits Judith Ohles auflistet (Ohles 1987): der Anzahl der Leser:innen, Hörer:innen, Zuschauer:innen, Nutzer:innen, Konsument:innen, Tourist:innen, der Konzert-, Museums-, Opern- oder Restaurant-Besucher:innen, der Fotograf:innen oder Gamer:innen. Ermittelt und verglichen wird, wie viel Beachtung ein Song, ein Film, eine Oper, ein Restaurant, ein »scenic spot«, ein Star gefunden hat. Ob dies zu Leistungsunterstellungen führt, ist eine interessante Frage, weil dann die Möglichkeit in Rechnung gestellt werden muss, dass Artefakten oder Personen allein aufgrund ihrer hohen Popularität Qualität konzediert wird. Aus gemessener Beachtung wird dann zugerechnete Beachtlichkeit. Dies ließe sich als Transformation des Populären fassen. Ich möchte mich hier aber mit der These begnügen, dass Rankings, die Beachtung messen und Popularität vergleichen, der Selektivitätsverstärkung dienen. Die performative Rekursivität, die Luhmann für ein zentrales Merkmal von Selektivitätsverstärkung hält (Luhmann 2017: 459f.), hat Matthias Schaffrick der Bestsellerliste zugesprochen:

Die Bestsellerliste fungiert schließlich als Maßstab und zugleich als Bedingung von Popularität. In der Populärkultur wird […] ständig Popularität ermittelt und bewertet. Den erfassten Popularitätswerten verhelfen Listen zu numerischer Evidenz. Diese Listen bilden nicht nur ein Medium des Vergleichs von Popularität, sondern sie dienen geradezu als Bedingung der Möglichkeit von Popularität, indem sie aus der Vielfalt individueller Entscheidungen für eine Sache die Einheit des Mainstreams generieren. Das, was sie zu messen versprechen, bringen sie selbst erst hervor. (Schaffrick 2018: 83)

Dies wäre für die populäre Kultur zu generalisieren: Was in den oberen Rängen der Hitparaden, Charts oder Bestsellerlisten rangiert, aber auch was von den permanent aktualisierten digitalen Countern der sozialen Medien, Plattformen oder Online-Foren als besonders populär ausgestellt wird, wird künftig mit großer Wahrscheinlichkeit noch viel mehr Beachtung finden. Dieser Mechanismus motiviert die Selektion einer (vergleichsweise) populären Offerte im Besonderen und daher wohl auch die aufwendige Erstellung und Popularisierung von Rankings im Allgemeinen.

Die Differenz zur fachgerecht codierten Kommunikation in einem funktional ausdifferenzierten System springt sofort ins Auge, denn selbstverständlich muss ein besonders populärer Song nicht allzu gelungen sein, eine außergewöhnlich populäre Politikerin nicht das beste politische Programm vorlegen oder ein besonders populäres *journal paper* nicht die wissenschaftlich überzeugendste und innovativste These vertreten. Dies gilt aber für alle Erfolgsmedien: Nur weil Macht im Spiel ist und der

Selektivitätsverstärkung dient, ist die entsprechend durchgesetzte Entscheidung nicht
auch schon klug und richtig. Und nur weil viel Geld gezahlt worden ist, muss die
Investition sich nicht unbedingt besser rentieren als andere. Es ist vielmehr für die
Selektivitätsverstärkung durch Erfolgsmedien typisch, dass sie nicht nur im Fall von
ästhetisch gelungenen, politisch klugen oder wissenschaftlich bedeutenden Offerten
dafür sorgt, dass »der Empfänger den selektiven Inhalt der Kommunikation […] als
Prämisse des eigenen Verhaltens übernimmt« (Luhmann 1981: 26f.), sondern in allen
Fällen. Darin liegt das immanente Risiko von Erfolgsmedien wie Macht, Wahrheit oder
Geld (ihre Diabolik: Werber 2022). Aber darin besteht auch die Chance der in Rankings
gebrachten Popularität: Sie erhöht die Wahrscheinlichkeit dafür, sich auf eine Selektionsofferte einzulassen, deren Übernahme nicht mit Macht, Geld oder anderen Erfolgsmedien (Luhmann 2017: 488f.) motiviert ist. Sobald eine Sache oder Person in den
Charts oder Rankings platziert wird, findet sie besondere Beachtung. Und der Grund
dafür liegt nicht in der Selektionsofferte selbst (dem guten oder schlechten Song, dem
guten oder schlechten Argument, der preiswerten oder teuren Ware, der schönen oder
hässlichen Kunst, dem einzigartigen oder langweiligen Ort), sondern in ihrer Popularität. Um ein empirisch gesättigtes Beispiel für die Selektivitätsverstärkung von
Rankings aus dem Bereich der populären Musik anzuführen:

> Die Ungleichheit bei den Downloads von Musikstücken ist in den Gruppen, die mit
> Informationen über Downloadhäufigkeiten in der Gruppe konfrontiert werden, sehr
> viel größer. Das bedeutet, populäre Songs werden sehr viel häufiger und unpopuläre
> Songs sehr viel seltener heruntergeladen als in der Gruppe, die ohne diese Informationen
> ihre Musik aussucht. Diese Ungleichheit wird größer, wenn die Songs nicht zufällig auf
> einer Internetseite angeordnet sind, sondern in hierarchischen Listen, einem Ranking
> der Downloadhäufigkeit präsentiert werden. (Adelmann 2021: 153)

Was bereits populär ist, wird noch populärer – und zwar dann, wenn es zur Beobachtung der Beobachtung der Sache im Medium der Ranglisten kommt (Esposito/
Stark 2019). Dabei ist völlig gleichgültig, warum eine Beobachtung erster Ordnung
überhaupt stattfindet. Ob eine Sache (oder Person, ein Ort etc.) überhaupt beachtet
wird, ist entscheidend, die Gründe dagegen sind es nicht. Es mag, wer weiß das schon,
Tausende von individuellen Motiven dafür geben, ein Lied zu hören, einen Film zu
sehen, eine Politiker:in zu mögen, ein Restaurant aufzusuchen, ein Produkt zu erwerben oder ein Buch zu lesen – was für die Erstellung eines Rankings zählt, ist aber
allein die Zahl derer, die etwas beachten. Darin liegt eine ungeheure Transformati-
onsleistung, die zunächst Qualitäten in Quantitäten verwandelt, die quantitative Dimension der Beachtung dann vergleicht, um dann aus der Rankingposition wiederum
Schlussfolgerungen für die Qualität zu ziehen (vgl. Espeland et al. 2007: 17).

Es trifft sich: Ranglisten »are easy to quote and spread« (Stäheli 2012: 240). Es überrascht daher nicht: »We are surrounded by [...] rankings.« (Esposito/Stark 2019: 2). Auch Ringel und Werron konstatieren die »rasant zunehmende Popularität [...] von Rankings« (Ringel/Werron 2019: VII). Die Steigerung der Popularität durch die Popularisierung von Ranglisten von Beachtungserfolgen lässt sich begrifflich als »Popularisierung zweiter Ordnung« fassen: »Popularisierung zweiter Ordnung bezeichnet [...] solche Popularisierungsverfahren, die Populäres herstellen, indem sie seine Beachtung durch viele feststellen und ausstellen« (Döring et al. 2021: 13). Ein Tweet (oder Post) mit vielen Retweets (oder Reposts) wird mit höherer Wahrscheinlichkeit beachtet und kommentiert werden als ein Tweet ohne Retweets (oder ein Post ohne Reposts). Von einem Buch, das es auf die *Spiegel*-Bestsellerliste schafft, werden noch viel mehr Exemplare verkauft werden als von solchen Publikationen, die in dieser wöchentlich erstellten Top-20-Liste nicht platziert sind. Die nach Auskunft verbreiteter Ranglisten ›beliebtesten‹ – und dies meint: die am meisten besuchten – Museen einer Stadt werden auch weiterhin gut besucht werden. Die zunächst in der westlichen Kultur allgegenwärtigen Rankings (Hecken 2006: 85) motivieren zur Annahme einer gut platzierten Selektionsofferte: Auch wenn man »anderes zu tun haben« sollte (Luhmann 1981: 26), ist die Wahrscheinlichkeit doch hoch, dass ein Hit, ein Blockbuster, ein *trending topic*, ein virales Video, ein *paper* mit hoher *visibility* auf Beachtung stößt (Gerlitz 2017). Dies könnte inzwischen sogar, zumal auf digitalen Plattformen und in den Social Media, global der Fall sein.

Um damit noch einmal auf das systemtheoretische Axiom der Unwahrscheinlichkeit der Kommunikation zurückzukommen: Es ist unwahrscheinlich, im Siegerland eine südkoreanische TV-Serie zu streamen, doch wenn »Squid Game« in den Netflix-Top-Ten platziert wird, wird es wahrscheinlicher. Es ist unwahrscheinlich, als Schweizer Bürgerin einen Urlaub in Bhutan in Erwägung zu ziehen, doch wenn das Land als Nummer-Eins-Ziel der Tripadvisor-Charts ausgewiesen wird, steigt die Wahrscheinlichkeit (Stäheli 2017: 371ff.). Und vermutlich werden auch viele Verächter des Singer-Songwriter-Genres den Namen Ed Sheeran kennen, dessen Songs regelmäßig die Charts anführen. Mit dieser selektiven Verstärkung der Verteilung von Beachtung durch Rankings und Charts steigt zugleich die Wahrscheinlichkeit dafür, dass andere Serien nie gestreamt, andere Urlaubsorte nie besucht und andere Songs nie gehört werden. Darin besteht die Quintessenz der These zur Selektivitätsverstärkung durch Rankings, die zugleich auf den Beginn des Aufsatzes zurückverweist: Das Populäre macht einen Unterschied für die soziale Verteilung von Beachtung. Die Popularisierung zweiter Ordnung macht Anschlüsse an Selektionsofferten wahrscheinlicher und unwahrscheinlicher – je nachdem, ob ein Beitrag im *head* (Top Ten) oder im *tail* (kaum beachtet) einer Verteilung liegt (Anderson 2012, Abb. 2).

Anders als symbolisch generalisierte Medien wie Geld oder Macht, Wahrheit oder Schönheit (Luhmann 1991), die Anschlüsse an entsprechend codierte Kommunikationsofferten funktionssystemspezifisch wahrscheinlicher machen, zeitigt das Ranking als Form des Populären Folgen für die Verteilung von Beachtung über alle Sektoren und Systeme der Gesellschaft hinweg. Selektionsofferten, deren Beachtung durch viele dank der Charts und Rankings selbst populär geworden ist, werden anders bewertet als Angebote (Songs, News, Bücher, Filme, Aufsätze, Tweets, Posts etc.), die ›unter ferner liefen‹ oder im Nicht-Populären verbleiben. Darin besteht die Funktion des Rankings: Bestsellerlisten, Hitparaden, Charts und Top-Tens messen Beachtung und verteilen Beachtung. Sie machen einen Unterschied. Für den Effekt ist es weniger wichtig, wie das Ranking errechnet und zusammengestellt worden ist; es kommt auf die performative Wirkung an, auf die populäre Behauptung von Popularität.

Denn was in unserer Gesellschaft mit einiger Wahrscheinlichkeit als bekannt vorausgesetzt und in Kommunikationen vorausgesetzt werden kann, findet sich weder in der unmittelbaren Lebenswelt der Akteure noch in den Massenmedien, wie Habermas bzw. Luhmann angenommen haben (Habermas 1988; Luhmann 1996), sondern in Rankings. Was wir über die Welt und die Gesellschaft, in der wir leben, wissen, rangiert meistens in den populären Rankings des Populären auf den oberen Plätzen. Alles andere nehmen wir oft gar nicht zur Kenntnis.

Literaturverzeichnis

Adelmann, Ralf (2021): *Listen und Rankings. Über Taxonomien des Populären*. Bielefeld: Transcript.

Anderson, Chris (2008): *The Long Tail*. New York: Hyperion eBooks.

Anderson, Chris (2012): The Long Tail. In: Mandiberg, Michael (Hg.): *The Social Media Reader*. New York/London: New York University Press, S. 137–152.

Bar-Ilan, Judit/Haustein, Stefanie/Milojević, Staša/Peters, Isabella Wolfram, Dietmar (2018): Peer Review, Bibliometrics and Altmetrics – Do We Need Them All? In: *Proceedings of the Association for Information Science and Technology*, 55/1, S. 653–656. Doi: https://doi.org/10.1002/pra2.2018.14505501073

Barabási, Albert-László (2000): *The New Science of Networks*. Cambridge, Mass.: Perseus.

Barabási, Albert-László (2003): *Linked. How Everything Is Connected to Everything Else and What It Means for Business, Science, and Everyday Life*. New York: Perseus.

Bloom, Clive (2021): *Bestsellers: Popular Fiction Since 1900* [2002]. London: Palgrave Macmillan.

Brankovic, Jelena/Ringel, Leopold/Werron, Tobias (2018): How Rankings Produce Competition: The Case of Global University Rankings. In: *Zeitschrift für Soziologie*, 47/4, S. 270–288. Doi:10.1515/zfsoz-2018–0118.

Desrochers, Nadine/Apollon, Daniel (Hgg.) (2014): *Examining Paratextual Theory and its Applications in Digital Culture*. Hershey, Pennsylvania: IGI Global.

Desrochers, Nadine/Bowman, Timothy D./Haustein, Stefanie/Mongeon, Philippe/Quan-Haase, Anabel/Paul-Hus, Adèle/Costas, Rodrigo/Larivière, Vincent/Pecoskie, Jen/Tsou, Andrew (2015): Authorship, Patents, Citations, Acknowledgments, Tweets, Reader Counts and the

Multifaceted Reward System of Science. In: *ASIST. Proceedings of the Association for Information Science & Technology*, 52/1, S. 1–4. Doi: 10.1002/pra2.2015.145052010013.

Desrochers, Nadine/Paul-Hus, Adèle/Haustein, Stefanie/Costas, Rodrigo/Mongeon, Philippe/ Quan-Haase, Anabel/Bowman, Timothy D./Pecoskie, Jen/Tsou, Andrew/Larivière, Vincent (2018): Authorship, Citations, Acknowledgments and Visibility in Social Media: Symbolic Capital in the Multifaceted Reward System of Science. In: *Social Science Information*, 57/2, S. 223–248. Doi: 10.1177/0539018417752089.

Döring, Jörg/Werber, Niels/Albrecht-Birkner, Veronika et al. (2021): Was bei vielen Beachtung findet: Zu den Transformationen des Populären. In: *Kulturwissenschaftliche Zeitschrift*, 6/2, S. 1–24. Doi: https://doi.org/10.2478/kwg-2021–0027.

Espeland, Wendy Nelson/Sauder, Michael (2007): Rankings and Reactivity: How Public Measures Recreate Social Worlds. In: *American Journal of Sociology*, 113/1, S. 1–40. Doi: 10.1086/517897.

Esposito, Elena (2002): *Soziales Vergessen. Formen und Medien des Gedächtnisses der Gesellschaft*. Frankfurt am Main: Suhrkamp.

Esposito, Elena/Stark, David (2019): What's Observed in a Rating? Rankings as Orientation in the Face of Uncertainty. In: *Theory, Culture & Society*, 0/0, S. 1–24. Doi: 10.1177/ 0263276419826276.

Genette, Gérard (2001): *Paratexte. Das Buch vom Beiwerk des Buches* [1987]. Frankfurt am Main: Suhrkamp.

Gerlitz, Carolin (2017): Soziale Medien. In: Hecken, Thomas/Kleiner, Marcus S. (Hgg.): *Handbuch Popkultur*. Stuttgart: J.B. Metzler, S. 235–239.

Gerlitz, Carolin/Lury, Celia (2014): Social Media and Self-evaluating Assemblages: on Numbers, Orderings and Values. In: *Distinktion: Scandinavian Journal of Social Theory*, 15/2, S. 174–188.

Habermas, Jürgen (1988): *Theorie des kommunikativen Handelns. Zur Kritik der funktionalistischen Vernunft*. Frankfurt am Main: Suhrkamp.

Hahn, Torsten/Werber, Niels (2004): Das Populäre als Form. In: *Soziale Systeme. Zeitschrift für Soziologie*, 10/2, S. 347–354.

Hecken, Thomas (2006): *Populäre Kultur. Mit einem Anhang ›Girl und Popkultur‹*. Bochum: Posth Verlag.

Hecken, Thomas (2017): Wahlergebniss und Charts – Populäre Kultur. In: *POP. Kultur und Kritik*, H. 11, S. 144–172.

Iñiguez, Gerardo/Pineda, Carlos/Gershenson, Carlos/Barabási, Albert-László (2022): Dynamics of Ranking. In: *Nature Communications*, 13/1, S. 1646. Doi: 10.1038/s41467–022–29256-x.

Jacobs, Jerry A. (2016): Journal Rankings in Sociology: Using the H Index with Google Scholar. In: *The American Sociologist*, 47/2, S. 192–224. Doi: 10.1007/s12108–015–9292–7.

Johnson, Steven L./Faraj, Samer/Kudaravalli, Srinivas (2014): Emergence of Power Laws in Online Communities. The Role of Social Mechanisms and Preferential Attachment. In: *MIS Quarterly*, 38/3, S. 795–808.

Keuschnigg, Marc (2012): *Das Bestseller-Phänomen. Die Entstehung von Nachfragekonzentration im Buchmarkt*. Wiesbaden: Springer VS.

Luhmann, Niklas (1973): Einführende Bemerkungen zu einer Theorie symbolisch generalisierter Kommunikationsmedien. In: Luhmann, Niklas: *Soziologische Aufklärung.* Bd. 2. Opladen: Westdeutscher Verlag, S. 170–192.

Luhmann, Niklas (1981): Die Unwahrscheinlichkeit der Kommunikation. In: Luhmann, Niklas: *Soziologische Aufklärung.* Bd. 3. Opladen: Westdeutscher Verlag, S. 25–34.

Luhmann, Niklas (1987): *Soziale Systeme. Grundriß einer allgemeinen Theorie* [1984] Frankfurt am Main: Suhrkamp.

Luhmann, Niklas (1991): Einführende Bemerkungen zu einer Theorie symbolisch generalisierter Kommunikationsmedien [1974]. In: Luhmann, Niklas: *Soziologische Aufklärung.* Bd. 4. Opladen: Westdeutscher Verlag, S. 170–192.

Luhmann, Niklas (1996): *Die Realität der Massenmedien.* Opladen: Westdeutscher Verlag.

Luhmann, Niklas (1997): *Die Gesellschaft der Gesellschaft.* Frankfurt am Main: Suhrkamp.

Luhmann, Niklas (2000): *Organisation und Entscheidung.* Opladen: Westdeutscher Verlag.

Luhmann, Niklas (2008): Lesen lernen. In: Luhmann, Niklas: *Schriften zur Kunst und Literatur.* Hg. von Niels Werber. Frankfurt am Main: Suhrkamp, S. 9–13.

Luhmann, Niklas (2017): *Systemtheorie der Gesellschaft* [1975]. Berlin: Suhrkamp.

Martus, Steffen/Spoerhase, Carlos (2018): Gelesene Literatur in der Gegenwart. In: *Text + Kritik. Gelesene Literatur.* Populäre Lektüre im Medienwandel XII. S. 7–17.

Merton, Robert K. (1968): The Matthew Effect in Science. In: *Science,* 159/3810, S. 56–63. Doi: 10.1126/science.159.3810.56.

Nathaus, Klaus (2011): Turning Values into Revenue: The Markets and the Field of Popular Music in the US, the UK and West Germany (1940s to 1980s). In: *Historical Social Research / Historische Sozialforschung,* 36/3 (137), S. 136–163.

Ohles, Judith K. (1987): Rankings: A Selected Bibliography. In: *Reference Services Review,* 15/4, S. 85–89. Doi: 10.1108/eb049002.

Oleinik, Anton (2022): Relevance in Web Search: between Content, Authority and Popularity. In: *Quality & Quantity,* 56/1, S. 173–194. Doi: 10.1007/s11135–021–01125–7.

Parsons, Talcott (1961): *Theories of Society: Foundations of Modern Sociological Theory.* Glencoe: Free Press.

Paßmann, Johannes/Gerzen, Lisa/Helmond, Anne/Jansma, Robert (2021): Formular und digitaler Paratext. Geschichte des Facebook-Accountnamens. In: Plener, Peter/Werber, Niels/Wolf, Burkhardt (Hgg): *Das Formular.* Berlin: Metzler/Springer Nature, S. 307–324.

Pörksen, Bernhard (2012): Die Angst des Geisteswissenschaftlers vor den Medien. In: *Pop. Kultur & Kritik,* 1/1, S. 21–25.

Reichert, Isabell (2016): *Der Status-Effekt: Bestseller und Exploration im Literaturmarkt.* Wiesbaden: Springer VS.

Ringel, Leopold/Werron, Tobias (2019): Soziologie der Rankings: Neue Perspektiven. In: Ringel, Leopold/Werron, Tobias (Hgg.): *Rankings – Soziologische Fallstudien.* Wiesbaden. Springer VS, S. V-XXVI.

Ringel, Leopold/Werron, Tobias (2020): Where Do Rankings Come From? A Historical-Sociological Perspective on the History of Modern Rankings. In: Epple, Angelika/Erhart, Walter, Grave, Johannes (Hgg.): *Practices of Comparing. Towards a New Understanding of a Fundamental Human Practice.* Bielefeld. Transcript, S. 137–170.

Schaffrick, Matthias (2016): Listen als populäre Paradigmen. Zur Unterscheidung von Pop und Populärkultur. In: *KulturPoetik*, 16/1, S. 109–125.

Schaffrick, Matthias (2018): Paratext Bestsellerliste. Zur relationalen Dynamik von Popularität und Autorisierung. In: Gerstenbräun-Krug, Martin/Reinhard, Nadja (Hgg.): *Paratextuelle Politik und Praxis. Interdependenzen von Werk und Autorschaft*. Wien: Böhlau, S. 71–90.

Stäheli, Urs (2011): Das Soziale als Liste. Zur Epistemologie der ANT. In: Balke, Friedrich/ Muhle, Maria von/Schöning, Antonia (Hgg.): *Die Wiederkehr der Dinge*. Berlin: Kadmos. S. 83–102.

Stäheli, Urs (2012): Listing the Global: Dis/Connectivity beyond Representation? In: *Distinktion: Scandinavian Journal of Social Theory*, 13/3, S. 233–246. Doi: 10.1080/ 1600910X.2012.724646.

Stäheli, Urs (2017): Traveling by Lists: Navigational Knowledge and Tourism. In: *Zeitschrift für Literaturwissenschaft und Linguistik*, 47/3, S. 361–374. Doi: 10.1007/s41244–017–0070–6.

Werber, Niels (2011): Symbolische/diabolische Generalisierung – Gottfried Keller. In: Werber, Niels (Hg.): *Systemtheoretische Literaturwissenschaft. Begriffe – Methoden – Anwendungen*. Berlin: De Gruyter, S. 411–424.

Werber, Niels (2020): Systemtheorie (Niklas Luhmann). In: Ritzer, Ivo (Hg.): *Schlüsselwerke der Medienwissenschaft*. Wiesbaden: Springer Fachmedien, S. 247–263.

Werber, Niels (2021): ›Hohe‹ und ›populäre‹ Literatur. Transformation und Disruption einer Unterscheidung. In: *Jahrbuch der Deutschen Schillergesellschaft*, 65, S. 463–477.

Werber, Niels (2022): Publizität in der Corona-Krise: Zum Diabolischen der Wissenschaftskommunikation: In: Hahn, Kornelia/Langenohl Andreas (Hgg.): *Öffentlichkeitstheoretische Analyse der Covid-19-Gesellschaft*. Wiesbaden: Springer, S. 39–64.

Werber, Niels/Stein, Daniel (2023). Paratextual Negotiations: Fan Forums as Digital Epitexts of Popular Superhero Comic Books and Science Fiction Pulp Novel Series. In: *Arts: New Perspectives on Pop Culture*. Doi:10.3390/arts12020077.

Werber, Niels/Stein, Daniel/Döring, Jörg/Albrecht-Birkner, Veronika/Gerlitz, Carolin/Hecken, Thomas/Paßmann, Johannes/Schäfer, Jörgen/Schubert, Cornelius/Venus, Jochen (2023): Getting Noticed by Many: On the Transformations of the Popular. In: *Arts*, 12/1. Doi: 10.3390/arts12010039.

Yucesoy, Burcu/Wang, Xindi/Huang, Junming,Barabási, Albert-László (2018): Success in Books: a Big Data Approach to Bestsellers. In: *EPJ Data Science*, 7/1, S. 7. 10.1140/epjds/ s13688–018–0135-y.

Carolin Gerlitz & Lena Teigeler

Jenseits von Trending, Top & Featured – Interventionen in Plattform-Popularität mit digitalen Methoden

ABSTRACT: Lists are essential elements of social media platforms: Lists of popular topics, accounts, followers, likes, clicks, views, search results or feeds provide orientation, structure our attention and guide practices of content reception and production. Content, they suggest, is particularly relevant when it is noticed by many, shared by many, commented by many. At the same time, researchers employ platform data and create lists themselves to approach issues, users or platform dynamics. The platforms' logic of the many has inscribed itself in empirical platform research. Thereby, perspectives that move beyond the top users, the most used hashtags, the most shared URLs or the most active accounts are increasingly receding into the background. Inspired by discussions in data feminism (D'Ignazio/Klein 2020), we develop an alternative approach to Twitter/X data that questions how the platform aggregates diverse user activity into extrapolations of the many, by focusing on data that is not prominently displayed by the platform itself or even made invisible. We explore how platform data can be utilized to intervene into the data driven organizational logic of the platform itself.

KEYWORDS: Lists, Digital Methods, Data Critique, Data Feminism, Social Media Platforms, Popularity

1. Einleitung

Plattformen zu nutzen heißt Listen zu nutzen. Alle großen Social-Media-Plattformen nutzen Listen in jedweder Form, um die schiere Menge ihrer Daten anzuordnen. Nehmen wir das Beispiel Twitter, jetzt X. Im Mittelpunkt des Interfaces steht der Feed, eine algorithmisch erstellte Liste von Tweets, die eine Vielzahl von Kriterien wie u.a. aktuelle und prognostizierte Popularität und individuelle Interessen berücksichtigt[1]. Am oberen rechten Rand des Web-Interfaces der Plattform findet sich eine Liste von personalisiert empfohlenen Accounts. Darunter ein numerisch geordnetes Ranking aktueller »Trending Topics«, Themen, die in einer ausgewählten Region gerade überproportional Aufmerksamkeit gewinnen. Auf User-Profilen steht die rückwärts-chronologisch geordnete Liste aller Tweets und Retweets im Mittelpunkt, von denen jeder einzelne Tweet mit der Anzahl seiner sogenannten »Views‹« versehen ist. Klickt

---

[1] https://blog.twitter.com/engineering/en_us/topics/open-source/2023/twitter-recommendation-algorithm#:~:text=We%20find%20candidates%20from%20people,vary%20from%20user%20to%20user.

man auf einen einzelnen Tweet, so entfalten sich die Reaktionen und Replies auf diesen Inhalt als aufklappende Liste. Followers und Followings werden ebenso als Liste präsentiert.

Alle diese Listen zeichnen sich durch unterschiedliche Charakteristika und Ordnungen aus. Manche sind numerisch geordnete Rankings – wie z.b. die Trending Topics, die die geordneten Inhalte in eine klare Hierarchie bringen. Andere sind offen und dynamisch wie Tweets in der Timeline, die sich permanent aktualisieren, oder geschlossen wie Tweets auf Profilen oder Followings, die irgendwann ein Ende erreichen. Die meisten dieser Listen stellen in irgendeiner Form Popularität aus und versuchen dadurch, Beachtung zu lenken. Die Timeline zeigt die wohl komplexeste algorithmische Popularitätsberechnung, die allgemeine Popularität, persönliche Followings und Interessen berücksichtigt. Trending Topics zeigen aktuelle, aggregierte und nicht-personalisierte Popularität von Themen, und Empfehlungen setzen darauf, dass die gezeigten Inhalte für die einzelnen Nutzer*innen populär sein können. Nur Timelines auf Profilen sind nicht in erster Linie auf die Darstellung von Popularität ausgerichtet, sondern zeitlich sortiert.

Die Popularität einzelner Tweets wird jedoch durch die jedem Tweet zugeordneten Interaktions- und Beachtungsmetriken sichtbar. Listen und Rankings ordnen die schiere Masse an Inhalten, die Nutzer*innen in der Plattform produzieren[2], u.a. entlang der Kriterien vergangene, aktuelle und potenziell zukünftige Popularität. Sie strukturieren Plattform-Interfaces somit sowohl räumlich, indem sie bestimmte Rankings sichtbarer platzieren und damit versuchen, ihre Beachtung stärker zu evozieren, als auch – zumindest partiell – zeitlich, indem sie unterschiedliche temporale Orientierungen anbieten: auf die Vergangenheit bezogene populäre Inhalte, für die Zukunft prognostizierte mögliche Popularität, auf die Gegenwart bezogene wachsende oder aktuelle Popularität. Sie popularisieren dadurch bestimmte Modi der Popularität und stellen, so Döring et al., Popularität zweiter Ordnung her und aus (2022). Während Popularität erster Ordnung auf die Popularisierung dessen, was in bestimmten Kontexten als beachtenswert gilt, abzielt – wie z.B. Hochkultur, kanonisches Wissen oder institutionelle Werte –, verweist Popularität zweiter Ordnung auf jene Popularität, die sich aus der Beachtung ihrer Rankings, Ratings und Vermessung ergibt und weniger aus der Sache selbst. Popularität, so argumentieren die Autor*innen, wird nicht nur vermessen, oft müssen Popularitätsindizes selbst erst populär werden, um Beachtung zu finden.

In diesem Sinne ist Popularität im Kontext von Plattformen auf mehreren Ebenen fabriziert: durch die Datenpunkte und Ordnungseffekte von Plattformen, aber auch durch populär werdende Listen, Rankings und Charts. Quasi als Nebeneffekt werden

---

2   https://www.forbes.com/sites/bernardmarr/2018/05/21/how-much-data-do-we-create-every-day-the-mind-blowing-stats-everyone-should-read/#6110bb8360ba

die gelisteten Einheiten, seien es Tweets, Themen oder User-Accounts, zu vergleich-baren und einheitlichen Entitäten. Mit ihren zahlreichen Listen propagieren Plattfor-men eine Logik des ›Meisten‹, ›Vielen‹, ›Populärsten‹, ›Weitverbreitetsten‹. Inhalte, so suggerieren sie, seien dann besonders relevant, wenn sie von vielen beachtet wurden, werden oder werden können. Sie sind ›trending‹, wenn ihre Beachtung nicht lediglich hoch ist, sondern ansteigt. Beachtung, so zeigen die Listen der Plattform, hat einen Wert und gilt als erstrebenswert. Zugleich verteilen die Listen der Plattformen Beachtung entlang plattformgewählter Kriterien und fokussieren Nutzer*innen auf das, was im Rahmen einer Plattform Beachtung finden soll.

Sichtbar werden in diesen Kontexten daher meist dominante Stimmen, Perspektiven und Narrative – eine Logik, die sich auch in die empirische Plattformforschung ein-schreibt und im Rahmen dieser reflektiert wird. Projekte, die Plattformdaten für For-schungszwecke aneignen und umnutzen, also mit dem Prinzip der sogenannten digi-talen Forschungsmethoden arbeiten (Rogers 2013), richten ihren Blick auch auf Popularität in Listenform: z.B. Listen zentraler Akteure in thematischen Diskussionen oder Kontroversen (Marres 2015), Listen meist verlinkter Webseiten in Corona-De-batten, Listen meist zitierter Tweets, aktivster und meist adressierter Nutzer*innen. Aber auch jenseits der listenförmigen Darstellung zeichnen sich Ansätze digitaler Forschungsmethoden oft durch einen Fokus auf die aktivsten, meist geteilten, meist gelikten oder viel beachteten Tweets, Hashtags oder URLs aus. Netzwerkvisualisie-rungen z.B., die Beziehungen zwischen Datenobjekten erfassen, fokussieren auf die am meisten vernetzten Objekte (Bastian/Heymann/Jacomy 2009). Dies können zum Bei-spiel Nutzer*innen mit den meisten Interaktionen, Hashtags mit den meisten Co-Okkurrenzen oder die Beziehungen zwischen Retweets und Nutzer*innen darstellen. Eine Vielzahl von Datenvisualisierungen quantitativer Daten ist auf die Darstellung des zählbar Vielen, Präsenten und Populären angelegt, da sie Mengen in Größe oder Po-sitionen in Rankings übersetzt und den Blick damit unweigerlich auf dominante Narrative bzw. Akteure lenkt.

Was jedoch zunehmend aus dem Blickfeld gerät, wenn man große Datenmengen analysiert, ist die Frage, was man sieht, wenn man den Bereich jenseits der Top-User, der meistgenutzen Hashtags, der meistgeteilten URLs oder der aktivsten Accounts in den Blick nimmt. Oder gar, was sichtbar wird, wenn man Datenpunkte visualisiert, die zwar im Backend von Plattformen über ihre Programmierschnittstellen verfügbar sind, jedoch auf den Plattformen selbst nur wenig bis keine Sichtbarkeit erfahren – nicht öffentliche Popularität sozusagen. Solche methodenreflexiven Fragen begleiten digitale Methoden seit vielen Jahren (siehe z.B. Marres/Gerlitz 2016; Marres/Gerlitz 2018; Marres/Weltevrede 2013) und erhalten im Rahmen rezenter Debatten um Datenfemi-nismus, der nach den Biases, Unsichtbarkeiten und problematischen Repräsentanzen in der Arbeit mit (quantitativen) Daten fragt (D'Ignazio/Klein 2020), neuen Aufwind. Obwohl unter dem Stichwort Datenfeminismus vor allem intersektionale Perspektiven der Diskriminierung durch Datenarbeit versammelt werden, teilen sich der Datenfeminismus und reflexive digitale Methoden das Interesse an der Frage, wie Forschende durch Datenpraktiken Beachtung verteilen, wessen Geschichten sie sichtbar machen, welche Machtposition sie stärken und was unsichtbar verbleibt.

In diesem Paper fragen wir, wie man digitale Methoden nutzen kann, um der von Plattformen propagierten Verteilungen von Beachtung alternative Narrative, Perspektiven und Sichtbarkeiten entgegenzusetzen, um letztendlich zu einer kritischen oder gar datenfeministischen Literalität von Listen und Popularität zu gelangen. Dazu richten wir unseren Blick auf Daten, die Plattformen nicht sichtbar machen, auf Popularitäten, die im Verborgenen bleiben, auf Häufigkeiten, die selten in den Blick genommen werden, und wenden uns Darstellungsformen zu, die nicht allein auf dem Prinzip der Vielen aufbauen. Dabei geht das Paper experimentell und exemplarisch vor. Grundlage ist eine historische Zufallsstichprobe von Twitter-Daten aus den Jahren 2009–2021, die einen Querschnitt sämtlicher Praktiken zugänglich macht. Anhand dieser Zufallsstichprobe diskutieren wir Listen, die Beachtung neu und alternativ organisieren.

2. Kritische Perspektiven auf Plattformdaten – von reflexiven digitalen Methoden zum Datenfeminismus

Grundlage digitaler Forschungsmethoden ist es, Daten, die in Medien entstehen, für den Forschungskontext zu erheben und nutzbar zu machen (Rogers 2013). Dies kann durch das sogenannte Scraping von Daten in den Benutzeroberflächen von Websites, Plattformen und Foren erfolgen (Marres/Weltevrede 2013), aber auch über das Erheben bzw. Abrufen (Gerlitz 2018) von Daten in den Backends über sogenannte Programmierschnittstellen (APIs). Das Format der Daten wird dabei von den Plattformen festgelegt und durch Nutzer:innen-Praktiken ausgefüllt. Während manche Plattformen sich der systematischen Daten-Umnutzung weitestgehend verschließen – so z.B. Instagram und TikTok –, zeichneten sich andere Plattformen durch eine breite Zugänglichkeit ihrer Daten über APIs aus, so z.B. Twitter bis zum Aufkauf durch Elon Musk und zur Umwandlung in X. Die Datennutzung durch Dritte und Forschende wird hier jedoch über verschiedene Regelwerke, die Terms of Service[3] und die Developer Documentation[4] reguliert, die u.a. definieren, wie viele Daten zugänglich sind oder was mit den Daten gemacht werden darf und was nicht. Daneben legt die API die technischen Bedingungen der Abfrage fest, z.B. welche Parameter bei der Datenabfrage definiert werden müssen und wie viele Daten entlang welcher Anfragen überhaupt

---

3   https://twitter.com/en/tos
4   https://developer.twitter.com/en/docs

zugänglich sind. Twitter-Daten konnten lange anhand der Definition eines Veröffentlichungszeitraums und eines Keywords abgefragt werden, das in den Tweets vorkommen muss, oder aber anhand der Definition einer Tweet-ID, um eine Liste aller Accounts zu erhalten, die den definierten Tweet geliket haben. Unzulässige Parameter waren zuletzt z.b. Views oder Trending Topics.

Mit dem Aufkommen von Social-Media-Plattformen in den 2000er Jahren wurde die plötzliche Zugänglichkeit transaktionaler Daten, also Daten über soziale Interaktionen, die nicht einem Forschungskontext entspringen, zunächst als neue Quelle nicht durch den Forschungsprozess verzerrter Daten gefeiert (Savage/Burrows 2007; 2009). Im Kontext der digitalen Forschungsmethoden zeichnete sich jedoch schnell eine daten- und plattformkritische Perspektive ab, die sich u.a. mit der soziologischen Quantifizierungsforschung verschränkte (Gray/Gerlitz/Bounegru 2018). Es wurde beispielsweise hinterfragt, ob die von Plattformen angebotenen Datenpunkte wie Likes, Tweets, Posts und Shares als solches überhaupt vergleichbare Einheiten zählen oder heterogene, zum Teil inkommensurable Aktivitäten vereinen. Facebooks Like-Button z.B. stellte sich als Komposit-Metrik heraus, die Likes auf der Plattform und dem Web in sich vereinte (Gerlitz/Helmond 2013). So wurde auf die sich zunehmend differenzierenden Like-Praktiken hingewiesen, die zwar alle zu dem gleichen Datenpunkt führen, jedoch auf unterschiedliche Interpretationen der Handlung zurückführen (Baym 2014). Die von Plattformen als unproblematisch dargestellten »first order Metriken«, die vermeintlich gleiche Einheiten zählen, wurden zunehmend als komplexe »second order metrics« in Sinne von Power (2004) problematisiert, die von der Plattform lediglich kommensurabel, also vergleichbar gemacht wurden. Solche Kritiken an Datenpunkten stellen in Frage, was Plattformen eigentlich popularisieren, wenn sie Metriken dieser Datenpunkte als Popularitätsindizes ausstellen.

Andere datenkritische Perspektiven problematisieren von Plattformen propagierte Messungen von Popularität und populäre Inhalte, vor allem bei der Analyse thematischer Kontroversen (Marres/Gerlitz 2018). So wurde gezeigt, dass Popularität und Sichtbarkeit auf Plattformen sich zu großen Teilen aus einer allgemeinen medialen Popularität von Themen und Akteuren speist und dadurch nur begrenzt aussagekräftig hinsichtlich der Plattform-spezifischen Popularität ist. Zudem versperrt sie den Blick auf Popularität mittlerer Reichweite, also den Aktivitäten, Akteur*innen und Inhalten jenseits der Top 10 oder 20. Marres und Gerlitz (2018) zeigten in der Analyse einer Twitter-Diskussion zum Thema ›privacy‹, dass die aktivsten Nutzer*innen oder die mit der größten Reichweite nicht notwendigerweise themenspezifisch waren, sondern dass sich die inhaltlich-kontroverse Auseinandersetzung unterhalb der Top 20 abspielte. In aktuellen, auf Digital Methods basierten Studien richtet sich der Fokus daher zunehmend auf das, was jenseits der dominanten, meist erwähnten und populären Narrative liegt, um ein breites Bild der Diskussionen von Issues und Kontroversen zu zeichnen. Dazu zählen zum Beispiel Explorationen von visuellem Material und Strategien des

UnIndexing, in denen einzelne Datenpunkte de- und rekontextualisiert werden (Colombo/Gray 2023), aber auch visuell-interpretative Analysen, die den Häufigkeiten von Plattformen einen interpretative Rahmen hinzufügen (Colombo et al. 2023). Diese Maßnahmen arbeiten gezielt daran, die Verteilung von Beachtung, wie sie von Plattformen gelenkt wird, neu und entlang alternativer Kriterien zu denken. Sie betrachten Popularität als fabriziert und entwickeln gezielt alternative Fabrikationen, die anderen Bewertungskriterien folgen.

Darüber hinaus finden sich in den digitalen Methoden zahlreiche Ansatzpunkte, die die Verschränkung von Plattform- und Forschungslogiken problematisieren. Wenn die analytischen und klassifizierenden Kapazitäten von Plattformen für die Forschung angeeignet werden (Weltevrede 2015), richtet sich der forschende Blick dann auf die sozialen/inhaltlichen Dimensionen oder auf die Plattformen selbst – anders ausgedrückt: »Are we studying the social or the medium?« (siehe dazu Marres/Weltevrede 2013). So wurde der Einfluss von Plattformlogiken als die Einschreibung der Plattform in die Forschung konzeptualisiert und Tools der digitalen Methoden als »Interface Methods« problematisiert, in denen erst einmal ausgehandelt werden muss, inwieweit die analytischen Logiken von Plattformen für die Forschung importiert werden sollen oder gegen sie gearbeitet wird (Marres/Gerlitz 2016).

Solche eher vereinzelten methoden-reflexiven Interventionen werden aktuell unter dem Stichwort des Datenfeminismus spezifiziert und selbst popularisiert. In ihrem Grundlagenbuch zum Thema erörtern D'Ignazio und Klein (2020), wie Datenpraktiken und Data Science Bias, Diskriminierung und asymmetrische Machtverhältnisse befördern können. Die Autor*innen fragen, von wem und für wen Daten analysiert werden, und wie im Prozess des Samplings, der Datenkategorisierung, Analyse und Darstellung entlang intersektionaler Faktoren diskriminiert werden kann oder ebenjene Dimensionen komplett übersehen werden. Dazu entwickeln sie sieben Prinzipien. Sie hinterfragen die Kategorisierungen, die Datenpunkten zu Grunde liegen, sowie die Neutralität und Objektivität der Datenpunkte (Prinzip: »Examine Power«) und stellen Forderungen nach »Counter Data«, die intersektionale Diskriminierung sichtbar machen (Prinzip: »Challenge Power«). Sie fragen nach den affektiven und emotionalen Dimensionen von Daten und ihrer verkörperten Dimension (Prinzip: »Elevate Emotions & Embodiment«) genauso wie nach der unsichtbaren Arbeit und den geschlechtlich organisierten Machtstrukturen von Daten (Prinzip: »Make Labour Visible«). Quantifizierung, Rankings, Hierarchien und ihre Kategorien stehen genauso zur Disposition wie einseitige Perspektiven (Prinzip: »Rethink Binaries and Hierarchies«). D'Ignazio und Klein problematisieren die Vorstellung einer einzigen faktischen Wahrheit (»capital T Truth«) (2020: 136) und sprechen sich für multiple Perspektiven auf zu untersuchende Phänomene aus (Prinzip: »Embrace Pluralism«). Schlussendlich reihen sie sich in bestehende Kritik an rohen Daten (Gitelman 2013) ein und fordern – wie auch Autor*innen wie Gill Walker Rettberg – eine situierte Perspektive auf Daten

(Prinzip: »Consider Context«). Und auch die Externalitäten von Datenanalyse, die umfassenden umweltlichen und planetarischen Kosten von Dateninfrastrukturen und AI (Crawford/Joler 2019) sowie die oft unsichtbare Arbeit des Labelings, der Content Moderation und des Data Cleanings werden hervorgehoben.

Neben Datenfeminismus findet eine kritische Umnutzung von Daten auch in Bewegungen wie dem Daten-Aktivismus (Milan 2016) statt, die vor allem öffentliche Daten nutzen, um alternative Perspektiven und Narrative zu finden und zu kommunizieren. Eine Umnutzung öffentlicher Daten findet sich zudem im Bereich der forensischen Ästhetik/Investigation bzw. Open Source Intelligence (Fuller und Weizman 2021), in dem vor allen Sensordaten genutzt werden, um Fakten und Ereignisse zu überprüfen und alternative Dateninterpretationen, oftmals durch Situierung, Kontextualisierung und kooperative Datenpraktiken, zu entwickeln.

Während D'Ignazio und Klein ihre kritische Perspektive auf die intersektionalen Verschränkungen von Geschlecht, Sexualität, Klasse und Ethnizität richten und intersektionale Bias, Diskriminierungen und Asymmetrien problematisieren, möchten wir in diesem Paper die frühen methodenreflexiven Perspektiven der digitalen Methoden mit den reflexiven Elementen des Datenfeminimus zu einer breiteren daten- und vor allem listenkritischen Position verbinden, die das Konzept der Popularität, wie es von Plattformen propagiert wird, und die damit einhergehenden Verteilung von Beachtung zur Disposition stellt. Was macht die Darstellung von Popularität eben nicht sichtbar? Was ist populär, verbleibt jedoch außerhalb des Blicks der Öffentlichkeit? Was lernen wir, gerade im Umgang mit größeren Datenmengen, von einer Analyse der Popularität mittlerer Reichweite? Im Nachfolgenden nehmen wir die kritischen Interventionen digitaler Methoden und des Datenfeminismus auf, um mit verschiedenen Listen der Forschung zu experimentieren, die die Verteilung von Beachtung in Frage stellen, neu aushandeln und nach alternativen Formen oder Alternativen zu Popularität im Kontext sozialer Medien fragen.

3. Jenseits von Plattform-Popularität

Um eine alternative Perspektive auf Plattform-Aktivitäten jenseits der meistgenutzten Hashtags, der populärsten Accounts oder der sichtbarsten Tweets zu eröffnen, wenden wir uns einem Datenpunkt von Twitter zu, der seit Anfang 2023 von der Plattform nicht mehr veröffentlicht oder zur Verfügung gestellt wird: die sogenannte »Source«-Metrik. Sie erfasst die Software, mit deren Hilfe ein Tweet veröffentlicht wurde. Durch die Information der Source-Metrik wurde sichtbar, ob ein Tweet etwa mit der App Twitter for Android oder Twitter for iPhone geschrieben worden war. Neben diesen offiziellen Twitter-Apps erschienen als Source jedoch auch externe Clients, wie Social-Media-Management-Apps, die eine professionelle Steuerung und Auswertung von Plattform-

Aktivitäten ermöglichen, oder von unabhängigen Entwickler*innen erstellte Apps, die z.B. die regelmäßige Veröffentlichung von Zitaten berühmter Persönlichkeiten automatisieren. Die Source-Information wurde nicht nur in jedem Tweet veröffentlicht, sondern war auch in den Meta-Daten enthalten, die über Twitters APIs abgefragt werden konnten. Im User-Interface wurde die Source-Metrik aber nicht weiter aggregiert, gelistet oder gerankt ausgestellt. Mit der Übernahme von Twitter durch Elon Musk und dem Rebranding als X wurden Sources aus dem Interface und aus den Daten, die über die API zur Verfügung gestellt wurden, entfernt. Zudem schränkte Twitter/X den Zugang von Apps zur API bis zum Frühjahr 2023 stark ein, sodass zahlreiche Apps inzwischen nicht mehr funktionieren (Wiggers 2023). Wie wir im Folgenden darstellen wollen, erlaubt die Source-Metrik uns einige Interventionen in die Verteilung von Beachtung auf der Plattform Twitter.

Das hier verwendete Sample enthält die Source-Metadaten noch, da es kurz vor ihrer Entfernung erhoben wurde. Um zu untersuchen, wie sich die Nutzung und damit auch die Popularität von X-Apps seit der Einführung der Source-Metrik 2009 entwickelt hat, haben wir 13 historische Random-Samples abgefragt. Wir haben die Zufallsstichprobe gewählt, da sie eine Annäherung an den Querschnitt aller auf Twitter vorfindlichen Praktiken ermöglicht (Gerlitz/Rieder 2013). Während Twitter eine lange Zeit Zugriff auf 1% aller Tweets als Zufallsstichprobe über die API erlaubte – immerhin noch ca. 5–6,5 Millionen Tweets am Tag –, so existierte diese Möglichkeit Ende 2022 nicht mehr; möglich war die Eingrenzung von Tweets, die ein bestimmtes Wort oder einen Hashtag enthielten oder von definierten Accounts veröffentlicht worden sind. Eine Untersuchung des Vorkommens von Apps unabhängig von einer thematischen Eingrenzung war nicht ohne weiteres möglich. Twitter legte dadurch Issue- bzw. User-Account bezogene Stichproben und Untersuchungen nahe und erschwerte die Untersuchung der Plattform selbst und ihrer Entwicklung in den vergangenen Jahren. Durch die Definition eines negativen Suchwortes konnten wir die API-Affordanzen umgehen und alle englischsprachigen Tweets, die nicht das Wort ›-nobodyeverusedthatword‹ enthielten, innerhalb der ersten zehn Sekunden jeder Stunde des ersten Tages der Monate Januar, April, Juli und Oktober der Jahre 2009–2021 abfragen[5]. Die Umgehung der API-Affordanzen entspricht dem datenfeministischen Prinzip »Challenge Power«: Mithilfe des Querschnitts, den Twitter eigentlich nicht zur Verfügung stellt, können wir die Plattform selbst untersuchen und ihre Aktivitäten sichtbar machen. Die Einstellung der Academic API im Frühjahr 2023 – ebenfalls im Zuge des Rebrandings der Plattform – verhinderte eine Ausweitung der Abfrage auf das Jahr 2022.

Die angefragten Daten haben wir zu jährlichen Samples zusammengeführt und auf die vorkommenden Sources, ihre Tweet-Praktiken und auf den sich verändernden

---

[5] Diese Form des Workarounds wurde gemeinsam mit dem Scientific Programmer Luca Hammer entwickelt.

Umgang der Plattform mit Drittanbieter-Software in ihrer Peripherie hin untersucht. Um hier Alternativen zu den vorherrschenden und nahegelegten Ordnungen und ihrem Fokus auf Popularität zu entwickeln, schlagen wir im Folgenden fünf datenanalytische Interventionen vor, die an die Prinzipien des Data Feminism angelegt sind und diese spezifizieren, breiter denken und zugleich als Interface zu den Popularitätslogiken von Plattformen entwickeln.

4. Intervention 1: Was gezählt wird zählt?

Auf der Plattform Twitter dreht sich alles um den Tweet, und so werden Tweets auch als unhinterfragbare Entität bzw. mit Power gesprochen als sogenannte »first order metrics« (2004) präsentiert, die zähl- und vergleichbar sind. Doch ist das tatsächlich der Fall oder bringt die Metric ›Tweet‹ durchaus heterogene und nicht so leicht kommensurierbare Praktiken in die gleiche Form? So fragen auch D'Ignazio und Klein, inwiefern Zahlen für sich selbst sprechen oder unsichtbar machen, dass sie durchaus unterschiedliche Phänomene vereinen, die man nur durch situiertes Kontextwissen entwirren kann (2020, siehe insbesondere Kapitel 6). Vorangegangene Studien zur internen Heterogenität von Social-Media-Metriken (Baym 2014; Gerlitz 2016) stellen dies zunehmend in Frage. Und die Source-Metrik ermöglicht eine Untersuchung der heterogenen Praktiken hinter Tweets: Ein Tweet, den jemand händisch mit der iPhone-App schreibt, kommt auf andere Weise zustande (Gerlitz und Rieder 2018) als ein Tweet, der ein automatisiert vom mobilen Spiel »One Piece Treasure Cruise« erstellt wird und über den aktuellen Spielstand informiert. Wiederum ganz anders entsteht ein Tweet zu einem Trend-Thema, das von einem Social-Media-Management-Tool auf Basis von Echtzeitdaten analysiert und vorgeschlagen wurde, und der dann von diesem Tool zu einer empfohlenen Zeit auf allen Plattformen zugleich verbreitet wird. Die Plattform überführt diese heterogenen Praktiken in eine Metrik, macht sie also kommensurierbar (Espeland/Stevens 1998) und zählbar, etwa als die Anzahl der Tweets zu einem bestimmten Thema, die Popularität eines Hashtags oder die Anzahl von Replies. Dabei macht sie die sozio-technischen Dimensionen der Fabrikation von Tweets unsichtbar, die von spezialisierten Praktiken, aber auch Software-Umgebungen und Automatisierungsmöglichkeiten geprägt werden.

Mithilfe der Source-Metrik lassen sich die heterogenen Ursprünge von Tweets teilweise zurückverfolgen und re-kontextualisieren (D'Ignazio/Klein 2020): Die Information über die App, mit der ein Tweet veröffentlicht wurde, ermöglicht einen Zugang etwa zu automatisierten Prozessen (Gerlitz/Weltevrede 2020) oder zur Betreuung eines Accounts durch mehrere Personen (Robinson 2016). Abbildung 1 zeigt die Anteile von Tweets im Random-Sample aus dem Jahr 2014, die mit verschiedenen Sources erstellt worden sind. Die Mehrheit der Tweets stammt aus sogenannten X-

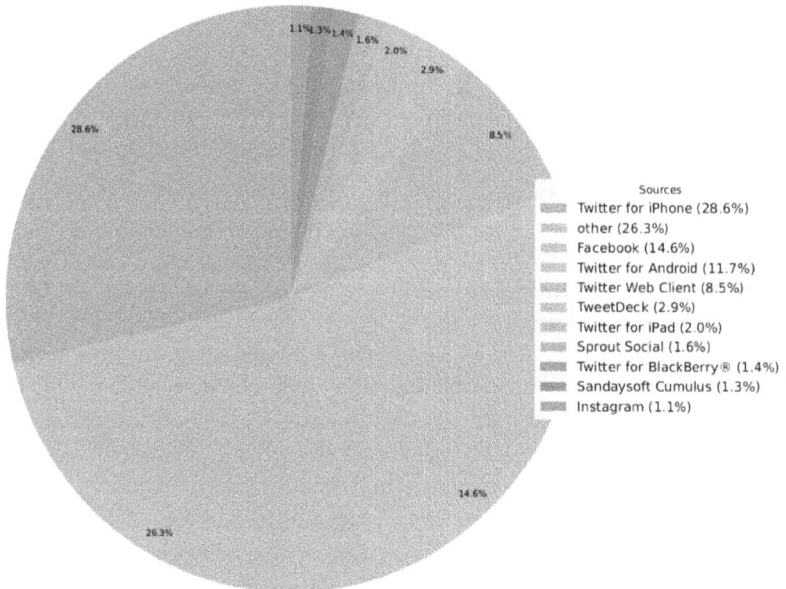

Abbildung 1: Anteile der Tweets, die mit verschiedenen Apps veröffentlicht wurden, aus unserem Sample von 2014.

eigenen Sources, die vor allem manuelle Nutzungspraktiken fördern. Ein signifikanter Anteil jedoch kommt auch von anderen Plattformen (Facebook, Instagram), Social-Media-Clients, die Cross-Plattform-Posting und professionelle Social-Media-Praktiken unterstützen (Sprout Social), und einer Schnittstelle für private Wetterstationen, die zu voreingestellten Zeiten vollautomatisiert Wetterdaten veröffentlichen (Sandaysoft Cumulus).

Da der Datensatz insgesamt 60010 verschiedene Sources umfasst, konzentriert sich die Abbildung auf die 10 meistgenutzten. So zeigt Abbildung 1 die Popularität der Sources, die im Kontext der Plattform jedoch unsichtbar bzw. nicht öffentlich bleibt. Durch die Transformation der Source-Metrik in Listen transformiert, können wir Ordnungen sichtbar machen, die die Plattform selbst nicht her- und ausstellt, und die sich dazu eignen, die dominanten Perspektive auf die Popularität von Themen oder Accounts herauszufordern und ihr Zustandekommen zu untersuchen. In einem nächsten Schritt stellen wir dazu zunächst alternative Rankings her und wenden uns der Popularität von Drittanbieter-Apps zu. Welche Entwicklungen der App-Nutzung lassen sich von 2009–2021 beobachten?

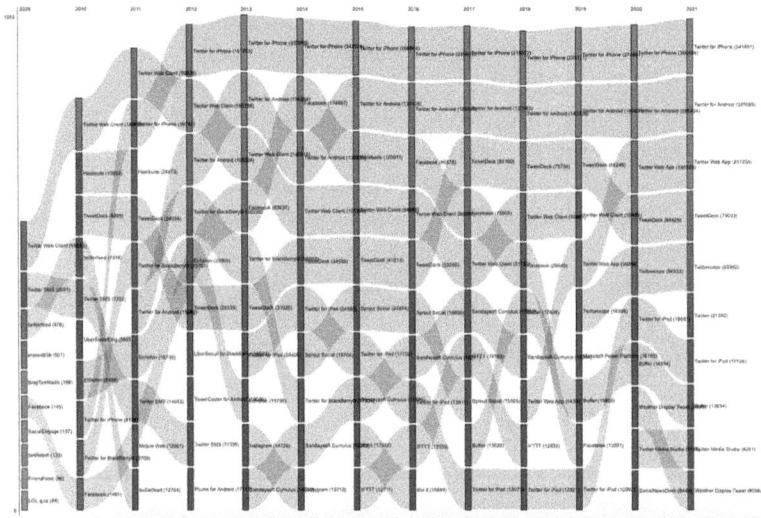

Abbildung 2: Die 10 meistgenutzten Apps und ihr Aufstieg und Fall von 2009–2021.

5. Intervention 2: nicht-öffentliche Popularität

Zwar wurden die Tweet-Sources im Interface von Twitter unterhalb jedes Tweets sichtbar gemacht, eine Darstellung in aggregierter Form und damit einen Überblick oder ein Popularitätsranking findet man jedoch nicht. Welche Source nun populär ist und welche nicht, und wie sich ihre Popularität im Laufe der Zeit entwickelt, wird im Kontext der Plattform also nicht ausgestellt. Daher konzentriert sich unsere zweite Intervention auf die Auswertung nicht öffentlich sichtbarer Daten und damit auf die Suche nach (noch) nicht öffentlicher Popularität. Sie stellt im Sinne des Datenfeminismus die Macht der Plattformen in Frage, zu definieren, was unter relevante Popularität zählt und adressiert damit das zweite Prinzip »Challenge Power« (D'Ignazio/ Klein 2020: 49ff.). Unsere alternative Sampling-Methode gibt uns Zugang zur Verwendung der Source-Metrik in den vergangenen Jahren. Zur Erstellung dieser ansonsten unsichtbaren Listen haben wir zunächst für jedes Jahr von 2009–2021 die 10 meistgenutzten Apps ausgewählt und die Veränderungen dieses Top-10-Rankings visualisiert (Abb. 2). Die Verbindungen zwischen den Jahres-Spalten zeigen, welche Sources auch in anderen Jahren zu den Top 10 der meistgenutzten gehören. Die Zahlen hinter den Source-Namen stehen für die Anzahl der Tweets pro Sample, die diese Source nutzen. Das Sichtbarmachen eines andernfalls unsichtbaren Rankings ermöglicht in diesem Fall die Beobachtung sich verändernder Nutzer*innenpraktiken und technologischer Innovationen.

In der Übersicht wird deutlich, dass offizielle Apps der Plattform – also Twitter Web App, Twitter for iPhone und Twitter for Android – beständig zu den meistgenutzten zählen. Sie sind Teil der sogenannten »native apps«, die von der Plattform selbst herausgegeben und kontrolliert werden. Ihnen gegenüber stehen die Software und Apps von Drittanbietern. Die Visualisierung zeigt die veränderte Popularität von flankierenden Phänomenen, etwa die veränderte Popularität von Endgeräten: Während 2009 der größte Anteil der Tweets über SMS oder einen Browser veröffentlicht wurde, wird Twitter ab 2012 vor allem mobil genutzt und die Relevanz des Twitter Web Client fällt rapide ab. Apps von Drittanbietern werden im Verhältnis zu den »native apps« weniger genutzt.[6] Die Konstellation der externen Apps in den Top-10 bleibt dabei relativ stabil: Viel genutzt werden ab 2010 vor allem Apps, die die gleichzeitige Verteilung von Inhalten auf verschiedenen Plattformen ermöglichen – das sogenannte Cross-Posting. Das sind zum einen andere Plattformen, von denen aus Inhalte bei der Veröffentlichung cross-gepostet werden können, allen voran Facebook und Instagram. Zum anderen sind Social-Media-Management-Tools kontinuierlich in den Top-10 präsent, die die gleichzeitige Erstellung von Inhalten für verschiedene Plattformen ermöglichen und mit einer Professionalisierung von Nutzungspraktiken einhergehen. Neben einer terminierten und gleichzeitigen Veröffentlichung versprechen sie vor allem das Tracking und die Auswertung von Social-Media-Aktivitäten und machen Vorschläge in Bezug auf Inhalte, Zielgruppen und Veröffentlichungszeitpunkte auf Basis der ausgewerteten Daten. Eine dritte Art von Sources erstellt Tweets vollautomatisiert: Darunter findet sich die App Twittascope, die automatisch erstellte Horoskope veröffentlicht, mobile Spiele, die Spielstände übermitteln, oder Sandaysoft Cumulus und Weather Display Tweet, Apps, die das automatische Posten von Messdaten privater Wetterstationen ermöglichen.

Der Fokus auf die 10 meistgenutzten Apps verrät sehr viel über verschiedene mögliche Nutzungsweisen, die schwer miteinander vergleichbar sind und zählt damit auf Intervention 1 ein. Er zeigt, dass zahlreiche Tweets eigentlich auf anderen Plattformen ihren Ursprung haben. Das verändert die Tweets entschieden, da sie etwa keine plattformspezifischen Features mehr beinhalten können, wie Mentions oder Retweets. Es wird zudem deutlich, dass die Nutzung von Twitter bereits in den frühen Jahren der Plattform zu einer bestimmten Art von Reflexivität führte, die sich in der Drittanbietersoftware niederschlägt: Tweets und Accounts werden auf ihre Performance hin vermessen, die dann wiederum in Empfehlungen für zukünftige Veröffentlichungen umgedeutet wird. Diese reflexive Nutzung bestimmt bereits seit über zehn Jahren professionelle Social-Media-Praktiken und wird von Unternehmen als Software- und App-Lizenzen angeboten, etwa von Hootsuite, Buffer oder Sprout Social.

---

6 Bis 2016 steigt ihr Anteil an der Gesamtzahl der Tweets an und sinkt dann bis 2021 auf einen Anteil von 22,2%.

Die Top-10 der Sources verweist nicht nur auf solche vermittelnden, professionellen und unprofessionellen Akteure in der Plattform-Peripherie, sondern macht auch Plattform-Governance sichtbar. Im Sinne des Datenfeminismus trägt dies zum Prinzip »Examine Power« bei, welches dazu aufruft, die den Daten unterliegenden Machtstrukturen nachzuvollziehen, da die Macht der Plattformen, Drittanbieter zu fördern, aufzukaufen oder ihre Zugänge zu reglementieren, sichtbar wird (D'Ignazio/Klein 2020: 21ff.). Während etwa 2012 noch einige alternative mobile Apps zu finden sind (Plume for Android, UberSocial for BlackBerry, Tweetcaster for Android), verschwinden sie in den darauffolgenden Jahren vollständig aus den Top-10. Dies ist nicht ausschließlich der wachsenden Popularität von Twitters eigenen Apps geschuldet, sondern auch auf die aktive Bekämpfung von Konkurrenz durch die Plattform zurückzuführen, z.B. durch Suspendierung einiger Apps des Konkurrenten UberMedia 2011.[7] Ab 2014 lässt sich eine sinkende Popularität des Cross-Postens von Facebook erkennen. Ab 2017 sind dann kaum noch einzeln gepostete Fotos in unseren Samples vorzufinden, die 2016 noch rund 18% aller von Facebook stammenden Tweets ausgemacht hatten. Grund dafür ist wahrscheinlich eine grundlegende Änderung der Post-Strukturen auf Facebook: Statt einzelner Fotos rückten durch eine Umstrukturierung vom 1. Juni 2017 komplexe Posts von Alben in den Vordergrund.[8] Der Wegfall einzelner Fotos senkte die Anzahl der Cross-Postings allerdings erheblich. 2020 schaltete Facebook das Cross-Posting-Feature schließlich vollständig ab – möglicherweise, um eine Dopplung von Beiträgen, die von Instagram aus cross-gepostet wurden, zu vermeiden.[9] Die Source-Metrik verweist also auch auf die Politiken anderer Plattformen. Daneben erscheint unter den meistgenutzten Apps 2009 »erased858«. Sources, deren Namen aus ›erased‹ und einer Zahlen- bzw. einer Zahlen-Buchstabenkombination zusammengesetzt sind, fallen auch unterhalb der Top-10 auf. Es handelt sich dabei um Apps, die aus unterschiedlichen Gründen bis zum Zeitpunkt der Datenabfrage gelöscht wurden, entweder von den Betreiber*innen oder von Twitter. Das kann auch plattformpolitische Hintergründe haben – im Falle von »erased858« ist jedoch wahrscheinlich sinkende Popularität der Grund für die Löschung, denn es handelt sich dabei um die Plattform MySpace (erkennbar am Linkformat lnk.ms in den Tweets[10]). Sie erscheint mit vereinzelten Tweets bis 2017 in unseren Samples.

Es ist auffällig, wie stabil die Konstellation der externen Apps über die Jahre hinweg bleibt und wie wenig neue Apps mit ganz anderen Funktionalitäten hinzukommen.

---

7   https://www.quora.com/Why-did-Twitter-suspend-UberTwitter?srid=OQY&redirected_qid=216830

8   https://www.digitaltrends.com/social-media/facebook-adds-new-album-features/

9   Vollständig aufzuklären sind Facebooks Beweggründe für die Abschaltung der Cross-Posting-Funktion auf Basis der Source-Daten an dieser Stelle nicht.

10 https://www.cnet.com/tech/services-and-software/myspace-link-shortener-makes-early-inroads-on-twitter/

Anders ausgedrückt – es gibt wenig Fluktuation bei der Popularität von Sources. Das Sichtbarmachen der ansonsten unsichtbaren Popularität von Apps, über die Twitter genutzt wurde, verdeutlicht, wie Tweets, die durch unterschiedliche Technologien zustande kommen, auf der Plattform vereinheitlicht werden. Das App-Ranking führt diesen Kontext wieder ein (Rettberg 2018). Aus der Vereinheitlichung der unterschiedlichsten Praktiken entstehen dann wiederum Hochrechnungen populärer Tweets, Themen oder Accounts, die die Orientierung und Selbstverortung auf der Plattform ermöglichen (s. Esposito/Stark 2019), aber auch implizite Behauptungen darüber anstellen, was eine Öffentlichkeit gerade beschäftigt. Wie diese zustande kommen und wie heterogen die gezählten Praktiken sind, zeigen die alternativen Rankings der Forschung.

6. Intervention 3: jenseits der Top 20

Forschende können durch alternative Listen Dynamiken und Akteure sichtbar machen, die die Plattformen selbst nicht ausstellen. Doch auch nicht-öffentliche Rankings wie Abb. 2 legen einen Fokus auf die Top-Akteure nahe und geben denen die meiste Beachtung, die schon viel Beachtung erfahren. Im Falle von X' App-Ökosystem liegt eine Power-Law-Distribution vor (Barabási/Bonnabeau 2003): Die meisten Tweets entstehen durch die Nutzung einiger weniger, oft X-nativer Apps, während die Mehrheit der Apps nur einmal bis zweimal im Sample auftaucht, der sog. »Long Tail« (Anderson 2004). Doch was ist mit dem Bereich dazwischen, den Apps, die oft, aber nicht am meisten genutzt werden, und dadurch das Sample stärker prägen als der Long Tail? Im Kontext des Datenfeminismus fallen diese Fragen u.a. unter das Prinzip »Embrace Pluralism« und den Versuch, nicht nur dominante, sondern diverse und vielfältige Perspektiven wahrzunehmen und ihnen Beachtung zu schenken (D'Ignazio/Klein 2020: 125ff.).

In vorherigen Projekten, die digitale Methoden zur Analyse thematischer Diskussionen (Issues) und Kontroversen auf Twitter nutzen, haben wir unseren eigenen Fokus auf die populärsten Akteure, die populärsten Inhalte oder die populärsten Sources in Frage gestellt. In einem Projekt zur Untersuchung von Privatsphäre-Diskussionen auf Twitter (Marres/Gerlitz 2018) z.B. wurde deutlich, dass die aktivsten Nutzer*innen nicht zwangsläufig die inhaltlich einschlägigsten in den Diskussionen waren, vor allem, wenn sie lediglich Inhalte anderer reposten oder gar Spam-Praktiken verfolgen. Und die meisterwähnten Nutzer*innen erhalten vor allem Aufmerksamkeit wegen ihrer plattform-unabhängigen Popularität als Celebrity, Schauspieler*in oder Moderator*in. Erst als wir unseren Blick auf Nutzer*innen unterhalb der Top-10/20-Platzierungen gerichtet haben, konnten wir themenspezifische Accounts und Inhalte identifizieren. Popularitätsdynamiken von Plattformen, so zeigte das Projekt, schreiben

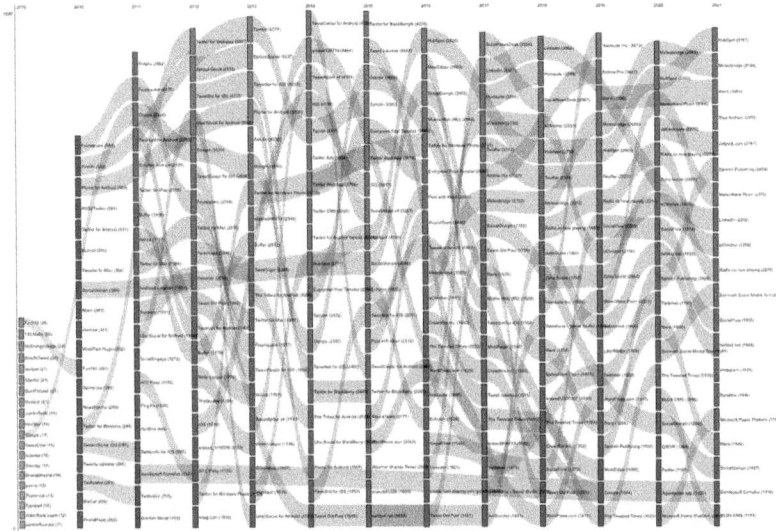

Abbildung 3: Die Top 21–40 der meistgenutzten Apps 2009–2021.

sich also auf vielfältige Weise in die Forschungsdaten ein, und es ist die Aufgabe einer methodenreflexiven Forschung, diese Einschreibungen sichtbar zu machen und sich zu ihnen zu verhalten – z.b. indem der Fokus weg von den Top-Akteuren/-Inhalten etc. hin in Richtung einer möglichen Mitte wandert.

Zwischen den oben diskutierten Top-Apps und dem Long Tail aus Apps in unserem Random-Sample, die nur einmal genutzt wurden, gibt es einen Bereich, der verglichen mit der Spitze ebenfalls selten genutzt wurde, aber noch keinen Long Tail bildet. In unserem Sample weisen diese Midrange-Sources dreistellige Nutzungszahlen pro Jahr auf, verglichen mit hunderttausenden Nutzungen an der Spitze. Sie deuten auf eine Popularität mittlerer Reichweite, so unsere These.

Im Folgenden explorieren wir zwei mögliche Zugänge, um Apps jenseits der Logik der Meisten zu untersuchen: Zuerst wenden wir uns den Plätzen 21–40 unseres Source-Rankings zu und vollziehen die Fluktuation der hier auftretenden Apps in den Jahren 2009–2021 nach. In einem zweiten Beispiel entfernen wir uns dann bei der Auswahl der näher zu untersuchenden Apps ganz von Hierarchien auf Basis von Nutzungszahlen und erstellen ein Subsample anhand einer automatisierten Analyse der App-Namen. Im Vergleich zu den Top-10 findet in den Top-21–40 mehr Bewegung statt: Apps steigen stark auf oder sind plötzlich sehr viel weniger beliebt. Es gibt keine Apps, die in beinahe allen beobachteten Jahren denselben Platz besetzen, wie im Falle der Plätze 1–3 in den Top-20.

Die Plätze 21–40 zeigen zahlreiche App-Typen, die bereits in den Top-10 der populärsten Apps zu finden sind, wie z.B. Social-Media-Management-Apps. Ab 2015 werden diese Sources hier relevant. Beispiele sind Crowdfire, Social Oomph, HubSpot, eClincher oder Zoho Social. Cross-Posting direkt von anderen Plattformen wird ebenfalls sichtbar, z.B. von LinkedIn, Instagram oder YouTube (die Plattform taucht hier als ›Google‹ auf). Auch einige Twitter-eigene Sources tauchen hier auf, wie Twitter for Websites, Twitter for Android Tablets oder Twitter for Windows Phone. Daneben finden sich bis etwa 2015 auch zahlreiche Twitter-Clients von anderen Anbietern, die neben den originalen Apps existieren, aber kaum andere oder weitere Funktionen bereitstellen, wie etwa UberSocial for Android, Echofon oder twicca. Diese Apps waren als Alternative zu Twitters eigenen Apps entwickelt worden, verloren aber im Laufe der Jahre an Relevanz. Durch den Blick auf weniger populäre Apps geraten zudem weitere Wetter-Apps in den Fokus, die wie Sandaysoft Cumulus oder Weather Display Tweet Echtzeitdaten von privaten Wetterstationen übermitteln, wie Meteo-Ware Plus+ oder Meteobridge.

Die Listen der Midrange-Sources beinhalten jedoch auch ganz andere Arten von Apps, die in den Top-10 nicht vertreten sind. Pluralität bezüglich der möglichen Funktionen wird hier sichtbarer als in den Top-10. Write Longer etwa, viel genutzt 2012 und 2013, ermöglichte das Teilen von Tweets, die länger als 140 Zeichen waren, indem Textteile, die über diese Grenze hinausgingen, über eine gekürzte URL abrufbar gemacht wurden. The Tribez for Android erscheint 2013 im Ranking – ein mobiles Spiel, das das automatisierte Teilen von Errungenschaften im Spiel auf Twitter ermöglichte. Die entstandenen Tweets waren immer gleich strukturiert und erhielten zudem einen Link zur Website des Spieleherstellers Game Insight. 2017 taucht die Performance-Tracker-App fllwrs auf: Sie quantifiziert Follower-Entwicklungen und veröffentlicht sie in automatisierten Tweets. Die App erstellt also Benachrichtigungen zu diesen Entwicklungen – eine Funktion, über die Twitter selbst nicht verfügte. The Tweeted Times erscheint ebenfalls 2017 und schlägt externe Nachrichten-Inhalte aus einem Pool zum Teilen auf Twitter vor, was Nutzer*innen das regelmäßige Bespielen ihres Accounts erleichtert. Große Accounts nutzten 2020 QWVR, um automatisiert auf Nutzer*innen-Replies zu antworten. Das Tool wurde von nur wenigen Accounts innerhalb von Marketing-Kampagnen genutzt, um mit vorgefertigten Nachrichten automatisch auf Nutzer*innen-Aktivitäten zu antworten. In vielen Fällen wurden mit dem Tool Kampagnen erstellt, für die sich Nutzer*innen – etwa durch das Retweeten eines Tweets – registrieren konnten. In automatischen Replies erhielten sie daraufhin alle Kampagnen-Updates, bezüglich eines Filmstarts oder zum Launch der neuen Kollektion eines Modelabels.

Die Beispiele zeigen auf, dass Drittanbieter-Apps mit mittlerer Popularität in vielen Fällen die Funktionen von Twitter umnutzen, um sie zu ergänzen: fllwrs etwa machte Tweets zur Benachrichtigungsfläche über Follower-Entwicklungen, und QWVR nutzte Replies zur Etablierung einer Newsletter-ähnlichen Kampagnenstruktur. Die Inkommensurabilität von Twitter-Datenpunkten, so zeigt sich hier, ist also nicht bloß auf die

unterschiedlichen Interpretationen der Nutzer*innen zurückzuführen. Auch Drittanbieter-Apps interpretierten die Plattform-Infrastruktur um, um ihr Funktionen hin-
zuzufügen.

Viele der genannten Apps sind nur in einem oder wenigen Jahren Teil der Liste. Ihre
Popularität ist weniger stabil als die der Top-Apps. Hier zeigt sich, dass nicht nur
wenige Datenpunkte – in diesem Fall Sources – am populärsten und sehr viel populärer
sind als alle anderen. Über einen längeren Zeitraum hinweg ist die Konstellation an der
Spitze auch stabiler als die der Mitte. Die Wahrscheinlichkeit, dass Software immer
wieder am populärsten ist, ist größer, je populärer sie bereits ist.

In einem zweiten Schritt lassen wir die Popularität der Apps außer Acht und differenzieren sie auf Basis ihrer Source-Namen. Hierzu haben wir zunächst die Namen
aller Apps, die in einem Jahr genutzt wurden, mithilfe des Tools wordninja[11] in Substrings, also Morpheme, untergliedert und deren Vorkommen ausgezählt. Daraus ergeben sich neue Listen populärer Substrings. Statt die von der Plattform selbst einge-
führte Anzahl der Nutzung heranzuziehen, liegt diesen Listen die neue Metrik der
Morpheme in App-Namen zugrunde. Sie erlaubt es, die Sources thematisch und hinsichtlich der sozio-technischen Fabrikation von Inhalten (manuell, automatisiert,
themenzentriert) vorzunehmen. Im Sinne des Datenfeminismus stellt sie etablierte
Kategorien in Frage und dekontextualisiert Daten, um neue Beziehungen zwischen
ihnen entstehen zu lassen. Obwohl es nicht genau unter die Prinzipien von D'Ignazio
und Klein fällt, kommt diese Intervention der Prämisse »Rethink Binaries and Hierarchies« (2020: 97ff.) am nächsten, welche Klassifikationssysteme in Frage stellt.

Wordninja verwendet zur Identifikation der Substrings ein Wahrscheinlichkeits-
modell, das auf der Wahrscheinlichkeit des Auftretens von Wortfolgen in der englischen Sprache basiert. Die Auszählung ist nicht vollkommen verlässlich – nicht alle
Morpheme werden von wordninja korrekt erkannt. Für eine Indikation häufig auf-
tretender Substrings und ein daraus folgendes Subsampling reicht dieses Vorgehen
jedoch aus. Die 20 nach der Analyse mit wordninja am häufigsten auftretenden Morpheme in App-Namen aus unserem Tweet-Sample von 2012 und 2021 haben wir in
einer Treemap arrangiert. Die Morpheme werden dabei in einem Rechteck als kleinere
Rechtecke angeordnet, deren Größe die Häufigkeit ihres Auftretens repräsentiert.

Die Namens-Morpheme verweisen dabei auf einige neue Kategorien. So finden sich
zahlreiche Sources, die Nutzungspraktiken bzw. Plattformfunktionen im Namen haben, wie zum Beispiel tweet, alerts, tweeter, reviews, twit, feed, social, aber auch bot.
Andere hingegen sind eher thematisch fokussiert, wie zum Beispiel weather, jobs oder
radio. Darüber hinaus gibt es Endgeräte und Betriebssysteme wie ios, iphone oder app,
sowie Top-Level Domains wie com und net. Zudem ist ›erased‹ ein häufig auftretendes

---

11   https://github.com/keredson/wordninja

Die 20 häufigsten Morpheme in Apps 2012

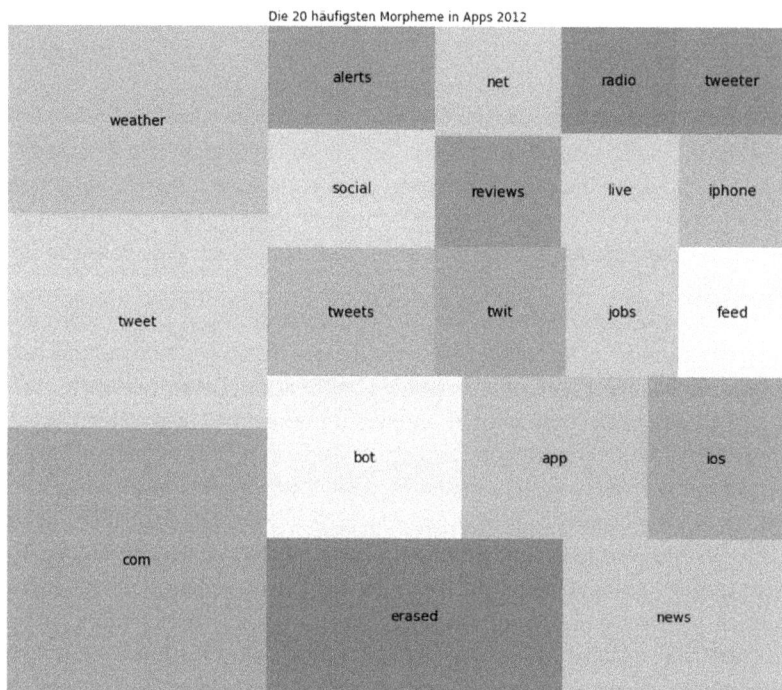

Abbildung 4: Die 20 am häufigsten auftretenden Morpheme in App-Namen der
Apps aus unserem Sample von 2012.

Morphem und verweist auf Apps, die zum Zeitpunkt der Datenabfrage entweder von
Twitter oder von den Betreiber*innen selbst gelöscht wurden und nun nicht mehr mit
ihrem ursprünglichen Namen, sondern mit einer Variable, die aus ›erased‹ und einer
Zahlen- bzw. einer Zahlen-Buchstabenkombination besteht, in der Plattform-Daten-
bank hinterlegt sind. Abbildung 5 zeigt die populärsten Morpheme in unserem Sample
aus 2021:

Hier finden sich weniger Verweise auf Endgeräte und Betriebssysteme, zugleich
jedoch zahlreiche Apps mit den Morphemen ›bot‹ oder ›auto‹ im Namen, was auf eine
erhöhte Anzahl von automatisierenden Apps hinweisen könnte. Um von hier aus die
Funktionalitäten der Apps und die Praktiken, für die sie eingesetzt werden, zu untersuchen, haben wir in einem zweiten Schritt Substrings ausgewählt und aus allen Apps,
die einen String enthalten, Cluster gebildet. Unser Ziel war es, mehr über die sozio-
technischen Kontexte der automatischen Fabrikation von Tweets, die auf der Plattform
selbst unsichtbar verbleiben, herauszufinden. Das Cluster für den Substring ›bot‹
enthält im Sample von 2021 903 Apps – 302 darunter wurden häufiger als 10-mal
verwendet. 220 Apps wurden nur einmal verwendet und sind damit alles andere als

Die 20 häufigsten Morpheme in Apps 2021

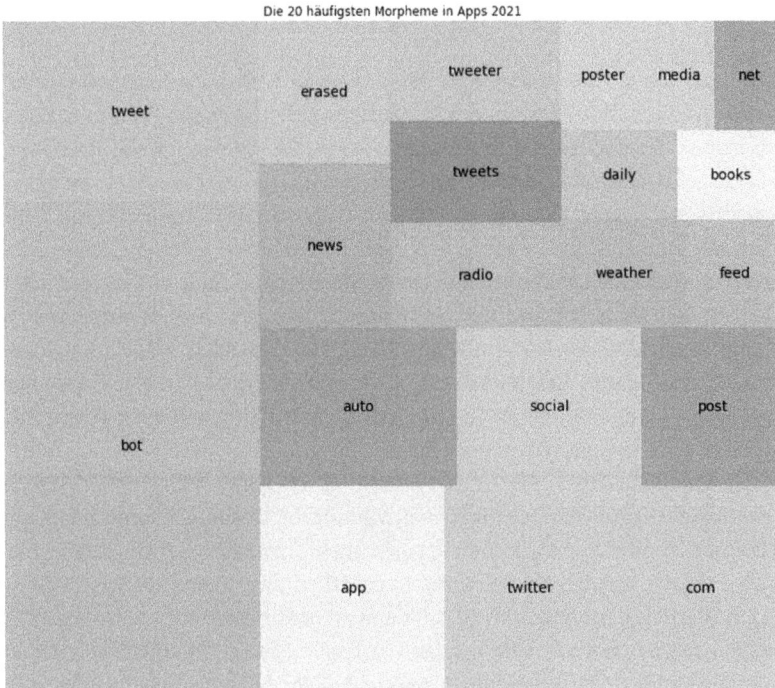

Abbildung 5: Die 20 am häufigsten auftretenden Morpheme in App-Namen der Apps aus unserem Sample von 2021.

populär. Diese Art des Clusterns ermöglicht also ein Hineinzoomen in den Long Tail und eine erste Differenzierung der hier vorgefundenen Apps, ohne alle dazugehörigen Apps im Einzelnen untersuchen zu müssen.

Das Ranking häufig vorkommender Morpheme lenkt den Blick von viel genutzten Apps auf wiederkehrende App-Namen. Anstelle der Nutzung von Apps gerät dabei die Praktik der Benennung in den Vordergrund, statt den End-Nutzer*innen die Gruppe der Entwickler*innen, die von der Plattform zwar erfasst wird, aber wenig öffentliche Beachtung erfährt. Es wird untersuchbar, welche Funktionen von Entwickler*innen forciert werden, aber auch, welche unterschiedlichen Vorstellungen von z.B. Automatisierung, Bots oder Streaming hier vermittelt werden. Im Folgenden bewegen wir uns noch ein Stückchen weiter weg von der Logik der Hierarchie, indem wir uns nicht auf die Größe der Häufigkeit (der Verwendung oder des Vorkommens) beziehen, sondern Source-Profile anhand der mit ihnen veröffentlichten Tweets erstellen und miteinander vergleichen.

7. Intervention 4: alternative Ordnungskriterien

Für eine alternative Anordnung zum Ranking nach Nutzungszahlen haben wir zunächst alle Apps des Bot-Clusters von 2021 ausgewählt und Praxis-Profile auf Basis der Tweets erstellt, die mit ihnen veröffentlicht wurden. Dazu haben wir die Metadaten der Tweets ausgewertet und berechnet, wie hoch der Anteil der Tweets ist, die ein plattformspezifisches Feature wie ein @mention, URL oder Hashtag enthalten oder als Retweet oder Reply kategorisiert werden. Ziel dieser Analyse ist es, die Apps nach den von ihnen ausgehenden Praktiken zu charakterisieren und zugleich das Spektrum der Fabrikation von Tweets besser nachvollziehen zu können. Aus datenfeministischer Sicht verschränken diese Forschungspraktiken die Prinzipien »Consider Context« sowie »Rethink Binaries and Hierarchies« (D'Ignazio/Klein 2020), da sie die Sources im Kontext ihrer Praktiken situieren und dadurch qualitativ aufeinander beziehen statt sie hierarchisch nach Popularität zu ordnen.

Um die Ähnlichkeiten der Bot-Apps zu visualisieren, haben wir aus ihren Aktivitäts-Profilen Cosinus-Ähnlichkeiten berechnet. Mithilfe der Cosinus-Ähnlichkeit lässt sich ermitteln, wie ähnlich zwei Vektoren in einem mehrdimensionalen Raum sind, bzw. in unserem Fall, wie ähnlich zwei Sources hinsichtlich ihrer Praktiken sind. Die resultierenden Werte liegen zwischen -1 (vollkommen unähnlich) und 1 (identisch). Diese Ähnlichkeitsbeziehungen haben wir dann in einem Netzwerkgraphen mit der Netzwerkvisualisierungssoftware Gephi visualisiert. Die Apps werden hier als Knoten dargestellt, Kanten, also die Verbindungen zwischen den Knoten, haben wir zugunsten der Lesbarkeit nicht dargestellt. Je ähnlicher sich die Profile zweier Apps sind, desto näher liegen die Knoten beieinander. Auf das daraus resultierende Netzwerk haben wir dann den Modularity Algorithmus von Gephi angewandt. Er identifiziert Gruppen innerhalb des Graphen, die dichter miteinander verbunden sind. Hierbei wurden drei verschiedene Gruppen identifiziert und farblich unterschieden. Die resultierende Netzwerkvisualisierung (Abb. 6) kann in dieser Form als nicht-hierarchische Liste oder Set von Bot-Apps gelesen werden, deren Beziehungen auf ähnlichen Nutzungsprofilen beruhen.

Die drei verschiedenen Cluster, die durch die Anwendung des Modularity Algorithmus sichtbar werden, sind unterschiedlich groß und unterscheiden sich durch die Merkmale der Tweets. In rot (oben Mitte und links) sind all diejenigen Apps eingefärbt, mit denen immer auch Tweets mit Hashtags erstellt wurden. Bei 234 von 240 Apps enthalten mehr als 25% der Tweets Hashtags, die überwiegende Mehrheit der Apps produziert jedoch Hashtags in jedem Tweet. Häufig enthalten die Tweets auch URLs, eher seltener jedoch Retweets, Replies oder Mentions.

Das größte, blau eingefärbte Cluster (rund, in der Mitte) macht mit insgesamt 415 Apps 46,4% der Bot-Apps aus. Darunter sind Apps, deren Tweets entweder keine der genannten Features enthalten oder die ein durchmischtes Profil aufweisen. Tweets

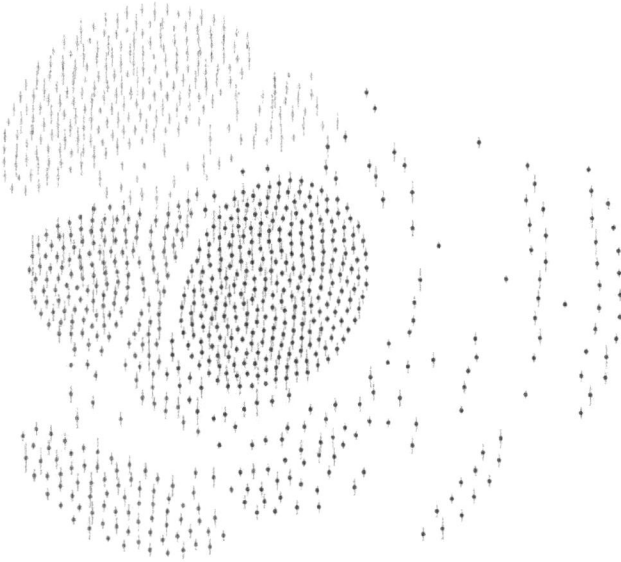

Abbildung 6: Sources mit dem Substring ›bot‹ im Namen, die im Jahr 2021 verwendet wurden, nach Ähnlichkeit arrangiert. [In der Digitalversion dieses Aufsatzes befindet sich eine höher auflösbare Version dieser Abbildung, sodass dort die Beschriftung der einzelnen Punkte besser lesbar ist.]

enthalten häufig verschiedene Features, sehr selten jedoch vor allem Replies. Das gelb eingefärbte Cluster (oben rechts) enthält Apps, mit deren Hilfe Tweets veröffentlicht wurden, die sich vor allem dadurch auszeichnen, dass ihre Tweets URLs enthalten, während andere Features eher selten vorkommen. Die Anordnung der Bot-Apps nach Ähnlichkeit lenkt den Blick so auf bestimmte Praxis-Tendenzen – oder im Falle des blauen Clusters auf die Abwesenheit von Tendenzen. Die Dominanz bestimmter Features könnte auf die Funktionalitäten der Apps verweisen – muss es aber nicht zwingend: Enthalten die Tweets einer App etwa immer URLs, so ist es wahrscheinlich, dass die App die Einbindung von URLs automatisiert. Sind andere Features nie in Tweets enthalten, könnte das darauf verweisen, dass die App diese Einbindung nicht ermöglicht oder erschwert. Dieses Vorgehen erlaubt es, die Kategorie der Source-Metrik durch Praxis-Ausprägungen zu differenzieren und partiell in Praktiken zu situieren.

Durch die Gephi-Analyse lassen sich vor allem zwei Feature-Tendenzen identifizieren – die Einbindung von Hashtags und das Posten von URLs. Während Hashtags dabei oftmals zusammen mit anderen Merkmalen und vor allem URLs auftreten, werden mit zahlreichen Apps Tweets veröffentlicht, die einzig eine URL enthalten und darüber hinaus keine weiteren der hier erfassten Features. Mit dem Begriff ›Bot‹ scheinen Entwickler*innen also das (automatisierte) Teilen externer Inhalte zu verbinden, oder aber das Teilen von Hashtags. Retweet-Bots, Reply-Bots oder Mention-Bots hingegen gibt es unter der Bezeichnung weniger.

Die Sortierung der Apps auf einer zweidimensionalen Fläche anhand der Ähnlichkeit ihrer Tweetstruktur verlagert den Schwerpunkt von der Popularität der Apps auf ihre Funktionsweisen und hebt durch die Gruppierung ihre Gemeinsamkeiten und Unterschiede jenseits hierarchischer Beziehungen hervor. Dies verdeutlicht noch einmal den Einfluss der Apps auf die Gestaltung von Tweets. Darüber hinaus zeigt sich, dass Bots nicht mit manipulativen, vollautomatisierten und nicht-menschlichen Accounts gleichzusetzen sind (Ferrara et al. 2016), sondern oftmals die Software hinter ggf. automatischen Accounts als Bot bezeichnet wird, diese aber ein breites Spektrum an Praktiken hervorbringen kann. Ebenjenes Zusammenspiel von Software und Praktiken verstehen wir als sozio-technische Fabrikation von Social-Media-Inhalten. Automatisiert wird dabei nicht die Verbreitung von Inhalten durch Retweets, sondern vor allem das Teilen externer Inhalte auf der Plattform oder die Verwendung von bestimmten Hashtags.

Während das Beziehungsnetzwerk den Blick auf Ähnlichkeiten und Untergruppen der Bot-Apps lenkt, möchten wir uns im Folgenden anhand einzelner Source-Profile den Funktionen und Voreinstellungen ausgewählter Apps annähern und auf die Details ihrer Unterschiede jenseits der drei farblich unterschiedenen Gruppen eingehen, um sie noch weiter zu situieren. Dazu stellen wir die Aktivitätsprofile einzelner Apps anhand von Radar-Charts dar.

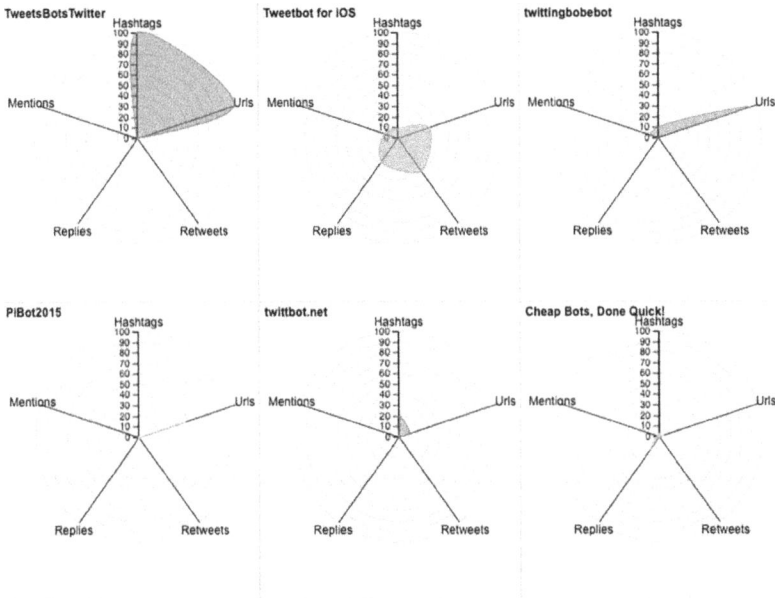

Abbildung 7: Profile von Apps mit ›bot‹ im Namen, die 2021 genutzt wurden.

Für die Erstellung von Radarkarten zur Visualisierung der Source-Profile wenden wir uns den jeweils zwei meistgenutzten Bot-Apps aus jedem der drei Cluster zu: Aus dem roten (Hashtag-)Cluster sind das twittbot.net und TweetsBotsTwitter, aus dem blauen (diversen) Cluster Cheap Bots, Done Quick! und Tweetbot for iOs, und im gelben (URL-)Cluster PiBot2015 und twittingbobebot. Wir verschränken also einen Fokus auf Popularität mit einer qualitativen Differenzierung mit Blick auf App-basierte Praktiken. Zahlreiche Bot-Apps erscheinen nur mit einem Tweet in unserem Sample. Daraus lassen sich Funktionsweisen nur bedingt ableiten (Visualisierung 7). Jeder Radar Chart stellt das Profil einer App dar und zeigt an, wie hoch der Anteil der Tweets mit dem jeweiligen Feature ist.

Auffällig ist insbesondere die Eindeutigkeit vieler Profile: Die meisten Apps zeichnen sich durch die Dominanz eines oder zweier Features aus: Tweets, die mit TweetBotsTwitter versendet wurden, beinhalten überdurchschnittlich viele Hashtags und URLs, aber keine Interaktions-Features, twittingbobebot hingegen produziert nur Tweets mit URLs (und selten auch mit Hashtags). Einzig Tweetbot for iOS weist ein durchmischtes Profil auf: Tweets enthalten vorrangig URLs, Retweets und Replies. Die Eindeutigkeit von Profilen verweist darauf, dass die Apps bei der Erstellung von Tweets bestimmte Voreinstellungen vorgeben oder die Verwendung von Features nahelegen bzw. verhindern. Sie können aber auch auf eine automatisierte Tweet-Erstellung oder -Verbreitung hindeuten, die sich einem immergleichen Schema bedient.

Dass unter den Profilen wiederum unterschiedliche Typen erkennbar werden, deutet zugleich darauf hin, dass die Ausprägungen von botartigen Apps stark auseinander gehen. Um dies zu ermitteln, nehmen wir in einem nächsten Schritt die Prozesse der Datenentstehung durch die Apps in den Blick und untersuchen, wie die starken Tendenzen zu ähnlich strukturierten Tweets zustande kommen.

8. Intervention 5: Re-Kontextualisierung

Beim Heranziehen von Source-Daten zur Kontextualisierung von Tweets und den daraus kreierten Hochrechnungen des Populären produzieren wir selbst wiederum Datenanalysen, die nicht einfach für sich sprechen, sondern weiter kontextualisiert werden müssen (D'Ignazio/Klein 2020: 159). Daher haben wir zurückverfolgt, auf welche Art und Weise Apps die Veröffentlichung von Tweets ermöglichen und überprüft, ob ähnliche Source-Profile tatsächlich auf ähnliche App-Funktionen verweisen. Dazu haben wir uns zum einen die Tweet-Texte angesehen und auf Hinweise, z.B. auf Cross-Posting oder immergleiche Text-Schemata, untersucht. Darüber hinaus haben wir archivierte Websites der Tools sowie Videotutorials zur Nutzung der Apps herangezogen, um App-Interfaces zu analysieren und den Kontext der Tweet-Entstehung zu rekonstruieren.

Danach scheinen Apps des Typs 1, bestehend aus den Hashtag- und URL-lastigen Apps TweetsBotsTwitter und twittingbobebot, vor allem voll-automatisierte Accounts zu bespielen. TweetBotsTwitter wurde dabei trotz des zahlreichen Vorkommens in unserem Sample von nur einem Account genutzt: Der Account ChillRadioBot crosspostete bis Januar 2022 YouTube-Videos und -Streams verschiedener Hintergrundmusik-Kanäle. Die Tweets sind immer gleich strukturiert und bestehen aus dem Titel des Videos/Streams, dem YouTube-Link und den Hashtags »#chillhop #studymusic #作業用BGM« (letzteres ist Japanisch und bedeutet übersetzt: funktionale Hintergrundmusik). Der Account cross-postete stündlich ein Video, was auf eine automatisierte Veröffentlichung hindeutet. Wie die App Streams und Videos auswählte, ist dabei jedoch nicht zu ermitteln; ggf. schöpfte sie aus einem Pool einschlägiger YouTube-Kanäle. Twittingbobebot ist ebenfalls eine Account-spezifische App und bespielt den Account @Bobe_bot. Der Account macht seinen Bot-Charakter transparent und ist mit seinem Betreiber verknüpft – und entspricht damit den aktuellen Bedingungen des Betreibens eines automatisierten Accounts.[12] @Bobe_bot, aktiv bis Twitter/X die API im Frühjahr 2023 abschaltete, cross-postete alle zwei Stunden Inhalte von Reddit-Accounts und von vorrangig technikbezogenen Nachrichten-Websites. Pro Veröf-

---

[12] https://help.twitter.com/de/rules-and-policies/x-automation

fentlichungszeitpunkt wurde dabei jedoch nicht immer dieselbe Anzahl von URLs veröffentlicht, was nahelegt, dass das Tweeten nicht durch die Veröffentlichung auf der verlinkten Website ausgelöst wurde, sondern Inhalte nachträglich auf Twitter repostet wurden.

Typ 2 der App-Profile beinhaltet ausschließlich Tweetbot for iOS. Dabei handelt es sich um einen kostenpflichtigen Client des Unternehmens Tapbots. Wie das Source-Profil durch seine Ausgewogenheit der Feature-Nutzung bereits vermuten lässt, ermöglichen die Apps keine Automatisierung. Sie bieten ein alternatives Interface an, in dem man Follower-Gruppen kategorisieren, Tweets nach Themen filtern und die Timelines mehrerer Accounts zusammenführen kann. Auch können mehrere Personen zugleich auf denselben X-Account zugreifen. Tweetbot ähnelt damit vielen größeren Clients und Social-Media-Management-Tools, wird jedoch eher von kleineren, privaten Accounts genutzt.

Der dritte Typ in unserer Profil-Kategorisierung besteht einerseits aus Websites, die die Automatisierung von Accounts ermöglichen. Das meistgenutzte dieser Tools ist Cheap Bots, Done Quick!. Einen ähnlichen Service bietet andererseits auch twittbot.net an. Kern dieser Apps ist ein Interface, das die Eingabe von Texten ermöglicht und die Festlegung der Veröffentlichungszeit sowie mögliche regelmäßige Abstände der Veröffentlichung. Es gibt keine Maske für die Eingabe von Hashtags oder URLs – sie müssen in den Text eingefügt werden. Beide Tools verfügen über integrierte Maßnahmen gegen Spam: Während twittbot.net das Melden von Spam-Accounts ermöglicht, erschwert Cheap Bots, Done Quick! die Eingabe von Hashtags und URLs in seinem Textfenster. Spam verbreitet häufig automatisiert werbliche oder schädliche URLs und nutzt Hashtags als Vehikel der weiteren Verbreitung. Zwar wird die Eingabe vom Tool erschwert, aber nicht vollends verhindert, sodass wenige Tweets diese Features enthalten. In den Tweets, die mit Cheap Bots, Done Quick! veröffentlicht wurden, zeigt sich zudem, dass das Tool häufig für Follow-for-follow-Aktivitäten genutzt wird. Dabei verabreden sich Accounts etwa in Replies zum gegenseitigen Zurückfolgen, um die Anzahl der Follower der partizipierenden Accounts zu erhöhen. Cheap Bots, Done Quick! wurde dabei für die automatische Initiierung solcher Praktiken genutzt. Bei PiBot2015 handelt es sich jedoch erneut um ein accountbezogenes Tool: Der Account @pibot2015 veröffentlichte bis zur Abschaltung der API 2023 stündlich Messdaten zur aktuellen Temperatur eines CPUs, inklusive Uhrzeit und Datum. Außerdem wurde jede Stunde eine Aufnahme der Erde entweder des Solar and Heliospheric Observatory (SOHO) Satelliten oder des GOES-17 Satelliten gepostet. Die Aufnahmen der Satelliten sind öffentlich zugänglich. Die Radar-Chart der App schlägt bei URLs aus, da auf Twitter gepostete Bilder eine eigene URL erhalten, die zum Bilddatenbank der Plattform führt. Verfolgt man den Ursprung der App-Profile auf die Tweets zurück, stellt sich also heraus, dass PiBot2015 den Apps des Typs 1 ähnlicher ist als Cheap Bots, Done Quick!

und twittbot.net – allerdings alternieren hier zwei verschiedene Tweet-Arten, Tweets zur CPU-Temperatur und Satellitenbilder, und nur eine der beiden Arten enthält URLs.

Um die Formen der Automatisierung zu unterscheiden und daraus verschiedene App-Kategorien zu bilden, bedarf es einer Situierung der Datenentstehung. Sie zeigt, dass sich aus ähnlichen Source-Profilen nicht zwingend auf eine ähnliche Tweet-Entstehung schließen lässt. Es zeigt sich außerdem, dass als ›bot‹ sehr unterschiedliche Apps bezeichnet wurden und somit das Spektrum der Automatisierung eher ein Spektrum sozial-technischer Fabrikation ist, in dem sich manuelle und automatisierte Praktiken verschränken. Dabei entspricht nur eine Verwendungsweise dem umgangssprachlichen Verständnis von Bots als vollautomatisierten Social-Media-Accounts: die von PitBot2015, TweetBotsTwitter und Twittingbobebot. Automatisiert wird hier das Cross-Posten externer Inhalte oder die Veröffentlichung von Messdaten zu voreingestellten Zeiten. Unter den Bot-Apps finden sich daneben Bot-Ermöglicher, aber auch Clients, die eine Alternative zu Twitters eigenen Apps darstellen und die Kernfunktionen der Plattform kaum verändern. Bereits in unserer kleinen Auswahl zeigt sich, dass Tweets auf höchst unterschiedliche Weise entstehen, sogar dann, wenn ihre Namen auf eine ähnliche Entstehungsweise zu verweisen scheinen. Was die Einheit ›Tweet‹ erfasst, ist also höchst divers.

9. Fazit

In diesem Aufsatz haben wir verschiedene Möglichkeiten vorgestellt, in Listen von Plattformen zu intervenieren. Plattformen, so unser Ausgangspunkt, stellen die Popularität ausgewählter Inhalte listenförmig aus. Im Fall von Twitter u.a. durch Trending Topics, personalisierte Account-Empfehlungen oder individualisierte Timelines. Relevant für Plattformen ist dabei weniger das, was populär ist, sondern welche Popularität selbst Aufmerksamkeit erhält und welche Formen von Popularität Nachfolge-Interaktionen hervorbringen. Döring et al. (2022) unterscheiden zwischen Popularität erster und zweiter Ordnung. Popularität erster Ordnung referiert auf jene Objekte, Praktiken oder Werte, die von Institutionen als wertvoll und damit als popularisierungsrelevant angesehen werden. Im Kontext von Twitter ist dies die Popularität von Themen, von Akteur*innen und einzelnen Tweets. Popularität zweiter Ordnung hingegen verweist auf die Popularität von Rankings selbst, die die gerankten Entitäten damit, unabhängig von ihrer sozialen Erwünschtheit, popularisiert. Im Fall der Trending Topics kommen beide Ordnungen zusammen: gewünschte Popularität und populäre Liste.

In unserem Paper haben wir quer zu diesen Popularisierung-Ordnungen gefragt, inwiefern die Forschung den Logiken der Plattformen folgen soll – oder ganz eigene Listen und damit alternative Verteilungen der Beachtung etablieren könnte. Zentral für diese Überlegungen waren für uns die Vorstöße des Datenfeminismus (D'Ignazio/Klein 2020), der fragt, wie Datenpraktiken der Forschung ordnen, sichtbar und unsichtbar machen, wem sie eine Stimme geben, welche dominanten Perspektiven sie unterstützen oder unterlaufen. Darauf aufbauend haben wir fünf Interventionen aus dem Bereich der Plattformforschung mit digitalen Methoden diskutiert, die den Popularitätslogiken von Plattformen alternative Listen entgegensetzen, die die Beachtung auf Phänomene, Praktiken und Popularitäten lenken, die im Kontext der Plattformen selbst relativ wenig Beachtung finden. In einem ersten Schritt stellte das Paper die Vergleichbarkeit der von Twitter gezählten Einheiten – Tweets – zur Disposition, indem es den Blick auf einen wenig beachteten, jedoch verfügbaren Datenpunkt lenkte – die Software, von der Nutzer*innen tweeten: die Source Metrik (Intervention 1). In einem zweiten Schritt verfolgten wir die Popularität von Sources im Zeitraum von 2009–2021 und erstellten damit Listen nicht-öffentlicher Popularität (Intervention 2). Diese Kategorie wirft fundamentale Fragen für die Popularitätsforschung auf – inwiefern kann man von Popularität sprechen, wenn diese an sich nicht ausgestellt, nicht vermessen und nicht sichtbar gemacht wird? Im Kontext sozialer Medien sind es die Plattformen, die entscheiden, welche Popularität öffentlich ausgestellt wird und Beachtung erfährt und welche populären Phänomene, Praktiken, aber auch Akteure (z.B. Entwickler*innen) arkane Popularität oder ungezählte Beachtung genießen. Das Beispiel verdeutlicht, dass etwas bei vielen Beachtung finden kann, ohne dass diese Beachtung selbst Beachtung erfährt. Popularität, Beachtung und ihre Vermessung werden hier anders miteinander in Beziehung gesetzt.

Die Verteilung der Popularität von Twitter-Sources war, so zeigte unsere Forschung, nach dem Prinzip des Long-Tails organisiert, mit einigen wenigen sehr populären Sources und sehr vielen eher wenig genutzten. Nachdem wir uns die Verteilung der populärsten Sources über den gesamten Zeitraum angesehen haben, richteten wir den Fokus auf eine Popularität mittlerer Reichweite (Intervention 3). Denn der Long Tail wird nicht nur durch den Head und den Tail ausgezeichnet, sondern auch durch alles, was dazwischen liegt und dadurch oft wenig Beachtung findet. Der Blick auf Popularität mittlerer Reichweite, so zeigt diese, aber auch andere Forschungen (Marres & Gerlitz 2016), erweitert das Feld dessen, was Beachtung findet. Dabei treten zahlreiche Sources zutage, die Twitters Infrastruktur entschieden uminterpretieren und somit andere Praktiken hervorbringen.

Die letzten beiden Interventionen wenden sich von geordneten, hierarchischen Listen ab und flachen Listen und den Ähnlichkeitsbeziehungen der gelisteten Objekte zu, indem sie Sources entlang von Namen, Ähnlichkeitsbeziehungen und Profilen anordnen. Dadurch stellen wir die Beziehungen, die zwischen den Datenpunkten entstehen können, zur Disposition und führen qualitativ-situierende Dimensionen in die Listen der Forschung ein. Als letzte Interventionen lenken wir die Aufmerksamkeit durch die Profilierung von Source-Praktiken weg vom frei kombinierbaren Datenpunkt zu seinem Kontext und der Situiertheit von Daten (Rettberg 2020), die in Listen oft unsichtbar bleibt. Popularität wird hier nicht per se ausgestellt, sie schreibt sich dennoch in die Darstellung ein, vor allem in die Radar Charts, die die Popularität von Feature-Nutzung und Praktiken innerhalb von Sources erkunden. Auch hier handelt es sich um nicht-öffentliche Popularitäten, die erst durch die Multi-Perspektivität der Forschung zu Tage treten.

Alle Interventionen zeigen: Plattformen stellen Popularität nicht nur aus, sondern auch mit her, und ebenjene von Plattformen erwünschte und als beachtenswert inszenierte Popularität schreibt sich auch in die Forschung mit ihren Daten ein. Allerdings kann mittels digitaler Methoden das Spektrum dessen, was Beachtung findet, erweitert, hinterfragt und verschoben werden. In diesem Aufsatz erfolgte die Verschiebung in Richtung nicht-öffentliche Popularität, Popularität mittlerer Reichweite sowie situierter Popularität. Plattformisierte Popularität ist in ihren Frontends zwar größtenteils durch Popularität erster und zweiter Ordnung geprägt. Betrachtet man jedoch sämtliche Beziehungen von Plattformen, z.B. zu Anspruchsgruppen wie Entwickler*innen oder verknüpften Apps, so wird deutlich, dass auch andere Modi der Popularität vorherrschen, die Plattformen jedoch weder im Sinne einer Popularität zweiter Ordnung beachtlich machen wollen, noch sie gezielt problematisieren, sondern diese lediglich im Backend auswerten und selbst regulieren. Gelistete Popularität wie im Falle der Trending Topics oder der algorithmischen Timelines suggeriert einen totalen oder zumindest partiellen Überblick über das, was Beachtung findet. Dieses Paper machte deutlich, dass diese stets fragmentarisch und partiell verbleibt, dass empirische Plattformforschung jedoch die Möglichkeit hat, die partiellen Perspektiven zu ergänzen. Für die Popularitätsforschung eröffnete sich die Frage, wie mit Phänomenen und Praktiken zu verfahren ist, die extrem populär sind, aber deren Popularität nicht gezählt wird und dadurch keine Beachtung findet. Ebenso wurde das Phänomen Popularität mittlerer Reichweite zur Disposition gestellt, die hinter den Popularitätsmarkern und Kennzahlen extrem populärer Inhalte im Schatten steht, aber im Kontext großer Datenmengen oder massenhafter Phänomene eine eigene Relevanz und Bedeutung besitzen kann. Im Kontext von Plattformen ist die Verteilung von Beachtung an Fragen von Macht und ökonomischen Wert gekoppelt. In der Forschung wird sie Teil der Politik der Methodologie, die sich fragen muss, ob sie die Logiken der Plattformen mitgeht, in sie interveniert oder ganz eigene Logiken der Beachtungsverteilung entfaltet. Die Interventionen dieses Aufsatzes geben erste Anregungen, sollen jedoch keineswegs selbst als geschlossene, sondern vielmehr als offene Liste verstanden werden, die es zu erweitern gilt.

Literaturverzeichnis

Anderson, Chris (2004): The Long Tail. In: *Wired Magazine* v. 01.10.2004. wired.com: http://www.wired.com/wired/archive/12.10/tail.html. 11.12.23.

Barabási, Albert-Lászlo/Bonabeau, Eric (2003):C:\Users\Hansen\Downloads\ Scale-Free Networks. In: *Scientific American*, 288, S. 60–69. Doi: https://doi.org/10.2478/kwg-2021–0027.

Esposito, Elena/Stark, David (2019): What's Observed in a Ranking? Rankings as Orientation in the Face of Uncertainty. In: *Theory, Culture & Society*, 36/4, S. 3–26. Doi: https://doi.org/10.1080/17530350.2013.772070.

Bastian, Mathieu/Heymann, Sebastien/Jacomy, Mathieu (2009): Gephi: an Open Source Software for Exploring and Manipulating Networks. In: *Proceedings of the International AAAI Conference on Web and Social Media*, 3/1, S. 361-62. Doi: https://doi.org/10.1609/icwsm.v3i1.13937.

Baym, Nancy K. (2014): Data not Seen: the Uses and Shortcomings of Social Media Metrics. In: *First Monday*, 18/10, S. 1–15.

Colombo, Gabriele/Bounegru, Liliana/Gerlitz, Carolin/Gray, Jonathan/Marres, Noortje/Tripp, James (2023): Testing and not Testing for Covid on Twitter: Surfacing Testing Situations across Scales with Interpretative Methods. In: *Social Media & Society*, 9/3, o.S. Doi: https://doi.org/10.1177/20563051231196538.

Colombo, Gabriele/Gray, Jonathan W.Y. (2023): Un-Indexing Forest Media: Repurposing Search Query Results to Reconsider Forest-Society Relations. In: *Cultural Geographies*, Juni, o.S. Doi: https://doi.org/10.1177/14744740231181566.

Crawford, Kate/Joler, Vladan (2019): Anatomy of an AI System. In: *Virtual Creativity*, 9/1, S. 117-20. Doi: https://doi.org/10.1386/vcr_00008_7.

D'Ignazio, Catherin/Klein, Lauren F. (2020): *Data Feminism*. Cambridge, Massachusetts: The MIT Press.

Döring, Jörg/Werber, Niels/Albrecht-Birkner, Veronika et al. (2021): Was bei vielen Beachtung findet: Zu den Transformationen des Populären. In: *Kulturwissenschaftliche Zeitschrift*, 6/2, S. 1–24. Doi: https://doi.org/10.2478/kwg-2021–0027.

Ferrara, E./Varol, O./Davis, C./Menczer, F./Flammini, A. (2016): The Rise of Social Bots. In: *Communications of the ACM*, 59/7, S. 96–104.

Fuller, Matthew/Weizman, Eyal (2021): *Investigative Aesthetics: Conflicts and Commons in the Politics of Truth*. Brooklyn: Verso Books.

Gerlitz, Carolin (2016): What Counts? Reflections on the Multivalence of Social Media Data. In: *Digital Culture & Society*, 2/2, S. 19-38. Doi: https://doi.org/10.14361/dcs-2016-0203.

Gerlitz, Carolin (2018): Retrieving. In: Celia Lury et al. (Hg.): *Routledge Handbook of Interdisciplinary Research Methods*, S. 126–31. London: Routledge.

Gerlitz, Carolin/Helmond, Anne (2013): The Like Economy: Social Buttons and the Data-Intensive Web. In: *New Media & Society*, 15/8, S. 1348–1365. Doi: https://doi.org/10.1177/1461444812472322.

Gerlitz, Carolin/Rieder, Bernhard (2013): Mining One Percent of Twitter: Collections, Baselines, Sampling. In: *M/C Journal*, 16/2, o.S. Doi: https://doi.org/10.5204/mcj.620.

Gitelman, Lisa (Hg.) (2013): „Raw data« Is an Oxymoron. Cambridge, Massachusetts/London: The MIT Press.

Gray, Jonathan/Gerlitz, Carolin/Bounegru, Liliana (2018): Data Infrastructure Literacy. In: *Big Data & Society,* 5/2, o.S. Doi: https://doi.org/10.1177/2053951718786316.

Marres, Noortje (2015): Why Map Issues? On Controversy Analysis as a Digital Method In: *Science, Technology, & Human Values*, 40/5, S. 655-86. Doi: https://doi.org/10.1177/0162243915574602.

Marres, Noortje/Gerlitz, Carolin (2016): Interface Methods: Renegotiating Relations between Digital Social Research, STS and Sociology. In: *Sociological Review*, 64/1, S. 21-46. Doi: https://doi.org/10.1111/1467-954X.12314.

Marres, Noortje/Gerlitz, Carolin (2018): Social Media as Experiments in Sociality. In: Marres, Noortje/Guggenheim, Michael/Wilkie, Alex (Hg.): *Inventing the Social*, S. 253–83. Man chester: Mattering Press.

Marres, Noortje/Weltevrede, Esther (2013): Scraping the Social? Issues in Real-Time Social Research. *Journal of Cultural Economy*, 6/3, S. 313-35. Doi: https://doi.org/10.1080/17530350.2013.772070.

Milan, Stefania (2016): *Data Activism as the New Frontier of Media Activism*. SSRN Scholarly Paper. Rochester, NY.

Power, Michael (2004): Counting, Control and Calculation: Reflections on Measuring and Management. In: *Human Relations*, 57/6, S. 765–783. Doi: https://doi.org/10.1177/0018726704044955.

Rettberg, Jill Walker (2020): Situated Data Analysis: A New Method for Analysing Encoded Power Relationships in Social Media Platforms and Apps. In: *Humanities and Social Sciences Communications,* 7/5. S. 1-13. Doi: https://doi.org/10.1057/s41599-020-0495-3.

Rogers, Richard (2013). *Digital Methods*. Cambridge, Massachusetts: The MIT Press.

Savage, Mike/Burrows, Roger (2007): The Coming Crisis of Empirical Sociology. In: *Sociology*, 41/5, S. 885-99. Doi: https://doi.org/10.1177/0038038507080443.

Savage, Mike/Burrows, Roger (2009): Some Further Reflections on the Coming Crisis of Empi rical Sociology. In: *Sociology*, 43/4, S. 76272. Doi: https://doi.org/10.1177/0038038509105420.

Weltevrede, Esther (2015): *Repurposing Digital Methods. The Research Affordances of Platforms and Engines*. Diss., Amsterdam.

Wiggers, Kyle (2023): Twitter Officially Bans Third-party Clients after Cutting off Prominent Devs. techcrunch.com: https://techcrunch.com/2023/01/19/twitter-officially-bans-third-party-clients-after-cutting-off-prominent-devs/.16.11.2023.

KULTURWISSENSCHAFTLICHE ZEITSCHRIFT

Herausgegeben von der Kulturwissenschaftlichen Gesellschaft (KWG)

Die *Kulturwissenschaftliche Zeitschrift* versteht sich als ein offenes Forum der kulturwissenschaftlichen Debatte, in dem historische wie gegenwartskulturelle Themen, Theorien und Forschungsansätze aus allen Bereichen und Strömungen der Kulturwissenschaften vorgestellt und verhandelt werden. Neben Tagungsberichten und Rezensionen versammelt die KWZ halbjährlich mehrere durch ein doppeltblindes Peer-Review-Verfahren qualitätsgesicherte Aufsätze in deutscher oder englischer Sprache sowie einen Gastbeitrag zu aktuellen fachbezogenen Trends oder Forschungsgegenständen. Neben den regulären Ausgaben erscheinen pro Jahr 1–2 Schwerpunkthefte, die von Gastherausgeberschaften begleitet werden.

Zur interdisziplinär besetzten Redaktion gehören die Linguistin *Nina Kalwa* (Karlsruher Institut für Technologie), der Literatur- und Medienwissenschaftler *Lars Koch* (TU Dresden), die Amerikanistin und Kulturwissenschaftlerin *Nicole Maruo-Schröder* (Universität Koblenz), der Literaturwissenschaftler *Bernhard Stricker* (TU Dresden), die Amerikanistin *Maria Mothes* (Universität Koblenz) und der Germanist *Hendrik Groß* (TU Dresden).

Vorschläge für Beitragsmanuskripte werden erbeten an:
manuskripte@kulturwissenschaftlichezeitschrift.de

Vorschläge für Rezensionsmanuskripte werden erbeten an:
rezensionen@kulturwissenschaftlichezeitschrift.de

Bei Fragen wenden Sie sich gerne an die Redaktion unter:
redaktion@kulturwissenschaftlichezeitschrift.de

Felix Meiner Verlag GmbH, Richardstraße 47, D-22081 Hamburg
Tel. +49 (40) 29 87 56-0 · vertrieb@meiner.de · www.meiner.de/kwz

Milton Keynes UK
Ingram Content Group UK Ltd.
UKHW031351011224
451755UK00004B/392

9 783787 349302